ブワイフ朝の政権構造

イスラーム王朝の
支配の正当性と権力基盤

橋爪 烈
Retsu Hashizume

慶應義塾大学出版会

はしがき

本書は前近代のとあるイスラーム国家（といってよければであるが……）の政権構造に関する研究である。

昨今，中東地域の政治状況が混迷を極めている。2011年初頭に起こった「ジャスミン革命」以降，「アラブの春」と呼ばれる体制の転換，リビアやシリアの内戦，そしてダーイシュ Dā‘ish（あるいはISと呼ぶ）の登場と，中東諸国の政治体制の改変や混乱が続き，不安と困窮の中で生活する人々，難民となって祖国を去る人々が後を絶たない。安定した政治体制を，と世界の為政者たちは声高に叫ぶも，その実，平安な状況にはほど遠いように思われる。とくに2014年6月末にカリフ制を再興し，イラクからシリアにかけて勢力を広げているダーイシュの存在は，中東地域のみならず，世界的な懸念のもととなっている。イスラーム教徒のための国家（「国家」という概念を否定しているとも聞くが）を確立するという理念の下，暴力と恐怖による支配が行われているように，傍から見ると感じられる。内側に入って見ればそうではないのかもしれない。ただし異教徒がそこに入るということは，直ちに死を意味するといっても過言ではない。では，ダーイシュはどのようにして支配領域の人々の支持を得ているのだろうか。人々への支配の正当性の主張はいかになされ，そしてどのように受け容れられているのだろうか。暴力による恐怖で抑圧しているだけなのだろうか。興味は尽きない。

さて，ダーイシュが主張する政治体制は「カリフ制」というものである。1924年にトルコ共和国によって廃絶されて以来，90年間存在しなかった政治体制である。この間，中東では大統領制，首長制，王制，スルタン制，民主制，あるいは，あからさまには主張しないだろうが，軍事体制や権威主義体制と呼ばれる政治体制によって国家が運営されてきた。そこに新たに加わったものが「カリフ制」であるが，このカリフ制こそ，スンナ派のイスラーム教徒にとっては理想の統治体制だと，古今のムスリムの知識人や思想家が主張してきたものである。そしてそれ故にこそ，ダーイシュはカリフ制を選択し，イスラーム教徒の支持獲得に努めているのである。

確かに歴史を繙けば，カリフ制はイスラーム史の根幹にあって，長くイスラーム教徒を導いてきた政治体制である。ムハンマドの死によって始まり，アッバース朝の滅亡によってその役割をほぼ終えた後も，マムルーク朝においてカリフの存在が確認され，またオスマン朝の幾人かの君主が自らはカリフであるとの認識を有し，カリフたることを標榜して全世界のイスラーム教徒をまとめようと画策した事実に鑑みれば，重要な政治制度であり理想の統治体制であるとされることも頷首できる。しかし，同じく歴史上数多のカリフが一族や家臣，外来勢力によって殺害され，傀儡化され，また知識人たちからその権威・権力に制限がかけられてきたことも忘れてはならない。

こうした歴史的事実から目を背け，「理想の体制を現出したのだから従え」と主張することは，それによって利益を得る者がそう主張するのはともかくとしても，歴史研究者としては「はいそうですか」と言って簡単に納得することはできない。色々と否定されることもあったにせよ，長く続き，こうして復活が目指され，現に復活させた組織があるほどの政治体制である「カリフ制」とはいかなる政治体制であるのか。様々な角度から考察を加え，その意義を明らかにしていくことが必要であり，それこそが研究者に課された仕事であり，また筆者の研究上の大きな課題である。

本書は，上記のような，いつ達成できるか分からない課題を念頭に置きつつ，アッバース朝カリフ政権と関わった王朝，ブワイフ朝に注目し，その支配領域を統治する際の同王朝の「支配の正当性」がいかなる根拠を持ち，どのような人びとに対してそれを主張したのか，の解明に努めた成果である。当然，軍事力によって一定地域を切り取り，支配しているわけであるが，それだけでは人びとの服従と忠誠を獲得することは難しい。力と恐怖による圧迫が当初有効であることは確かであり，それは現在の状況からも察せられるところである。しかし恐怖政治はいつまでももたず，早晩瓦解することは必定であろう。そこで，力と恐怖ではなく，人々を服させるなにかが必要になってくる。9–10世紀のイラン西部とイラクを支配したブワイフ朝にとってそれは何であったのか，アッバース朝カリフという存在を意識し，それと関わりながら，彼らはどのような支配の正当性を主張したのか，そうしたことの一端を本書では示した。

はしがき

ブワイフ朝とは，西暦946年にアッバース朝カリフの居所バグダードに入城し，カリフから政治権力を奪ったダイラムの王朝である。ダイラムとは，イラン北西部アルボルズ山脈の北側斜面からカスピ海南岸にかけての地域を指す名称で，そこに住む人々をも意味する言葉である。とくに山間部の地域をダイラムと呼び，海岸に近い平野部をジーラーン（現代ペルシア語ではギーラーンと呼ぶ）と呼んで区別することもある。ちなみにジーラーンに住む人々はジールと呼ばれる。山がちな地形ゆえに農業に適さず，豊かな地域ではなかった。峻険な山に囲まれた地域ゆえに外来勢力の侵入を拒むことが可能であり，サーサーン朝期において，ダイラムの人々はその支配に服することなく同盟者としての立場で活動したとされ，またアラブの侵攻にも耐え，ゆえにイスラームの浸透が遅れた地域でもあった。イスラーム化は，その後シーア派の一派ザイド派の宣教師やその指導者たちによって達成される。そのためダイラムの人々は，そしてブワイフ朝はしばしばシーア派の信仰者とみなされることになる。そしてダイラムたちはその頑強な肉体と忍耐強さを武器に傭兵となってイラク，イラン，中央アジア，あるいはシリアやエジプトなどにある各地の政権に仕え，中には自ら軍事集団を率いて政権を樹立する者も現れるようになるのである。

ブワイフ朝第一世代の君主，イマード・アッダウラ，ルクン・アッダウラ，ムイッズ・アッダウラの三兄弟もこうした傭兵であり，ダイラムの有力者，中央アジアのサーマーン朝，イラン中部に覇を唱えたジール系のズィヤール朝などに仕え，次第に頭角を現し，実力でファールス地方の支配者になった者たちであった。武力でファールスを獲得し，その上でカリフから同地のアミール，すなわち総督と認められたのである。ただ，傭兵上がりであり，カリフからのお墨付き以外に同僚のダイラムたちを服させる根拠を持たなかったため，麾下に加わったダイラムたちの支持獲得にはかなり苦心することとなった。

支配の正当性の獲得およびダイラムの支持の獲得，この二つが本書を貫く鍵である。すなわち，ブワイフ朝君主たちは，支配者としての権威をいかにして獲得し，また権力基盤であるダイラム軍団をいかに繋ぎ止めようとしたのか，そのために様々に巡らせた考えや態度，そして政策がいかなるものであったか，本書を通じて読み取っていただけるのではないかと思う。

本書は，筆者の博士論文に，その後の研究成果を加えたものである。こうして本書を刊行できるのは，偏に多くの方から様々な忠告，批判，示唆を頂けたことによる。もちろん本書には多くの間違いや検討不足が含まれていようが，その責は筆者個人に帰せられるものである。以下，特に学恩を被った方々のお名前を列挙する。

まず，岩見隆先生のお名前を挙げたい。本書で用いた史料の訳文は，そのほとんどが岩見先生との読み合わせの成果である。アラビア語史料読解の手解きをしてくださったおかげで，筆者はアラビア語史料に取り組むことができるようになったのであり，訳出の際の様々な問題点について先生と議論した経験が，筆者の史料に対する姿勢の根幹をなしている。岩見先生の存在なくしては，本書が，否，筆者が研究者として存在することはなかっただろう。

次に，羽田亨一先生。学部，修士時代，先生の研究室に週に一度集まり，朝から晩まで（時にはお酒を飲みながら）ペルシア語史料を読み進める機会に浴した。羽田先生や，そこに集う院生や研究者の方たちから学問的な刺激を受け，筆者は研究者として歩んでいこうと決意したのである。お二人は，時間の許す限り，しかも無償で，集ってくる方たちとひざを突き合わせて史料読解に取り組まれることを喜びとされていた。お二人の薫陶を受けた者として，自分もそのようでありたいと常に思う。

次に，博士論文の審査に加わって頂いた先生方，主査の小松久男先生，故佐藤次高先生，大稔哲也先生，清水和裕さん，森本一夫さんのお名前を挙げたい。特に清水さんは最初の投稿論文以降，折に触れて有益な助言を下さり，森本さんからは博論の内容に対し手厳しいご指摘を頂いた。本書についてもお二人の影響は多大である。

博士課程時代の恩師，故佐藤次高先生，修士課程時代の恩師，故湯川武先生のお二人には，本書をその墓前に示し，刊行のご報告と，その遅れについてお詫びを申し上げねばならない。高野太輔さん，森山央朗さんをはじめとする先輩方や，澤井一彰さん，亀谷学さんら友人たちの的確で容赦のない批判や真摯な忠告にも本書は多くを負うている。最後に，本書刊行をもちかけ，後押しして下さった元慶應義塾大学出版会の宮田昌子さんにこの場を借りて感謝申し上げる。

2016 年 8 月 15 日　オックスフォードにて

目　次

はしがき　i
目次　v
凡例　viii
本書対象地域図　x

序　論　3
Ⅰ．ブワイフ朝史研究への問題設定　3
Ⅱ．論述内容の概略　12
Ⅲ．ブワイフ朝史研究の大著への批判と本研究の枠組み　16

第1部　ブワイフ朝の政権構造と支持基盤
――勃興期からアドゥド・アッダウラの死まで

第1章　ブワイフ朝君主の主導権争いと一族の紐帯
――イマーラ，リアーサ，ムルクの検討を中心に　25
はじめに　25
Ⅰ．イマーラとブワイフ朝君主たち　28
Ⅱ．リアーサを巡るブワイフ朝君主たちの動向　40
Ⅲ．ムルクの主張とカリフ権　51

第2章　ブワイフ朝初期の「ダイラム」
――イラーク政権とジバール政権の比較から　71
はじめに　71
研究史　73
Ⅰ．イラーク政権下のダイラム諸反乱　76

Ⅱ．ルーズビハーンの反乱　88
Ⅲ．ジバール政権の親ダイラム傾向　96
第３章　ブワイフ朝ジバール政権の対外政策
——サーマーン朝との関わりから　117
はじめに　117
Ⅰ．ジバール政権成立からライの確保　119
Ⅱ．サーマーン朝のジバール侵攻　122
Ⅲ．ジバール政権とサーマーン朝の狭間で　130
Ⅳ．サーマーン朝とジバール政権の外交交渉　137

第４章　『王冠の書』にみるアドゥド・アッダウラの王統観　149
はじめに　149
Ⅰ．『王冠の書』の概要と執筆の経緯　152
Ⅱ．『王冠の書』におけるダイラムおよびジールの系譜とその事績　159
Ⅲ．『王冠の書』を取り巻く政治状況　164

第２部　アドゥド・アッダウラ死後のブワイフ朝諸政権
——バハー・アッダウラのファールス征服まで

第５章　アドゥド・アッダウラの後継位を巡る争い　175
はじめに　175
Ⅰ．シャラフ・アッダウラの追放とサムサーム・アッダウラの即位　177
Ⅱ．サムサーム・アッダウラ政権の構成と家臣たちの動向　188
Ⅲ．シャラフ・アッダウラ政権とイラク侵攻　201
Ⅳ．機能しなかった和平合意とブワイフ家の論理　216

目　次

第6章　第二次ファールス政権とダイラム　225

はじめに　225

Ⅰ．サムサーム・アッダウラへの科刑の背景と経緯　228

Ⅱ．第二次ファールス政権の成立　231

Ⅲ．第二次ファールス政権の有力者と構成要素　237

Ⅳ．第二次ファールス政権の崩壊とその要因　253

第7章　バハー・アッダウラとダイラム　261

はじめに　261

Ⅰ．ファールス征服以前のバハー・アッダウラ政権下のダイラム　264

Ⅱ．バハー・アッダウラのファールス征服とダイラム　281

第8章　後ジバール政権の成立　299

はじめに　299

Ⅰ．ムアイイド・アッダウラの死とファフル・アッダウラの継承　302

Ⅱ．継承以前のファフル・アッダウラ　307

Ⅲ．サーマーン朝ホラーサーン総督を巡る争いとファフル・アッダウラ　314

Ⅳ．サーヒブ・イブン・アッバード　320

結　論　333

史料解題　345

参考文献　367

ブワイフ朝家系図　382

索引　385

凡　例

1:　使用した史料とその略号については，巻末の参考文献リストに示した。

2:　年代はヒジュラ暦 / 西暦という形で表記した。324/935~6 年とある場合，ヒジュラ暦 324 年が西暦の 935 年から 936 年にまたがることを示している。出来事の月日が明確でない場合，このような書き方になる。なおヒジュラ暦年を単独で記す場合は「372H 年」のようにヒジュラを示す H を付している。
人物の生没年は（000–111/222–333）と，没年のみの場合は（d. 000/111）と，君主などの統治期間については（r. 222–333/444–555）と表記した。また月名はすべてラテン文字で表記した。ヒジュラ暦の月名は以下の通りである。

Muḥarram 月	Rajab 月
Ṣafar 月	Sha‘bān 月
Rabī‘ I 月	Ramaḍān 月
Rabī‘ II 月	Shawwāl 月
Jumādā I 月	Dhū al-Qa‘da 月
Jumādā II 月	Dhū al-Ḥijja 月

3:　引用史料中の（　　）は筆者による訳語の補足・説明を示している。

4:　先行研究の典拠を示す際は，著者名，論文名・書名の一部，頁数の順で示し，複数の研究を列挙する場合は年代の古いものから挙げた。史料もこれに準じた。
（例）Busse, *Chalif und Grosskönig*, pp. 35–40.

5:　本書では，本文中にラテン文字のみで記した人名は全て，史料ないし先行研究の著者を表している。史料作者の場合は，考察の対象になっている場合もラテン文字のみの表記である。

6:　アラビア語の転写は以下の通りである。
’, b, t, th, j, ḥ, kh, d, dh, r, z, s, sh, ṣ, ḍ, ṭ, ẓ, ‘, gh, f, q, k, l, m, n, h, w, y.
二重母音は aw, ay, iy を使用し，短母音については a, i, u 長母音は ā, ī, ū, で統一する。

7:　原文転写に関しては，用語の転写は斜体で，括弧を付けずに示し，人名・地名の転写は斜体にせずに表記する。また語句を転写する際は，格を示す語末の短母音を表記していない。（例）主導権 *ri’āsa*。
一文を転写する場合は，語末の短母音を表記し，語の右肩に示した。
（例）‘āda ‘Aḍud^{u} al-Dawlat^{i} ilā Shīrāz^{a}.
また tā marbūṭa は，例文のように短母音が付属する際，およびイダーファの際は，［t］を表記するが［al-dawlat[i]］，単語や不完全な文を転写する際は，語末の短母音を表記せず，また tā marbūṭa も表記していない。さらに，語頭のハムザは省略し，定冠詞は全て al- で表わす。

8:　本文中のカタカナ表記は原則として原語の発音に即しているが，慣例となっている言葉に関しては，そちらに従う。
(例)［Khurāsān］:「フラーサーン」→「ホラーサーン」。
また人名のカナ表記についてはアドゥド・アッダウラ ‘Aḍud al-Dawla，アブド・アッラッザーク ‘Abd al-Razzāq，イブン・アルアミード Ibn al-‘Amīd とイダーファの場合は定冠詞［al-］を含めた形で表記したが，ウスターズ・ライース al-Ustādh al-Ra’īs，ムハッラビー al-Muhallabī，およびイダーファであるがハサン・ブン・ファイルーザーン al-Ḥasan b. al-Fayrūzān のようなナサブ形式の名前の場合には定冠詞［al-］を省略した。

9:　本書に出てくる地名のほとんどについては，巻末の地図にその場所を示した。

10:　使用した欧文雑誌および事典の略号は以下の通りである。

GAL : Brockelmann, *Geschichte der arabischen Litteratur*, 5 Bde., Leiden, 1937–49

EI^{2} : *Encyclopaedia of Islam*, 2nd edition

IC : *Islamic Culture*

IQ : *The Islamic Quarterly*

Iran（*JBIPS*）: *Iran*（*Journal of the British Institute of Persian Studies*）

JA : *Journal asiatique*

JAOS : *Journal of the American Oriental Society*

JAS Pakistan : *Journal of the Asiatic Society, Pakistan,*（*Council of Asiatic Society of Pakistan*）

JESHO : *Journal of the Economic and Social History of the Orient*

JNES : *Journal of Near Eastern Studies*

JRAS : *Journal of the Royal Asiatic Society*

MM‘IA : *Majalla Majma‘ al-‘Ilmī al-‘Arabī*

Q : *al-Qur’ān al-Karīm*

ZDMG : *Zeitschrift der deutschen Morgenländischen Gesellschaft*

本書対象地域図

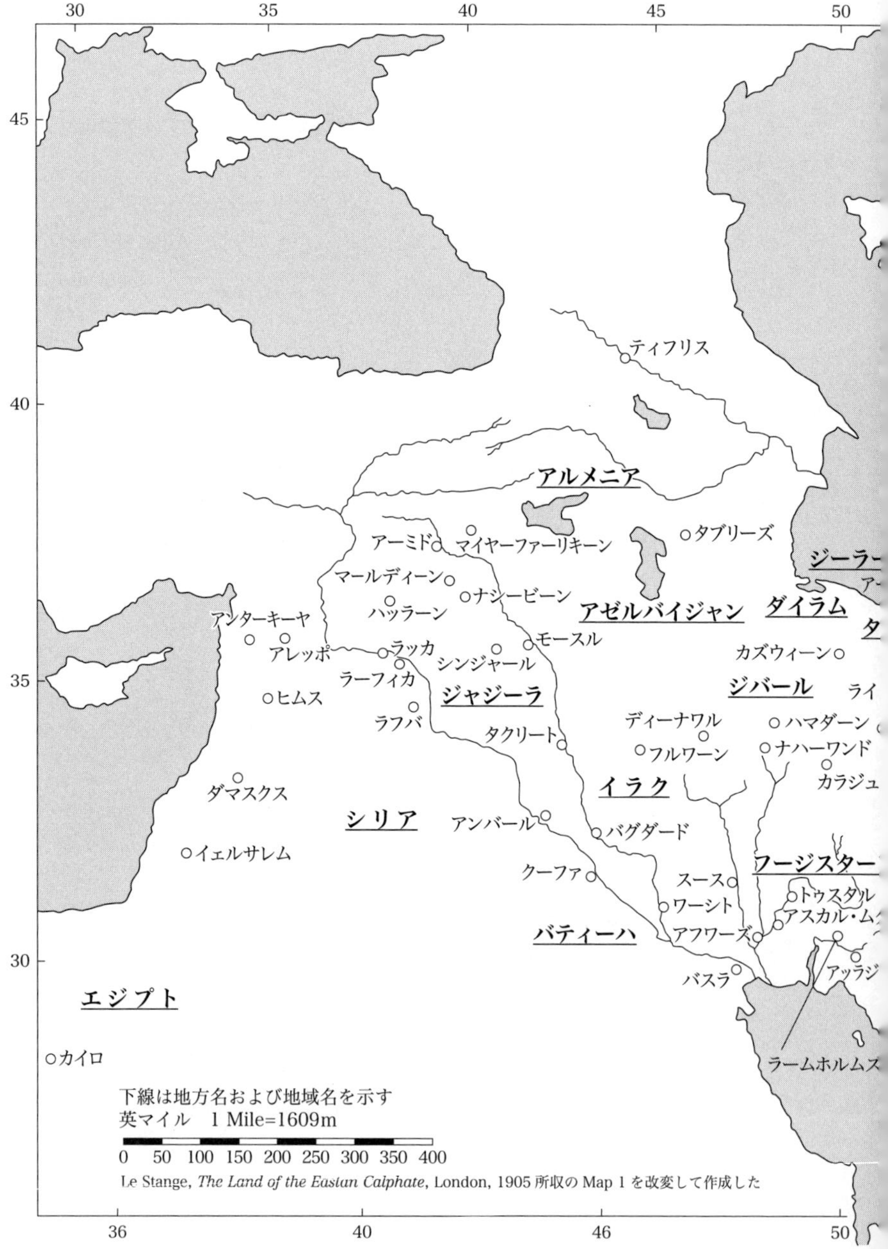
30
35
40
45
50
45
40
35
30
ティフリス
アルメニア
タブリーズ
アーミド
マイヤーファーリキーン
マールディーン
ナシービーン
ハッラーン
アゼルバイジャン
ダイラム
アンターキーヤ
アレッポ
ラッカ
モースル
シンジャール
カズウィーン
ラーフィカ
ヒムス
ジャジーラ
ジバール
ディーナワル
ハマダーン
ラフバ
タクリート
フルワーン
ナハーワンド
イラク
ダマスクス
シリア
アンバール
バグダード
イェルサレム
クーファ
スース
ワーシト
バティーハ
アフワーズ
バスラ
エジプト
カイロ
ラームホルムズ
下線は地方名および地域名を示す
英マイル　1 Mile=1609m
0 50 100 150 200 250 300 350 400
Le Stange, *The Land of the Eastan Calphate*, London, 1905 所収の Map 1 を改変して作成した
36
40
46
50

55
60
65
70
78
48
40
35
30
70
ホラズム
イスフィーヤーブ
シャーシュ
マーワラーアンナフル
フェルガナ
ブハラ
サマルカンド
ジュルジャーン
サガーニヤーン
ナサー
マルウ
バルフ
ジュルジャーン
ホラーサーン
アスファラーイーン
トゥース
バイハク
ナイサーブール
マルウ・アッルード
カーブル
トゥライシース
アスタラーバード
ヘラート
ガズナ
クーヒスターン
ヤズド
シースターン
カンダハール
アバルクーヤ
ザランジュ
バルダシール
イスタフル
ダールジーン
シーラジャーン
バム
ナルマシール
ファサー
ジールフト
ダーラーブジルド
スィンド
シーラーフ
キルマーン
ファールス
マクラーン
オマーン

ブワイフ朝の政権構造

序　論

I. ブワイフ朝史研究への問題設定

本書は，10世紀前半にアッバース朝カリフを傀儡化し，イラクからイラン西部一帯に勢力を広げたブワイフ朝の政権構造に関する研究である。10世紀初頭，アッバース朝カリフの権力が衰退する中，アッバース朝カリフ領東部のイラン・イラク一帯では，カスピ海南岸地域に居住するダイラム *Daylam*, あるいはジール *Jīl* と呼ばれる人々が傭兵として活動し，また独自の政権を樹立して，カリフの総督やサーマーン朝などと勢力争いを行っていた。その状況の中，ダイラムに出自を持つブワイフ家のイマード・アッダウラ ʿImād al-Dawla は，ジバール地方に割拠していたジール系の王朝ズィヤール朝の一家臣の立場から次第に頭角を現し，ファールス地方の支配者となる。そしてイマード・アッダウラの弟ルクン・アッダウラ Rukn al-Dawla は主家であったズィヤール朝をジバール地方から排除し，やはりイマード・アッダウラの弟であるムイッズ・アッダウラ Muʿizz al-Dawla は政治的混乱の続くイラクへと進出してバグダードを領有，カリフを傀儡化する。こうしてブワイフ朝は，以後カリフをその支配下に置きつつ約120年にわたってイラク・イラン地域に覇を唱えることとなり，ダイラム・ジール系王朝の最も成功した例として評価される存在となる[1]。

ブワイフ朝は，アッバース朝カリフを含めた政治権力の在り方や権威の問題など，その後のイスラーム史に多大な影響を与えた王朝として重要な存在である。ブワイフ朝登場前後のアッバース朝カリフ政権は，カリフその人をも巻き込む行政官僚たちの権力闘争，イラク周辺の総督など軍事力を有した

---

1. Minorsky, “La domination des Dailamites”, p. 18; Bosworth, “Military Organisation”, p. 143; Shaban, *Islamic History*, p. 160; Kennedy, *The Prophet*, pp. 212, 216.

集団の圧力，そして周辺地域に地方軍事政権が次々に樹立されるなどの状況に直面し，749年の王朝創設以来，その権威・権力は著しく低下していた。そしてその権力喪失を決定づける出来事が，カリフ＝ラーディー al-Rāḍī billāh によるイブン・ラーイク Ibn Rā'iq への大アミール Amīr al-Umarā' 任命であった（932年）。これによりカリフは軍事指揮権や徴税などの行政権のほとんどを手離し，大アミールの傀儡となる。のべ7名の大アミールの支配の後，前述のムイッズ・アッダウラがバグダードに入城し（946年），カリフはブワイフ家の許で傀儡として存在し続けることとなる。

このように，アッバース朝カリフは10世紀中頃に政治権力をほぼ完全に失うわけであるが，大アミールたちやその後のブワイフ朝の君主たちがアッバース家の存在自体を否定し，これを排除するという行動に出ることはなかった。むしろカリフを自らの政権内部に取り込み，これを利用しつつ勢力拡大を図ったのである。カリフの存在自体を否定するという選択肢が全く考えられなかったわけではないが[2]，そもそも大アミールたちやブワイフ家の支配者たちは「カリフの任命」を通じて一定地域の支配を行う地位に就いた者たちであったため，アッバース朝カリフの排除は自らの支配の正当性を否定することにつながる行為であった。それ故，カリフの権威に基づいて支配を行う，という形式に頼ることが選ばれたのであろう。ここにアッバース朝カリフとブワイフ朝君主たちの間の共存関係が生じ，この時始まった，カリフを傀儡化しつつその権威を利用するという政治形態を，後続のセルジューク朝，アイユーブ朝，マムルーク朝などの諸王朝が採用していくことになる。その意味でブワイフ朝は，後続諸王朝が採用した「カリフの権威づけによって支配の正当化を図る政治体制」[3]に先鞭をつけた点で注目に値する王朝ということになる。

またブワイフ朝によるアッバース朝カリフの傀儡化は，思想面でも重要な影響を及ぼすこととなった。ブワイフ朝は一般的にシーア派を奉じていたと

---

2. *Takmila*, 149.
3. 佐藤はこうした政治体制を「カリフ・スルタン体制」と呼んでいる。佐藤次高『イスラームの国家と王権』108頁。ただし，これは分析概念であって，史料上で確認される実体を持った制度ではない。

される[4]。一方のアッバース朝は，後にスンナ派の象徴と自他ともに認めるようにはなるものの，10世紀半ばにはまだそのような認識はなかったと言ってよい[5]。従って先行研究が示す「シーア派のブワイフ朝がスンナ派のアッバース朝カリフを傀儡化した」との認識は時代錯誤ではあるが，当時のイスラーム知識人たち（ウラマー）にとって，ブワイフ朝によるカリフの傀儡化はまた違った意味を持ったと思われる。創設以来，アッバース朝の支配の正当性は，「シーア派イマームの位を移譲された」や「ムハンマドが叔父アッバースに支配権を託した」，あるいは神から直接支配権を認められたとする「カリフ権神授説」などの仮構に基づいて主張されてきた[6]。

アッバース朝カリフ権力による，こうした支配の正当性やシャリーア（イスラーム法）の解釈・施行の権限保持の主張，とくに7代カリフ＝マアムーン al-Ma'mūn が始めた，「クルアーン被造物説」の受容を確認する審問（ミフナ）に対し，アフマド・イブン・ハンバル Aḥmad b. Ḥanbal ら伝承主義者たちは強く抵抗し，預言者ムハンマドのスンナ（言行）を継承するウラマーこそがイスラーム共同体に適用されるシャリーアの解釈権を保持するとの姿勢を示した。この主張は一般の信徒の受け入れるところとなり，遂にはカリフもそれを認めざるを得ず，ミフナは撤回されることになる[7]。

こうしてアッバース朝カリフは共同体でのシャリーアの運用に責任を持つが，解釈自体の権限は保持せず，それはウラマー（とくに法学者）が担うことになり，カリフは政治権力を行使するのみの存在となったのである。ただカリフとウラマーのシャリーア解釈権を巡る争いは，アトラーク軍団（*atrāk*，トルコ軍団）の専横とカリフ位の改廃，あるいは前述のようなブワ

---

4. 後掲註26を参照のこと。
5. 橋爪烈「「正統カリフ」概念の形成」54–56頁。
6. *Firaq*, 54–55, 57, 68–69; *Niḥal*, 35–36; 嶋田襄平『イスラムの国家と社会』129–132頁; Hinds, "MIḤNA", EI^2 VII, p. 6a; Melchert, "Religious Policies of the Caliphs", p. 316; Crone, *Medieval Islamic Political Thought*, 91–92; 菊地達也『イスラーム教「異端」と「正統」の思想史』155–159頁。
7. Crone, *Medieval Islamic Political Thought*, p. 131; Melchert, *Ahmad ibn Hanbal*, pp. 8–16; 菊地達也『イスラーム教「異端」と「正統」の思想史』164–168頁。

イフ朝登場前後の政治状況の出来によってカリフ権力が衰退[8]するという事態を迎え，下火になっていく。あるいは，ウラマーが行ったカリフ権力へ制限を加えようとする活動によって，アトラークや軍事勢力がカリフ権を侵食，そして簒奪する契機を見出したという可能性を指摘することができるかもしれない。

ともかく，アッバース朝カリフはシーア派系の軍事政権ブワイフ朝の傀儡となった。これは当時の「原スンナ派 *Proto-Sunnī*」知識人たち（すなわちウラマー）[9]にとって非常に好ましからざる状況であった。仮にブワイフ朝がシーア派の主張するアリー ʻAlī b. Abī Ṭālib の後裔を指導者として擁立するようなことになれば，預言者ムハンマドの言行を受け継ぎ，それに基づいてイスラーム法を導出する役割を担っていると自負するウラマーの存在は根底から否定されることになるからであった。アッバース朝カリフの権力に制限をかけている場合ではなくなったのである。

こうして，ウラマーはシーア派系王朝ブワイフ朝のカリフ権簒奪の動きを牽制し，アッバース朝カリフ，あるいはそのカリフが体現していた政治権力ないし支配者像の“スンナ派的”在り方を積極的に打ち出し始める。この動きにアッバース朝カリフ＝カーディル al-Qādir billāh，カーイム al-Qā’im bi-amrillāh 親子が追随し，その中からスンナ派の理想の政治体制としての「正統カリフ *al-khulafā’ al-rāshidūn*」概念が確立することになる[10]。ブワイフ朝の登場と彼らによるアッバース朝カリフの傀儡化こそ，スンナ派の象徴としてのカリフが誕生する契機であったといえるだろう。

以上述べたような点で，ブワイフ朝とカリフの関わりや，カリフ権力を傀儡化したブワイフ朝自体を研究することは，イスラームにおける権威と権力の問題や政治思想史上の大問題である「カリフ論」を理解する上で，不可欠なものなのである。

---

8. 嶋田襄平『イスラムの国家と社会』242–250 頁 ; Kennedy, *The Prophet*, pp. 158–175.
9. この「原スンナ派」という用語は Zaman の研究に基づく。Zaman, *Religion & Politics*, pp. 1–4, 49–56 を参照のこと。
10. 橋爪烈「「正統カリフ」概念の形成」54–56 頁。

上記のように，イスラームの政治史，政治思想史上重要な問題を提起するブワイフ朝については，Kabir や Busse, Donohue らによって大部の研究書がものされただけでなく，カリフとの関係や君主の称号，シーア派王朝としての，あるいはイラン系王朝としての性格，イクター制を含めた土地制度研究など数多くのテーマで考察されてきた[11]。しかしこれらの研究の大半はイラクの事例に基づき，もっぱらイラクに視点をおいたものであって，ブワイフ朝勢力の支配が及んだファールス地方やジバール地方などの事例は付随的に示される場合がほとんどであった。

この傾向は史料的制約の面から説明することができる。ブワイフ朝が興亡した時期の出来事を著した諸史料，とくに年代記史料の関心は，アッバース朝カリフの都であったバグダード，そしてイラクに注がれていた[12]。また多くの年代記は，編年体形式で編まれているとはいえ，カリフの治世ごとに区切られているため，必然的にカリフの事績や彼の周囲で起こった出来事に対する記述が多くなっている。それ故，それらの史料を用いて行われたブワイフ朝史研究が，イラクを中心に取り扱うことになるのは，ある意味当然の帰結であっただろう。

もちろん，先行研究においても，ブワイフ朝がイラクのみに存在したのではないこと，複数のブワイフ一族政権がイラクやイラン地域に並存し，ブワイフ朝が一種の連合体制を採用してゆるやかにまとまっていたという認識は示されている。たとえば，Bowen はブワイフ朝を評して「帝国というより

---

11. Kabir, *The Buwayhid Dynasty of Baghdad*; Busse, *Chalif und Grosskönig*; Donohue, *The Buwayhid Dynasty in Iraq*; Kabir, “The Function of the Khalifah”; Busse, “The Revival of Persian Kingship”; Madelung, “The assumption”; Mottahedeh, *Loyalty and Leadership*; Sato, *State & Rural Society*; Kraemer, *Humanism* などが挙げられる。なお前 3 者がブワイフ朝の歴史を扱った大部の研究書であり，これらについては後述する。

12. Kennedy は史料のこうした傾向を指摘しており，「我々の依拠する史料はファールスの状況にはほとんど無関心である」と述べている。Kennedy, *The Prophet*, p. 217.

もむしろ，統率の不十分な連合体 *more like an ill-regulated confederacy than an empire*」[13] であるとし，Minorsky は「その一族はシーラーズやライやバグダードといった主要都市を有する領域に分裂した状態であった *La famille resta partagée en plusieurs fiefs avec les grands centres à Chiraz, à Rey et à Baghdad*」[14] と述べ，Busse はブワイフ朝の「中央集権体制の欠如 *lack of centralization*」[15] を指摘している。また Shaban や Kennedy は，それぞれ「ブワイフ朝連合体制」[16] という章題の許，ブワイフ朝の概説を記している[17]。

しかし，このような認識を有しつつもそれが研究に反映されてこなかったこと，これがブワイフ朝史研究の問題点であるといえるだろう。先に挙げた Busse らの研究書のタイトルに，その問題点が顕著である。つまりそこでは「イラク」や「バグダード」という地名が用いられ，論述や事例の検討対象がイラクであり，バグダードという都市であることが明示される一方で，ファールスやジバールは対象外であることが暗示されている。確かにそれらの研究が示すように，アッバース朝カリフの存在を考えると，イラク地方の政治的重要性は大きく，同地域に限定して研究することも有効な方法ではある。

---

13. Bowen, “The Last Buwayhids”, p. 226.
14. Minorsky, “La domination des Dailamites”, p. 20. なお *fiefs* という言葉が用いられているが，これは第一義の「封土，領地」ではなく，「勢力範囲，縄張り」など広い範囲を示す意味と解釈した。
15. Busse, “Iran under the Būyids”, p. 258.
16. Shaban, *Islamic History*, pp. 159–187［*The Būyid Confederacy*］; Kennedy, *The Prophet*, pp. 212–249［*The Buyid Confederation*］. なお Kennedy は 2010 年より刊行されている『ケンブリッジ・イスラム史新版』*The New Cambridge History of Islam* 第一巻 9 章の中でブワイフ朝の歴史を概観しているが Kennedy, “The late ‘Abbāsid pattern”, pp. 364–370，基本的には Kennedy, *The Prophet* で示した考えを踏襲している。
17. 以上挙げた 5 つの先行研究のうち，*confederacy* ないし *confederation* という言葉を用いたものが 3 例ある。‘*confederacy*’ とは「ある目的について共同・協力する人々や政党や国家の集合体」を意味する。本書で用いる「ブワイフ朝連合政権」ないし「ブワイフ朝連合体制」は，この ‘*confederacy*’ に準じて，ブワイフ一族政権の集合体を意味している。

しかし諸史料を繙くと，ブワイフ朝の歴史はブワイフ一族の諸政権相互の関わりの中で推移していることが見えてくるのであり，イラク以外の地域を捨象することは，その実体の把握から懸け離れることになる。

これまで世に問われてきた様々なブワイフ朝史研究は，ブワイフ朝の連合政権的性格や各政権の独自性および特色を軽視し，ブワイフ朝君主の代替わりとそれに伴う後継争い，あるいはブワイフ朝内部で繰り広げられた主導権争いを十分に考察してこなかった。これも史料の制約から研究対象地域をイラクに限定したことに起因していると思われる。

このような史料の制約とそれに基づいた先行研究が数多くある中で，Kennedyによってなされたブワイフ朝史に関する概観[18]には，随所に有益な指摘や考え方が示されており，本書で扱うブワイフ朝の政権構造や一族の紐帯の問題を論じる際の出発点となっている。彼は，アドゥド・アッダウラ ʻAḍud al-Dawlaの死の前後でブワイフ朝を区分し，彼以後のブワイフ朝の状況を「この時（アドゥド・アッダウラの死後）よりブワイフ朝は守勢に回り，とくにイラクと中央イランにおいて政治的主導権は軍人集団や官僚集団の手に渡り，彼らは名目上の君主を自分たちの利益のために操るようになった」[19]と重要な指摘をしている。アドゥド・アッダウラの死の前後でブワイフ朝の歴史を分ける考え方，そしてブワイフ朝の後半期はブワイフ朝君主たちを支える軍隊と官僚が政治を主導していたとするKennedyのブワイフ朝史観は示唆に富んでいる。ただ概説書という性格から，具体的な事例を検討した上での議論ではなく，その見解は根拠に乏しい[20]。とくに「ブワイフ朝

18. Kennedy, *The Prophet*, pp. 212–249.

19. Kennedy, *The Prophet*, p. 217. 後に示すように，Busseはブワイフ朝の歴史を3期に区分し，その第3期をバハー・アッダウラの死後からブワイフ朝の滅亡までとしているがBusse, *Chalif und Grosskönig*, pp. xi-xii，その区分の根拠については言及がない。

20. ただし，アドゥド・アッダウラ死後を一括りにしているKennedyの見解についてはさらなる考察を要する。筆者は，バハー・アッダウラの死まではブワイフ一族の君主と配下の軍団や官僚との政治的な主導権を巡る角逐の時期であり，ブワイフ朝の君主たちが完全に家臣たちに操られていたとは考えていない。

の連合体制」[21]という章題を掲げているにもかかわらず，その連合を形成する主体がいかなる存在であるのか，またいかなる論理によって連合が形成されているのかについては検討がなされていない[22]。そのため，上記のブワイフ朝史観と「ブワイフ朝の連合体制」という構造がどのような形で結びつくのかが分からないのである。

以上のように，ブワイフ朝史に関する先行研究には，検討対象となる地域をイラクに限定しているため，ブワイフ一族や彼らが君主となっている各政権の相互の関わりを十分に検討していないという問題が存在するのである。

そこで本書では，これまで認識されつつも具体的には検討されてこなかった，ブワイフ朝の連合政権的性格に焦点を当て，連合の構成主体各々がいかなる意味で自立し，またその一方でブワイフ朝という大きな枠組みを形成する際に，いかなる論理によって結びついていたのかを明らかにする。加えて，この問題を解明するにあたっては，まずブワイフ一族の各成員間の関わり，とくに主導権争いの問題を取り上げる。

またブワイフ一族を支える軍人・官僚・有力者などの存在および彼らの利害関係が上記のブワイフ朝連合政権の形成にどのような影響を及ぼしていたのか，あるいはブワイフ一族の主導権争いにいかに関わっていたのかを検討する。

上記の課題に加えて，本書ではブワイフ朝における「ダイラム」の存在とブワイフ朝君主たちの彼らへの対応の問題について考察を行う。先に指摘し

---

21. Shaban は Kennedy よりも 10 年前に *The Būyid Confederacy* という章題でブワイフ朝連合体制の性格を述べているが，扱う範囲がアドゥド・アッダウラの時期までと短く，ブワイフ朝の歴史全体を見通してのものではないため，本書では参照程度に留めている。Shaban, *Islamic History*, pp. 159–187.

22. Kennedy はファールス，ジバール，イラクにそれぞれ存在したブワイフ朝の主要な政治単位を「公国，自治体，下位の属国 *principalities*」とするが，これによると上位の政治権力を想定させることになる。しかし，上位の政治権力の存在についての見解は示されておらず，各々の *principality* がいかなる意味で独立した存在であるのかは不明なままである。Kennedy, *The Prophet*, p. 219.

たようにブワイフ朝の出自はダイラムであった。そしてダイラムはブワイフ朝の登場以前からイラン地域一帯において傭兵として，あるいはまとまった軍事集団として活動していた[23]。ブワイフ朝連合体制を形成する各政権の第一世代の君主たちも傭兵上がりの軍人であり，傭兵たちの中から頭角を現し権力を獲得した者たちであった。それ故，彼らの権力基盤はダイラム軍団であった。そして彼らはダイラム軍団を用いて勢力を拡大していくのである。

しかし多くの先行研究は，ブワイフ朝の君主たちがその支持基盤であるダイラムの反抗的な態度を嫌い，アトラーク軍団の力によって彼らを排除していく傾向を，王朝の初期から有していたと指摘する[24]。またブワイフ朝全時期を通して，ダイラムはシーア派を信奉し，アトラークはスンナ派信仰を受け入れていたという見解でも一致をみている[25]。さらに「ブワイフ朝＝シーア派王朝」という見解もしばしば見られる[26]。これらの先行研究の見解をまとめると，ブワイフ朝は，王朝としてはシーア派信仰を奉じるが，その支持基盤であり，かつ王朝と同じシーア派を信仰するダイラムを排除し，スンナ派信仰のアトラーク軍団を重用した，となるだろう。すなわちシーア派王朝であるブワイフ朝はスンナ派信仰を有するアトラーク軍団をその権力基盤とした，と理解せざるをえなくなる。しかし，これでは「ブワイフ朝＝シーア派王朝」という理解の枠組みの妥当性が失われるように思われる。

---

23. Busse, “Iran under the Būyids”, p. 251.

24. 具体的な研究については，第 2 章の研究史の節を参照のこと。

25. Bosworth, “Military Organisation”, p. 157; Busse, *Chalif und Grosskönig*, p. 334; Cahen, “BUWAYHIDS or BŪYIDS”, *EI*^{2}, I, pp. 1350b, 1352a. しばしば，「スンナ派アトラーク」と「シーア派ダイラム」という組み合わせで登場する。

26. ブワイフ朝をシーア派王朝とする見解は，その出身母体であるダイラムがザイド派シーア派信仰を受け入れていたことを根拠として示されることが多い。Minorsky, “La domination des Dailamites”, p. 24; Makdisi, “The Sunnī Revival”, pp. 155–156; Busse, “Iran under the Būyids”, p. 250; 佐藤次高『イスラームの国家と王権』105 頁。しかし諸史料の記述からは，ファーティマ朝やサファヴィー朝などと異なり，ブワイフ朝が主体的，積極的にシーア派の普及に努めたという証拠は見出すことができない。従って，「ブワイフ朝＝シーア派王朝」と単純に規定することはできないと筆者は考える。

このため「ブワイフ朝＝シーア派王朝」という理解の正しさを検討する必要があると思われるが，この問題の解明には様々な角度からの検証が必要であり，本書では扱わない。しかし，その前段階として，「ブワイフ朝君主たちがダイラムを排除する傾向にあった」という先行研究での指摘については各種の事例を取り上げつつ，詳細な検討を行う。何故ならブワイフ朝の出身母体かつ支持基盤であったダイラムの存在を理解する上で，とくにその存在がブワイフ朝君主たちの支配の正当性や政権の安定の問題に絡むという理由で重要な問題であるからである。

ブワイフ朝におけるダイラムの位置づけは，従来いわれているように排除されるのみの存在であったのだろうか。確かにブワイフ朝に服属していたダイラム有力諸侯やダイラム軍団は，ブワイフ朝全時期を通じて王朝の権威に完全には服さず，ブワイフ朝の君主たちにとって，その扱いは困難を極めるものであった。しかしながら，諸史料の記述からは，ブワイフ朝君主たちとダイラムの関係が，時期や地域によって異なっていたことが明らかになってくる。

従って本書では，この問題の検討に際しても，ブワイフ朝を単一の王朝とは見なさず，王朝を構成する一族諸政権各々のダイラムとの関わりを検討することで，従来とは違った，ブワイフ朝におけるダイラムの存在の意義を明らかにしていく。やはりブワイフ朝を一族諸政権の連合体とみる視点が鍵となるのである。

以上の検討によって，アッバース朝カリフ権力の衰退期にあって，カリフを傀儡化し，他の政権との勢力争いを繰り広げたブワイフ朝という軍事政権の構造と一族の紐帯の在り方や，カリフの権威を承認しながらもある一定の地域を実際に統治する軍事政権が提示する支配の正当性の根拠，そしてそれら政権の支配一族内部や支持基盤の間で有効な権威の在り方を解明することができるだろう。

II. 論述内容の概略

次に，本書の論述の中心となる点について各部編ごとに述べておこう。本書は，2 部構成をとる。これはアドゥド・アッダウラの死の前後でブワイフ朝の構造に変化が見られると考えるためである[27]。第 1 部は，ブワイフ朝初期すなわち王朝の勃興期からアドゥド・アッダウラのブワイフ朝諸政権の統一までの時期に焦点を当てている。

まず第 1 章では，ブワイフ朝第一世代の君主イマード・アッダウラ，ルクン・アッダウラ，そしてムイッズ・アッダウラの三兄弟各々の政権（ファールス政権，ジバール政権，イラーク政権）[28]の独立性を，カリフからの叙任，各政権の諸政策，基盤とする軍事勢力の点から論じていく。これにより，ブワイフ朝連合政権において，連合を形成する主体の輪郭を明示し，以後の検討における「ブワイフ朝諸政権」がいかなる存在であったのかを定義する。

その一方で，これら個々に独立した支配を現出するブワイフ朝諸政権の君主が，ブワイフ一族の血の論理によってまとまり，ブワイフ朝という王朝を形成している点をも明らかにする。具体的には，一族内部に有効であった「主導権ないし家長の権威（リアーサ）*ri'āsa*」の性格と，その獲得を巡る一族内部の争いに注目し，ブワイフ朝諸政権がリアーサを意識する限りにおいて，まとまりを有する存在であったことを示す。

以上がブワイフ朝第一世代の君主たちの状況であったが，第二世代の君主たちが登場すると，このリアーサを巡る争いが起こり，カリフの権威づけ以上にブワイフ家のリアーサを獲得することが一族内の争いにおいて重要視されたこと，またリアーサを巡る争いの結果，アドゥド・アッダウラがブワイフ朝諸政権を統一し，同王朝の連合体制が崩壊すること，さらにアドゥド・アッダウラが娘をカリフに嫁がせ，カリフを自身の身内から誕生させようと

---

27. この点は Kennedy の見解に沿う形になっている。Kennedy, *The Prophet*, p. 217. ただし本書はアドゥド・アッダウラ以後の時期全てを第 2 部の検討対象にしてはいないため，ブワイフ朝末期については今後さらに検討をする必要がある。

28. この「イラーク政権」という呼称は本書で用いる分析概念であり，必ず「政権」という語を伴って記述される。単に「イラク」とある場合は，地方・地域名として使用している。なお「イラーク政権」の定義については，第 1 章第 I 節 2 を参照のこと。

試みたことを示す。とくに最後に挙げた行為は，アドゥド・アッダウラが自らの出自であるダイラムの血統とアッバース朝カリフの血統を結びつけることで，ダイラム政権すなわちブワイフ朝の支配の正当性を高めようとしたものとして注目に値する行為といえるだろう。

第2章では，ブワイフ朝初期における「ダイラム」の位置づけを，先に提示したジバール政権とイラーク政権それぞれにおけるダイラムの扱いに注目し，両者の間でダイラムに対する扱いや認識に違いがあったこと，そして従来の見解がイラクの事例にのみ注目して提示されていたことを明らかにする。

第3章では，ブワイフ朝ジバール政権の東方政策を通時的に概観し，この政権が独自の方針によって活動していたことを明らかにし，その独立性を際立たせる。加えて，成立当初からアドゥド・アッダウラのブワイフ朝諸政権統一に至るまでの間，ブワイフ朝は東方の大勢力であるサーマーン朝の脅威をいかに減じるかについて苦慮していたことを示す。

第4章では，大半の部分が散逸している『王冠の書』という書物に示されたブワイフ朝とイラン北西部に存在するダイラム人，ジール人の有力家系とアドゥド・アッダウラとの血縁関係が，当時アドゥド・アッダウラが東方のズィヤール朝（ジール系王朝）への遠征を控え，麾下のダイラム・ジール軍団から確固たる忠誠を取りつけようとしていたことの現れであったことを論じる。

以上，第1部ではブワイフ朝諸政権の連合体制が，一族をまとめる論理であるリアーサの存在とそれを尊重する姿勢によって維持されていたこと，そして各政権は独立に運営されていたこと，さらにリアーサを巡る争いが起こることで，ブワイフ朝は連合体制から統一へ向かったことを中心に論じる。

第2部では，アドゥド・アッダウラの死後からバハー・アッダウラ Bahā' al-Dawla のファールス征服までの時期に焦点を当てる。まず第5章では，アドゥド・アッダウラによって統一されたブワイフ朝が，その死後再び分裂していく過程について，とくに彼の2人の息子，長男シャラフ・アッダウラ Sharaf al-Dawla と次男サムサーム・アッダウラ Ṣamṣām al-Dawla の間で繰り広げられた後継争いに注目しつつ論じる。そしてファールスとイラクにそれぞれ根拠地を構えた兄弟間の後継争いは，ブワイフ家の論理ではなく，彼らを支える軍事集団，官僚，有力者などの利害が強く反映されたものであったことを明らかにする。

ブワイフ家の論理からすると，長男が後継者とならなかったのは特異なことであったが，その状況をもたらした要因を検討し，そこにアドゥド・アッダウラの家臣たちの利害が絡んでいたことを明らかにする。またその状況を正そうとする長男シャラフ・アッダウラの行動に影響を与えた，彼の家臣たちの利害関係の差異についても検討する。

次に第6章では，シャラフ・アッダウラ死後のファールスにおいて，盲目のサムサーム・アッダウラを擁立し，イラクの王権に対抗した政権の構造を解明すべく検討を行う。ファールスにはイマード・アッダウラによる王朝創設以来，多数のダイラムが存在し，経済基盤を有していた。彼らはイラクの王権の進出に対し，自分たちの権益を守るために独自の君主を擁立しこれに対抗した。またファールスのダイラムたちが樹立した政権はその末期において彼らの権益を侵害するに至った。このため，ダイラムはその政権への支持を撤回し，故に同政権は崩壊するのである。

第7章では，バハー・アッダウラのダイラムへの姿勢に注目し，彼の政権がアトラーク重視かつダイラム排除の傾向を有しているという従来の見解に対し，実際にはダイラムを排除する傾向を有していなかったことを明らかにする。また彼のファールス征服とその後の本拠地のファールスへの移転について，当地のダイラムとの軋轢を解消しつつそれを成し遂げていった様子を明らかにする。そしてダイラムが多数存在する地域への本拠地移転という事実から，彼のダイラム重視の姿勢を示し，また本拠地移転の理由を推測する。

最後に第8章では，アドゥド・アッダウラ，そしてムアイイド・アッダウラ Mu’ayyid al-Dawla の相次ぐ死を受けて，ジバール地方を中心にブワイフ朝を支えていた官僚や軍隊が，ブワイフ一族の長老となったファフル・アッダウラ Fakhr al-Dawla を君主に迎えた経緯とその要因の分析から，この政権がアドゥド・アッダウラの息子たちの政権とは一線を画し，ブワイフ朝の連合体制から離脱していく契機となったことを提示する。

以上，第2部ではアドゥド・アッダウラの死後ブワイフ朝は諸政権に分かれることとなるが，それはブワイフ家の論理ではなく，ダイラム軍団や官僚など，ブワイフ家の君主を支える家臣たちの論理によってなされていったことを論じる。ブワイフ朝においてダイラムの存在は非常に大きく，彼らの活用や彼らの支持獲得が王朝政治の中心的課題であったことが明らかになるだろう。

III. ブワイフ朝史研究の大著への批判と本研究の枠組み

ここでは，前述のブワイフ朝史研究の大著である3篇の研究書（Kabir, Busse, Donohue の研究）を取り上げ，批判を試みる。その理由はこれらがブワイフ朝史についての集大成ともいえる研究で，従来のブワイフ朝理解を代表する存在と見なしうるからである。先にも指摘したが，これらの研究書のタイトルはKabirの著書が『バグダードのブワイフ朝334/946年から447/1055年まで *The Buwayhid Dynasty of Baghdad*（*334/946–447/1055*）』であり，Busseの著書が『カリフと大王：イラクのブワイフ朝945年から1055年まで *Chalif und Grosskönig: Die Buyiden im Iraq*（*945–1055*）』，そしてDonohueの著書が『イラクのブワイフ朝334H./945年から403H./1012年：未来に向けた制度の形成 *The Buwayhid Dynasty in Iraq 334H./945 to 403H./1012: Shaping Institutions for the Future*』であり，3者ともタイトルに「イラク」や「バグダード」を含み，それらの地域ないし都市に焦点を当てた研究であることを表明している。この視点の取り方が問題であることはすでに述べたが，では彼らの研究はいかなる枠組みでなされているのか，ここで若干考察を試みる。

まず，Kabirであるが，その目次を見ると，第1部はイラクを統治したブワイフ朝君主ごとに章を分け，各君主の治世期の内容を詳しく見る形式である。また第2部は中央政府の行政や軍隊などを各々の章に分け，考察する形になっている。以下目次を挙げると，

第 1 部
第 1 章：イッズ・アッダウラの即位までのブワイフ朝
第 2 章：バフティヤール・イッズ・アッダウラ
第 3 章：アドゥド・アッダウラ
第 4 章：サムサーム・アッダウラとシャラフ・アッダウラ
第 5 章：バハー・アッダウラ
第 6 章：バハー・アッダウラの後継者たち
(a).スルターン・アッダウラとムシャッリフ・アッダウラ
(b).ジャラール・アッダウラ
(c).アブー・カーリージャールとマリク・ラヒーム
第 2 部
第 7 章：ブワイフ朝支配下の中央行政
第 8 章：軍隊
第 9 章：財務行政の概要
第 10 章：ブワイフ朝支配下のバグダードにおける文化的発展
第 11 章：ブワイフ朝とアッバース朝カリフたちの関係
第 12 章：ブワイフ朝の興亡における宗教的背景

となる。第 1 章にはブワイフ朝の勃興からムイッズ・アッダウラのイラク統治，そして彼の死までの記述が含まれている。これをみると，なるほどブワイフ朝の勃興から滅亡までの歴史が歴代の君主ごとに語られ，官僚組織や軍隊，財務行政，文化，カリフとの関係やブワイフ朝の宗教的背景もおさえられており，ブワイフ朝を知るための基本的な情報が示されているといえる。しかし，君主の治世ごとに区切って論じているため，前後の君主のつながりや代替わりの際に起こったであろう継承争いや主導権争いについてはほとんど考察されていない。

第 1 から第 6 章で挙がっている君主たちは全てが親から子への継承ではなく，また全ての継承が滞りなく行われたわけでもない。むしろほとんどの場合，継承についての争いが生じている。従って，上記のようにイラクを支配した君主を年代順に並べるだけでは，前後の君主の関係がほとんど見えてこず，また常に起こっていた継承争いを隠蔽してしまうことにもなるのである。またルクン・アッダウラやファフル・アッダウラといったジバールに拠点を置いたブワイフ朝君主の治世についてはほとんど言及がないことも指摘できる[29]。

また第2部でも，各章で扱う項目について，ブワイフ朝全時期から情報を集めた上で考察しており，君主間の争いに伴って発生する政治状況の変化を一切無視しているのである。

次にBusseの研究を見よう。彼の研究書は3部構成で，第1部が政治史，第2部が国家機構，行政，経済，第3部が宗教と文化の状況についての検討にあてられている。以下に大まかな目次を挙げると，

第1部：政治史
・初期ブワイフ朝（932–977）
・アドゥド・アッダウラからバハー・アッダウラまでのブワイフ朝大帝国（977–1012）
・帝国の滅亡（1012–1055）
第2部：国家機構，行政，経済
・カリフ権，アミール権，王権
・宮殿と宮廷社会
・吏僚とその職務
・行政の施設
・軍事
・経済状況
第3部：宗教と文化の状況
・イスラーム教
・キリスト教
・ユダヤ教
・ゾロアスター教，マニ教，マンダ教
・文芸と学問

となる。第1部では，ブワイフ朝を3つに時代区分している。このため君主の治世ごとに検討するという形式ではなく，たとえばイッズ・アッダウラとアドゥド・アッダウラの争いやシャラフ・アッダウラとサムサーム・アッダウラの争いなどにも目を配っており[30]，Kabirのものに比べると格段に詳細で包括的な研究である。しかし，その視点はやはりイラクに置かれてお

29. ただしKabirはジバールのブワイフ朝政権の概要についての論文を1958年に著している。Kabir, “The Buwayhids of Jibāl and Rayy”.

30. Busse, *Chalif und Grosskönig*, pp. 47–50, 63–68.

り[31]，またカリフとブワイフ朝君主との関わりやイラク周辺地域の諸勢力との関わりなども考察されているため，純粋にブワイフ朝内部の構造を検討する内容というわけではない[32]。

本書との関連でいえば，イマード・アッダウラについての考察で，ブワイフ家の主導権を握る存在として彼を *Großemir* と表現し，「大アミール *amīr al-umarā'*」を *Oberemir* として区別している点を指摘しておきたい。ブワイフ家のリアーサ[33]保有者を *Großemir* と表現しているわけであるが，Busse は史料中の術語の訳語として，「上位アミール」とでも訳すべき *Großemir* を用いているわけではなく，その定義は曖昧である。また大アミールを *Oberemir*[34] と訳し，アドゥド・アッダウラが両者を兼ねて以降，この両アミール位が一人の人物によって兼ねられるという状況がブワイフ朝末期まで断続的に行われたとするが[35]，どの君主が兼務したのかは示されておらず，考察としては不十分なままである。

---

31. Busse は「ブワイフ朝の中心はイラン高原，すなわちライやシーラーズにあった」としつつも，100 年以上にわたってカリフをその支配下に置いていたことを重視し，イラクを研究の対象としているようである。Busse, *Chalif und Grosskönig*, pp. vii–viii.
32. ブワイフ朝のイラク征服以前の状況にも言及がなされ，大アミールの事績についての検討もある。従って，第 1 部はブワイフ朝のみならずイラクの政治権力を扱ったものと考えるべきであろう。また先に述べたように，時代を 3 つに分ける根拠については言及がなく，この点からは Busse のブワイフ朝史観を読み取ることはできない。
33. リアーサについては，第 1 章第 II 節の議論を参照のこと。
34. 独和辞典で *ober* および *groß* の意味を引くと，それぞれ「上位の～～」，「大なる～～，主要な～～」という形容詞であることが分かる。*groß* の方は Busse の用いる「一族内の上位アミール」「大アミール」のどちらを表すにも使用可能のように思われるが，一方 *ober* はその意味に鑑みて「一族内の上位アミール」を表す際に用いるべき語であろう。それ故，大アミール *amīr al-umarā'* を *Großemir* と表現し，ブワイフ一族内の上位アミールを *Oberemir* とすべきではないかと思われる。『独和大辞典』1657 頁。
35. Busse, *Chalif und Grosskönig*, p. 34.

第 2 部以下での論述の形式は，Kabir と同じくブワイフ朝全時期からテーマに沿った事例を収集しており，時代や地域の違いを考慮した上での検討ではない。

最後に Donohue の研究をみよう。彼の研究書の構成は Kabir のそれと非常に似たものとなっている。扱う時代範囲が 403/1012 年まで，すなわちバハー・アッダウラの死去までと短くなっているが，その分各君主の治世について割かれる頁が多くなっている。以下その目次を示すと，

第 1 章：アミール制
・一族精神と反抗的な従兄弟たち
・イマーム制あるいはカリフ制
・ブワイフ一族の構造についての確認
・ムイッズ・アッダウラ
・イッズ・アッダウラ（バフティヤール）
・アドゥド・アッダウラ
・サムサーム・アッダウラ
・シャラフ・アッダウラ
・バハー・アッダウラ
・アミール制の機能と原理

第 2 章：宰相職と官僚体制
・イラクのブワイフ朝宰相職
　ムイッズ・アッダウラ
　イッズ・アッダウラ
　アドゥド・アッダウラ
　サムサーム・アッダウラ
　シャラフ・アッダウラ
　バハー・アッダウラ
・イラクのブワイフ朝官僚体制
第 3 章：軍隊
第 4 章：地方運営
第 5 章：土地行政
第 6 章：カリフ制
第 7 章：宗教―政治組織（カーディー，ナキーブ，シャーヒド）
第 8 章：社会組織

と以上のようになる。Donohue の研究については，筆者による書評[36]があるので，そちらも参照されたい。上記はとくに第 1 章と第 2 章のみ，その内容を詳しく挙げているが，一見して分かるように，君主ごとに論を進めるという形式である。Donohue の場合，宰相についても君主ごとに区切って検討している。このため Kabir の場合と同様各君主間の関係が見えにくくな

---

36. 橋爪烈「ジョン・J・ドノヒュー著『イラクのブワイフ朝』」057–064 頁を参照のこと。

っている。

彼は第1章の「ブワイフ一族の構造についての確認」という節において[37]，ブワイフ朝の君主たちが一族内の「見かけ上の優位性 *trappings of supremacy*」を巡って争った状況を概観している。そしてアドゥド・アッダウラが，長子相続および年長者重視の慣習という「(ブワイフ) 一族のしきたり」を，次男サムサーム・アッダウラを後継者に指名したことで，破壊したとしている。またバグダードの占拠とカリフを支配下に置くことがブワイフ一族内部での優位性を得るために必要であったとする[38]。

しかし一族内での優位性や権威の所在について，具体的な史料上の用語を挙げて検討しておらず[39]，また先に述べたように，第1章の後半部は君主ごとに考察されているため，一族内の優位争いの展開については不明である。

以上，ブワイフ朝史研究の3つの大著について，とくに本書との関わりが深い項目に限って概観した。この3つの研究書に共通することは，イラクに焦点を当てていることと，イラクに進出し，順次イラクを支配したブワイフ朝君主たちの関係を考慮していないということである。とくに Kabir と Donohue が採用している君主ごとに区分するやり方では，彼らの前後関係を断つことになり，これらの君主たちが「イラクを支配した者」であること以上の共通項を見出すことはできなくなる。これに対して Busse はイラクの君主とそれ以外の地域の君主の関係についても注目しているが，イラクに視点を置いているため，他地域の君主や政権の扱いは副次的なものに留まっている。

---

37. Donohue, *The Buwayhid Dynasty in Iraq*, pp. 18–34.
38. Donohue, *The Buwayhid Dynasty in Iraq*, pp. 29–30, 32.
39. 同書の19頁において，ブワイフ一族の *leadership* がイマード・アッダウラからルクン・アッダウラへ移ったことを述べている。しかしその箇所では *leadership* に相当するアラビア語は示されていない。その後，同頁末に *Takmila* の用語として，*leadership* がリアーサ *ri'āsa* であることが示されているが，これ以外にリアーサを挙げる箇所はない。従って Donohue が用いる *supremacy* や *leadership*，あるいは *lordship* などのブワイフ一族の主導権を意味すると思われる語句がリアーサの訳語であるかどうかは不明である。

これを受けて本書の枠組みを提示しよう。イラクに焦点を当てた上記の研究書に対して，本書ではイラクのみならずジバールとファールスの2地方にも目を配り，これらの地域に存在したブワイフ一族の政権の事例を可能な限り史料より抽出し，検討していく。重要なことはイラクのブワイフ朝政権やイラクを支配した君主を議論の中心とするのではなく，むしろイラク以外の地域に焦点を当てることで，これまでのブワイフ朝研究の成果を相対化することである。

第１部　ブワイフ朝の政権構造と支持基盤
——勃興期からアドゥド・アッダウラの死まで

第1章　ブワイフ朝君主の主導権争いと一族の紐帯
――イマーラ，リアーサ，ムルクの検討を中心に

はじめに

本章では，ブワイフ朝初期，すなわちその勃興からアドゥド・アッダウラ ʻAḍud al-Dawla によるブワイフ一族諸政権の統一までの期間[1]において，ブワイフ一族の君主たちが支配の正当性を主張するに際して，何を根拠としたのか，という点を明らかにすべく考察を行う。まずブワイフ朝初期の君主たちそれぞれの政権がいかなる意味で独立の政権であり，またいかなる意味でブワイフ朝としてのまとまりを有するのかという点を明らかにする。その過程で各々の君主の支配の正当性主張の根拠も明らかになるだろう。

そして，ブワイフ朝の諸政権を統一し，アッバース朝カリフの前に強大な権力を有して登場したアドゥド・アッダウラの有した様々な権限と称号，あるいは彼のカリフへの態度などから，彼が確立しようとした支配の正当性の根拠について，その内容を明らかにする。こうした検討を経ることで，ブワイフ朝の基本的な性格が明らかになり，以後の章で行う考察を方向づけることになるだろう。

さて，上記の問題についての検討に入る前に，ブワイフ朝登場に至る時期および本章で扱う範囲について，その時代背景などを若干述べておくことにする。132 / 749 年以降，預言者ムハンマド Muḥammad の一族として，またその後継者としてイスラーム共同体（ウンマ）の権威と権力を担っていたア

1. すなわち，*Tajārib* のⅠ～Ⅱ巻に収録された年代のうち，322–369 / 933–980 年を指す。

ッバース朝カリフ政権は，王朝軍であったホラーサーン軍の衰退とアトラーク軍団の台頭・専横，各地に勃興した軍事政権の存在等によって9世紀中頃から衰退の一途を辿っていた[2]。そして，324 / 936年にイブン・ラーイク Ibn Rā'iq が大アミール *amīr al-umarā'* に就任し，カリフの政治権力はほぼ完全に奪われることとなった[3]。

こうして，アッバース朝カリフは，モンゴルの侵攻によって滅亡する656 / 1258年まで，政治的象徴として，とくにイラン，イラク，シリア，ホラーサーンなどの地域に割拠した軍事政権に支配の正当性を付与する存在となる。すなわち324 / 936年以降，自ら支配の正当性を主張することができず，カリフの権威に依存する軍事政権が，カリフに「支配者として認めてもらう」という形で支配を正当化するために，その存続を許したのである。

そして大アミールの登場から10年後，ブワイフ朝がイラクに進出し，カリフを傀儡化するのである。同王朝の創始者であるイマード・アッダウラ 'Imād al-Dawla は322 / 934年にシーラーズの支配権を獲得し，カリフより同地の支配者としての承認を得ていた[4]。そしてその12年後の334 / 946年に，イマード・アッダウラの末弟であるムイッズ・アッダウラ Mu'izz al-Dawla がバグダードに入城し，ブワイフ朝の一政権がイラクに誕生するのである[5]。ブワイフ朝第一世代の君主たちは，その支配権をカリフによって承認され，すなわちアミールの権限イマーラ *imāra* を授与され[6]，アミー

2. 経緯については，清水和裕『軍事奴隷・官僚・民衆』3–10頁を参照のこと。
3. 大アミールの登場からブワイフ朝のバグダード侵攻にかけての時期において，アッバース朝カリフがその政治権力を剥奪され，政治的象徴としての存在となったことについては，多くの研究が指摘するところである。たとえば，Kabir, "The Function of the Khalifah", pp. 174–180; Spuler, "The Disintegration of the Caliphate", p. 143; Busse, "Iran under the Būyids", pp. 250–304; Kraemer, *Humanism*, p. 31; 佐藤次高『イスラームの国家と王権』104–105, 109–111頁などを参照のこと。
4. *Tajārib*, I, 299–300, 303; *Awrāq*, 284–285; *Takmila*, 88–89.
5. *Tajārib*, II, 85; *Takmila*, 148; Ahmet 2907 / b v. 11, f. 15a.
6. *Takmila*, 148.

ル *amīr* あるいは大アミールに任命されている。そしてこのことは，彼らがアッバース朝カリフの権威を認め，カリフによって支配の正当性を付与された存在であったことを意味している。

しかしブワイフ朝最盛期の君主であるアドゥド・アッダウラはアミールではなく，ムルク *mulk* という権限を持つマリク *malik* であると諸史料によって表現されている。ムルクとは，クルアーンにおいてはアッラーに属す支配権（王権）と考えられ[7]，また，マリクという呼称はアッラーでなければ，イスラーム登場以前の支配者たち，すなわち異教徒の王のことを指す場合に使用される言葉であった[8]。

その後，ウマイヤ朝，アッバース朝と時代を経るにつれ，史料中に，ムスリムの支配者を指す場合にマリク[9]，支配権を指す言葉としてムルクが使用されるようになる。しかし，それは叙述史料中のことであって，たとえば，貨幣や公式の文書等にマリクという表現が現れるなど，実際にムスリムの支配者がマリクを称するようになるのは，ブワイフ朝期まで待たねばならない[10]。

---

7. 例えば，『クルアーン』第3章（イムラーン章）189節（以下クルアーンはQ3: 189（3章189節）と表記する）「神にこそ，天空と大地の王権が存する *wa lillāh^{i} mulk^{u} al-samāwāt^{i} wa al-arḍ^{i}*」とあり，アッラーが天地の王権の所有者であるとされている。この他，Q2: 107; Q5: 17–18, 40, 120; Q7: 158; Q9: 116; Q24: 42; Q25: 2; Q39: 44; Q43: 85; Q57: 2; Q85: 9 に同様の表現がある。
8. イスラームの信仰の観点からすると，マリクとは神アッラーのことであり，従って，マリクを称することは，それだけで異端となる行為であったという。Lewis, *The Political Language*, pp. 53–57.
9. *Awrāq*, 19 では，アッバース家の諸王 *mulūk banī al-ʻAbbās* という表現が見られ，カリフも「マリク」と見なされていたことが窺える。またブワイフ朝最初期において，同王朝の支配者を含む各地の政権の支配者たちが諸王 *mulūk al-ṭawā'if* と表現されている例もある。*Tajārib*, I, 262; Ahmet 2907 / b v. 10, f. 249b.
10. 例えば Treadwell, "Shāhanshāh and al-Malik al-Mu'ayyad", pp. 318–337 を参照のこと。Treadwell はイマード・アッダウラと同時期のサーマーン朝君主ヌーフⅠ世 Nūḥ b. Naṣr（r. 331–343 / 943–954）が 335H 年ナイサーブール発行の

そのマリクとしてアドゥド・アッダウラは史料に登場し，強大な権力を有してアッバース朝カリフの前に現れるのである。以上のような背景をおさえた上で，ブワイフ朝諸政権の独立性やその連合体制，そして支配の正当性について考察する。

I．イマーラとブワイフ朝君主たち

多くの研究者が指摘するように，ブワイフ朝は単独の君主を戴く王朝ではなく，一族の君主たちがそれぞれの政権を担う，一族政権の連合体であった。しかし，連合の実態がいかなるものであったかについては，具体的な検討がなされていない[11]。そこで，本節ではブワイフ朝の政権構造を明らかにするために，カリフの任命によるイマーラの持ち主としてのブワイフ朝君主という彼らの立場と，その彼らが一族内部でどのような関係にあったのかという2つの面から検討していく。

I-1．カリフの任命とブワイフ朝アミールたち

大アミール登場前後のアッバース朝支配領域において，アミールは主に「総督」と訳され，ファールスやシリアなどの地方名，あるいはイスファハーンやアッラジャーンなどの都市名を冠した，ある一定地域の軍事行政 *ḥarb* や徴税業務 *kharāj*, 治安維持 *mu'āwin*, 司法の監督などを行う役職であった。政治理論を扱う書物には，その業務内容が事細かに記載されているが[12]，実際にはそれらの業務全てを一手に引き受けるアミールは少なく[13]，

銅貨に「天に支えられし王 *al-malik al-mu'ayyad min al-samā'*」という称号を刻んだことをもって，地方政権の君主がマリクを号した最初とみている。

11．序論第I節を参照のこと。

12．*Aḥkām*, 30–34; マーワルディー『統治の諸規則』66–77頁。

13．アゼルバイジャンとアルメニアの総督を務めたユースフ・ブン・アビー・アッサージュ Yūsuf b. Abī al-Sāj は礼拝指導 *ṣalāt*, 軍事，治安維持，徴税，私領地管理 *ḍiyā'* などの業務を任されていたようであり，加えてライ，カズウィーン，アブフル，ザンジャーンの軍事を担当する大総督であったようである。

軍事面に特化したアミール[14]や徴税[15]ないし治安維持[16]のみを行うアミールが任命されるなど，1つないし幾つかの業務を組み合わせて行う様々なアミールが存在した。そして，史料中では，彼らの持つ権限はイマーラ *imāra* ないしイムラ *imra* と呼ばれている[17]。以上から，大アミール登場前後の時期において，アミールという存在は，ある都市や一定の地域名が明示され，カリフの職掌のうちの一部ないし全部を委任され，恩賜の衣や軍旗，そして任命文書の授与によってそのことを確認された者を指す，と理解すべきであろう。

ブワイフ朝の君主たちもアミールと呼ばれ，とくにバグダードを本拠地とした君主は大アミールと呼ばれることが多かった。しかし，彼らへのイマーラ授与に関して，明確に「イマーラを授けた」と記述する史料は少ない。そこで，アミール，あるいは大アミールに任命される場合，どのような手続きがとられ，どのような権限が授与されるのかについて，最初の大アミール[18]

Tajārib, I, 45. またこうした大総督の例としてムーニス・ムザッファル Mu'nis al-Muẓaffar やハールーン・ブン・ガリーブ Hārūn b. Gharīb がいる。*Tajārib*, I, 83, 306.

14. *Tajārib*, I, 15, 32, 50, 56.
15. *Tajārib*, I, 16, 51.
16. *Tajārib*, I, 20, 26, 33, 38; *Takmila*, 93.
17. どちらもアミール（命令する者）の抽象名詞で，アミールの権限を意味する言葉である。*Murūj*, IV, 245; *Tajārib*, II, 158, 176; *Takmila*, 65, 88. ただし，こうした事例は大アミールの登場後に顕著になる。*Awrāq*, 251; *Tajārib*, I, 393, 396; II, 18, 21–22, 28, 41, 44, 81, 83, 89; Ahmet 2907 / b v. 10, ff. 254b, 265b; Ahmet 2907 / b v. 11 f. 31a.
18. 大アミールについては柴山滋の一連の論考がある。個別の大アミールの軍隊構成や経歴，政策を論じ，ブワイフ朝以前の大アミールの詳細が明らかにされつつあるが，その全体像を示すにはいたっていない。巻末の参考文献リストを参照のこと。また筆者は修士論文において，大アミールを「イラク地方の総督兼ワズィール（宰相）」である人物の地位であり，バグダードを中心にイラク南北の統治行政に責任を持つものと定義した。ただし就任者に共通性がないことから，ブワイフ朝期以降，誰が大アミールであるか，ということについて

となったイブン・ラーイクの例で確認しよう。

> 324 / 936年，カリフ＝ラーディー al-Rāḍī billāh はイブン・ラーイクにアミールの権限 *imāra* と軍隊の指揮権 *ri'āsa al-jaysh* を授け，彼を大アミールに任命し *ja'ala-hu amīr^{a} al-umarā'^{i}*，諸地区全てのハラージュ地と私領地の業務，そして，治安維持を彼に委ね，国家 *mamlaka* の運営を任せた。また，礼拝時には，諸国における全ての説教壇 *manābir* から彼の名前を読み上げ，彼をそのクンヤ *kunya* で呼ぶよう命じた。また，恩賜の衣 *khil'a* と軍旗 *liwā'* がマークルド・ダイラミー Mākurd al-Daylamī とアッバース家の宦官の一人によって彼に運ばれた。*Tajārib*, I, 351[19].

この引用は，大アミールたちの任命時の記述の中で，最も具体的かつ詳細な例である。その後数名の大アミールが登場し，それぞれの任命に際して恩賜の衣と軍旗に加えて貨幣発行権（シッカ *sikka*）や尊称（ラカブ *laqab*）の授与についての記述が見られるが[20]，前述の内容が基本的なものである。

上記引用は大アミールの例であるためその権限の範囲が「諸地区全て」とか「諸国」となっており明示的ではないが，アミールの場合はある特定の地方，地域，都市についての徴税，治安維持，軍事行政などの業務を委ねられ，その証としてカリフからの任命の文書や恩賜の衣を得たのである。その際に「アミールに任命した」とか「アミールの権限を授けた」と史料に記載があれば，その人物がアミールになったと判断しやすいのであるが，そうした事例はほとんどない。従って我々はその人物がアミールに任命されたかどうかを，上記のような業務の委任とその証としての任命文書等の授与で判断する

の情報が錯綜することになる（橋爪烈「アッバース朝カリフとブワイフ朝アミール」第一章)。今後検討を要する課題である。それ故，ブワイフ朝期とそれ以前の大アミールの性格や意義に違いがあるとは思われるが，現段階ではカリフの任命によるアミールの一形態として捉えることにする。

19. アミールの場合の例としては，*Tajārib*, I, 211, 306–8; *Takmila*, 65 を参照。

20. *Tajārib*, II, 28, 69–70; Ahmet 2907 / b v. 11, f. 15a.

ブワイフ朝家系図（第一，第二世代）

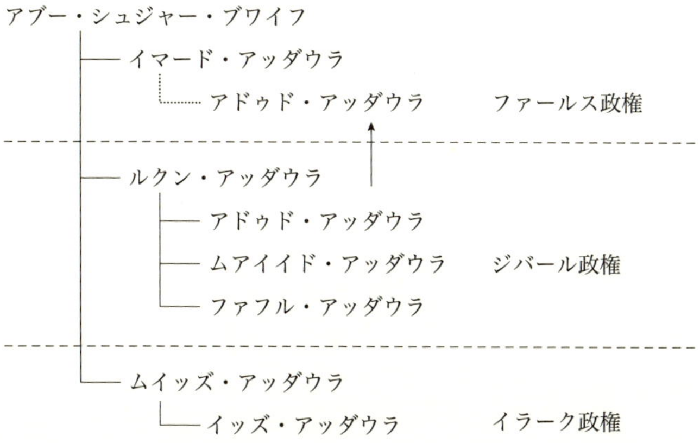

必要がある。

次にブワイフ朝初期の君主たちがどのような経緯でアミールとなっていたかについて，上記のイブン・ラーイクの事例を参照しつつ，検討する。対象とする人物は前述のイマード・アッダウラ，ムイッズ・アッダウラ，アドゥド・アッダウラに加えて，ルクン・アッダウラ Rukn al-Dawla とイッズ・アッダウラ ‘Izz al-Dawla[21] の5名である[22]。

まず，イマード・アッダウラであるが，彼はズィヤール朝君主マルダーウィージュ Mardāwīj b. Ziyār の一将軍としてジバール地方から徐々に南下し，322 / 934年にシーラーズに入城する。そして，年額800万ディルハムの送金と引き換えに，カリフから恩賜の衣と軍旗を授けられる[23]。ここではイマ

21. 諸史料では，「イッズ・アッダウラ」の他に，「バフティヤール Bakhtiyār」として記述されていることも多々あるが，本書では史料中に「バフティヤール」とあっても，彼個人を指す場合は，「イッズ・アッダウラ」として訳出している。清水和裕「バフティヤールと呼ばれる男」1–38頁を参照のこと。なおこれに関連して，ブワイフ朝君主の名前は，引用文中も含め「〜〜・アッダウラ」という表記で統一している。

22. これらの人物の関係については系図を参照のこと。

23. *Tajārib*, I, 300; *Takmila*, 89; Ahmet 2907 / b v. 10, f. 230a.

ーラという言葉が明記されていないが，恩賜の衣と軍旗を授与されていることから判断して，シーラーズのアミールに任命されたと考えてよいだろう。

また，彼は大アミールでもあったと指摘することができる。一般的には彼の弟のムイッズ・アッダウラが大アミールに任命されたと考えられているが[24]，*Tajārib* の記述によると，イマード・アッダウラの死後，弟のルクン・アッダウラが兄の地位を継いで大アミールに任命されたことになっている[25]。このことから，イマード・アッダウラは大アミールであったと考えることができよう。

次にルクン・アッダウラについてみると，前述のように，彼は 338 / 949~950 年に大アミールに任命されたようである[26]。しかし，それ以前の彼がアミールであったかについては別の証拠を探す必要がある。*Awrāq* に拠ると，ルクン・アッダウラはカリフ＝ムッタキー al-Muttaqī lillāh（r. 329–333 / 940–944）の治世末におけるカリフの役人 *'ummāl* 一覧表に，イスファハーンを司る人物として，ファールス，アフワーズ，アッラジャーン等を司る兄のイマード・アッダウラと共に名前が挙がっている[27]。この表には大アミールとしてトゥーズーン Tūzūn, また，ホラーサーンを司るサーマーン朝の君主ヌ

---

24. Kabir, *The Buwayhid Dynasty of Baghdad*, p. 6; Busse, *Chalif und Grosskönig*, p. 30.
25. *Tajārib*, II, 120; Ahmet 2907 / b v. 11, f. 31a. Treadwell のカタログによると，イマード・アッダウラが大アミールの銘をもつ貨幣を発行した例が 6 例（336H 年シーラーズ 4 例，ファサー Fasā 1 例，337H 年ファサー 1 例）存在する。Treadwell, *Buyid Coinage*, pp. 15–16, 38. また Frye もイマード・アッダウラが大アミールであったと述べているが，典拠は示していない。Frye, *Golden Age*, p. 210.
26. ただし貨幣資料からは，大アミール就任を裏付けることはできない。
27. *Awrāq*, 284–5. 325 / 936~7 年までにルクン・アッダウラがイスファハーンのアミールであったことを示唆する記述として，*Tajārib*, I, 366; *Takmila*, 101 がある。その一方で，326H 年条では，ルクン・アッダウラとズィヤール朝君主ウシュマキール Wushmakīr b. Ziyār の戦いが記され，328H 年条では，一時イスファハーンを奪われていたとの記述もあり，ジバール地方を巡って攻防が繰り広げられていた様子が窺える。*Tajārib*, I, 380, 411.

ーフ・ブン・ナスル（ヌーフ I 世）の名前が挙げられていることから，ルクン・アッダウラはイスファハーンの支配を委ねられたアミールであったと見なすことができる。彼は，マルダーウィージュの暗殺によって混乱するズィヤール朝の虚をついて，イスファハーンへ侵攻し，同地を征服して，カリフからイスファハーンのアミールとして任命されていたのであろう。

それ以外の例としては，カリフからルクン・アッダウラに対してホラーサーンのアミール位が授与されたことが挙げられる。以下はその場面の引用である。

> 3 人のアミール，すなわち，イマード・アッダウラ，ルクン・アッダウラ，ムイッズ・アッダウラは，ルクン・アッダウラが税収 *uṣūl* と統治権 *wilāya* をめぐってホラーサーンの人々[28]と戦うことを理由に，彼にホラーサーンを授与し，その契約を彼と取り交わすことを決めた。（中略）そして，ホラーサーンに対するルクン・アッダウラへの任命文書 *'ahd* が書かれ，任命の軍旗が用意され，それと共に恩賜の衣が彼の許へと運ばれた。お上 *sulṭān*[29] のハージブ *ḥājib* の 1 人がサブクタキーン Sabuktakīn と共にそれらを持って出発した。*Tajārib*, II, 117–118.

引用文中には「アミール」や「イマーラ」の語は見えないが，ホラーサーンという地名および任命文書，軍旗と恩賜の衣が用意されていることから，ホラーサーンのアミールへの任命がなされていることが分かる。ルクン・アッダウラはカリフに任命されたアミールとして描かれているのである。

次にムイッズ・アッダウラの場合を見てみよう。彼は 334 / 946 年にバグダードに入城し，同年にカリフ＝ムスタクフィー al-Mustakfī billāh（r. 333–334 / 944–946）よりムイッズ・アッダウラのラカブと貨幣発行の権利，そして恩賜の衣を与えられる。これは，2 人の兄イマード・アッダウラとルク

28. ここでは「サーマーン朝」を指している。*Tajārib*, II, 121.

29. ここで「お上」と訳出した *sulṭān* とは，セルジューク朝以降の君主たちの称号としてのものではなく，「公権力」を意味し，多くの場合「カリフ」を指す言葉である。ただし，ブワイフ朝権力を指して *sulṭān* と呼ぶ場合もある。

ン・アッダウラも同様であり，ここでブワイフ朝の三兄弟がそれぞれカリフからアミールとして任命され，別個の支配者として認められていることが分かる。しかし，この時点でムイッズ・アッダウラが大アミールに任命されたと伝える後世の史料は存在するが[30]，同時代史料の *Tajārib* は彼の大アミール就任を伝えていない[31]。一方，前述のイマード・アッダウラに対しても大アミールのイマーラが授与されたことについての記述がない。したがって，334 / 946 年の時点ではムイッズ・アッダウラが大アミールであったかどうかは不明である。

しかし，344 / 955 年に，大アミールの権限 *imrat al-umarā'* を息子のイッズ・アッダウラに授けているので[32]，ムイッズ・アッダウラが大アミールであった可能性は指摘できる。ただしイマード・アッダウラも大アミールであった可能性があり，その地位はルクン・アッダウラに継承されているため[33]，*Tajārib* の記述は錯綜しているといわざるを得ない。したがってここでは，彼が，少なくともバグダードのアミールとして，イマーラを所有していたことを指摘するに留めておこう。

次にイッズ・アッダウラの場合を見よう。前述のように，彼は 344 / 955 年に父親から大アミールの権限を授与される。そして，その 4 年後の 348 / 959 年にはカリフ＝ムティー al-Muṭī' lillāh（r. 334–363 / 946–974）よりその事が承認されている[34]。したがって，イッズ・アッダウラの場合は父

---

30. *Muntaẓam*, VI, 340. *Takmila* ではイマーラの授与が確認される。ただし，それはバグダードのイマーラであるとも伝えられている。*Takmila*, 148, 157.

31. *Tajārib*, II, 85. また *Kāmil* や Ahmet 2907 / b v. 11 もムイッズ・アッダウラの大アミール就任を伝えていない。*Kāmil*, VIII, 450; Ahmet 2907 / b v. 11, f. 15a.

32. *Tajārib*, II, 158. この時点では，ラカブの授与は行われておらず，家の中での継承を定めたものと考えられる。

33. *Tajārib*, II, 120.

34. *Tajārib*, II, 158, 176; *Takmila*, 176; Feizullah 1523, f. 46b; Ahmet 2907 / b v. 11, f. 44a. ムティー（史料中ではスルタン *sulṭān* と表記）はイッズ・アッダウラに軍旗，大アミールの権限 *imrat al-umarā'*，そして「イッズ・アッダウラ」のラカブを与えている。*Tajārib*, II, 176.

親の持っていたイマーラをそのまま引き継ぎ，カリフの承認も得たアミールであったといえるだろう。

最後にアドゥド・アッダウラの場合はどうだろうか。彼はイマード・アッダウラの死（338 / 949~950 年）後，父ルクン・アッダウラの軍隊や役人を率いてシーラーズに至り，イマード・アッダウラの後を継いだ。この時点で，彼がカリフの承認を受けてアミールとなったかについては記述がない。351 / 962 年にムティーよりアドゥド・アッダウラのラカブを授与されており，カリフの承認をうけたことが確認できるが[35]，ラカブ授与のみであり，イマーラ授与の有無は確認できない。その後，357 / 968 年にアドゥド・アッダウラがキルマーン全土を征服した際に，カリフの許 *al-ḥaḍra* より，任命文書 *'ahd al-khalīfa*, 王冠，腕輪を含む恩賜の衣 *khila'-hu min al-ṭawq wa al-siwārayn*, キルマーン全土の委任文書 *'aqd* が授与されており[36]，アミールとされている。この時初めてアミールになったとは考えにくいので，357 / 968 年以前には既にファールスのアミールに任命されていたと思われる。

一方，貨幣資料はもっと早くにアミールであったことを示唆する。340 / 951~2 年以降，アドゥド・アッダウラのラカブが刻まれた貨幣がファールスの諸都市で発行されており，アミールの銘を持つ貨幣も 347 / 958~9 年以降登場する[37]。もちろん自称の可能性もあるが，同じくイッズ・アッダ

---

35. *Tajārib*, II, 192; *Takmila*, 183; *Kāmil*, VIII, 544.
36. 任命文書と訳出した *'ahd* と委任文書と訳出した *'aqd* の意味の違いは明確に区別できない場合が多いが，*'aqd* の方が一般的な法的行為としての双務的契約およびそれを確認する文書であるのに対し，*'ahd* の方はある人物を特定の役職等へ任命する際，あるいはムスリムと非ムスリム間での同盟の際に取り交わされる契約およびその確認文書のようである。Schacht, "'AHD", *EI*^{2}, I, pp. 255a-b; Chehata, "'AḲD", *EI*^{2}, I, 318a-320a; Lewis, *The Political Language*, p. 80.
37. 340H–350H 年間でアドゥド・アッダウラ／アミールの出現回数は，アッラジャーン : 14 / 0, ファサー : 4 / 2, フズー : 1 / 1, ジャンナーバ : 8 / 0, シーラーズ : 13 / 3, シーラーフ : 10 / 3 で，アドゥド・アッダウラの初出は 340H 年，アミールの初出は 347H 年である。Treadwell, *Buyid Coinage*, pp. 1–74.

ウラの銘を持つ貨幣がイラク諸都市で発行され始めるのが，彼がカリフの承認を受けた348 / 959~960年以降であることを考えあわせると[38]，アドゥド・アッダウラは340H年[39]か，遅くとも347H年までにはカリフの承認を受けていたものと考えられる[40]。

叙述史料と貨幣資料との間で情報に齟齬があるという問題は現段階では解決不可能であるが[41]，ひとまずアドゥド・アッダウラのアミール就任は340H年代と考えておく。

以上から，カリフは彼らをブワイフ朝というまとまりでとらえ，彼らの代表者をアミールに任命するのではなく，各人を個別の都市ないし地方の支配者として，アミールに任命していたことが見えてきたのではないだろうか。カリフは，各地を実際に支配するブワイフ家の諸君主をそれぞれ独立の支配者と見なしており，彼らの間に上下関係が存在する，あるいは彼らがまとまった勢力である，という認識を有していなかったのである。では次に，カリフの任命上は別個の支配者であったブワイフ朝君主たちの相互の関係を，一族の枠組みの中において検討することにする。

---

38. Treadwell, *Buyid Coinage*, pp. 129, 145.

39. Lutzは340H年の「アドゥド・アッダウラ」授与説を取っているが，叙述史料との整合性についての検討は行っていない。Lutz, "Amīr-Malik-Shāhānshāh", pp. 86–87.

40. この他，「アミール・ジャリール *al-amīr al-jalīl*（偉大なアミール）」の銘を刻んだ碑文2例の存在がDonohueによって報告，解説されている。どちらもペルセポリスのダレイオスの王宮にクーフィー体で刻まれ，344 / 954年と年代が明示されている。344 / 954年にイスファハーンに侵入したイブン・マーカーンを撃退したアドゥド・アッダウラがその記念に刻ませたものであると考えられ，その真正性は高いとみてよいだろう。従って，344 / 954年にはアミールを称していたことはいえそうである。Donohue, "Three Buwayhid Inscriptions", pp. 74–78.

41. ヒラール・サービー『カリフ宮廷のしきたり』132–133頁および註釈452（筆者作成註）を参照のこと。ここでも，アドゥド・アッダウラのラカブ授与年に関する考察を加えているが，どちらを取るか答えは出ていない。

I-2. ブワイフ一族の君主たちの独立性

本章第I節1では，カリフの任命という，いわば公的な領域でのブワイフ朝君主たちの立場を検討し，彼らが独立した支配者であったことを確認したが，一方で彼らがブワイフ一族としてのまとまりを有していたことも確かである[42]。しかし，彼らの結び付きがいかなるものであるかについては全く検討がなされていない。次節では一族としての結び付きについて検討するため，ここでは，政権や君主の独立性を示す指標になると思われる軍事指揮権，人事権，財務行政の3つの点からブワイフ一族の関係を検討する。なお，焦点を絞るために，とくにブワイフ朝第一世代の関係に注目している。

まず，軍事指揮権の問題について考えよう。イマード・アッダウラが弟たちの軍事活動に対して積極的に関与したのは2例のみである。1つは324 / 936年のムイッズ・アッダウラによるキルマーン遠征の際に示された。イマード・アッダウラは，芳しい戦果を挙げられないムイッズ・アッダウラに対して進軍を止めさせる命令を出し，彼をイスタフル Iṣṭakhr まで後退させる[43]。もう1つは334 / 946年のサーマーン朝軍のジバール侵攻に際して示された。この時，イマード・アッダウラは援助を求めてきたルクン・アッダウラを自らの指揮下におき，戦略的な駆け引きによってサーマーン朝軍を撤退させることに成功する[44]。

これらはルクン・アッダウラがジバール全土を（335 / 946~7年），ムイッズ・アッダウラがイラク全土を支配下におく（334 / 946年）以前の例であり，それ以後に行われたムイッズ・アッダウラの対ハムダーン朝戦や対バリーディー家戦[45]，ルクン・アッダウラのタバリスターン遠征やムサーフィル朝撃退戦など[46]において，イマード・アッダウラが指揮権を行使した例は

---

42. 史料には，*banū Buwayh* や *āl Buwayh* や *awlād Buwayh* などの表現が見られ，ブワイフ一族というまとまりを持った集団として認識されている。*Tajārib*, II, 166; *Āthār*, 38, 81, 132, 134; *Yamīnī*, 377; *Takmila*, 142, 187, 232; Ahmet 2907 / b v. 11, f. 31a; BN 5866, ff. 19b, 50b.

43. *Tajārib*, I, 352–357.

44. *Tajārib*, II, 100–102. 第3章第I節3を参照のこと。

45. *Tajārib*, II, 112, 115.

見あたらない。軍事支援についても1例を数えるのみである[47]。つまり，三兄弟がそれぞれ独自の支配領域を確保した後に，3者がそれぞれの軍事行動に，援助以上の形で関わった例はないのである。

次に，人事権について見てみよう。334 / 946年にムイッズ・アッダウラはムスタクフィーを廃位し，ムティーをカリフに即位させる。この時ムイッズ・アッダウラは兄イマード・アッダウラの意向を尋ねることなく，独自の判断でカリフの挿げ替えを行っている[48]。また，ルクン・アッダウラはサーマーン朝の将軍イブン・アブド・アッラッザーク Ibn ʻAbd al-Razzāq が亡命してきた際に（337 / 948~9年），ダームガーン Dāmghān を彼に与え，対サーマーン朝戦に備えている[49]。このどちらの例についても，史料はイマード・アッダウラの意向が反映されていたとは伝えていない。さらに，イマード・アッダウラはその晩年にルクン・アッダウラの息子のアドゥド・アッダウラにファールスを託そうとして，ルクン・アッダウラにそれを要請 *istadʻā* している[50]。

とくに最後の事例は象徴的である。子供のいなかったイマード・アッダウラが弟の息子アドゥド・アッダウラを自らの後継者にすべく行動したのであるが，この事例から，イマード・アッダウラがルクン・アッダウラやムイッズ・アッダウラの君主ではなく，ファールスという一地方の支配者であったことが窺える。まず，彼は後継者の人選にあたって，命令を発しているわけではない。あくまで「要請」という形で弟に接している。イマード・アッダウラとルクン・アッダウラが君臣関係であれば，命令という形での人選が行われたはずであるが，史料はそのようには伝えていない。

---

46. *Tajārib*, II, 115, 119, 132–33. 後者については，第3章第II節1を参照のこと。
47. *Tajārib*, II, 117, 132.
48. *Tajārib*, II, 86; *Takmila*, 149. この事例を「人事権」とするには異論もあろうが，カリフの改廃をムイッズ・アッダウラが独自の考えで行っているという点に注目すれば，彼が2人の兄から独立した支配者であるということは言えるだろう。第2章第I節2を参照のこと。
49. *Tajārib*, II, 117.
50. *Tajārib*, II, 121.

また，イマード・アッダウラはアドゥド・アッダウラを後継指名するにあたって，ルクン・アッダウラやムイッズ・アッダウラの支配領域までを念頭に置いておらず，もっぱら彼自身の支配領域 *mamlakat-hu* に対する後継指名として考えている。*Tajārib* には，自らの側にいるダイラム諸侯が自らの領地を奪ってしまうことを心配するイマード・アッダウラの様子が伝えられており，彼があくまでもファールスを領有する自らの政権を維持しようという意図のもとに行動していたことが分かる。すなわち，イマード・アッダウラは，弟たちのものとは別に，自らの政権が存在していると認識していたことが考えられる[51]。

最後に財政面について検討しよう。3者間の財政的つながりについていえば，ルクン・アッダウラやムイッズ・アッダウラが自らの領土からの「歳入をイマード・アッダウラのもとへ送付した」という趣旨の記述は皆無である。逆にルクン・アッダウラが，ダームガーンに派遣したイブン・アブド・アッラッザークに対して，同地の歳入を彼の裁量によって使用するよう命じている記述が見出される[52]。したがって，イマード・アッダウラと弟たちの間に，歳入を一箇所に集め，そこから各人に分配するような行政機構はなく，各々が独自の財源を有し，独自の裁量で歳入を費やしていたと考えられる[53]。このように，軍事指揮権や人事権，財政面から見て，3人はそれぞれ独立した

51. *Tajārib* では，イマード・アッダウラが弟たちを後継者に選ばなかった理由として，彼らが遠く離れた地にいるためであったと説明されている。しかしその前後の文章では，イマード・アッダウラが自らの側に仕えるダイラム諸侯の策動を懸念していることや，自らの家臣たちに，シーラーズにやって来たアドゥド・アッダウラに対して臣下の礼を取るよう促している様子が伝えられている。このことから考えて，イマード・アッダウラは遠く離れた弟たちに自らの政権を託すのではなく，その政権のみを司る後継者を立てることを選んだのであり，その本心が自らの政権の維持にあったと考える方が妥当であろう。*Tajārib*, II, 121; *Takmila*, 162. 第2章第III節1も参照のこと。

52. *Tajārib*, II, 117.

53. もっとも彼らの間の財政的つながりについては，史料中にあまり事例が示されておらず，今後さらなる調査を要する問題である。

支配者であったと考えられるのである。

以上の考察から，ブワイフ朝第一世代の三兄弟は，カリフの承認という公的な面で独立したアミールとして任命された存在であり，また，ブワイフ一族内部の関係においても，相互に干渉されない独自の権限を保有し，独立した君主として自らの政権を有していたといえるだろう。そこで本書では，彼らの政権を，その支配地域名に因み，イマード・アッダウラの運営する「ファールス政権」，ルクン・アッダウラの運営する「ジバール政権」，そして，ムイッズ・アッダウラの運営する「イラーク政権」と名付け，以後この名称を用いて議論を進めることにする。また，これらブワイフ一族の諸政権は，たとえば，ジバール政権ならば，ルクン・アッダウラを頂点に，彼の息子たちや家臣団，軍隊によって構成される一つの軍事（政治）勢力であると考える。次節ではこの一族諸政権の連合体としてのブワイフ朝について検討する。

II. リアーサを巡るブワイフ朝君主たちの動向

ファールス政権，ジバール政権，イラーク政権がそれぞれ独立した存在であったことは前節で述べた。しかし，これらの政権がブワイフ朝というまとまりを全く意識しなかったかというと，そうではない。彼らは独立した政権を運営しながらも，ブワイフ一族としての結び付きを強く意識していた。しかし，それはカリフの承認を経る公的な権限や地位によって表されるものではなかった。*Tajārib* を読み進めていくと，これらブワイフ一族の関係を示す際にリアーサという言葉が多用されていることに気づく。

「リアーサ *ri'āsa*」とは，アラビア語の「ライース *ra'īs*（長，指導者）」という名詞の抽象化で，「長たること，指導者の地位・権限」を意味する言葉である。この言葉についての唯一の先行研究は Mottahedeh の著作である[54]。彼は，様々な集団のライースと彼らの保有するリアーサについて論じているが，その中でブワイフ朝君主たちのリアーサについても言及している。彼はブワイフ朝一族のリアーサを，具体的に物事を動かす権限と捉えており，

54. Mottahedeh, *Loyalty and Leadership*, pp. 129–157.

「リアーサ保有者（ライース *ra'īs*）自身が領有する土地と一族内の他の成員が領有する土地の両方に対して行使できる権限」であり，ライース以外は彼の代官としての存在であると述べている[55]。しかし，このように考えると，リアーサ保持者とその他の同族君主の間に，権限上の上下関係が発生してしまうが，前節の検討から，ブワイフ朝第一世代の君主たちは，公私にわたって実際の権限等での上下関係はないと判断できるので，Mottahedeh の考えをそのまま受け入れることはできない。

ではリアーサとはいかなるものであろうか。本節では，ブワイフ朝君主たちの関係とその主導権争いを中心に，リアーサについて検討する[56]。

II-1．ブワイフ一族の「長幼の序」とリアーサ

第一世代の君主たち，イマード・アッダウラ，ルクン・アッダウラ，ムイッズ・アッダウラの兄弟としての結び付きは非常に強いものであった[57]。た

55．Mottahedeh, *Loyalty and Leadership*, p. 132.

56．本節は主要史料とした *Tajārib* の記述，とくにブワイフ一族の関係を示す際に使用されるリアーサ *ri'āsa* という言葉についての検討を基に論を進めている。もちろん，他の史料にも *ri'āsa* が用いられているが，ブワイフ一族の関係性を示す言葉であるかは，なお検討を要する問題であるため，ここでは取り上げない。以下，本書の各章でもリアーサの語については，史料中に使用されている場合には，その都度指摘し，考察を加えている。

57．ブワイフ朝第一世代の三兄弟の関係については，次の研究を参考とした。Busse, *Chalif und Grosskönig*, pp. 30–35; al-Kurwī, *al-Buwayhiyyūn*, pp. 195–204. 両者ともイマード・アッダウラがブワイフ家の長老として，一族に対する影響力を有していたことを指摘している。しかし，本節で述べる「リアーサ」の存在については何ら言及されていない。Busse はイマード・アッダウラを *Großemir* という言葉を用いて，大アミール *Oberemir* と区別しているが，史料中に *Großemir* に対応する言葉は，イマード・アッダウラに対して「偉大なアミール *amīr kabīr*」という表現が用いられている1箇所以外にない。*Tajārib*, I, 382. また *Murūj* には「彼ら（ブワイフ三兄弟）のうちの最も偉大な長 *al-ra'īs fī-him al-mu'aẓẓam*」と表現されているが *Murūj*, IV, 385，これも継続的に用いられている言葉ではない。従って，Bussc のいう *Großemir* がいかなる概念と

とえばイマード・アッダウラは次のような発言をしている。

> この2人（ルクン・アッダウラとムイッズ・アッダウラ）は血統において我が兄弟であり，教育を施すことにおいて我が息子であり，統治において我が隷属者（家臣）*ṣanīʻatāya* である。*Tajārib*, II, 113.

また，これに先立って，イマード・アッダウラは朝夕の礼拝で2人の弟の健康と安全と神の加護を祈っているとも発言しており，イマード・アッダウラは主人として，父として，兄として，弟たちを慈しんでいたことが窺える。さらに，336 / 946~7 年にアッラジャーンで行われたイマード・アッダウラとムイッズ・アッダウラの会見の際に，ムイッズ・アッダウラが，兄の勧めにもかかわらず着席を拒み，兄に対する敬意を表明していたことを *Tajārib* は伝えている[58]。これ以外にも，ムイッズ・アッダウラはルクン・アッダウラが援軍を求めて来た際，モースルのハムダーン朝遠征に従事していたにもかかわらず，兄の危機を知るや，直ちにバグダードに帰還して援軍を送っている[59]。このように，ムイッズ・アッダウラの兄たちへの献身的な姿からは，この兄弟の間で「長幼の序」が強く影響していたことが窺えるのである。

そして，イマード・アッダウラが年長者として有していたのがリアーサであった。それは彼の言葉に示されている。

> ムイッズ・アッダウラとルクン・アッダウラは我が息子であり，余は2人のためにこの世の利益を望んでいる。神にかけて，余はただただ両者に対するリアーサを確かなものとするためにここに来たのである。

して使用されているのかは不明である。あえて言うならば「上位アミール」となるだろうが，そもそも大アミールの訳語として用いている *Oberemir* をこの「上位アミール」の訳語に使い，「大アミール *amīr al-umarā'*」に対して *Großemir* を用いるべきではないかと考える。序論第 III 節を参照のこと。

58. *Tajārib*, II, 113. 着席を固辞することによって，相手に敬意を表明することになる，という例は他にも見出される。*Tajārib*, II, 132; *Takmila*, 160.

59. *Tajārib*, II, 115; *Takmila*, 161.

Tajārib, II, 113[60].

以上のように，イマード・アッダウラは弟たちに対する支配権を行使するのではなく，あくまでブワイフ一族の年長者として，彼らの幸福を願い，指導していこうとする姿勢を示していたのである。

このブワイフ一族の「長幼の序」は第二世代の君主たちが，第一世代の君主として一族に影響力を及ぼしたルクン・アッダウラに対して示した態度からも窺える。たとえば，356 / 967 年にサーマーン朝の軍隊がジバールに侵攻してくる。この事態に際し，ルクン・アッダウラは息子のアドゥド・アッダウラと甥のイッズ・アッダウラに対して援軍を要請する。イッズ・アッダウラは「伯父ルクン・アッダウラに従い，万事彼に相談するように」[61] との父ムイッズ・アッダウラの遺言に従い，援軍を派遣する[62]。また，後述するが，アドゥド・アッダウラも父に対しては絶対服従であった[63]。このように，ブワイフ一族は，同族内の最年長者に対する尊敬と恭順を示すことで，一族としての連帯感を有していたのである。そしてその年長者が有し，年少者たちを従わせるような権威の如きものとして「リアーサ」という言葉が使われているのである。「リアーサ」とは，いわば「家長の権威」といえるものなのである。

---

60. 『時代の鏡要約』にも，文言が完全に一致しているわけではないが，同様の文章が載っており，またリアーサ *ri'āsa* の語も使用されている。Ahmet 2907 / b v. 11, f. 28b. この出来事は 336H 年条において伝えられており，Miskawayh が自らの見聞と同時代人からの情報によって歴史を記述する 340H 年条以前のこととなる。従って，『時代の鏡要約』と *Tajārib* は同じ情報源から，この出来事の内容を引用してきたものと考えることができる（筆者は，Thābit b. Sinān の歴史書が情報源であるとみている）。このことはリアーサ *ri'āsa* という語が Miskawayh 独特の用法ではないことを示唆するものである。第 2 章第 III 節 1，および第 8 章第 I 節 1 を参照のこと。

61. *Tajārib*, II, 234.

62. *Tajārib*, II, 222–224; *Takmila*, 197.

63. 本章第 II 節 2 を参照のこと。

II-2. ジバール政権とイラーク政権のリアーサ

先に見たように，とくにブワイフ朝の第一世代は長幼の序を重んじる傾向にあり，年長者の持つリアーサがブワイフ一族の成員に対して強い影響力を有していた。しかし，このリアーサは単にブワイフ一族の最年長者だけが有していたものではなく，ジバール政権，イラーク政権それぞれの支配者であるルクン・アッダウラやムイッズ・アッダウラにも存在した。つまり，各政権内部にのみ有効なリアーサの存在が確認できるのである。次の引用はその事を示している。

（一）この年（344 / 955）ムイッズ・アッダウラは彼の息子イッズ・アッダウラに対してリアーサを与え，彼に大アミールの権限を授けた。それは，この年の Muḥarram 月のことであった[64]。*Tajārib*, II, 158.

（二）ルクン・アッダウラは一族の者たちや配下の者たちに対して，アドゥド・アッダウラが彼の後継者であり，彼の諸々の領土の後任であって，ムアイイド・アッダウラ Mu'ayyid al-Dawla とファフル・アッダウラ Fakhr al-Dawla は，ルクン・アッダウラが彼らをその地に配置したところの諸々の地区における，アドゥド・アッダウラの代理である，と述べた。（中略）すでにルクン・アッダウラの息子たちの間でのリアーサがアドゥド・アッダウラに対して定まっており，ムアイイド・アッダウラとファフル・アッダウラはアドゥド・アッダウラに対してその事を承認していた。*Tajārib*, II, 363–364.

（一）の引用では，イラーク政権内でのリアーサの委譲が伝えられている[65]。

---

64. このムイッズ・アッダウラからイッズ・アッダウラへの権限委譲は，ムイッズ・アッダウラが病に罹ったために行われたという理由が示されている。その後彼は快復した模様で，実際の権限はムイッズ・アッダウラが保持し続けたようであるが，このことが事実上の後継指名になったものと思われる。

65. 『時代の鏡要約』はリアーサの委譲を伝えていない。Feizullah 1523, f. 46b.

このリアーサが私的なものであることは，4 年後に，イッズ・アッダウラの大アミール位がカリフによって承認される事例で確認できる。カリフは大アミール位についてのみ承認しており，その場面ではリアーサについて全く言及されていないのである[66]。したがって，344 / 955 年にイッズ・アッダウラに対して授与されたリアーサは単にイラーク政権内の長としての立場を示しているものであり，ムイッズ・アッダウラが自らの後継者としての権限をイッズ・アッダウラに与えたものと考えることができる。

また（二）の引用では，ジバール政権の内部において，ルクン・アッダウラの後継者となったアドゥド・アッダウラが，父からリアーサをも継承し，ルクン・アッダウラの息子たちの間でのリアーサ獲得が，彼らの間で承認されたことを示している[67]。

ここまでの検討から，ブワイフ朝におけるリアーサとは，一族の最年長者に存するものであり，かつ各々の政権を率いる君主，およびその後継者に存するものであるということが判明した。また，徴税権や軍事指揮権のような実質的な権限ではなく，リアーサ保有者に対して服従や敬意を促すようなものを指しており，ブワイフ一族という私的な領域においてのみ作用する精神的な求心力の源，つまり「家長の権威」に相当する概念と考えるべきものであり，Miskawayh はそれを指すものとして「リアーサ」という言葉を用いているのである。

II-3．第二世代の主導権争いとリアーサ

これまでの検討から，ブワイフ朝は，カリフの叙任という観点からは個別

---

66. *Tajārib*, II, 176; *Takmila*, 176.

67.『時代の鏡要約』ではリアーサの語が用いられていない。しかし，ルクン・アッダウラの息子たちは父からアドゥド・アッダウラへの服従を課されており，ジバール政権内でのリアーサに相当するものがアドゥド・アッダウラに委譲されたことが分かる。BN 5866, f. 52a. ちなみに Miskawayh は，イマード・アッダウラが彼自身の家臣団の陰謀画策を疑い，彼らを逮捕するという事件を伝えているが，その記述において，ファールス政権内部のみに有効なリアーサが存在していたことを示している。*Tajārib*, II, 122. 第 2 章第 III 節 1 を参照のこと。

の政権に分かれつつも，ブワイフ一族という私的な領域においては，リアーサ保持者を中心に一族諸政権がまとまって成立していた王朝であったことが明らかとなった。そして，このリアーサはカリフの公的な任命以上にブワイフ一族にとって影響力を持っていた。その影響力の強さは，イラーク政権を継いだイッズ・アッダウラとジバール政権の次期君主となるべき存在であったアドゥド・アッダウラ[68]の間のリアーサを巡る争い[69]において示された。

---

68. 本章第I節2では，イマード・アッダウラが自らの政権の跡継ぎとしてアドゥド・アッダウラを指名したことを述べたが，アドゥド・アッダウラは単身ファールス政権に乗り込んだのではなく，父ルクン・アッダウラの家臣団と軍隊の一部を率いてファールスに赴いたのである。*Tajārib*, II, 121. 従って，アドゥド・アッダウラのファールス政権継承により，事実上ファールス政権は消滅し，ファールス地方はジバール政権に組み込まれたと考えるべきであろう。それは，アドゥド・アッダウラが自らをファールス政権の独立した君主と見なさず，あくまでもルクン・アッダウラの地位を後継する立場にあると考えている次の一文からも明らかである。

> アドゥド・アッダウラは父ルクン・アッダウラがその状況のままで死去し，自分の支配権 *mulk* の範囲が拡大しないのではないか，自らの望みが叶わないのではないか，と心配した。そこで彼はアブー・アルファトフ・イブン・アルアミード Abū al-Fatḥ Ibn al-ʻAmīd[68] に使者を送った。というのも彼は，父とは疎遠状態にあり，また父が自分を非難しているとして，父との書簡のやり取りを断っていたからである。アドゥド・アッダウラはアブー・アルファトフに，以前の如く父の許に帰れるよう自分と父との間を取り持つことを求め，また，それと共に自分と父が会った上で，父が自分を後継者として指名し，その支配領域においてダイラムの有力者たち *wujūh al-Daylam* や兵卒たちにその事を広く知らしめることを丁重に願い出た。*Tajārib*, II, 361–362.

また『時代の鏡要約』によると，ルクン・アッダウラは自らの死期が迫ったことを悟り，アドゥド・アッダウラに後継指名を行うべく，彼の方からアドゥド・アッダウラに面会を持ちかけたとある。ルクン・アッダウラが，アドゥド・アッダウラを自らの後継者と考えていた故の行動であろう。BN 5866, f. 51b.

364 / 975 年イラーク政権の混乱に乗じて，アドゥド・アッダウラはイラク地方を占拠し，自らの支配下に置いた。これに対してルクン・アッダウラはアドゥド・アッダウラの行動を非難し，圧力を加えた[70]。父の非難と実力行使をうけて，アドゥド・アッダウラはイッズ・アッダウラにイラクの支配権を返還し，シーラーズへと退去することを余儀なくされた。さらに，ルクン・アッダウラの後継者としての立場が危うくなったことを危惧し，アドゥド・アッダウラはジバール政権内での自らの立場を確固たるものとすることを優先させ，父ルクン・アッダウラに対する謝罪と自らに対する後継指名を求めたのである。

このアドゥド・アッダウラの一連の行動によって，ジバール政権とイラーク政権の対立の構図が強まった。死期の迫ったルクン・アッダウラはブワイフ朝の一族諸政権による連合体制の維持を望み，アドゥド・アッダウラに対して強く働きかける[71]。しかしアドゥド・アッダウラは，ブワイフ朝を1人の君主が支配する王朝とすることで，さらなる発展を目指そうと考えており，一方，イッズ・アッダウラはアドゥド・アッダウラの野心によって自らの政権が存亡の危機を迎えていることを知り[72]，彼に対抗するために周辺諸侯との同盟関係を強化しつつあった。

そして，366 / 976 年にルクン・アッダウラが死去する[73]。これによってジ

---

69. 両者の争いの経緯については，Kabir, *The Buwayhid Dynasty of Baghdad*, pp. 28–40; H. Busse, “Iran under the Būyids”, pp. 266–270 などを参照。

70. *Tajārib* に，イラクにいるアドゥド・アッダウラのもとへ「諸地方から何の物資も届かなくなった」という一文がありTajārib, II, 352，ルクン・アッダウラが経済封鎖を行った可能性が指摘できる。また『時代の鏡要約』では，イラクから撤退しない場合，アドゥド・アッダウラと戦うために自ら出陣するという，ルクン・アッダウラの強い意志を示した書簡がアドゥド・アッダウラに届いたため，彼は撤退を余儀なくされたと伝えられている。BN 5866, f. 48a.

71. *Tajārib*, II, 364.

72. BN 5866, f. 52b. イッズ・アッダウラは，アドゥド・アッダウラが自分を攻めることがないよう，釘をさすことをルクン・アッダウラに求めている。

73. *Takmila*, 229. *Tajarib* はルクン・アッダウラの死を伝えていない。

バール政権とイラーク政権の対立は必至となった。イッズ・アッダウラは「ルクン・アッダウラの死後，リアーサは自らに存する」と主張する[74]。さらに，*Tajārib* は次のように伝える。

> イッズ・アッダウラは栄誉を高められ，彼はイラクとその近隣の諸領において，ルクン・アッダウラの位階 *manzil Rukn al-Dawla* に置かれた。そして，彼はその位階をアドゥド・アッダウラや彼の下にいる者たちよりも上位にあり，（彼の宰相）イブン・バキーヤ Ibn Baqiya がその地位に次ぐ者であることを主張した。*Tajārib*, II, 365.

この引用ではリアーサという言葉は示されていないが，「ルクン・アッダウラの位階」という文言を用いてイッズ・アッダウラが主張しているものは，イラーク政権内部のみに有効なリアーサではなく，明らかにブワイフ一族全体に対するリアーサである[75]。そうでなければ，ルクン・アッダウラの名前を持ち出し，アドゥド・アッダウラよりも上位にあることを主張する意味はない。またこの主張には，イマード・アッダウラの死後，ルクン・アッダウラの有していたリアーサが，単にジバール政権に対するリアーサではなく，ブワイフ一族全体に対するものである，という認識が含まれていることが分

---

74. *Tajārib*, II, 365. Miskawayh は「*za'ama*（主張する・偽る）」という動詞を用いて表現している。また，*Takmila* は，「余は我が伯父貴（ルクン・アッダウラ）の後継者 *walī 'ahd 'ammī* である」というイッズ・アッダウラの発言を伝えている。*Takmila*, 231.

75. リアーサという言葉は用いてはいないが，同時代の証言として Hilāl al-Ṣābi' が「イッズ・アッダウラを上位に据え，彼をルクン・アッダウラの地位に置くこと *bi-taqdīm 'Izz al-Dawla wa inzāl-hi manzila Rukn al-Dawla* についてのターイーからの書簡」を，彼の祖父 Abū Isḥāq Ibrāhīm al-Ṣābi' が書いたと述べている。この「ルクン・アッダウラの地位」こそリアーサを示していると思われ，ターイーの書簡にその旨が記載されたということは，カリフの公式見解ということになり，イッズ・アッダウラが独自に主張する以上の重みをもつものと思われる。*Irshād*, I, 331.

かる。

ブワイフ一族全体に対するリアーサの保持を主張する一方で，イッズ・アッダウラはバグダードに拠点を置くという利点を活かし，カリフの権威を借りた同盟関係を築きあげ，アドゥド・アッダウラに対抗している。たとえば，彼はジャジーラ地方に割拠するハムダーン朝の君主アブー・タグリブ Abū Taghlib に対して，ウッダト・アッダウラ ‘Uddat al-Dawla というラカブを与え[76]，また，バティーハの支配者イムラーン・ブン・シャーヒーン ‘Imrān b. Shāhīn に対してはムイーン・アッダウラ Mu‘īn al-Dawla というラカブを与え[77]，その同盟関係を強化している[78]。

このラカブ授与は，形式上カリフによる授与の形を取っており，イッズ・アッダウラを中心とする対アドゥド・アッダウラ同盟はカリフの権威という後ろ盾が存在することになった。また，これらイラーク政権の周辺諸侯だけでなく，イッズ・アッダウラはジバール政権の一翼を担うファフル・アッダ

---

76. *Tajārib*, II, 321; *Takmila*, 214. 彼は 360 / 970~1 年に，年額 680 万ディルハムの貢納と引き換えに諸地域（明示されていないがモースルを含むジャズィーラ地方であろう）の支配を委ねられ，恩賜の衣が授与されており，アミールであったと考えてよいだろう。

77. *Tajārib*, II, 354. *Takmila* によると，340H 年にムイッズ・アッダウラとの和平が成立し，バティーハ地方が委ねられている。*Tajārib*, II, 143; *Takmila*, 165. ただし，アミールとして認められているかは不明である。

78. これらの同盟において，イッズ・アッダウラは娘をアブー・タグリブに嫁がせるとともに，イムラーンに対しては彼の娘を妻とし，また彼の息子ハサン・ブン・イムラーンに自らの娘を嫁がせ，その関係を強化している。*Tajārib*, II, 283, 321, 336; *Takmila*, 208, 231; BN 5866 f. 54b. さらにイッズ・アッダウラは，アブー・ドゥラフ・サフラーン Abū Dulaf Sahlān なる人物やジバールの太守ないしジールの太守アブー・アルファワーリス Abū al-Fawāris Ṣāḥib al-Jabal（al-Jīl）にも同盟を呼び掛けている。後者はダイラムの王マーナーズィル・ブン・ジュスターン Abū al-Fawāris Mānādhir b. Justān の可能性もある。*Tājī*, 36, 38; *Ifāda*, 112; *Ḥadā'iq*, 252. その場合，イッズ・アッダウラはアドゥド・アッダウラの舅をも味方につけようとしていたことになる。マーナーズィルについては，第4章註 68 および第5章註 36, 51 も参照のこと。

ウラに対しても，この同盟への参加を呼びかけ，やはりカリフからファフル・アッダウラへという形式を取り，ハマダーンのアミールに任命し，同地の支配権を授与している[79]。こうして，カリフの承認に基づく協力体制を形成しつつ，イッズ・アッダウラはルクン・アッダウラ没後の，ブワイフ家のリアーサが自らにあると主張し，公私にわたって，自らの立場の権威づけを行ったのである。

ここから分かることは，大アミールとしてイラクを支配し，カリフを手中にしてその権威を容易に利用することができる立場にあり，実際にその権威を利用してアドゥド・アッダウラ包囲網を形成したイッズ・アッダウラが，それにもかかわらずブワイフ家のリアーサ獲得を追求しているということである。ブワイフ家という私的な範囲での争いにおいては，公的な権限である「大アミールの権限 *imāra*」を主張するだけでは足らず，リアーサを主張することが必要であり，価値のあることであったのである。

もちろん，ブワイフ家のリアーサの獲得はアドゥド・アッダウラにとっても重要なものであった。そのため，彼はルクン・アッダウラの後継者の立場を失うことによって，ジバール政権に対するリアーサのみならず，ルクン・アッダウラの保有していたブワイフ一族全体に対するリアーサをも失うことを危惧し，前述のようにリアーサの確保を優先したのである。

このように，ジバール政権とイラーク政権の対立はブワイフ朝のリアーサを巡る対立であり，一族内での主導権争いとして理解すべきものであった。そして，その争いにおいて，カリフの任命や権威づけ以上にブワイフ一族という私的な範囲でのみ有効なリアーサが重要視されたことが明らかとなった。次節では，この争いに勝利し，ブワイフ家のリアーサを獲得したアドゥド・アッダウラが，自らをマリクと呼び，またそのように呼ばれていたことにつ

---

79. *Tajārib*, II, 364; *Takmila*, 228; BN 5866, f. 54b また，*Mukhtār*, 141–168 にはファフル・アッダウラに対するカリフの任命文書が収録されており，イッズ・アッダウラの推薦に基づき，その任命が為されている。それによると，ファフル・アッダウラはハマダーン，アスタラーバード，ディーナワル，カルミーシーンなどの地域における礼拝，軍事，治安維持，徴税等の業務を委ねられており，彼がアミールに任命されていることが分かる。*Mukhtār*, 142–143.

いて考察する。

III. ムルクの主張とカリフ権

367 / 987年，リアーサを巡って争ったイラーク政権のイッズ・アッダウラを破り，ブワイフ朝唯一の君主となったアドゥド・アッダウラに対して，その側近でカーディーであったal-Tanūkhīは次のように述べている。

> この年のイード・アルフィトル *'Īd al-fiṭr* の日（Shawwāl月1日/978年5月12日）に，私はマリク *malik* アドゥド・アッダウラの部屋に侍っていた。*Nishwār*, V, 267.

また，*Miskawayh* はその序文において，次のように述べている。

> 神は我々に，我が主マリク *mawlānā al-malik*, 最も偉大なる支配者，恩恵の持ち主――神が彼の人生を永続させ，彼の敵を殲滅し，彼のムルク *mulk* を保護し，彼の支配権 *sulṭān* を強化させ給わんことを！――に仕える者たちにその同僚を遣わされた。*Tajārib-Caetani*, I, 1.

Miskawayhはアドゥド・アッダウラ寄りの人間であり，*Tajārib* は彼を賛美することを目的として書かれていたことが，先行研究によって明らかにされている[80]。したがって，この序文に見える「我が主マリク」とはアドゥド・アッダウラのことである。このように，ブワイフ朝最盛期の君主であるアドゥド・アッダウラがマリクと呼ばれていたことは動かし難い事実であると考えられる[81]。

---

80. Khān, “The Personal Evidence”, pp. 50–63. また，Khānの一連の論文を収録したものとして，Khān, *Miskawayh's Contemporary History* がある。
81. アドゥド・アッダウラ以前のブワイフ朝君主たちがマリクと呼ばれている事例は，例えばTreadwellの貨幣カタログ中には見いだせない。また *Tajārib* などの叙述史料では，イマード・アッダウラやルクン・アッダウラに対して，

では，338 / 949~50 年にイマード・アッダウラの後継者としてファールスの支配者となったアドゥド・アッダウラは，いかなる過程を経てマリクと称されるようになったのだろうか。本節ではこれまでの議論をふまえ，彼がアミールからマリクへ，そしてその権限がイマーラからムルクへと変容した要因を明らかにする。また，マリクとして登場したアドゥド・アッダウラがカリフに対していかなる意図を示し，振る舞ったかについても検討を加える。

III-1．マリクとムルクの検討

アドゥド・アッダウラがいかにしてマリクと称されるようになったかについて考察する前に，マリクとムルクの語句そのものについて，とくに *Tajārib* に示された用例などを中心に検討する。

アラビア語のマリク *malik* もムルク *mulk* も，M L K [م ل ك] という語根から派生した言葉で，動詞 *malaka*（所有する）の名詞形である。マリクは「所有する人・支配者」であり，ムルクは「マリクの権限」すなわち「所有すること」「所有権・支配権」となる。初期イスラーム時代においてマリクとは，クルアーンに示されているように，アッラーのことであり，彼こそが唯一，真のマリクとされ，同様にクルアーンに示されているムルーク（*mulūk* マリクの複数形）とは，イスラーム以前のサーサーン朝ペルシアの王（シャーハーンシャー *shāhānshāh*）やエジプトのファラオなど，異教徒の支配者を示す言葉であった[82]。しかしアッバース朝期になると，マリクと

他の支配者を含める形で「諸王」という表現がなされているが，彼らを単独で「マリク」と呼ぶ事例は管見のかぎり存在しない。Treadwell, *The Buyid Coinage*.

82．Ayaron, “MALIK”, *EI*[2], VI, p. 261a; *Lisān*, XII, “MLK”, pp. 381–387; Lewis, *The Political Language*, pp. 53–56 などを参照。たとえば『クルアーン』には「汝は天と地の大権 *mulk al-samāwāt wa al-arḍ* がアッラーに備わっているのを知らぬのか」Q2: 107 という章句があり，アッラーの権限がムルクであることが分かる。また，「アッラーはいと高くおられる真のマリクである *fa-ta‘ālā allāh*[u] *al-malik*[u] *al-ḥaqq*[u]」Q20: 113 という章句，さらに「彼の他に神はいないのであり，彼は至高のマリクにして云々……*huwa Allāh*[u] *alladhī lā ilāh*[a] *illā huwa al-malik*[u] *al-quddūs*[u]...」Q59: 23 という章句があり，アッラーがマリクと

いう言葉は在地の有力者を指す言葉として使用される場合もあり，あるいはカリフを指すこともあった[83]。

そして，*Tajārib* に至って，マリクとは，ムスリム・非ムスリムを問わず，カリフ以外の支配者を指し，一方ムルクはマリクの権限，あるいは単に支配権という意味で使用されるようになるのである。クルアーン編纂の時期からブワイフ朝期までの間のマリクおよびムルクの用語法の変遷について辿ることは，本節の目的の範囲外であるため，ここでは，*Tajārib* に示されたマリク・ムルクの用語法を示し，Miskawayh がこれらの言葉をどのように捉え，使用しているのかについて検討しよう。

まずムスリム・非ムスリムを問わず，支配者に対して区別なくマリクという呼び方をしている箇所がある。

> この年（356H 年条），マリクたちのうちの老齢なる者たちが相次いで死去した。それは，第9番目の惑星の合 *qirān tāsi'* に差し掛かった時のことであった[84]。ムイッズ・アッダウラが死去し，アブー・タグリブがその父ナースィル・アッダウラ Nāṣir al-Dawla を逮捕し[85]，サイフ・アッ

表現されていることが分かる。また異教徒の王については，例えば Q12: 50, 54 においてエジプト王がマリクと表現されている。

83. *Wuzarā'-Jahshiyārī*, 278; *Ṭabarī*, III, 5; *Awrāq*, 19. なお，アッバース朝カリフがマリクと呼ばれていた事については，佐藤次高「イスラームの国家と王権」『岩波講座』235–255 頁でも指摘されている。

84. 「合 *qirān*」は天文学の用語で，地球から見て惑星が太陽と同じ方向に来ることを意味する。Pingree, "ḲIRĀN", *EI*^{2}, V, pp. 130b-131a.「2 惑星の合の持ち主 *ṣāḥib al-qirān*」という称号が君主に対して用いられることから考えると，幸運や吉兆を示すものと考えられる。しかしこの引用では，多くの王が死去する際の星の位置を示す際に言及されており，これを吉兆と考えるべきではないだろう。なお英訳者は「第9番目の合」とし，木星と土星の合であること，恐らく凶兆であることを指摘し，また「9 番目」が何を意味するか不明としている。*Eclipse*, V, 254.

85. ナースィル・アッダウラは 358 / 968~9 年に死去しているので，厳密にはこの年に死亡したマリクではないが，権力の座から追われたことをもって「死」

ダウラ Sayf al-Dawla が死去し，ルームのマリクであるニクフール Niqfūr[86] が死去し，エジプトの太守であるカーフール Kāfūr（イフシード朝の実力者）が死去し，ウシュマキール・ブン・ズィヤール Wushmakīr b. Ziyār が死去し，ハサン・ブン・ファイルーザーン al-Ḥasan b. al-Fayrūzān が死去し，ムハンマド・ブン・イルヤース Muḥammad b. Ilyās が死去し，多くの者が彼らと同様に死去した。マリクたちの中で，ルクン・アッダウラは生き残り，その寿命を全うするまで生き長らえた。*Tajārib*, II, 239–240.

また，イッズ・アッダウラが対アドゥド・アッダウラ同盟を形成する中，クルド勢力の長ハサナワイフ Ḥasanawayh がその同盟の解体を密かに望んでいたことを示す記述があるが，その中でも，その同盟に参加する支配者たちのことをマリクと表現している。

ハサナワイフは（彼ら同盟者たちの）個人的な親しさ[87] がバラバラになり，団結が崩れることを望んだ。何故なら，彼の活路はこれらのマリクたち *mulūk* の同盟が雲散霧消してしまうことの中に見出されるはずだからであった。*Tajārib*, II, 365–366.

上記 2 つの引用中の人物は，そのほとんどがアッバース朝カリフによって各地方の支配権を認められていたアミールなどであるが，中にはビザンツ皇帝の名前が挙がっている。このように，*Tajārib* はムスリム・非ムスリムに

と見なしての記述であろう。*Tajārib*, II, 255.

86.「ルームのマリク」とは，ビザンツ皇帝のことを指す。オストロゴルスキー『ビザンツ帝国史』所収の家系図によると，ニクフールはマケドニア朝の皇帝ニケフォロス・フォーカス Nikephoros Phokas（r. 963–969）のことであるが，本引用文とは死亡年が異なる（356H 年は西暦 966~7 年に相当する）。

87. 対アドゥド・アッダウラ同盟に参加していたバティーハのイムラーンやハムダーン朝のアブー・タグリブ，あるいはファフル・アッダウラなどのことを指している。

かかわらず，実際に支配権を握り，統治を行っていると考えられる支配者のことをマリクと呼んでいる。

さらに，アドゥド・アッダウラをマリクと呼ぶ記事を引用すると，

(a) 手紙が届けられた時，マリク（アドゥド・アッダウラ）は，イッズ・アッダウラがその小姓 *ghulām* を失ったことを悲しんでいるのを知り，非常に驚いた。*Tajārib*, II, 373.

(b) ターシュタム Ṭāshtam はいった。「かのマリク（アドゥド・アッダウラ）は私に，私の命の安全保障を与えて下されたが，今や彼は，すでに私を助ける気などない人に対して，私を引き渡そうとしている」と。*Tajārib*, II, 395.

以上から，*Tajārib* はアッバース朝カリフではない支配者についてマリクという語を使用しており，とくにブワイフ朝のアミールたちをマリクと表現していることが分かる[88]。

また *Tajārib* 以外で，同時代的にアドゥド・アッダウラをマリクと呼んでいる事例としては，バグダードのカーディーであったイブン・マアルーフ Abū Muḥammad ‘Ubayd Allāh b. Ma‘rūf とアドゥド・アッダウラの会話中に現れる「我らが主人たるマリク *mawlānā al-malik*」やムハンマド・ブン・ウマルがカリフ＝ターイーにアドゥド・アッダウラのバグダード到着を告げる際の発言「かのマリク *hādhā al-malik* は既にご到着です」がある[89]。

次に，ムルクの使用例を見てみよう。まずはイッズ・アッダウラの場合である。

---

88. Miskawayh は，とくにアドゥド・アッダウラに関して，彼の政治上の教師であったとされるウスターズ・ライース・アブー・アルファドル・イブン・アルアミード al-Ustādh al-Ra’īs Abū al-Faḍl Ibn al-‘Amīd が「マリクの行状 *sīrat al-malik*」がいかなるものか示し，「マリクの技術 *ṣinā‘at al-malik*」を教授している様子を伝えている。*Tajārib*, II, 281–282.

89. BN 5866, ff. 83a–83b, 89a.

(i) ルクン・アッダウラはアブー・アルファトフ・イブン・アルアミード Abū al-Fatḥ Ibn al-ʻAmīd に謁見を許可し，2人の間で長時間の会合が行われた。その結果，アブー・アルファトフが（バグダードに）戻り，イッズ・アッダウラと2人の兄弟を解放し，彼らにムルクを返す（中略）ことを決めた。*Tajārib*, II, 351.

(ii) アドゥド・アッダウラはイッズ・アッダウラのムルクと生命を欲していた。*Tajārib*, II, 372.

(iii) イブン・アルアミードこそがイッズ・アッダウラに彼の魂と彼のムルクを戻した人物である。*Tajārib*, II, 353.

(iv) イッズ・アッダウラは，もし必要に迫られれば，自らのムルクの全てを犠牲にする，ということでアブー・アフマド・アラウィー Abū Aḥmad al-ʻAlawī と合意した。*Tajārib*, II, 375.

このように，イッズ・アッダウラをマリクと称する例は見当たらないが，ムルクを所有していたと見なすことはできる。また，アドゥド・アッダウラがムルクを所有していたことを示す例もあるが[90]，「アドゥド・アッダウラのムルク」という表現は多くない[91]。

Miskawayh が用いるムルクの最も特徴的な表現は，ブワイフ朝，あるいはブワイフ家のムルクであろう。たとえば 345 / 956~7 年に，兄ルーズビハーン Rūdhbihān の反乱に呼応してシーラーズで蜂起したブッラカー Bullakā と彼の反乱に加わった者たちは，ブワイフ家のムルク *mulk banī Buwayh* を奪ったと考えている[92]。また，アドゥド・アッダウラは1回目のイラク遠征

90. *Tajārib*, II, 166, 346, 361.

91.『時代の鏡要約』に「アドゥド・アッダウラの王権 *mulk* が息子のシャラフ・アッダウラに移った時」という表現があり，アドゥド・アッダウラがムルクを所有していたことが示されている。BN 5866 f. 83b.

でイラーク政権を排除し，父ルクン・アッダウラにその弁明を行っているが，その際の発言に，ルクン・アッダウラがカリフ権とムルクの家 *al-khilāfa wa bayt al-mulk* の手綱を取る者となるよう勧めている[93]。これは，カリフ権，すなわちアッバース家と，ムルクの家，すなわちブワイフ家が想定された上でのアドゥド・アッダウラの発言であり，「ブワイフ家はムルクを保有する家である」というアドゥド・アッダウラの考えが示された事例であることが見てとれる。

以上のように，*Tajārib* の著者 Miskawayh はブワイフ家の君主たちがマリクと見なされ，また，彼ら自身もマリクであるとか，ムルクを保有していると考えていたということを伝えている。この傾向は 340 / 951-2 年以降の彼の記述に頻出するのであるが，それは，彼が「自らの体験，および信頼に値する人物からの証言に基づいて記述を行う」[94] と記していることと深い関係がある。彼はイラーク政権の宰相であったムハッラビー al-Muhallabī やルクン・アッダウラの宰相であったウスターズ・ライース al-Ustādh al-Ra'īs，そしてアドゥド・アッダウラに仕えたため，その経験や彼が基づいた証言というのは，ブワイフ朝の宮廷内でのものであるといえよう[95]。つまり，マリクやムルクという言葉はブワイフ朝宮廷にあって，普通に使用されていた可能性があることを，彼の記述が物語っているのである。

また，340 / 951-2 年以降，アミールという語句がほとんど使用されなくなることも指摘しておこう。このように，Miskawayh が活躍した当時のブワイフ朝宮廷において，ブワイフ朝の支配者はマリクとして，またその権限はムルクとして理解されていたことがその記述から読みとることができるのであるが，その一方で彼らがカリフの承認を必要とするアミールであったことを示す記述は影を潜めるのである。

---

92. *Tajārib*, II, 166. 第2章第II節も参照のこと。

93. *Tajārib*, II, 349.

94. *Tajārib*, II, 136–7.

95. Khan, "The Personal Evidence", pp. 50–63. 巻末の史料解題 *Tajārib* の項も参照のこと。

III–2. アミールからマリクへ

本章第 III 節 1 では，*Tajārib* の記述から，とくにブワイフ朝第二世代の君主たちが自らをマリクであり，ムルクの保有者であると見なし，その周囲も同様の考えを持っていたことを示した。しかし，ブワイフ朝の宮廷内という私的な範囲での意識としては，*Tajārib* の伝える通りであったかもしれないが，その範囲の外側においては，彼らはあくまでもアミールであり，大アミールであった。

だが，イラーク政権を打倒し，ブワイフ朝唯一の君主となるアドゥド・アッダウラについていえば，それまでのアミールや大アミールたちとは異なった様々な権限を付与され，またカリフの書記官による書簡において，アミールではなくマリクと表現されるなど，ブワイフ家の私的な領域の範囲外においても，マリクと見なされていたようである。

以下ではアドゥド・アッダウラが私的な範囲の外側においてアミールからマリクへと変化していく様を，書簡や貨幣資料を用いて，彼の呼称や彼の獲得した様々な権限を通して明らかにしてみたい[96]。

前述のように，アドゥド・アッダウラは伯父イマード・アッダウラの後を継いでファールスのアミールとなった。しかし，その時点ではカリフからの任命があったかどうかは，史料に記述がないため定かではない。また，父ルクン・アッダウラの家臣団と軍隊を率いてやって来たこと，および，彼自身ジバール政権の後継者を自任していたことから考えて，アドゥド・アッダウラの立場はジバール政権に属するものであったと考えられる。

しかし 351 / 962~3 年に，「アドゥド・アッダウラ」のラカブをカリフよりイラーク政権経由で授与される際[97]，彼に対してアミールという呼称が用い

---

96. アドゥド・アッダウラの称号の変遷については，Lutz, “Amīr-Malik-Shāhānshāh”, pp. 83–102 を参照のこと。Lutz は，書簡史料や貨幣史料からアドゥド・アッダウラの称号がアミールからマリクへ，そしてシャーハーンシャーへと変遷していく過程を克明に述べている。しかし，彼はブワイフ朝内部の権力構造やイマーラ，リアーサ，ムルクといった概念を扱わず，またその論述は，当時の政治状況からの観点に乏しいという問題点がある。

97. アドゥド・アッダウラのラカブ授与の経緯については，*Rusūm* に詳しい。

られており[98]，また，357/968年にキルマーン地方全土を征服したアドゥド・アッダウラに対して，同地のアミールに任命する文書と恩賜の衣と軍旗が送られている[99]。したがって，アドゥド・アッダウラは血縁的にはジバール政権に属し，自らもそのように考えていたが，カリフの承認において，独立したアミールとして存在していたといえるだろう。

このように，公的な意味でアミールであったアドゥド・アッダウラであるが，彼に対する呼びかけはその勢力拡大とイラク征服の意志が強くなるにつれて，変化してくる。カリフの書記官であったAbū Isḥāq al-Ṣābi'[100]の書簡集*Mukhtār*，あるいは貨幣資料を見ると，その傾向がよく示されている。

まず，*Mukhtār*から見てみると，357/968年にイラーク政権の君主イッ

それに拠ると，アドゥド・アッダウラは最初「タージュ・アッダウラ *tāj al-dawla*」というラカブをカリフに要求したが，ムイッズ・アッダウラの意向によってその要求は却下され，「アドゥド・アッダウラ」のラカブを授与されたとなっている。*Rusūm*, 131. この事例から，ラカブの授与に関してはイラーク政権がその授与に関して強い影響力を持っていたことが分かり，先に示したアブー・タグリブやイムラーンに対するラカブ授与に関しても，イラーク政権の外交政策の一手段として使用されていたと理解できよう。なおラカブ授与年については本章第I節1および前掲註39，41も参照のこと。

98. *Tajārib*, II, 192.

99. *Tajārib*, II, 253. 本章第I節1を参照のこと。

100. Abū Isḥāq Ibrāhīm b. Hilāl b. Ibrāhīm b. Zahrūn b. Ḥayyūn al-Ṣābi' (d. 384/994)。*Rusūm*の著者Abū al-Ḥasan Hilāl b. al-Muḥassin al- Ṣābi'（359–448/969–1056年）の祖父にあたる人物で，文書庁*dīwān al-rasā'il*の役人としてカリフの書簡などを扱った。366/976~7年にカリフ＝ターイーからアドゥド・アッダウラ宛に出された書簡において，彼に対してマリクやアミールという表現を用いず，また，イッズ・アッダウラに重きを置く内容の文書を作成したため，後にアドゥド・アッダウラによって投獄されている。しかし，それはAbū Isḥāq al-Ṣābi'自身の意図ではなく，イッズ・アッダウラによるブワイフ家のリアーサの主張の一環として出された書簡であり，その意味で彼はブワイフ家の政争に巻き込まれたといえるだろう。*Mukhtār*, 9, 292–298; *Rusūm*, 113–121. また第4章第I節も参照のこと。

ズ・アッダウラとその宰相であるイブン・バキーヤ，そして，Abū Isḥāq al-Ṣābi' 自身の3者がそれぞれ，アドゥド・アッダウラのキルマーン征服を祝福する書簡を送っている。その中で，先の二人はアドゥド・アッダウラに「アミール」と呼びかけ，Abū Isḥāq al-Ṣābi' のみが「アミール・ジャリール *al-amīr al-jalīl*（偉大なるアミール）」と形容辞を付した表現となっている[101]。彼は360 / 971年にアドゥド・アッダウラが再びキルマーンを征服した際にも，「アミール・ジャリール」という表現を用いている[102]。

しかし，364 / 974~5年にアドゥド・アッダウラが第1回目のイラク遠征を行い，イラーク政権の君主イッズ・アッダウラをバグダードから排除した際に，Abū Isḥāq al-Ṣābi' がルクン・アッダウラ宛に出した書簡では，ルクン・アッダウラに対しては「アミール・サイイド *al-amīr al-sayyid*（アミール閣下）」のように，「アミール」という表現に留まっているのに対して，アドゥド・アッダウラに対して「マリク・サイイド *al-malik al-sayyid*（マリク陛下）」や「マリク・ジャリール *al-malik al-jalīl*」という表現を与えている[103]。ここに初めて，カリフの書簡を扱う人物によって，アドゥド・アッダウラをマリクと表現する事例が現れるのである。

また，367 / 977~8年のアドゥド・アッダウラ宛の2つの書簡では，終始「マリク・ジャリール」という表現がなされ[104]，さらに368 / 978–9年に出された書簡では，前述の表現に加えて，「マリク・シャーハーンシャー

---

101. *Mukhtār*, 83–86, 87–91, 92–94. アドゥドのキルマーン征服については，*Tajārib*, II, 249–253.

102. *Mukhtār*, 95–99.

103. *Mukhtār*, 17–42. ただし，この書簡では，1箇所「アミール・ジャリール *al-amīr al-jalīl*」という表現が見える。*Mukhtār*, 33. また同年にイッズ・アッダウラからアドゥド・アッダウラに宛てて書かれた手紙でも彼に対して *al-malik al-jalīl* とよびかける文言が用いられており，イッズ・アッダウラもアドゥド・アッダウラをマリクと認めていたことが分かる。この手紙の起草者がAbū Isḥāq al-Ṣābi' であるかは不明であるが，彼の筆による可能性は高い。BN5866, f. 48a.

104. *Mukhtār*, 100–109, 110–113.

al-malik shāhānshāh（諸王の王たるマリク）」という表現がなされるに至る[105]。ペルシア語の表現である「シャーハーンシャー（王の中の王）」という言葉が使用されているのも注目に値する[106]。また 367 / 977~8 年にアドゥド・アッダウラはタージュ・アルミッラ *tāj al-milla*（宗教の王冠）というラカブを与えられるが，367 / 977~8 年の 2 つの書簡には，その授与を反映してか「タージュ・アルミッラ」のラカブも記載されている[107]。

以上のように，アドゥド・アッダウラの勢力拡大とイラクへの進出に伴って，Abū Isḥāq al-Ṣābi' の起草した書簡の中で，アミールからマリクへと表現が変化しており，イラーク政権を排除して，ブワイフ朝唯一の君主となった 367 / 977~8 年にはマリクという呼称が公に認められるようになっていたのである[108]。

次に，貨幣資料の傾向を見てみよう。これまでもしばしば利用した Treadwell 著 *The Buyid Coinage*[109] の情報に基づいてアドゥド・アッダウラ

---

105. *Mukhtār*, 114–118.

106. 貨幣資料からも 368H 年以降，Shāhānshāh の称号が用いられるようになることが分かる。この場合，370H 年のファールスの一例を除くと，イラクで 9 例の使用が認められる。Treadwell, *The Buyid Coinage*. pp. 12, 131–133, 152, 159–160, 162.

107. *Mukhtār*, 100–109, 110–113.

108. Abū Isḥāq al-Ṣābi' の書簡については，偽作の可能性もあるが，「タージュ・アルミッラ」のラカブ授与が反映されるなど，時代状況に合致しており，これらが Abū Isḥāq al-Ṣābi' の起草した書簡であると考えてよいだろう。彼の書簡集については Hachmeier, *Die Briefe Abū Isḥāq Ibrāhīm al-Ṣābi's* も参照のこと。

109. 同書はブワイフ朝君主の名が刻まれている貨幣，そして実際にはその発行貨幣の基になる型 *die* を集めた目録である。表裏両面に刻まれた文字や記号の翻刻を列挙した部編とそれに対応する貨幣の写真の部編からなる資料集で，Treadwell が 1992–94 年にかけて行ったヨーロッパと北米の主要博物館所蔵の貨幣調査の記録を核として，それまでに刊行されていた貨幣目録の情報が加えられている。発行年と発行地，貨幣材質で分類された型のデータは 1446 件あり，各型データには同じ型で打刻された貨幣が存在する場合，その情報が加え

の称号の変化やマリク使用の傾向を見ることにする。前述のように，同書のデータによると，アドゥド・アッダウラがアミールの称号を伴って現れる貨幣は 347 / 958~9 年にシーラーズおよびシーラーフで発行されたもの以降である[110]。ただし，単に「アミール」とのみ刻まれているのではなく，*al-amīr al-ʻadl*（公正なアミール）ないし *al-amīr al-sayyid* と形容辞が付された形での発行となっている。

そして 363 / 973~4 年以降このアミールの銘がマリクへと変化する。表 1 を参照されたい。この表はマリクの銘を持つ貨幣の発行年と発行都市が属する地方ごとに分類したものである。個別データの見方は，たとえば 363H 年ファールス地方であれば，Si363b とあるが，これは発行地 Sīrāf の略号 Si に発行年 363H 年，そして小文字の b は同年に別の型による貨幣が存在するのでヴァリアントとして b と分類されていることを示す。発行地の略号の説明は表の下に提示してある。これをみると，マリクの銘[111]を持つ貨幣のデータは全部で 135 件，最頻出年は 370H 年で，最頻出地方はジバールということになる。363H-372H 年にかけて発行地方に緩やかな変遷が見られるが，これはアドゥド・アッダウラの主たる活動地域がファールスからイラク，そしてジバールへと移っていることに関連しているものと考えられる。また書簡史料では 364H 年以降，マリクの銘が現れることを指摘したが，その事

られている。本書では，各型データに付随する貨幣の枚数については考察の対象としていない。たとえば，366H 年シーラーズで発行された貨幣 Sh366b には同種の貨幣が 3 種存在するが Treadwell, *The Buyid Coinage*, p. 46（photo p. 43），一件の貨幣データとして扱っている。

110. Treadwell, *The Buyid Coinage*, pp. 41, 71（photo pp. 36–37, 62）.

111. 単にマリクと刻まれることは少なく，ほとんどの場合マリク・アドル *al-malik al-ʻadl*（公正なる王）という銘文で刻まれている。またジバール地方では *al-malik al-sayyid*（主人たる王）の銘が用いられ，*al-malik al-ʻadl* の銘を持つ貨幣は見いだせない。なお書簡史料に頻出する *al-malik al-jalīl*（偉大なる王）の銘を持つ貨幣は，いずれの地方においても見られない。媒体や発行地によって用いられる語句・形容辞に違いがみられるが，その違いの要因が何であるかについては，今後検討を要する問題である。

表1　アドゥド・アッダウラによる発行貨幣中，Malik 銘を有する貨幣の発行地，発行年リスト

ヒジュラ暦年	ファールス・キルマーン地方	オマーン地方	フージスターン地方	イラーク, ジャズィーラ地方	ジバール地方	カスピ海南岸地方	出現回数
363	Si363b						1
364				Ku364; Ms364c			2
365	Fa365a; Sh365; Si365; Bm365; Br365; Ji365	Um365					7
366	Sh366a; Sh366b; Si366; Bm366	Um366			Qu366G; Qu366		7
367	Bm367a; Bm367b	Um367Ga; Um367Gb; Um367a; Um367b; Um367c	Su367G	Ms367G; Ms367	Is367?; Mu367G; Mu367a; Mu367b; Mu367c; Mu367d; Qz367a; Qa367b		18
368	Bm368; Ji368	Um368	Su368G	Ku368; Ms368a; Ms368b; Ms368c; Ma368G	Ha368; Mb368a; Mb368b; Mu368G; Mu368; Qa368G; Qa368		16
369	Bm369	Um369G	Su369G	Ba369G; Ba369b; Ku369; Ms369a; Ms369b; Ma369G; Rf369G; Wa369	Ha369G; Is369; Mb369; Mk369; Mu369G; Mu369; Qu369		18
370	Ar370b; Br370; Nm370	Um370	Su370G; Su370b; Su370c	Ba370; Ms370G; Ms370; Wa370	Ha370G; Ha370; Ka370; Mb370G; Mb370a; Mb370b; Mk370G; Mk370; Mu370; Nh370; Qr370G; Qr370		23
371	Si371		Su371	Ba371G; Ba371; Ku371; Ms371; Ma371G; Wa371	Di371G; Di371; Mb371?; Mu371; Nh371?; Qr371; Qa371	Am371; Ab371; Ju371b; Sy371b	19
372	Ji372		Su372	Ba372G; Ba372a; Ku372; Ms372	Ha372G; Ha372; Is372; Mb372; Mu372; Qa372G; Qa372a	Am372; Ab372; Ju372; Sy372	17
373						Am373a; Sy373a	2
374						Hw374	1
not dated or corrupt	Nm37X			Ms371-2	Mu300; Mu368-372		4
地方別	22	10	8	32	52	11	135

Ar: Arrajān
Bm: Bamm
Br: Bardashīr
Fa: Fasā
Ji: Jīruft
Sh: Shīrāz
Si: Sīrāf

Um: ʻUmān

Su: Sūs

Ba: Baṣra
Ku: Kūfa
Ma: Mawṣil
Ms: Madīnat al-Salām
Rf: Rāfiqa
Wa: Wāsiṭ

Di: Dīnawar
Ha: Hamadhān
Is: Iṣbahān
Ka: Karaj
Mb: Māh al-Baṣra
Mk: Māh al-Kūfa
Mu: Muḥammadiyya
Nh: Nihāwand
Qa: Qazwīn
Qr: Qarmīsīn
Qu: Qumm

Ab: Astarābād
Am: Āmul
Hw: Hawsam
Ju: Jurjān
Sy: Sāriya

実とも符合する内容であるだろう。

以上，書簡史料および貨幣目録の情報に基づいて，アドゥド・アッダウラに対するマリクの称号の使用例を見てきたが，イラクへの進出を契機に「マリク」の使用が始まり，イラクの支配権が確立し，さらに東方進出を開始する 370H 年に使用例が最多となることが判明した。この東方への動きについては第 4 章で詳しく検討するが，370H 年に最多となる理由は，同じダイラム，ジール系の王朝に対するアドゥド・アッダウラ自身の正当性主張という側面から考察する必要があるだろう。ただイラク進出が契機となっているという点から考えると，カリフを擁し，その権威を利用できるイラーク政権への対抗上，カリフの権威とは異なる正当化の理論を打ち出す必要に迫られ，その選択肢として選ばれたのが「マリク」であったものと思われる。

次に，アドゥド・アッダウラが獲得した様々な権限について見てみよう。まず，アドゥド・アッダウラは大アミールに任命される。

> 「信徒の長（カリフ）*amīr al-mu'minīn* は汝（アドゥド・アッダウラ）に対し，それに相応しいものを与え，大アミールの権限 *imārat al-umarā'* によって汝を別格となすことをお考えあそばされた。」ところでその位階は，これ以前にあったいかなる位階よりも威厳があり，偉大なものであった。*Rusūm*, 121[112].

この引用では，アドゥド・アッダウラが大アミールとなったこと，その位が以前の大アミール位よりも高貴なものであったことが示されている。さらに，ジャズィーラ地方を平定し，バグダードに帰還したアドゥド・アッダウラは，カリフから次のような権限を授与されている。

---

112. 前半の括弧部分が任命文書からの引用で，後半がそれに対する著者 Hilāl al-Ṣābi' の説明書きである。また，アドゥド・アッダウラの大アミール就任を伝える別の史料として，アドゥド・アッダウラおよびサムサーム・アッダウラに仕えた書記官アブド・アルアズィーズ・ブン・ユースフ 'Abd al-'Azīz b. Yūsuf の書簡集がある Petermann II 406, ff. 8b-9a. この人物については，第 5 章第 II 節 2，4，5 を参照のこと。

> バグダード各所のモスクにおいて礼拝を指導するカリフの代理人たち *khulafā' 'alā al-ṣalāt* に対し，アドゥド・アッダウラの名をカリフのそれに続いて読み上げるようにという，カリフ＝ターイーの命令が下り，それについての命令書が発せられた。また，ターイーは，礼拝時において，アドゥド・アッダウラの館の門前で太鼓を叩くことも認めた。この2つの権限はアドゥド・アッダウラが獲得し，彼が過去の，あるいは近年の支配者たち *mulūk* とは区別されることになった権限であった。*Tajārib*, II, 396.

バグダードにおいて，フトバ *khuṭba*（集団礼拝時の説教）の際に名を読み上げられることと礼拝を告げる際の楽奏 *nawba* の権利[113]が許されたのは，アドゥド・アッダウラが初めてである[114]。さらに，その凱旋に際しては，カリフがバグダードの外にまで出迎えたことも伝えられている[115]。

また，前述のように彼は，「タージュ・アルミッラ」という2つ目のラカブを授与されており[116]，この点でも以前の支配者たちとは異なる存在であ

113. *Rusūm* に拠ると，朝，夕方，夜の礼拝時の計3回，楽奏が許されていた。また，ここで言う「楽奏（ナウバ *nawba*）の権利」とは「太鼓を叩くこと」である。なおアドゥド・アッダウラは3回の楽奏が許されたわけだが，カリフは5回の楽奏の権利を有していた。*Rusūm*, 136.

114. 本章第I節で引用したように，イブン・ラーイクにフトバの権限が与えられているが，*Rusūm* に拠れば，彼の権限はバグダード以外の場所で，名を読み上げられる権限であった。また，ナウバの権利についての研究としては，後藤敦子「10–12世紀における王権の象徴」112–128頁がある。彼女の見解によると，イッズ・アッダウラやそのハージブであるサブクタキーンがアドゥド・アッダウラ以前に，バグダードでナウバの権利を行使していたことになるが，カリフから正式にバグダード市内でナウバの権利を行使することを許されたのは，アドゥド・アッダウラが最初であると考えるべきであろう。*Rusūm*, 133, 136.

115. *Tajārib*, II, 395; *Muntaẓam*, VII, 113.

116. *Mukhtār*, 100–109, 110–113, 114–118, 279–286; *Rusūm*, 80, 131–132; Ahmet

った。さらに，*Rusūm* には，アドゥド・アッダウラが恩賜の衣，宝石をちりばめた王冠，一振りの剣，2 種類の軍旗[117] などを授与され，彼に対する叙任文書がカリフの御前で読み上げられる栄誉にも浴したと伝えられている[118]。

以上の考察から，アドゥド・アッダウラは，様々な権限や待遇の面で，これまでのアミールや大アミールとは異なる存在であり，さらに「マリク」と称し，称されていたことが明らかとなった。そして，そのことはカリフの承認を経ていると指摘することもできる。もちろん，イッズ・アッダウラとの戦いに勝利したことによって，アドゥド・アッダウラがブワイフ家のリアーサを完全に自らのものとし，同王朝唯一の君主として広大な支配領域を確保していたことも指摘しておかねばならないだろう。

III–3. アドゥド・アッダウラとカリフ権

ブワイフ朝ただ一人の君主としてカリフに対面したアドゥド・アッダウラは，その時点で自他共にマリクであると認める存在であり，これまでで最も強大な権勢を獲得した支配者としてカリフの前に現れたのであった。彼に残された課題は，この比類なき権勢を子々孫々にまで伝えることであり，さもなくばカリフ権の簒奪であった。次の引用文がその意図を示している。

> この年（369H 年条），アドゥド・アッダウラは，年長の娘をターイーに嫁すことで彼との間に関係を築こうとし，それは為された。ターイーの御前において，政権 *dawla* の重要人物たちやカーディーたちの立ち会いのもと，10 万ディーナールの婚資[119] でもって婚姻契約が締結され

2907 / b v. 11, f. 124a.

117. 一つはアミールたちに授与される軍旗で白地の旗，もう 1 つはワリー・アルアフド *walī al-'ahd* すなわちカリフの後継者に与えられる軍旗で黄金色の旗であった。また，別の箇所では，1 つは東方に対して，もう 1 つは西方に対しての権限を示す旗であるとも述べられている。*Rusūm*, 83, 94.

118. *Rusūm*, 94–95. *Muntaẓam* にも同様の記述がある。*Muntaẓam*, VII, 87. また Ahmet 2907 / b v. 11, ff. 123b-124a も参照のこと。

図1　アドゥド・アッダウラの目論見

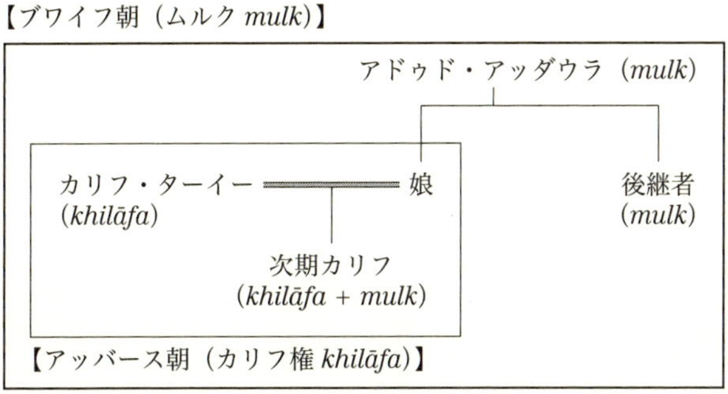

た。そして，アドゥド・アッダウラはその婚姻について，もし彼女から男児が誕生したならば，その子がカリフの後継者として指名されるような状況 *amr* を確立した。そうすれば，カリフ権がブワイフ一族の家系に生じ，またムルクとカリフ権がダイラムの政権 *dawlat al-Daylam* のもとで一つになるからであった。*Tajārib*, II, 414.

この引用文からは，アドゥド・アッダウラが，自らの血を引くカリフを誕生させ，外戚の立場を利用して，ブワイフ朝の政権基盤をさらに強化しようとしていたことが読みとれる。また，「カリフ権とムルクがダイラムの政権のもとで一つになる」というくだりからは，図1のようにブワイフ家とアッバース家が婚姻によって結び付くことで，ダイラムの政権[120]すなわちブワイフ朝に都合のよいカリフを誕生させ，また血統の面でもブワイフ家により接近させ，カリフにブワイフ一族への親近感を植え付けようとする，アドゥ

119.『時代の鏡要約』では20万ディーナールとなっている。BN 5866 f. 84b.

120. この「ダイラムの政権」という表現から，ブワイフ朝がダイラムに出自を持ち，またダイラムの支持によって成立していることが如実に表されている。*Tajārib* の著者 Miskawayh はこの一文によって，アドゥド・アッダウラが有していたであろう，自らの王朝の性格についての見解を明確に表現していると思われる。アドゥド・アッダウラが自身の王朝や王権をダイラムのそれと考えていたことについては第4章を参照されたい。そこでの議論からは，彼がダイラムに対して強烈な帰属意識を有していたことを読み取れるだろう。

ド・アッダウラの意図を読み取ることができる。

もっともカリフ＝ターイーと娘との間に男児が誕生することはなく，アドゥド・アッダウラの試みは失敗に終わるのであるが[121]，彼は単に強大な権力によってカリフを威圧するだけでなく，血統の面からもアッバース朝カリフ権を雁字搦めにし，制御しようという意図を有していたことが窺える。

また，自らの血を引くカリフを誕生させることによって，アッバース家のカリフという完全な他者からではなく，ブワイフ家の血縁であるカリフから支配の正当性を付与されるという体制の構築，すなわち「親族による支配の正当性創出」を目指していたとも考えられる。

ともかく，ムルクの保有者であるマリク＝アドゥド・アッダウラは，もはや彼に存在しないものは自ら支配の正当性を生み出す権威のみというところにまで至ったのである。彼がカリフ権簒奪の意図を有していたとする明示的な史料は存在しないが，アドゥド・アッダウラは少なくともカリフ権をダイラム政権であるブワイフ朝内部に取り込み，権力 *mulk* と権威 *khilāfa* を限りなく近づけようとしていたことはいえるだろう。

以上カリフとの血縁関係構築の動きをもとに，アドゥド・アッダウラのムルクとカリフ権への姿勢を示した。後のセルジューク朝期に現出される政治的象徴としてのカリフ，および政治権力としてのスルタンの両者によって形成されたとされる「カリフ・スルタン体制」[122]は，その役割が明確に区別さ

---

121. その意図を察知したカリフは以下のような対応で，アドゥド・アッダウラの血を引く男児（カリフ位後継候補者）の誕生を阻止する。

> アドゥド・アッダウラの娘がカリフ＝ターイーに嫁いだ時，彼女はお手つきにならなかった。彼女が妊娠してしまいダイラム（ブワイフ朝）がカリフ権を手に入れる *fa-tastawlī al-Daylam*[u] *'alā al-khilāfat*[a] ことを怖れて，ターイーは彼女を近づけなかったのである。*Irshād*, VI, 266.

この引用からも，アドゥド・アッダウラの婚姻政策の意図がカリフ権の奪取にあり，ターイーはそのことに危機感を募らせていたことが分かる。

122. 佐藤次高『イスラームの国家と王権』108 頁の指摘に基づく。また，カリ

れ，ある程度の距離をもって並立していたようであるが，これとは異なり，アドゥド・アッダウラはカリフとマリクの接近，そして融合を志向し，それがためにカリフの忌避に遭うことになった。そしてその事実こそ，ブワイフ朝マリク政権の限界であったといえるだろう。

以上の考察から，次のような結論が導き出せる。まず，ブワイフ朝第一世代の支配者たちは，カリフの承認のもとそれぞれが独自の政権を保有するアミールとして存在したということである。本章では，彼らの政権を指して，ファールス政権，ジバール政権，イラーク政権と名付け，各々の政権は，ブワイフ朝第一世代の君主イマード・アッダウラ，ルクン・アッダウラ，ムイッズ・アッダウラそれぞれを長として，彼らの息子たち，家臣たち，軍隊によって構成されるものと定義した。

その一方で，ブワイフ朝はこれら一族諸政権の連合体であり，彼らを結びつける概念としてリアーサというものの存在が確認された。リアーサはブワイフ一族の年長者が保有し，一族成員がリアーサ保有者に対して敬意の念と態度をもって接することを促す一族内の私的権威，すなわち「一族の主導権」ないし「家長の権威」に相当するものであった。

ブワイフ朝第二世代の君主たちはこのリアーサを巡って争い，彼らは，それぞれカリフの承認を得たアミールとして自らの正当性を表明するのではなく，支配の正当性獲得のために，この私的な権威であるリアーサの追求に重きを置いた。カリフの権威にすがることは，ブワイフ朝の君主たちにとって正当性獲得の唯一の方法ではなかったのである。

そして，カリフの権威ではなく，私的な権威に正当性を求めるという状況の中，ブワイフ朝を形成する一族諸政権を統一し，強大な勢力を有してカリフに対面したアドゥド・アッダウラは，カリフの一家臣として，その任命を受ける必要があるアミールないし大アミールではなく，カリフに代わって支

フ，スルタン共にスンナ派であるという，宗派的な要因によって両者の共存が成り立っていた可能性を指摘できるが，セルジューク朝期のカリフとスルタンの関係の解明については今後の課題である。

配権を行使するマリクとなったのであった。

マリク＝アドゥド・アッダウラとカリフの関係については，両者の有する宗派的性格やブワイフ朝以外の政権との関係を考慮に入れるなど，様々な面からのさらなる考察が必要であるが，本章で指摘したマリク・ムルク概念の出現やアドゥド・アッダウラによるムルクとカリフ権の融合の試みなどは，ブワイフ朝以後に登場するスルタンによる支配の実態や政治思想の分野におけるウラマーによるカリフ論，君主論の活発化の問題を考える上での重要な要素を提示できたものと考える。

アッバース朝滅亡に至るまでの期間，ブワイフ朝を始めとして，様々な王朝や軍事政権が興亡した。アッバース朝期の諸王朝についての先行研究はこれらの諸王朝とカリフとの間の関係，すなわちカリフによる公的な承認を中心に行われてきた。しかし，本章での検討に示されるように，カリフに相対した王朝内部の権力関係や私的な権威の問題が，王朝の政治外交に深く関わり，カリフとの関係にも影響を及ぼしていたのである。今後アッバース朝後期から末期にかけての政治史や支配の正当性を考える際には，王朝と呼ばれる政治集団を，確固とした枠組みを持つものとして捉えるのではなく，その内部構造を詳細に検討し，対内的・対外的な関わりを踏まえることが必要となるだろう。

第2章　ブワイフ朝初期の「ダイラム」
――イラーク政権とジバール政権の比較から

はじめに

本章では，ブワイフ家の出身母体であり，同王朝の軍事力の中核をなすダイラム[1]についての考察を試みる。ダイラムとは，カスピ海南岸のジーラーン（ギーラーン）地方の山岳地帯を指すダイラム地方にあって，半農半牧の生活を営んでいた人々であるが，屈強な兵士としての特性も有し，多くの者が傭兵としてアッバース朝や各地の軍事政権に用いられていた[2]。そしてそのような傭兵の中から頭角を現し，ファールス地方に軍事政権を樹立した者がイマード・アッダウラであった。彼は同時期のダイラムやジール系君侯であるマーカーンやマルダーウィージュなどに仕えた出自の不明な一介の傭兵であり[3]，とくに自らの一族や部族などの集団を率いるような人物ではなか

---

1. 本書では，「ダイラム *Daylam*」をダイラム人やダイラム兵など，人ないし集団を指す概念として使用している。彼らの出身地を示す場合はダイラム地方と，「地方」をつけた形で示し，区別した。「ジール *Jīl*」や「アトラーク *atrāk*」も同様に人ないし集団を指す。なおジールについては，史料中にとくに明記されていない限り，ダイラムの中に含まれているとみなし，区別を必要とする場合のみ「ジール」を併記する。
2. ダイラムの習慣や特徴については，Minorsky, "La domination des Dailamites", pp. 12–30; Bosworth, "Military Organisation", pp. 143–167; Busse, "Iran under the Būyids", pp. 250–304 などを参照のこと。彼らはズーピーン *zūbīn*（*zhūpīn*）と呼ばれる槍を武器に，歩兵の傭兵として活動し，また戦場にあっては，その頑強な忍耐力を示して，敵を退けることに長けていたという。

ったが，ダイラムやジールの人々と共に戦う中で頭角を現し，ダイラムおよびジールのみで構成された軍隊を率いてファールスを支配するまでに至る。その後，マルダーウィージュの死によって，彼の許から離散したアトラーク軍団を取り込み，さらなる勢力拡大を図ったのである。

こうしてファールスを拠点にジバールやイラクへと勢力を拡大したブワイフ朝の軍隊，そしてその中核たるダイラムについては，早くから注目が集まり，多くの成果が出されてきた。その基本的な見解は，ブワイフ朝君主たちがダイラムの独立不羈で反抗的な性質を嫌い，アトラーク軍団に権力の基盤を移していく，そしてその傾向はムイッズ・アッダウラのイラク統治期，すなわちブワイフ朝最初期からすでに始まっていた，というものである。

確かに，ブワイフ朝傘下のダイラム君侯やダイラム軍団はしばしばブワイフ朝君主に対して，反乱を起こす，あるいは俸給の支払いを求めて蜂起するなど，君主にとっては扱いにくい存在であったと思われる。また王朝の最末期にはダイラム君侯や軍団が史料中に現れることはほとんどなく，アトラーク軍団の活動が目立つようになっており，先行研究の指摘は，概略を述べるという点では受け入れられる内容である。

しかし，個々の君主や政権の事情を検討すると，その傾向が最初期から始まっていたとはいい難い。先行研究はとくにムイッズ・アッダウラの治世中に起こったルーズビハーンの反乱が契機となってブワイフ朝が「ダイラム排除」かつ「アトラーク重用」へと移行したことを述べ，その見解を補強するために，ブワイフ朝の全時代中から事例を抽出するという考察方法を用いている。だが，ブワイフ朝君主は常にダイラム君侯や軍団の排除を目指していたわけではない。最盛期の君主アドゥド・アッダウラはアトラーク将軍よりもダイラム将軍を重用しており，また彼はダイラム君侯との婚姻関係を重視していた[4]。この他，アドゥド・アッダウラの死後，ジバールに政権を確立

---

3. Busse, “Iran under the Būyids”, p. 253.

4. アドゥド・アッダウラはジール系君侯シャーフジール・ブン・ハルーシンダーン Shāhjīl b. Harūsindān の娘と，またダイラム系君侯マーナーズィル・ブン・ジュスターン Mānādhir b. Justān の娘と，それぞれ結婚しており，ダイラムやジール君侯とのつながりを重視していた。第 4 章系図を参照のこと。

したファフル・アッダウラがダイラム君侯との深い血縁関係を有していたこと，さらにファールスにおいて再起を図ることになるサムサーム・アッダウラ Ṣamṣām al-Dawla がダイラム軍団に推挙され，再び君主の地位に返り咲くことといった事例のように，ブワイフ朝君主とダイラム君侯ないし軍団との密接な関係はしばしば見られるのである[5]。従って，ブワイフ朝においてはダイラムが常に排除される傾向にあったと一概にいうことはできないのである。

では，実際はどうであったのか。本章では，ブワイフ朝全時代を見渡した上での考察ではなく，先行研究が注目している，イラーク政権のムイッズ・アッダウラ期の事例を中心に再検討し，なぜ彼が「ダイラム排除」の政策を採ったのかを，同時期に存在したルクン・アッダウラのジバール政権における事例を考え合わせて，明らかにする。

研究史

ここでは，「ブワイフ朝の権力基盤はダイラム軍団からアトラーク軍団へ移行する」という，先行研究で示された見解について詳しく見ていくことにする。

まず Kabir がその著書においてブワイフ朝の軍隊について考察しているが，その見解が，以後のブワイフ朝軍隊研究の方向を規定していったと考えられる。その主な内容は，ブワイフ朝の軍隊は基本的にダイラムとアトラークで構成されていること，ムイッズ・アッダウラ，イッズ・アッダウラ親子がアトラーク軍団に傾倒し，ダイラム軍団を排除したこと，アドゥド・アッダウラ期には両者が同等に扱われていたこと，しかしながらアドゥド・アッダウラの後継者たちは再びアトラーク軍団を重用する政策をとり，最末期のブワイフ朝政権内部にダイラム軍団の姿を見出すことはできない，というものである[6]。

---

5. 第 6 章第 II 節を参照のこと。
6. Kabir, *The Buwayhid Dynasty of Baghdad*, pp. 134–144.

次に Bosworth は，1967 年の論文でブワイフ朝の軍隊について詳細な検討を行い，軍隊の指揮系統や俸給の支払い方法に加え，民族としての「ダイラム」についても考察している。しかし，ブワイフ朝におけるダイラムの扱いについては，Kabir と同様の見解であり，ブワイフ朝君主たちは同胞 *co-nationals* であるダイラム軍団よりもアトラーク系のグラーム *ghulām*[7] を信用していたと述べる。そしてその具体例としてムイッズ・アッダウラ期のダイラム将軍ルーズビハーンの反乱とその結果としてのダイラム軍団排除，およびバハー・アッダウラ Bahā' al-Dawla がダイラム軍団を嫌い，アトラーク軍団を政権の基盤として選択したことを挙げている[8]。

一方，Donohue は前 2 者とは若干異なる見解を示している。彼は，ブワイフ朝君主の支持基盤は，時にはアトラーク，時にはダイラムやジールへと揺れ動いていたとする。その上で，アドゥド・アッダウラ期を除いて，君主たちはアトラーク軍団を重用する傾向にあったが，王朝内部におけるダイラムの要素は重要で排除しがたいものであったという。ただダイラムの要素がブワイフ朝において軽視しがたいものであることを強調しつつも，結局君主たちはアトラーク軍団を重視していた，とする点では従来の見解を踏襲しているといってよいだろう[9]。

以上に加えて，我が国の研究を二つ挙げよう。まず清水宏祐は「ブワイフ朝の軍隊」という論文を発表している。著者が但し書きを付しているように，Bosworth（1969）の研究に依拠しているので，基本的な考え方に違いはない。本章との関連でいえば，ムイッズ・アッダウラのアトラーク重用の姿勢が繰り返し述べられていること，彼の政権におけるアトラーク軍団の役割が

---

7. グラームとは，元来は「少年」を指す言葉であるが，この当時は主人の傍近くに仕えると共に軍事活動にも関わる存在であった。清水和裕『軍事奴隷・官僚・民衆』66–89 頁。

8. Bosworth, "Military Organisation", pp. 154–158.

9. Donohue, *The Buwayhid Dynasty in Iraq*, pp. 192–206. この他に，Busse もその著書において軍隊を考察しており，ブワイフ朝は一時期ダイラム優遇姿勢を取っていたが，ダイラム自体の気質ゆえに，王朝内で不利な状況へと追い込まれていった，という。Busse, *Chalif und Grosskönig*, 334.

もっぱらダイラム対策にあったこと，そしてその具体例としてルーズビハーンの反乱に注目していることが挙げられよう[10]。

もうひとつは佐藤次高の見解である。佐藤はブワイフ朝期に始まったイクター制の研究において，ブワイフ朝がダイラムからアトラークに政権の基盤を移していったこと，それ故にイクター保有者が主としてアトラークたちに限られていたことを説明する流れで，Kabir や Bosworth の見解を踏襲している。やはりルーズビハーンの反乱を契機にムイッズ・アッダウラがアトラーク重用に傾いたことを強調している[11]。

以上，主要な研究[12]を概観したが，まず強調すべき点は，すべての研究がイラクの事例を中心に行われていることである。またムイッズ・アッダウラの治世におけるルーズビハーンの反乱が契機となって，「ブワイフ朝がダイラムからアトラークに基盤を移していく」という見解が各研究において示されている点も指摘しておかねばならない。この，ムイッズ・アッダウラがルーズビハーンの反乱を契機にアトラーク重用政策を採用したとする先行研究の見解に異論はない。しかし，それがブワイフ朝全体に敷衍されてしかるべきかについては改めて考察すべき問題である。また何故ムイッズ・アッダウラが，ルーズビハーンの反乱を契機にアトラークを重用することに傾いたのかという点については考察されていない。

従って，本章では，同時期のジバール政権の君主ルクン・アッダウラのダイラム，アトラーク観や政策と比較しつつ，ムイッズ・アッダウラおよび彼の息子イッズ・アッダウラのイラーク政権において，何故ダイラムからアトラーク重視へと政策転換が行われるに至ったのかを考察し，先行研究の抱える問題点を解決するとともに，ブワイフ朝初期のダイラムがいかなる存在であったのかを明らかにしていく。

---

10. 清水宏祐「ブワイフ朝の軍隊」70–74 頁。
11. Sato, *State & Rural Society*, pp. 25–26.
12. この他 Minorsky は，ブワイフ朝君主たちが，彼らの同郷人 *compatriotes* に対する忍耐が限界を超えた末に，アトラーク軍団を頼みとするようになったと述べている。Minorsky, “La domination des Dailamites”, pp. 25, 30（note 62）.

I. イラーク政権下のダイラム諸反乱

先行研究が示すように，ムイッズ・アッダウラはダイラムを嫌い，アトラーク軍団を政権の基盤とするようになる。そしてその契機となったのがルーズビハーンの反乱であった。では，いかなる過程を経てそこに至るのか。本節では，ムイッズ・アッダウラの経歴を，彼のイラク征服以前から振り返り，彼が「ダイラム排除」に至った要因を探ることにする。諸史料や研究によると，ルーズビハーンの反乱までにダイラムが関わった反ムイッズ・アッダウラ行動は 6 例存在する[13]。以下では各事例を 1 つずつ検討する。

I-1. ルースターバーシュの寝返り

最初の事例は，ムイッズ・アッダウラのイラク進出の過程で起こる。彼は 326/937~8 年，兄イマード・アッダウラの一将として，アフワーズへ向けて派遣され[14]，その後約 8 年かけてバグダード入城を果たすのである。

このイラク進出においてムイッズ・アッダウラはアフワーズに入城し，バリーディー家の勢力との攻防を繰り返しつつ，そこに数年間留まる[15]。これはバスラを拠点とするバリーディー家と当時の大アミールであったバジュカム Bajkam が結び付き，その打倒が困難を極めたためであった[16]。このバリーディー家との対峙の最中の 331/942~3 年，ムイッズ・アッダウラの許からルースターバーシュ Rūstābāsh らのダイラム武将がバリーディー家側に寝返るという事態が発生する。それについて *Tajārib* では以下のように伝えられている。

---

13. Donohue, *The Buwayhid Dynasty in Iraq*, pp. 39–44; 清水宏祐「ブワイフ朝の軍隊」75 頁。
14. *Tajārib*, I, 378; Evkaf 2133, ff. 65a–65b.
15. *Tajārib*, I, 378–384.
16. この間の状況については，窪田治美「10 世紀イラクの地方政権」64–69 頁に詳しい。

> この年（331H年条）ムイッズ・アッダウラはバスラの前面にあるアブー・ジャアファル Abū Ja‘far[17] の軍営へとやって来た。そして彼はバリーディー家との戦いに関してお上 *sulṭān* が彼のために認（したた）めたという手紙を公にした。そしてしばらくの間留まってバリーディー家と戦った。その後，彼の武将たちの一団がバリーディー家側に安全保障を求めた *ista'amana*[18]。その中にはルースターバーシュなどがいた。そのためムイッズ・アッダウラは（バスラに）留まることを嫌い，バリーディー軍から一団の者が彼の許へ安全保障を求めてやって来た後に，立ち去った。*Tajārib*, II, 37[19].

この引用に登場するルースターバーシュという人物がダイラムであることを明示する記述は存在しないが，この後バリーディー家の内紛に絡んで，彼がダイラムを率いて活動していることから，ダイラム武将であった可能性が高い[20]。326/937~8年から331/942~3年までの5年間一向に進展しない戦局に業を煮やしてか，あるいはムイッズ・アッダウラとの間に何らかの確執があったのか。彼らの寝返りの理由は史料中には示されていない。

これ以前の328/939~40年にはバリーディー家側がムイッズ・アッダウラ

---

17. 恐らく，後にムイッズ・アッダウラの宰相となるアブー・ジャアファル・サイマリー Abū Ja‘far al-Ṣaymarī のことと思われる。彼は，そのニスバからジバール地方とイラク地方の境にあるサイマラ Ṣaymara 出身ではないかと思われる。*Buldān*, III, 437b–438a. しかし『時代の鏡要約』ではダイラムであったとされる。Ahmet 2907/b v. 11, ff. 16b, 25b.

18. *amān*（生命の安全）が保障されることと引き換えに，相手方に降伏すること。

19. *Takmila*, 130; *Kāmil*, VIII, 404; Ahmet 2907/b v. 11, ff. 7b–8a. このうち *Takmila* と『時代の鏡要約』は331H年条において伝えている。しかしバリーディー家側からダイラムがムイッズ・アッダウラの許に安全保障を求めてやって来たという出来事のみを伝え，彼の許から去った人物については伝えていない。

20. *Tajārib*, II, 61; *Takmila*, 140; *Kāmil*, VIII, 410–411. *Takmila* および *Kāmil* にはルースターバーシュの名前は見えず，ダイラムがバリーディー家の内紛に関わっている様子のみが伝えられている。

軍に攻勢をかけ，スースを奪還し，多くのダイラム武将を殺害したことや，ムイッズ・アッダウラへの援軍としてやって来たルクン・アッダウラ軍からバリーディー家側に寝返った軍兵の存在も報告されている[21]。また，329–330/940–942年にかけてバリーディー家の当主アブー・アブド・アッラーがバグダードでカリフの宰相となり，イラクにおけるバリーディー家の威信が高まっていた。以上のことから，ムイッズ・アッダウラ軍から，バリーディー家に与することをよしとする輩が現れたとしても不思議ではないだろう。ともかく，331/942-3年のルースターバーシュらがムイッズ・アッダウラを見限った最初のダイラムの例である。

I-2. カリフ，ムスタクフィーの逮捕

次は，ムイッズ・アッダウラのバグダード入城直後の，カリフ＝ムスタクフィー al-Mustakfī billāh 逮捕に関連して起こった事例である。この事例は，具体的にダイラム武将たちが逮捕されたわけではないが，イラーク政権の根幹を揺るがしかねない事態に陥りかけ，それを未然に防いだものである。以下に，ムスタクフィー逮捕の経緯を示すと，

> ムスタクフィーの女執事 *qahramāna* のアラム ‘Alam なる者が，ダイラム武将たちを招いて大きな宴会を催した。そのためムイッズ・アッダウラは，彼女がその一団の者からムスタクフィーへの忠誠の誓い *bay‘a* を取り付け，彼らに対する自らのリアーサ *ri’āsa*[22] を損ない，彼らが自分ではなくムスタクフィーに服従するよう，そのような宴席を設けたのではないかと疑った。そしてその疑念は，それ故に，また諸々の権力を転覆させようとする彼女の大胆さと危険を顧みない態度を目の当たりにして，確信へと変わった。その後，ムスタクフィーはターク門地区のシーア派の長であったシャーフィイー al-Shāfi‘ī なる人物を逮捕した。そし

21. *Tajārib*, I, 411; *Kāmil*, VIII, 360; 窪田治美「10世紀イラクの地方政権」65頁。
22. このリアーサはムイッズ・アッダウラの有する，イラーク政権に属する家臣たちへの主導権という意味で用いられていると考えられる。第1章第II節2を参照のこと。

> てイスファフドゥースト Iṣfahdūst[23] はそのシャーフィイーについて執り成しを行ったが，ムスタクフィーはそれを拒んだ。イスファフドゥーストはその事でカリフに苛立ちを覚え，ムイッズ・アッダウラの許へ行き，いった。「カリフは私に，私が革の履物と腰巻を身に纏って彼（カリフ）と会うよう使者をよこした *alqā-hu mutanakkir^an^ fī khuff^in^ wa izār^in^*」[24] と。こうした事から，ムイッズ・アッダウラはムスタクフィーをカリフ位から退けようと心中に深く決意したのである。*Tajārib*, II, 86[25].

この後，ムイッズ・アッダウラはムスタクフィーを捕らえ，新たなカリフとしてムティー al-Muṭīʻ lillāh を擁立する[26]。実際にアラムがダイラムの有力

---

23. ここでは Iṣfahdūst と ṣād で表記されているが，*Tajārib*, I, 355 では Isfahdūst と sīn で表記されている。諸史料においても表記の揺れがあるが，同一人物であることは疑いない。

24. *Tajārib* の英訳者は，「一般民衆のいでたちで」という意味であろう，と推測している。恐らくカリフはイスファフドゥーストを辱めようとして，このように発言したのであろう。*Eclipse*, V, 89.

25. *Takmila*, 149; *Kāmil*, VIII, 450–451; Ahmet 2907/b v. 11, f. 15b. Ahmet 2907/b v. 11 には宴席に招かれた武将として，イラーク政権のダイラムの筆頭 *muqaddam al-Daylam* であり武将たちの長であるフルシード Khurshīd（or Ḥurshad）al-Kūfī al-Daylamī なる人物の名前が挙げられている。注目すべきはこの人物がイラーク政権のダイラムの筆頭であるということである。仮にそのような人物がムスタクフィー側に付いたならば，ムイッズ・アッダウラの立場に何らかの影響を及ぼすことになった可能性も指摘できる。

26. *Tajārib*, II, 87; *Takmila*, 149–150; *Kāmil*, VIII, 451–453; Ahmet 2907/b v. 11, f. 16a. なお *Takmila* および *Kāmil* の伝えるところによると，ムイッズ・アッダウラはムティーではなく，シーア派の人物（ムイッズ・リディーン・アッラー・アラウィーか，その他アリー家の人物 *li-Muʻizz li-dīn Allāh al-ʻAlawī aw li-ghayr-hi min al-ʻalawiyyīn*）をカリフとしようとしたが，側近の諫めによって撤回している。その際側近たちは，アリー家の人物をカリフにした場合，ダイラムたちはその人物に忠誠を誓い，ムイッズ・アッダウラを排除する動きに出る可能性があると指摘している。この事態を嫌ってムスタクフィーを廃位したムイッズ・アッダウラとしては，当然受け入れるべき諫言であっただろう。

者たちをムイッズ・アッダウラからカリフの側に寝返らせようとしたのかは不明である。またこの事件に連座したダイラムの有力者の存在も伝えられていない。従ってムスタクフィーの逮捕および廃位は，ムイッズ・アッダウラの疑心暗鬼によってもたらされた可能性も考えられる。しかし，ムイッズ・アッダウラにそのような疑いを抱かせるような雰囲気がカリフ宮廷やイラーク政権内部に存在し，ムイッズ・アッダウラが麾下のダイラム有力者たちの忠誠に不安を抱いていたことがこの事例から読み取れるだろう。

I-3．ダイラム軍団の俸給支払い要求

次の事例は，ムイッズ・アッダウラに対するダイラムたちの俸給支払い要求である。この騒動の結果，イラクにイクター制が導入されることになる重要な出来事である[27]。以下にその様子を示すと，

> この年（334H 年条），ダイラムたちはムイッズ・アッダウラに対して忌まわしき騒乱を起こし，彼に罵りの言葉を投げかけ，敵意を露わにした。そして彼に対して，恥ずかしげもなく数々の愚かしい嘘をでっち上げたのである。そこでムイッズ・アッダウラは，彼らに対して定められた期間内に俸給を支払うことを確約した。*Tajārib*, II, 96[28].

この後，*Tajārib* ではイクター制導入の経緯が示される。一見して分かるとおり，ダイラムたちは君主であるムイッズ・アッダウラを罵倒し，俸給の支払いを要求している。ダイラムたちの間での彼の権威がそれ程高くなかったことを示すよい証拠である。

I-4．クールキールの反乱未遂

次の事例は 336/947~8 年ムイッズ・アッダウラが兄イマード・アッダウ

27．Sato, *State & Rural Society*, pp. 20–21．また，佐藤次高『中世イスラム国家』27–28 頁も参照のこと。

28．*Kāmil*, VIII, 456–457．ただし *Kāmil* はダイラムではなく「兵士たち *jund*」が騒乱を起こしたとしている。

ラと会見すべくアッラジャーンに赴いた際に起こる，クールキール Kūrkīr[29] なる人物の反乱未遂事件である。この年ムイッズ・アッダウラはバリーディー家のアブー・アルカースィム・バリーディー Abū al-Qāsim al-Barīdī からバスラを奪うべくカリフ＝ムティーを伴って遠征に赴き，その目的を首尾よく果たす。その後，カリフと自らの宰相サイマリー al-Ṣaymarī をバスラに残し，アッラジャーンへと向かうのだが，その際，同行を命じていたと思われるクールキールなるダイラム武将が無断でバスラに留まる。*Tajārib* は，彼がムイッズ・アッダウラの不在を衝いて政権を奪取しようとしていたためと伝える。その記述は以下の通りである。

> ムイッズ・アッダウラは，兄イマード・アッダウラに会うために，バスラからアフワーズへ到着した。一方カリフとサイマリーはバスラに留まり，またクールキールも，ムイッズ・アッダウラの一行から許可なく離れて，バスラに留まった。一説によると，彼はムイッズ・アッダウラへの反抗を準備し，リアーサを獲得しようとしていた，とのことである。そこで，ムイッズ・アッダウラはクールキールの許にサイマリーを派遣した。するとクールキールはサイマリーを拒み，彼の館において戦闘となった。結局，サイマリーがクールキールに勝利し，彼を捕らえ，ムイッズ・アッダウラの許へ連行した。そこで，ムイッズ・アッダウラはクールキールをラームホルムズの砦に送ったのである。*Tajārib*, II, 112[30].

クールキールがダイラム武将であると明言する史料は存在しない。しかし *Kāmil* において，彼が高位の武将の1人とされていること[31]，Justi がイラン系の名前として挙げていること[32]，そして，彼が後にルーズビハーンの反乱

29. Kūrkīr は Gūrīgīr ないし Gūrgīr のアラビア語表記，あるいは Kūrtakīn ないし Kūrankīj, Kūrānkīz の異字形の可能性がある。*Ṭabaristān*, I, 298; Donohue, *The Buwayhid Dynasty*, p. 42 note 138. *Tajārib*, II, 165.

30. *Kāmil*, VIII, 469.

31. *Kāmil*, VIII, 469.

32. Justi, *Iranisches Namenbuch*, p. 165b.

に参加し，反乱鎮圧後バグダードにて船上で晒し者とされる扱いを受けており，反乱の中心人物であったことが窺えること[33]，以上の理由から彼はダイラムであったと判断できる[34]。

またしてもムイッズ・アッダウラは，その権威を否定する麾下のダイラム武将を排除することになったのである。このクールキールについては「リアーサ」という言葉が用いられている。この言葉の意味するところは文脈上，第1章第II節1で検討した「ブワイフ家全体のリアーサ」ではなく，第1章第II節2および本章第I節2の事例同様，イラーク政権の君主としてムイッズ・アッダウラが有していた，ダイラムたちに対するリアーサということになるだろう[35]。クールキールはムイッズ・アッダウラの不在を狙って行動を起こそうとしていたことが伝えられている。従って，ブワイフ家全体の王権を覆そうとしたのではなく，あくまでムイッズ・アッダウラの政権を奪取しようとし，そのために彼はムイッズ・アッダウラ麾下のダイラムたちから支持を取り付けようと考えたものと理解できる。その意味でこのリアーサは，ムイッズ・アッダウラの「ダイラムに対する主導権」と考えるのが妥当であろう。

I–5. イスファフドゥーストの反乱未遂

次の事例は，ムイッズ・アッダウラにとってより深刻な事態であったと思われるイスファフドゥースト[36]の反乱未遂である。337/948~9年にムイッズ・アッダウラは彼を捕らえるのであるが，その経緯について *Tajārib* は以下のように伝えている。

---

33. *Tajārib*, II, 165.

34. *Tajārib* は338H年条に，ヤナールとクールキールが殺害されたという記事がある。だが，具体的な内容に目を通すと，殺害が明記されているのはヤナール一人で，クールキールへの扱いは記述がない。おそらくそのままラームホルムズの砦に収監されていたものと思われる。*Tajārib*, II, 121.

35. 本章第III節1の議論も参照のこと。

36. Justi, *Iranisches Namenbuch*, p. 143a. ‘Ispāhīdōst’, ‘Isbehdōst’ など，ダイラムの名前として示されている。

> イスファフドゥーストはムイッズ・アッダウラの息子の母方の叔父で，彼の姉妹とムイッズ・アッダウラとの間に生まれた子はサナド・アッダウラ Sanad al-Dawla[37] という者であった。それ故，イスファフドゥーストはムイッズ・アッダウラに対して次第に遠慮がなくなり，彼の威信を損ねた。また彼はムイッズ・アッダウラの様々な行為について，常々非難していた。そして，イスファフドゥーストがムティーに，ムイッズ・アッダウラ襲撃に関する手紙を送り，ムティーがそれに応じたとの噂が，ムイッズ・アッダウラの耳に届いた。その後，その噂が広まったので，彼はイスファフドゥーストを逮捕した。*Tajārib*, II, 114.

Kāmil も同様の内容を伝えている[38]。一方 *Takmila* では，イスファフドゥーストはアリー家のアブー・アブド・アッラー・ブン・アッダーイー Abū ʻAbd Allāh b. al-Dāʻī に忠誠を誓うようムイッズ・アッダウラに進言したが，サイマリーが，その進言は彼がムイッズ・アッダウラに代わってアミールの権限を欲しているからであると忠告し，これを受け入れたムイッズ・アッダウラがイスファフドゥーストを逮捕した，となっている[39]。また全史料とも，逮捕後のイスファフドゥーストはラームホルムズの砦に収監されたとある。

Takmila の伝える内容からは，イスファフドゥーストとサイマリーの権力闘争の存在があった可能性も窺えるが，いずれにせよムイッズ・アッダウラは，今度は親族を排除することとなったのである。このイスファフドゥーストは，引用文中にもあるようにムイッズ・アッダウラの妻の兄弟であり，最

---

37. Sanad al-Dawla Abū Ḥarb al-Ḥabashī b. Muʻizz al-Dawla. 原文では，イスムであるハバシーで表記されている。バスラ総督を務め，ムイッズ・アッダウラ死後の 357/968 年に，兄イッズ・アッダウラに対して叛くも，鎮圧される。369/979 年没。*Tajārib*, II, 116, 242–246; *Nishwār*, II, 152; *Takmila*, 190; *Kāmil*, VIII, 583–584.

38. *Kāmil*, VIII, 480. *Kāmil* は彼をムイッズ・アッダウラの母方の叔父として伝えているが，これは間違いであろう。

39. *Takmila*, 161.

初期から彼の軍中にあって，多くの戦を共にした人物である。またバグダード入城後も対ハムダーン朝戦に将軍として出兵するなど，イラーク政権における最重要人物の１人であった[40]。こうしてイラーク政権からまた１人ダイラムの有力者が消えるのである。

I-6. サブクタキーン麾下のダイラム軍団の反乱

最後の事例は，337/948~9年にホラーサーンの支配権がルクン・アッダウラに与えられることについて三兄弟の見解が一致し，それを確認するための任命書と恩賜の衣と軍旗がカリフ＝ムティーより送付される際に起こったブーラリーシュ Būrarīsh の反乱である。当時ルクン・アッダウラはライに侵攻してきたムサーフィル朝のマルズバーン・ブン・ムハンマド al-Marzubān b. Muḥammad[41] 軍と交戦中で，兄イマード・アッダウラおよび弟ムイッズ・アッダウラに援軍を要請していた。これを受けて，ムイッズ・アッダウラは彼のグラームであったサブクタキーン Sabuktakīn を主将とする援軍をライへ派遣し，この一行にカリフからルクン・アッダウラに対する任命書や恩賜の衣を持参するカリフのハージブが同行することになったのである。以下はその際に起こったダイラム武将ブーラリーシュの反乱の様子である

> ルクン・アッダウラのホラーサーンに対する任命書が書かれ，軍旗が授けられ，それと共に恩賜の衣が彼の許に運ばれた。お上 *sulṭān* のハージブの一人がそれらを持参したのであるが，サブクタキーンと陣容を整えられた一軍が彼に同行した。その軍隊がディーナワルの郊外へ達した時，ブーラリーシュが服従の衣を脱ぎ捨てた。彼は，サブクタキーンに

---

40. *Tajārib*, I, 355, 382; II, 86, 92, 109; *Takmila*, 151, 158; *Kāmil*, VIII, 342, 450, 454; Ahmet 2907/b v. 11, ff. 15b, 16b, 25b.

41. ダイラム地方からアゼルバイジャンにかけて勢力を広げたムサーフィル朝の君主。ルクン・アッダウラに敗れ，捕らえられる。346H 年 Ramaḍān 月（957年 11~12 月）死去。*Tajārib*, II, 115, 118, 131–135, 166; Huart, "Les Mosâfirides de l'Adherbaïdjân", pp. 233–247; Ross, "On Three Muhammadan Dynasties", pp. 212–215; Minorsky, "MUSĀFIRIDS", EI^2, VII, pp. 655b–657b.

> 従い，その麾下で行軍することを潔しとしなかったのである。彼は自らの許に軍中のダイラム兵を集めた。すると彼にダイラムたちが一致して応じた。そして彼らは翌早朝にサブクタキーンを襲った。サブクタキーンはそうとは知らずに彼の天幕にいたところ，ダイラムたちが突然彼を襲い，ある者がサブクタキーンにズーピーン *zūbīn* 槍を投げつけ，それは彼の肩に刺さったのである。そこで彼はその場から逃走し，傷を負った状態で天幕の裾から外へ出た。そして護衛のラクダに乗り，荒野へと出ていった。そして彼のグラームたちやアトラークやアラブが彼に従った。一方，ダイラムたちはサブクタキーンの荷駄や輜重を略奪した。また，恩賜の衣を含むお上のハージブの荷駄も略奪され，略奪の最中にその恩賜の衣は失われてしまった。ルーズビハーンと彼の少数の供回りの者以外のダイラムたちはみなブーラリーシュに味方した。その後，彼ら（ブーラリーシュ側のダイラム）はブーラリーシュではなくサブクタキーンに服すことを選んだ[42]。そこで，ブーラリーシュはその顔に当惑を浮かばせながら去った[43]。そしてダイラムたちはブーラリーシュの許からサブクタキーンの許へ戻った。サブクタキーンは彼らを迎え入れ，彼らの言い訳を聞き入れ，彼らのうちの誰一人に対しても害を加えなかった。*Tajārib*, II, 118[44].

この後ブーラリーシュは捕らえられ，ルクン・アッダウラに引き渡される[45]。この反乱においてはルーズビハーンがダイラム側に加担せず，サブクタキーン側についたため，ダイラムたちは気勢を削がれたのか，ブーラリーシュに味方することを止めている。後にムイッズ・アッダウラに対して反乱を起こ

42．ここはルーズビハーンがブーラリーシュの反乱に参加しなかったことで，他のダイラムたちがこの反乱の意義を見失い，反乱から身を引いたことを意味していると思われる。

43．直訳だと「当惑しつつ自らの道を行った *marra Būrarīsh^u hā'im^an 'alā wajhi-hi*」となる。

44．*Kāmil*, VIII, 479.

45．*Tajārib*, II, 119.

すルーズビハーンはこの時サブクタキーンに協力することによってムイッズ・アッダウラに対する忠誠を示したのである。またこの反乱はブーラリーシュがアトラークの将軍の指揮下に入ることに屈辱を感じたことが発端となって起こったわけだが，これは相次ぐダイラム武将の反乱や逃亡によってムイッズ・アッダウラが子飼いのアトラークを用い始めたことに対するダイラムの反発[46]と理解することもできるのではないだろうか。

また注目すべきは，この事例においてはじめてルーズビハーンとサブクタキーンが *Tajārib* に登場している点である。ムイッズ・アッダウラ，イッズ・アッダウラ親子の政権を脅かす大反乱を起こすことになる両者は，ダイラムの有力者たちが次々と排除されていく中でムイッズ・アッダウラに用いられ，イラーク政権において高い地位を獲得していくことになったのである。

以上の6例にはすべてダイラムないしダイラムと疑われる人物たちが関わっていた。まず目につくのは，ムイッズ・アッダウラが反乱者および反乱未遂の人物を処刑せず，ラームホルムズの砦に監禁するという処置にとどめていることであろう。部下ないし同胞は殺さない，というのがダイラムの掟であったのだろうか。それとも処刑できない理由があったのだろうか。この点については今後もダイラムの慣習などの面から解明する必要があろう。

次に指摘できるのは，いずれも，ファールス以来ムイッズ・アッダウラに従ってイラクにやって来たダイラムたちが関与した事例であるということである。利用可能な史料を見る限り，イマード・アッダウラやルクン・アッダウラの政権に服するダイラムたちが反乱や反乱未遂，あるいは政権から離脱したという事例はほとんど見出すことはできない。もちろん何らかの不穏な動きは生じていたと思われる[47]。しかし，それにしてもムイッズ・アッダウ

---

46. ムイッズ・アッダウラによるアトラーク軍団の採用の経緯について記した史料はない。バグダード入城前後の軍隊構成はおそらくダイラムが主体であったと思われるが *Tajārib*, II, 77–78, 90–94，334/946年のイクター制導入に際して，自らのアトラーク軍団へもこれを授与していることなど，アトラークの存在も確認できることから *Tajārib*, II, 85, 96, ムイッズ・アッダウラはこれ以前にグラームを購入し，アトラーク軍団を編成していたものと考えられる。

47. 本章第I節1で示したルクン・アッダウラ軍からバリーディー家側についたダ

ラに対するダイラムの反抗的な態度は顕著であり，6例もの事例が存在するのは兄たちに比べて際立っている[48]。何故このようにムイッズ・アッダウラの権威はダイラムたちに軽んじられたのであろうか[49]。

その理由の一つとしてムイッズ・アッダウラの年齢が考えられよう。イマード・アッダウラとムイッズ・アッダウラの年齢差は23歳，ルクン・アッダウラとムイッズ・アッダウラの年齢差は15歳であった[50]。イマード・アッダウラとルクン・アッダウラは共に傭兵としての経歴を積み，マルダーウィージュの許を離れ，ファールスにブワイフ朝を確立するまで長く行動を共にした。その一方で，ムイッズ・アッダウラが最初に史料に登場するのは，ファールス征服の最終段階においてである[51]。

つまり，ブワイフ朝の創設に関わった兄2人は同胞のダイラムたちを率いて連戦してきた歴戦の武将であるのに対し，ムイッズ・アッダウラには彼らほどの戦経験がないことが推測できるのである。またイマード・アッダウラ麾下のダイラムは彼と同じ傭兵であったか，あるいは彼以上の身分や血統を有する人々であったと思われ，彼らの意識としては，たまたまイマード・アッダウラと主従関係になった，という程度であったと考えられる[52]。その

イラムや後述するイマード・アッダウラの配下であるシーランジーン Shīranjīn 逮捕がその例である。本章第 III 節 1 を参照のこと。

48. もっともイラクに視点を置く史料的傾向から，ジバールやファールスの事例があまり伝えられず，もっぱらイラクの事例が伝えられることによって，ムイッズ・アッダウラへの反乱や反乱未遂の記事が多いとも考えられる。したがって，ファールスなどでもダイラムによる反乱が起っていた可能性はある。

49. その一方で，ルーズビハーンの反乱以前にアトラークの反乱や反乱未遂の事例は伝わっていない。

50. 三兄弟の年齢は *Muntaẓam* に依拠している。イマード・アッダウラは 338H 年に 57 歳で死去，ムイッズ・アッダウラのバグダード入城時（334H 年）には 54 歳，ルクン・アッダウラは 366H 年 Muḥarram 月に 78 歳で死去し，334H 年当時 46 歳，ムイッズ・アッダウラは 356H 年 Rabīʻ II 月に 53 歳で死去しており，334H 年には 31 歳であった。*Muntaẓam*, VI, 365; VII, 38–39, 85.

51. *Tajārib*, I, 298. 322/934 年のイスタフル攻略戦において活躍する様子が伝えられている。

ようなダイラムたちが彼の弟で若輩のムイッズ・アッダウラに忠誠を誓い，その権威に服そうとしなかったとしてもそれは無理からぬことであろう。

また将軍としての資質についての疑問が持ち上がったことも，彼らの忠誠を勝ち得なかった理由の一つではないだろうか。ムイッズ・アッダウラは初めて将軍として出征したキルマーン遠征において，戦場で手傷を負い，敵の捕虜となるという失態を犯している。またアフワーズからさらに西方へ進出するにも数年を要し，何度も後退しつつバグダードに至るという過程を経ている。もちろんこれらの事例はムイッズ・アッダウラの将軍としての資質の低さが原因であると断定することはできないが，兄2人の軍事的成果に比べると見劣りすることは指摘できる[53]。

ともかく，ムイッズ・アッダウラはルーズビハーンに叛かれる以前から，すでにダイラム武将たちからその権威を軽んじられ続けていたということが明らかとなった。それでもなおムイッズ・アッダウラはダイラム将軍ルーズビハーンやその他のダイラム武将たちを用いつづけたのである。以下ではルーズビハーンの起こした反乱に焦点を当て，ムイッズ・アッダウラが「ダイラム排除」へと政策を転換することとなった要因を考察する。

II. ルーズビハーンの反乱

前節の検討から，ムイッズ・アッダウラには，ルーズビハーンの反乱を待つまでもなく，ダイラムを退け，アトラーク軍団重用へと傾く契機が何度もあったことが窺えよう。しかし諸史料や先行研究が伝えるように，契機となったのはあくまでもルーズビハーンの反乱だったのである。その理由は一体何であろうか。以下ではそれを探っていくこととする。

まずルーズビハーンがいかなる人物であったのかを見よう。ルーズビハー

---

52. この点については本章第 III 節 1，4 を参照のこと。

53. ムイッズ・アッダウラはイラク征服後もたびたびモースルのハムダーン朝やバティーハ地方のイムラーン・ブン・シャーヒーン ‘Imrān b. Shāhīn と戦っているが，いずれも彼らを完全に征服することはできず，捗々しい戦果を上げることができていない。

ン Rūzbihān b. Wandādh Khurshīd al-Daylamī は，前述のように，337/948~9年のブーラリーシュの反乱時に初めて *Tajārib* にその名が現れる[54]。しかし新参のダイラムというわけではなく，ムイッズ・アッダウラ軍の最古参のダイラム武将ムーサー・ブン・ファヤーザ Abū 'Imrān Mūsā b. Fayādha[55] に属する下級ダイラム兵士で，ダイラムの有力家系の出身者ではなかったようである[56]。彼はブーラリーシュの反乱に加担しなかったことが評価されたのか，その後ムイッズ・アッダウラに用いられ，彼の宰相ムハッラビー al-Muhallabī と共にバティーハ遠征を任されることになる[57]。

こうしてムイッズ・アッダウラによって高い地位を与えられたルーズビハーンは 345/956 年に主君に反旗を翻すのである[58]。以下はその詳細を伝える *Tajārib* からの引用である。

> この年（345H 年条），ルーズビハーンがムイッズ・アッダウラに対して，彼の兄弟ブッラカー Bullakā がシーラーズにて（アドゥド・アッダウラに対して），反乱を起こした[59]。両者は反逆を露わにした。また同

54. *Takmila* の 336H 年条にイラク南部サワード地方 Sawād の徴税請負を行っていることが伝えられている。*Takmila*, 160.
55. *Tajārib* にはイスファフドゥーストと共にムイッズ・アッダウラの補佐役として登場する *Tajārib*, I, 382–383。また彼の息子ライリー・ブン・ムーサー Laylī b. Mūsā がムイッズ・アッダウラに従うダイラムの一人として名前が挙がっている *Tajārib*, II, 163。さらに，ダイラム軍団を率いているという記述もある *Takmila*, 156。以上からムーサー・ブン・ファヤーザはダイラムと判断できる。
56. *Tajārib*, II, 162. 具体的には直後にある *Tajārib* からの引用文を参照のこと。またダイラムの社会階層については具体的には不明であるが，上級，中級，下級の三つに区分されていたようである。第7章第 II 節2を参照のこと。
57. *Tajārib*, II, 129–131（339H）; *Takmila*, 164（339H）, 170（344H）; *Kāmil*, VIII, 489–490（339H）.
58. 当時ルーズビハーンはバティーハのイムラーン・ブン・シャーヒーンの勢力と戦っていたようである。*Takmila*, 171; *Kāmil*, VIII, 514; Ahmet 2907/b v. 11, f. 40a. ただし *Tajārib* にはその事が記されていない。
59. ちなみに *Yatīma* は，ブッラカーはアドゥド・アッダウラではなくルクン・

様にルーズビハーンのもう一人の兄弟アスファール Asfār がアフワーズにおいて反乱を起こした。そしてルーズビハーンはアフワーズへと至った。一方，アフワーズには彼と戦うために宰相のムハッラビーが乗り込んでいたが[60]，彼の兵士たちがルーズビハーンに安全保障を求め（て逃亡し）たので，ムハッラビーは彼の前から退却した[61]。そしてその知らせがムイッズ・アッダウラの許に届いた。しかし，ムイッズ・アッダウラはルーズビハーンを強く信頼していたため，それを信じなかった。というのも，ルーズビハーンはムイッズ・アッダウラが子飼いとしており *huwa alladhī iṣṭanaʻa-hu*[62]，そのことがルーズビハーンの名前を高めていたからである。また彼は，それ以前ムーサー・ファヤーザの兵士に属する下級兵士であり，彼の部下の中でも若輩者で，無名な者であったが，（ムイッズ・アッダウラによって）高い地位についていたためである。*Tajārib*, II, 162.

上記のように，ムイッズ・アッダウラは当初ルーズビハーンの反乱を信じな

アッダウラに対して反旗を翻したと，伝えている。*Yatīma*, III, 145. この記述からは，アドゥド・アッダウラではなく，ルクン・アッダウラがファールスの真の支配者である，という当時の認識が読み取れる。イラク侵攻以前のアドゥド・アッダウラの立場を理解するための重要な証言といえよう。

60. 原文通りだと，「ムハッラビーはそこにいた *kāna bi-hā al-wazīr^u al-Muḥallabī*」となるが，『時代の鏡要約』によると，ムハッラビーはルーズビハーンとの戦いのため，アフワーズへ派遣されたとなっている。ルーズビハーンの反乱と同時にその弟アスファールがアフワーズにて蜂起していることを考えれば，『時代の鏡要約』の記述の方がより正確であると思われる。Ahmet 2907/b v. 11, f. 40a.

61. ウブッラ Ubulla に退いたようである。またムハッラビー軍中のダイラムは全てルーズビハーン側に寝返ったとの記述がある。Ahmet 2907/b v. 11, f. 40a.

62. *iṣṭanaʻa* という語を用いており，ムイッズ・アッダウラとルーズビハーンが扶養—被扶養の関係によって結ばれていたことが分かる。清水和裕『軍事奴隷・官僚・民衆』59–63 頁を参照のこと。ただし清水は「子飼い」という語は使用していない。

かった。多くのダイラム武将を排除したムイッズ・アッダウラであったが，ルーズビハーンは，自分の子飼いの家臣で腹心の部下であり，これまでのダイラム武将とは異なって自分に対する揺るぎない忠誠心を抱いていると考えていたためであろう。ブーラリーシュの反乱にも同調せず，アトラークの将軍サブクタキーンに服し，その結果その反乱が失敗したことを考えれば，彼がルーズビハーンの忠誠を疑わず，彼を信頼していたことは想像に難くない。

そのように，当初その反乱を信じなかったムイッズ・アッダウラではあったが，宰相ムハッラビーがアフワーズより退却するにおよび，軍を派遣し，その鎮圧に乗り出す。だが，事態はさらに深刻なものとなる。

> ムイッズ・アッダウラはシールジール Shīrzīl を（ルーズビハーンとの）戦いのため，先鋒として派遣した。するとダイラムたちは皆ムイッズ・アッダウラに対して大きく騒ぎたて，彼に対して心中に抱いていた非難や（俸給の）遅配についての不満などを表明した。そして彼に敵意を示し，彼が嫌がる事を行って反対した。そして彼らは（ルーズビハーンに）安全保障を求め始めた。そこで，ムイッズ・アッダウラはアブザーイジー al-Abzā'ijī にワーシトにおける治安維持の職 *shurṭa* を授け，同地へ派遣した。そして 345H 年 Sha'bān 月 5 日木曜日（956 年 11 月 12 日）にムイッズ・アッダウラはルーズビハーンとの戦のためバグダードの館から出発した。一方ルーズビハーンへ安全保障を求めるダイラムの数はさらに増していた。*Tajārib*, II, 162.

相次ぐダイラム有力者の排除や俸給の遅配が原因となって，ムイッズ・アッダウラ麾下のダイラム兵が次々とルーズビハーンの許に走るという事態になる。さらにこの状況を知ったハムダーン朝君主ナースィル・アッダウラがバグダードを窺う気配を見せる。

> カリフ＝ムティーはムイッズ・アッダウラの許へ出発し，河を下った。その理由は以下の通りである。すなわち，ルーズビハーンとその兄弟が起こしたことについての知らせを耳にした時，ナースィル・アッダウラ

はバグダードを狙うことを決意した。そして彼の息子であるアブー・アルムラッジャー Abū al-Murajjā ともう 1 人の息子をバグダードへ向けて派遣した。その情報がムイッズ・アッダウラの耳に届くと，彼はハージブのサブクタキーンをバグダード守護 *li-ḍabṭ-hā* のためワーシトから派遣した。またムサーフィル・ブン・サフラーン Musāfir b. Sahlān——ところで彼はナハーワンドの地を授けられ，そこにいたのであるが——に手紙を書き，バグダードへ急行し，ハージブのサブクタキーンに加勢するよう命じた。その後，バグダード残留組のダイラムたちが自分たちの俸給を求めて騒乱を起こした。そこでムサーフィルとサブクタキーンとラシュカルワルズ Lashkarwarz は彼らに人を派遣して俸給について約束した。そのためダイラムたちは落ち着いた。そしてムサーフィルは上流のカティーア *a'lā al-qaṭī'a* に下馬し，ハージブのサブクタキーンは出発してシャムマーシーヤ門の傍らに下馬したが，彼らはこの政権 *al-dawla*（イラーク政権）はもう駄目ではないかと思っていた。*Tajārib*, II, 162–163.

北方からの脅威が迫ることを知ったムイッズ・アッダウラは軍の一部を割いて，バグダードの守りを固める。その将としてサブクタキーンが選ばれている。ムイッズ・アッダウラの彼に対する信頼の厚さが窺えよう。その他にラシュカルワルズという名前の武将もバグダードに派遣されているが，彼はその名前からしてダイラムと思われる[63]。事ここに至ってもなおムイッズ・アッダウラはダイラムの武将を用いていることが示されているが，おそらくラシュカルワルズはルーズビハーン同様ムイッズ・アッダウラの子飼いのダイラム武将だったのではないだろうか。

ともかく北方への備えを施したムイッズ・アッダウラは麾下のダイラム軍団の動向に配慮しつつ，ルーズビハーン軍と戦う。以下はその様子である。

---

63. Justi はラシュカルワルズ Lashkarwarz という名を収録していないが，ラシュカリー Laškarī やラシュカルシターン Laškarsitān をダイラムの名前として挙げており，ダイラムであると判断した。Justi, *Iranisches Namenbuch*, p. 183a.

> ムイッズ・アッダウラは，ダイラムたちがルーズビハーンに安全保障を求めるのではないかと考えて，アルバク橋を彼と共に渡ることを禁じていた。そしてその橋に，ダイラムたちがそこを渡ることを妨げる兵を配置した。それは彼らが信用に足らず，ムイッズ・アッダウラを裏切り，残りの軍隊を混乱させることを恐れてのことであった。というのもムイッズ・アッダウラは常々彼らに俸給を与えていたが，一旦彼らが俸給を受け取ると，直ちにルーズビハーンの許に走ってしまうかもしれなかったからである。そうしたわけで，ダイラムのうちでムイッズ・アッダウラと共に渡河したのは，ライリー・ブン・ムーサー・ファヤーザ Laylī b. Mūsā Fayādha とシールジール・ブン・ワフリー Shīrzīl b. Wahrī とハサン・ブン・ファナーフスラフ al-Ḥasan b. Fanākhusrah だけであった。*Tajārib*, II, 163.

ムイッズ・アッダウラは，若干のダイラム武将以外は共に行動することを許さず，陣地と輜重の守備を命じている[64]。ムイッズ・アッダウラはダイラム軍団を信用できなくなっていたのである。そして彼はアトラーク軍団を率いてルーズビハーン軍を攻撃する。

> ムイッズ・アッダウラはアトラークである彼のグラームたちを頼った。そしてムイッズ・アッダウラは Ramaḍān 月晦日の月曜日（957 年 1 月 5 日）にその日中ずっと，敵が倒れるまで戦った。その後ムイッズ・アッダウラは自らお家のグラーム *ghilmān dār* を率いて攻撃を仕掛け，彼らを鼓舞してこう言った。「我が子らよ！　余は汝らを我が子の如く育て上げた。今こそ汝らの能力を余に見せよ！」と。そこで彼らはムイッズ・アッダウラと共に，未熟な若者のごとき攻撃をした。しかし何者も彼らに抵抗することはできなかった。ルーズビハーンと彼の一党は敗走

---

64. この処置に対してダイラムたちは不満を述べるが，ムイッズ・アッダウラは彼らをなだめすかして取り合わなかった。*Tajārib*, II, 163–164.

し，ルーズビハーンは傷だらけで捕らえられ，またクールキールとファトフ・ラシュカリーとアルスラーン・クールも捕らえられた。*Tajārib*, II, 163.

こうしてムイッズ・アッダウラは自ら育成したアトラーク軍団を率いて首尾よくルーズビハーン軍を破り，彼とその麾下のダイラム武将を捕らえたのである。名が挙がっている者はいずれもムイッズ・アッダウラによってラームホルムズの砦に収監されていたダイラム武将たちである[65]。アフワーズを中心に起こった反乱ではあったが，ラームホルムズにまでルーズビハーンの勢力が及んでいたことが分かる[66]。彼らはラームホルムズから解放され，反乱に加わっていたのである。

さて，ムイッズ・アッダウラによって一介の兵士から高位へと取り立てられたルーズビハーンはいかなる理由によって主君を裏切り，反旗を翻したのであろうか。残念ながらその理由について諸史料は明らかにしていない。ただ *Tajārib* の著者 Miskawayh が，「(反乱の) 火が激しく燃え盛り，ルーズビハーンとその弟ブッラカーの許にダイラムたちが馳せ参じ，反乱軍が『とうとうブワイフ家の王権を奪い去った』と考えた後，ルーズビハーンと2人の兄弟の名前は消え失せたのである」と述べ[67]，この反乱がイラーク政権だけの問題に留まらず，ブワイフ朝諸政権全体に対する挑戦であったという評価を下していることは注目に値する。実際，バティーハ，アフワーズに加え，イラーク政権の領域外であるシーラーズ[68]の3箇所で同時に反乱が勃発し，

---

65. ファトフ・ラシュカリーとアルスラーン・クールの2人は，明確な理由は不明であるが335/946~7年にムイッズ・アッダウラによって捕らえられたヤナール・クーシャに連座して砦に収監されていた *Tajārib*, II, 111。前者はその名前からダイラムであると推測できる *Tajārib*, II, 84; Justi, *Iranisches Namenbuch*, p. 183a 'Laškarī'.

66. Ahmet 2907/b v. 11, f. 40a. 具体的な地名は示されていないが，多くの砦がこの反乱勢力の手中に落ちたことが述べられている。

67. *Tajārib*, II, 166.

68. シーラーズで反乱を起こしたブッラカーの詳細は不明であるが，ルクン・

多くのダイラムが相次いでこの反乱に参加したことから考えて，この反乱はルーズビハーンの個人的な感情や突発的な理由で起こされたのではなく，計画的な反乱であった可能性も指摘できる。そして，このような大規模な反乱となった理由としては，ルーズビハーン兄弟のブワイフ家の王権奪取という野心に，当時俸給の遅配や相次ぐダイラム有力者の排除に直面していたダイラム軍団の不満が相俟ったことにあると思われる。

この反乱の結果，ムイッズ・アッダウラはダイラムを排除し，アトラーク軍団に依拠するようになるが[69]，それは，この反抗的な気質を持つダイラムの反乱がファールスにも波及したこと，自らの子飼いであると考えていたダイラム武将ですら自分に反乱を起こす可能性があることを目の当たりにし，とくにダイラム武将を重用することを危険視したためであると考えるのが妥当であろう。

この後ムイッズ・アッダウラは息子イッズ・アッダウラへの遺言において，ダイラムの反抗的な態度をアトラークによって抑えるよう忠告し[70]，イッズ・アッダウラは父と同じくダイラムを避け，アトラーク軍団に依拠する政策をとる[71]。しかしこの「ダイラム排除」かつ「アトラーク重用」政策はこ

アッダウラの宰相ウスターズ・ライース・アブー・アルファドル・イブン・アルアミード al-Ustādh al-Ra'īs Abū al-Faḍl Ibn al-'Amīd の活躍によって，一旦奪われていたアドゥド・アッダウラのファールス支配権 *mulk* が彼の手に戻された旨の記述があることから，シーラーズでの反乱もある程度成功し，ダイラムの参加者も存在したであろうことが予想できる。*Tajārib*, II, 166; *Takmila*, 171; *Kāmil*, VIII, 516.

69. もちろん彼がダイラム軍団を全く用いなかったわけではない。*Tajārib*, II, 170 (347H), 204 (353H), 217 (355H); *Takmila*, 172 (347H); Ahmet 2907/b v. 11, f. 42b (347H). しかしルーズビハーンの反乱以後，ダイラムによる対ムイッズ・アッダウラ反乱や反乱未遂の事実が伝わっていないことから考えて，ムイッズ・アッダウラが主要なダイラム武将を排除し，アトラーク軍団を主軸とする軍隊構成に変更し，アトラーク武将を重用するようになったことは確かである。*Tajārib*, II, 173–174, 205–207, 215, 231.

70. *Tajārib*, II, 234.

71. *Tajārib*, II, 235; *Kāmil*, VIII, 576. しかし，イッズ・アッダウラは父から譲り

の親子すなわちイラーク政権の政策であって，他の一族政権も同じ政策を採用していたかどうかについては，改めて検証する必要がある。

III．ジバール政権の親ダイラム傾向

本章第I, II節では，イラーク政権，とくにムイッズ・アッダウラに焦点を当て，彼に対するダイラム武将たちの度重なる反乱が，彼を「ダイラム排除」へと傾かせたことを明らかにした。確かに先行研究が示しているように，ムイッズ・アッダウラはルーズビハーンの反乱を契機に，ダイラムを排除し，アトラークを政権の基盤とするようになる。しかし，ムイッズ・アッダウラと他のブワイフ一族の君主たちが「ダイラム」について共通の認識を有していたのだろうか。先行研究はムイッズ・アッダウラの「ダイラム排除」かつ「アトラーク重用」という政策転換がブワイフ朝のすべての時期を通じて受け継がれたかのように語るが，はたしてその見解は正しいのだろうか。

本節では，イラーク政権と同時期に存在したブワイフ朝ジバール政権の対ダイラム政策を検討し，イラーク政権の「ダイラム排除」かつ「アトラーク重用」傾向が，ジバール政権にも当て嵌まるのかどうか検証する。なお，ここでは，一代で終わるブワイフ朝の創始者イマード・アッダウラの政権「ファールス政権」の事例もこのジバール政権の事例として扱っている。

III-1．イマード・アッダウラ麾下のダイラム

まず，ブワイフ朝の創始者であるイマード・アッダウラが麾下のダイラムたちについてどのように考えていたか，それをよく示している文章を以下に引用する。

この年（338H年条），イマード・アッダウラは，諸々の病が彼を蝕ん

受けたアトラーク軍団に対する権威や指導力は持ち合わせず，結局は彼らの反乱によって政権を追われ，アドゥド・アッダウラの介入を招くのである。第1章第II, III節を参照のこと。

でいるが故に，死期を悟った。そして，彼は兄弟たちが自らの許から遠く，また彼の軍隊内にダイラムの君侯たちが多数存在し，彼の死後にその王国 *mamlaka* が欲望の対象になるのではないかと恐れた。そこで彼はアドゥド・アッダウラ Fanākhusrah b. Rukn al-Dawla を呼び寄せた。それはアドゥド・アッダウラを彼の死後の継承者とし，また彼が武将たちや兵士たちと懇意になるようにするためであった。そしてそのことが実行された。さて，アドゥド・アッダウラはシーラーズへ向けて出発したが，彼の父ルクン・アッダウラは信頼できる従者となるよう，アドゥド・アッダウラに自らの軍隊をつけてやった。そしてアドゥド・アッダウラがシーラーズに近づくと，イマード・アッダウラは全軍を率いて彼を出迎え，彼を館の一段高い所に座らせた。そして，人々にアドゥド・アッダウラに伺候するよう命じ，イマード・アッダウラは誰一人として（アドゥド・アッダウラへの服従を）拒む者が現れないよう，アドゥド・アッダウラの前に立っ（て睨みを利かせ）たのである。それは記念すべき重要な日であった。その後でイマード・アッダウラはアドゥド・アッダウラに権限を委譲し，亡くなったのである。*Tajārib*, II, 121[72].

ムイッズ・アッダウラと同様，イマード・アッダウラも麾下のダイラムが真に服従していないことを感じとり，その忠誠心を疑っていたようである。子供のいなかったイマード・アッダウラ[73]は弟2人を我が子のように思い[74]，その王国を委ねたいと考えていたのであろう。しかし彼らが自分の許から遠く離れた地で政権を運営しているが故に，自分の死後ファールスが他のダイラム君侯の手に渡ってしまうことを恐れていた。そこで，自らの後継者としてルクン・アッダウラの息子アドゥド・アッダウラを招き，自政権の高官や軍隊がアドゥド・アッダウラの継承を認めるよう，計らったのである。

さらにイマード・アッダウラは一部のダイラム君侯が，自らの死後必ずや

72. *Kāmil*, VIII, 482 も見よ。

73. *Kāmil*, VIII, 482.

74. *Tajārib*, II, 113.

アドゥド・アッダウラに反旗を翻すだろうことを予想し，事前に策を施している。

イマード・アッダウラは常々彼の有力武将たちの一団に疑いの目を向け，彼らが彼ら自身のためのリアーサを欲していることを察知していた。というのも，彼らは自分たちがその出自においてイマード・アッダウラよりも高貴であり，支配権を得るによりふさわしいとみなしていたからである。そこでイマード・アッダウラはその軍隊から彼らを一掃し，一団の者を捕らえた。彼が捕らえた者の中にはシーランジーン・ブン・ジャリース Shīranjīn b. Jalīs[75] なる者がいた。その後，シーランジーンについての執り成しが行われ，イマード・アッダウラの従者や彼の部下で信頼に値する有力な者がシーランジーンについての執り成しを申し出た。そこでイマード・アッダウラは彼らにこう言った。「余は汝らにシーランジーンについて語ってやろう。そしてそれを聞いた後でも彼を解放すべきと考えるのであれば，余はそうしよう」と。その後イマード・アッダウラは彼らに，彼がホラーサーンにおいてナスル・ブン・アフマド Naṣr b. Aḥmad に仕えていたことを語り始めた。

曰く「我々はその当時，ダイラムの小部隊に属していた。そしてナスル・ブン・アフマドといえば，彼は週2回の（家臣たちの）挨拶を受ける座につくのが常であった。ある日ナスル・ブン・アフマドはその席につき，また彼の周囲には軍隊以外に，彼のマムルークと彼の父のマムルークで構成された約1万人のグラームたちが侍っていた。その時余が件のシーランジーンをみると，彼は短剣を鞘から引き抜き，それを懐に忍ばせていた。そこで余は彼に言った「何をするつもりか？」と。するとシーランジーン曰く「俺は今日，未来永劫，それでもって俺が記憶される事を為そうかと思っている」と。余は言った「それでどうす

---

75. *Tājī* によれば，彼はジール系のキーラーン・アダーワンド Kīlān Adāwand の家系に連なる人物である。*Tājī*, 7; Justi, *Iranisches Namenbuch*, p. 295a. また第4章第II節も参照のこと。

る？」と。すると彼は「俺は嘆願者，あるいは要求をする者の体を装って近づき，床に接吻する。そしてあの若造（すなわちナスル・ブン・アフマド）の許へ一気に達すると確信するまでじりじりと近づいて，そして奴を殺すさ。その後で殺されようとも，構やしないさ。俺はあの若造の前で立つことに我慢がならんのだ」と言った。——ところでその当時ナスル・ブン・アフマドは20歳で，顎髭が生え出していたところであった——そこで余は，もしシーランジーンがそれを行えば，殺されるのは彼一人ではなく，我々全てがダイラムの仲間として殺害されるだろうということを悟った。そして余は彼の手を摑み，彼に「お前に話がある」と言い，それからダイラムを彼の許に集め，余は彼らに，彼が意図していることと，もし彼の欲することが成就したならば，我々全てに対して降りかかってくることについて話をした。すると彼らはシーランジーンの手を摑み，彼から短剣を奪ったのである。さて汝ら，シーランジーンのナスル・ブン・アフマドについての考えを聞いた後で，余がシーランジーンをこの若者（アドゥド・アッダウラ）の前に立たせることを望むのか，と。

そこで仲裁者たちは引き下がり，口々に言った「アミール（イマード・アッダウラ）はご自身の軍隊についてよくご存じでいらっしゃる」と。そしてシーランジーンは獄中にて死去するまで囚われのままであった。*Tajārib*, II, 122–123[76].

長い引用となったが，要するにイマード・アッダウラは，シーランジーンなるダイラム武将の，年齢の若い君主に対する反抗的な態度を指摘し，そのような人物を若いアドゥド・アッダウラの家臣として置くことの危険性を説いているのである。この引用から，イマード・アッダウラ麾下のダイラム武将たちは，以前は同僚としてサーマーン朝やその他の軍隊内で肩を並べた存在であったこと，ダイラムがまとまった集団として扱われる存在であったことが判明する。またイマード・アッダウラは，麾下のダイラム武将たちが常

76. *Kāmil*, VIII, 482–483 も見よ。

に自分にとって代わろうとする存在であり，自分よりも血統の面で支配者としてふさわしいと彼らが考えていること，あるいはファールス政権のリアーサ獲得を目指していることを認識していたというくだりも注目に値する。

このリアーサに関しては，本章第I節2および第I節4で示したように，ダイラム武将ないしダイラムの有力者たちの間での獲得が試みられているものであり，ブワイフ一族内部で有効な家長の権威としてのリアーサとは異なるものである[77]。第I節の二つの事例はその文脈から，明らかにムイッズ・アッダウラの，支配者としての，あるいは軍の長としての権威に対する挑戦である。またここでの事例も，イマード・アッダウラの保有するファールス政権内で有効な権威に対して，これに挑む人物ないし集団の存在が指摘されているのである。従って，このリアーサの有効範囲は各々の君主が統率する軍事集団内に限られ，ブワイフ家内部で有効な主導権をめぐる争いではない。

このような特定の軍事集団内部で機能するリアーサについては，既にMottahedehが検討を加えており，彼はこの種のリアーサに対して「独立の統治権 *independent sovereignty*」や「王権 *kingship*」などの言葉を用い，統治や支配，軍隊の指揮などの具体的な「権力」ないし「権限」とみなしている[78]。

確かにある集団の長となることは自動的にその集団を統率する権限を獲得することを意味するようにも思われる。しかし，本章で扱った3例には，リアーサの獲得によって具体的な権限の行使が可能となるような記述はなく，むしろ精神的な「権威」として理解すべきものであるように読める[79]。

イマード・アッダウラもムイッズ・アッダウラも形式的にはカリフの任命したアミールないし大アミールであった[80]。従って，ダイラム君侯の動きが

77. 筆者はブワイフ家に関するリアーサを，一族内部の私的な領域にのみ影響する精神的な求心力の源泉であると考えている。第1章第II節1を参照のこと。

78. Mottahedeh, *Loyalty and Leadership*, pp. 131–132.

79. この点では，第1章第II節1で検討したブワイフ家のリアーサと同様の性質を有するものといえるだろう。つまり異なるのは，有効範囲ということになる。

具体的な権限の獲得を目指したものであったのであれば，おそらくアミール権 *imāra* という言葉が史料において用いられたであろうが，実際にはアミール権という言葉は用いられていない。故に，ここで言うリアーサとは，ダイラムという具体的な集団内部において有効な権威として理解すべきものなのである[81]。そして，その獲得を巡って有力ダイラム君侯がブワイフ家の君主と争おうとしていたのである。

以上の検討から，イマード・アッダウラが，麾下のダイラム有力者たちに対して絶対の権威を有しておらず，常にその権威が脅かされていたことが読み取れる。ブワイフ朝創始者にしてこのありさまである。彼の弟であるムイッズ・アッダウラが麾下のダイラムから忠誠を得ることができなかったとしても全く不思議ではないだろう。そのような状況の中でイマード・アッダウラは叛逆心に満ちたダイラム武将たちを率いて政権を維持していたわけである。彼が首尾よく政権を維持しえた要因としては，シーランジーンの助命嘆願を行った者たちを説得した例にあるように，彼が自らの軍隊を熟知し彼らを巧みに操っていたことが挙げられるだろう。また後述のようにダイラムに対して寛容に振る舞ったということもあるだろう。

このように万全を期し，イマード・アッダウラはファールスの支配権をアドゥド・アッダウラに委譲したのである。しかしそれでもなお，ダイラム武将たちは継承直後のアドゥド・アッダウラの支配に服さず[82]，彼の父ルクン・アッダウラがジュルジャーンより軍を返し，ファールスの安定に尽力する必要があったのである[83]。

---

80. 両者のアミールへの任命については，第1章第I節1を参照のこと。

81. Miskawayh は，アトラークたちの間にもリアーサが存在していたことを伝えているが，主にダイラムなどの王朝や軍事政権を成立させた一族集団内部での権威の所在を示す際にリアーサという言葉を用いる傾向がある *Tajārib*, I, 403; II, 112–113, 121, 135, 158, 166, 334, 363. その他 *Yamīnī*, 70, 88; *Takmila*, 170; *Muntaẓam*, VI, 377; *Kāmil*, VIII, 226; Ahmet 2907/b v. 11, ff. 15b, 28b; BN 5866, f. **40a**（太字はアトラークの事例）なども参照のこと。

82. *Kāmil*, VIII, 483.

83. 339/950~1 年の出来事である。*Tajārib*, II, 137–138. ルクン・アッダウラはム

さて，以上のようにイマード・アッダウラは政権の不安定要素であるとみなしたダイラム武将を排除したわけだが，しかしそれはこの事例のみの事である[84]。彼の死後，ジバール政権の君主ルクン・アッダウラやアドゥド・アッダウラがダイラム武将を排除するという政策を取ったという事例はない[85]。彼らは，苦心しつつもダイラムを操り，彼らの支持を獲得していたのである。では彼らはダイラムをどのように扱い，いかなるものと見なしていたのであろうか。以下では，ジバール政権に関連して発生した諸事件を基に，ダイラムについてのジバール政権上層部の認識を明らかにする。

III-2. ジバール政権のダイラムおよびアトラーク軍団に対する認識

前述のようにルクン・アッダウラは兄イマード・アッダウラの死後，不安定な状況になっていたファールスに赴き，この状況を収める。その間隙をついてサーマーン朝の企図により，ムハンマド・ブン・マーカーン Muḥammad b. Mākān の軍とイブン・カラータキーン Ibn Qarātakīn の軍がジバールに侵入，ジバールはサーマーン朝勢力の手中に陥るのである[86]。これに対しルクン・アッダウラはムイッズ・アッダウラに援軍を要請し，ムイッズ・アッダウラはサブクタキーンを主将とするアトラークおよびダイラム軍団を派遣す

イッズ・アッダウラにも協力を求め，ファールスにいる息子アドゥド・アッダウラの政権を安定させるとともに，イマード・アッダウラの遺産をムイッズ・アッダウラと分け合っている。

84. イマード・アッダウラがファールスの支配権を獲得するためにカリフ側の総督であったヤークートと争っている際に，ターヒル・ジーリー Ṭāhir al-Jīlī というジールの武将が敵方に寝返っている事例が見えるが *Tajārib*, I, 340，政権からの排除という事例ではない。

85. ルーズビハーンの反乱に同調した彼の弟ブッラカーの，シーラーズにおける反乱についても相当数のダイラムが参加したと思われ，反乱鎮圧後に彼らが排除されたであろうことは予想できるが，その類の話は史料には一切現れない。あるいは，大規模な処分は行われなかったのかもしれない。

86. 339/950~1 年の出来事である。*Tajārib*, II, 137–138; *Takmila*, 165; *Kāmil*, VIII, 486–489; Ahmet 2907/b v. 11, f. 31a. なお *Tajārib* と *Takmila* は 340H 年条において伝えている。

る。その軍中にトゥーズーニーヤと呼ばれるアトラーク軍団が存在したのである。彼らは援軍先のハマダーンにてルクン・アッダウラに対する反抗的な態度を示す。以下その出来事についての引用である。

> サブクタキーンは戦わずしてハマダーンに到着し，そこでルクン・アッダウラを待った。というのも，彼の許に，ルクン・アッダウラはファールスよりジバールへの道を進んでいるとの書簡が届いたからであった。その後，ルクン・アッダウラは雪解けを待つために行軍を緩めた[87]。そしてルクン・アッダウラはハマダーンに到着し，サブクタキーンに彼の先鋒として進軍するよう命じた。するとトゥーズーニーヤ *al-atrāk al-Tūzūniyya* に属する類 *ṣanf* の者が騒ぎ出し，彼らは駐留が長期化したことについての苛立ちを露わにした。そこでウスターズ・ライース——神が彼に慈悲を与えたまわんことを！——が彼らの間を取りもち，彼らをなだめすかして落ち着かせた。彼らは直ちに落ち着くが，翌朝には元の状態に戻るというありさまであった。そうしたことが繰り返され，結果として彼らは疑いの目を向けられることとなった。*Tajārib*, II, 139.

トゥーズーニーヤはその名が示すように，大アミールであったトゥーズーン Tūzūn 配下のアトラーク軍団と考えられ，この当時ムイッズ・アッダウラに仕えていたのである。その彼らはルクン・アッダウラの指揮に服さず，彼のハマダーンへの到着の遅れについて不満を表明し，ウスターズ・ライースの執り成しもむなしく，騒ぎを止めなかったのである[88]。この結果，ウスターズ・ライースはルクン・アッダウラに彼らの排除を忠告する[89]。

---

87. *Tajārib* は，342/953-4 年にジバールに侵攻したホラーサーン軍が降雪を懸念している様子を伝えている。*Tajārib*, II, 154. また第 3 章第 II 節 2 を参照のこと。

88. *Kāmil* ではトゥーズーニーヤという名前は示されず，単にアトラーク *atrāk* となっている。*Kāmil*, VIII, 487.

89. *Kāmil* ではウスターズ・ライースの忠告ではなく，ルクン・アッダウラ本人が，トゥーズーニーヤを「我らが敵」と呼んでいる。*Kāmil*, VIII, 487.

私 Miskawayh はウスターズ・ライース——神が彼に慈悲を与えたまわんことを！——がこのように言っているのを聞いた。「余（ウスターズ・ライース）はルクン・アッダウラに『すでに彼らは，我々に対して叛意を示した敵であります。どうして彼らと共に我々の敵に向かって進軍することができましょうや』と申し上げた。そこで，我々は，彼らを落ち着かせ，そうなればそれでよしとし，さもなくば彼らと一戦交え，より身近にいる敵から解放されることで意見の一致を見た。そして我々が上述の事を行うと，彼ら（トゥーズーニーヤ）は戦を仕掛けてきたので，我々は彼らを攻撃した。そして彼らは尾羽打ち枯らして逃げ去ったのである」*Tajārib*, II, 139.

こうしてルクン・アッダウラは，援軍として到来していたサブクタキーン軍中の，内なる敵を武力で排除する。これに対して援軍の主将サブクタキーンがいかなる対応をしたのかは伝わっていない。ただ，逃げ去ったトゥーズーニーヤの処置についてムイッズ・アッダウラはフルワーン一帯に割拠するクルド族に彼らの追討を命じており[90]，彼らの排除はルクン・アッダウラとムイッズ・アッダウラの間で了解済みのことだったのではないだろうか。

さてこのトゥーズーニーヤを排除した後，ルクン・アッダウラはイブン・カラータキーン勢力排除のため軍を率いて転戦し，両軍はルードバール Rūdbār[91] というところで対峙する。そして 7 日目にイブン・カラータキーン軍は敗走するのである。このルクン・アッダウラ軍の勝利を，ウスターズ・ライースは自軍のダイラム軍団とイブン・カラータキーン率いるサーマーン朝のアトラーク軍団との優劣の差に帰している。ウスターズ・ライースは極度の食糧不足に陥った状況を述べ，さらに以下のように続ける。

---

90. *Tajārib*, II, 139; *Kāmil*, VIII, 487–488.
91. 同名の地名は多数存在するが，この場合はハマダーンとライの間かダイラム地方に存在する場所と考えるのが妥当であろう。*Buldān*, III, 77a–78a.

> ウスターズ・ライース曰く，我々は駱駝あるいは馬を屠り，その肉を大勢で分け合った。そしてダイラムの慣習と，飢えと戦場における難局に対する彼らの忍耐力から，その肉に満足した。一方，我らが敵たるアトラークは我々と同様の状況にあったのだが，しかしながら我々が耐えるようには耐えることができず，我々が満足するものには満足しないのである。そうして我々が1頭の駱駝を屠る時に，彼らはその数倍もの駱駝を屠るのである。そして我々の仲間（ダイラム）は戦場の持ち場に戻るが，これらのアトラークは苛立ち，彼らの主人に対して騒ぎたて，戦場において主君に対し誠実に行動せず，そして疲れ果てるのである。そして朝になると，彼らはすでにその軍営から去ってしまっており，我々の前にその天幕を残しおいて行ったのである。*Tajārib*, II, 140–141[92].

この引用からウスターズ・ライースが自軍のダイラム軍団の忍耐強さを誇り，サーマーン朝軍を構成するアトラーク軍団の忍耐力のなさを指摘していることが分かる。彼らの忍耐力が勝利の全ての要因であったわけではないが，ウスターズ・ライースのこの発言からは，彼がダイラム軍団に高い評価を与え，彼らによって勝利を得たと認識していることが読み取れよう[93]。

このイブン・カラータキーンの侵攻に伴う一連の出来事において，ジバール政権は味方の援軍内に存在した反抗的なアトラーク軍団を排除し，自軍のダイラム軍団の優秀性を誇り，さらに敵方のアトラーク軍団に低い評価を与えていることが明らかとなった。この事例から，ジバール政権はダイラム軍団やダイラム武将を排除するということはなく，むしろその存在を重視しているといえるだろう。

---

92. *Kāmil*, VIII, 488 も見よ。

93. もちろん，この引用に現れるウスターズ・ライースのダイラム観・アトラーク観には誇張があると思われるが，それを踏まえても，ジバール政権の中枢にいる人物がダイラムの美点を述べ，その能力に信頼を置いていることを読み取ることができる。

III-3. アドゥド・アッダウラのダイラム重視の姿勢

次に，アドゥド・アッダウラの事例について見てみよう。ルーズビハーンの反乱の際，シーラーズはブッラカーによって一時支配され，アドゥド・アッダウラはその支配権を奪われたようであるが，その後支配権を回復した際に，彼がダイラム武将や軍団を排除したという話は伝わっていない[94]。むしろ，彼はダイラム武将たちの支持を得ることに細心の注意を払っていたように思われる。その姿勢は，365/975~6年にルクン・アッダウラから彼への後継指名に至る過程で示される。アドゥド・アッダウラは前年に行ったイラク出兵とその結果としての従兄弟イッズ・アッダウラからの支配権奪取を父ルクン・アッダウラに非難され，ファールスに退いていたところであった。

> アドゥド・アッダウラは父ルクン・アッダウラがその状況のままで死去し，自分の支配権 *mulk* の範囲が拡大しないのではないかと懸念し，望んでいるものが自分に至らないことを心配した。そこで彼はアブー・アルファトフ・イブン・アルアミード Abū al-Fatḥ Ibn al-ʻAmīd[95] に使者を送った。というのも彼は，父とは疎遠状態にあり，また父が自分を非難しているとして，父との書簡のやり取りを断っていたからである。アドゥド・アッダウラはアブー・アルファトフに，以前の如く父の許に帰れるよう自分と父との間を取り持つことを求め，また，それと共に自分と父が会った上で，父が自分を後継者として指名し，その支配領域においてダイラムの有力者たち *wujūh al-Daylam* や兵卒たちにその事を広く知らしめることを丁重に願い出た。*Tajārib*, II, 361–362.

---

94. ブッラカーについても，ウスターズ・ライースの説得によってジバール政権に帰順したようである。*Yatīma*, III, 145–147. イラーク政権と異なり，反乱の中心人物ですら，これを赦しており，その対応の違いが窺えよう。

95. ウスターズ・ライースの息子で父の死後ルクン・アッダウラの宰相を務める。しかしアドゥド・アッダウラの勘気を被り，366/976年に処刑される。*Tajārib*, II, 377; *Yatīma*, III, 167–168; *Takmila*, 229–230; *Kāmil*, VIII, 675–676; BN 5866, ff. 54b–55a.

引用文中の「その状況のまま」とは「イッズ・アッダウラをイラーク政権の君主の座から追ったアドゥド・アッダウラの行為に対し，ルクン・アッダウラが怒ったまま」ということを意味する。この当時ルクン・アッダウラは老衰のため死期が近づいていた。このため父の怒りを買ったままではジバール政権の後継者に選ばれない可能性があることを察知し，それに危機感を覚えたアドゥド・アッダウラが父との関係を修復しようとして，父の宰相であるアブー・アルファトフに仲立ちを申し出たのである[96]。

ここで注目すべきは，ルクン・アッダウラの後継者となるためには，父の麾下の「ダイラムの有力者たち」と軍隊の承認が必要であると，アドゥド・アッダウラが認識していることである[97]。このことから，ジバール政権がダイラム武将たちによって支えられていることが判明する[98]。またアドゥド・アッダウラが自らの政権を「ダイラムの政権」と考えていたことや[99]，傍証になるが，ルクン・アッダウラの治世中にアトラーク武将の名前は一切見出されないことも，ダイラム重視の姿勢を表している[100]。

---

96. この親子対面と後継指名の会議はイスファハーンで開催され，ジバール政権の高官たちが勢揃いしたようである。*Tajārib*, II, 363; *Takmila*, 228; *Kāmil*, VIII, 669; BN 5688, ff. 51b–52a.

97. イマード・アッダウラの後継者としてファールスのダイラム武将たちの前でお披露目された時のことが念頭にあるものと思われる。本章第Ⅲ節1を参照のこと。

98. ジバール政権の軍隊構成はほぼダイラム軍団で占められており，その供給はダイラム地方やその周辺地域の君侯に依存していたとKennedyが指摘しているが，その根拠は全く示されていない。Kennedy, *The Prophet*, p. 246.

99. 第1章第III節3の議論，および*Tajārib*の引用（*Tajārib*, II, 414）を参照のこと。

100. もちろん，イマード・アッダウラやルクン・アッダウラ，ウスターズ・ライースなどもアトラーク系グラームを所有しており，後述のようにアトラーク軍団が各種要求を提示している記述もあり，その存在が全く見出せないわけではないが *Tajārib*, I, 353; II, 138, 224, 225, 226, 280; *Nishwār*, VIII, 253–254，イラーク政権のサブクタキーンのように大軍を指揮するような高位のアトラーク武将の名は史料中に見出せない。

以上の検討から，ジバール政権はダイラム武将やダイラム軍団を排除せず，むしろ政権基盤の中核に据えていたことが明らかとなった。もちろんイマード・アッダウラのように不穏分子を排除するなどして，ダイラムたちを首尾よく制御していたのかもしれないが，それに類する記述は諸史料に見出すことができない。ただ，ルクン・アッダウラの宰相ウスターズ・ライースが，主君であるルクン・アッダウラやブワイフ家の出自，そしてダイラムたちについて評価を述べるくだりが *Tajārib* に収録されており，そこからジバール政権の，そしてブワイフ朝のダイラム依存の態度やダイラム対策に苦慮する姿が見えてくる。そこで以下では，ウスターズ・ライースの発言を基にジバール政権のダイラム対策がどのようなものであったのかを検討する。

III-4. ウスターズ・ライースの見た君主とダイラムの関係

Tajārib の作者 Miskawayh は 359H 年条[101] においてウスターズ・ライースの死を伝えるにあたり，その数々の業績を延々 13 頁にわたって記している[102]。その中で，Miskawayh はウスターズ・ライースを賛美し，その政治手腕を高く評価している。あるいは Miskawayh は，彼を称えるために *Tajārib* を著したのではないかと思われるほどである[103]。従って，その記述は実際の出来事を示す以上の意味合いが含まれている可能性がある。しかしこのくだりほどブワイフ朝やジバール政権の内実の美点・欠点を率直に示す箇所はなく，その有用性は高い。ともかく，その長い記述の中でとくに注目すべきは，ウスターズ・ライースの行政手腕がいかに発揮されたかを述べる

---

101. 『時代の鏡要約』では 360H 年 Ṣafar 月（970 年 12 月）中に死去したと伝えられている。BN 5866, f. 87b. こちらの方が正しい死亡年であろうが，*Tajārib* は対クルド遠征の流れでウスターズ・ライースの死を伝えており，それ故 359H 年条に彼の死亡を記したのであろう。

102. *Tajārib*, II, 270–282. ウスターズ・ライースの最後の遠征である対クルド遠征の記述を含めているが，その内容は遠征の記述というよりもむしろウスターズ・ライースが語る君主論・政治論として読めるものである。

103. Khan も Miskawayh の最大の称賛相手がウスターズ・ライースであったとしている。Khan, “The Personal Evidence”, p. 55.

部分である。そこでは彼が行政手腕を振るう以前の悪しき状況がひとしきり説明されているが，それこそジバール政権の内実を示しているといえよう。

ではウスターズ・ライースはジバール政権の内情をどのようなものとみなしていたのだろうか。以下ではその内容を *Tajārib* からの要約と引用によって示そう。

ウスターズ・ライースはアブー・ムハンマド・イブン・ヒンドゥー Abū Muḥammad Ibn Hindū[104] に宛てた書簡の中で，ファールスの混乱をもたらした前任者の施策に対する非難と，彼がその改善に苦労したこと，また諸国を支配することに努力する彼にとって最も厄介な障害は，彼の主君ルクン・アッダウラだったことを述べる。とくに最後に挙げたルクン・アッダウラへの非難めいた発言には，彼が「ダイラムで構成された彼の同輩」に対する勢威 *faḍl* を有していながら，それを活かさず，目先の利益を追求し，その結果，彼自身や彼の臣民に対して生じる悪しき結果を顧みず，軍隊にばかり媚びていたからである，という背景がある[105]。

上記の「ファールスの混乱」が具体的に何を指すのかは不明であるが，恐らくはイマード・アッダウラと彼の行政官たちの施策を指しているのだろう。そしてジバール政権の運営に努力するウスターズ・ライースの最大の障害が主君ルクン・アッダウラの軍隊すなわちダイラム軍団への寛大な対応であるという。ここで示されている「ダイラムで構成された彼の同輩」という言葉から，ジバール政権にはルクン・アッダウラと同等のダイラム武将が多数存在し，政権を支えていたこと，そしてルクン・アッダウラは彼らの支持を取り付けるために，彼らに寛容な態度で接していたことが読み取れる。

さらにウスターズ・ライースはルクン・アッダウラがそのようにダイラムに媚びる理由を「何故ならルクン・アッダウラは王家の人間に属す人物ではなく，また彼には，ダイラムたちの間で，その全てが範とされるような人物の持つ手綱を保有せず，ただただ彼に備わっていた度量の大きさとアミール

---

104. Abū Muḥammad（or al-Faraj）ʻAlī b. al-Ḥusayn b. al-Ḥasan Ibn Hindū。423/1032 年没。ブワイフ朝，ズィヤール朝に仕えたライ出身の書記，文人。*Najjār*, III, 351–354（n. 801）.

105. *Tajārib*, II, 279.

たる者がその部下から担わされる諸々の事柄について寛容であることを理由に，ダイラムたちの長であったからである」[106] とする。つまり，ルクン・アッダウラはダイラムたちにとっての王たる家系の出自ではなく，故に血統による権威を有せず，ただ度量の大きさと寛容さによってダイラム集団を率いていたため，常にその度量を示す必要があったということになる。

この「ルクン・アッダウラは王家の血統に連なる人物ではない」という *Tajārib* の記述は，この後アドゥド・アッダウラによって，ブワイフ家はサーサーン朝皇帝バフラーム・ジュール Bahrām Jūr（バフラーム 5 世，r. 420–438）の後裔であると主張されることを考えると[107]，アドゥド・アッダウラの意に沿わず，彼の怒りを買う危険な主張であるように思われるが，事実はウスターズ・ライースの発言通りだったということであろう。

さらに *Tajārib* はウスターズ・ライースの奮闘を伝えるとともに，ルクン・アッダウラやイマード・アッダウラのダイラムへの寛容な姿勢を述べる。

> ウスターズ・ライースがルクン・アッダウラの宰相に任命された時，無能な輩が彼の前任者であり，彼らは無能ながらに，混乱した諸事や制御の利かない軍隊，そして制御し得ているとみなす目の前の俗事を扱っていたのである。どうして彼らは，諸々の業務に対していかなる介入もない状況を望むことができたであろうか。またむしろアミールは，彼らの様々な要求に応じている限りにおいてアミールと呼ばれ，もしアミールが彼らに反した場合，彼らはアミールを挿げ替えたことであろう。このため，ルクン・アッダウラとその前任者であるイマード・アッダウラの2人は，気前よく彼らにイクターを授与し，また彼らに様々な手当[108]

---

106. *Tajārib*, II, 279.

107. *Tājī*, 6; *Āthār*, 38; *Sanīy*, 183; *Kāmil*, VIII, 264–265; Marquart, “Beiträge zur Geschichte”, pp. 660–661; Minorsky, “La domination des Dailamites”, p. 18. 第 4 章の系図も参照のこと。

108. 直訳すると「そのイクターと共に，要求の証拠や根拠となるものとして，彼らの手許に残らない日々の糧 *min al-raghā’ib^{i} mā lā yabqī la-hum ma‘a-hā ḥujjat^{un} wa lā mawḍi‘^{u} ṭalabat^{in}*」となる。文書などを提示してその支払いを求

を豊富に与えたのである。それにもかかわらず，彼らは支配者面し，その両手を広げ，何でもかんでも欲しがるというありさまであった。
Tajārib, II, 280.

この引用で頻出する 3 人称複数の「彼ら」がダイラムであると明示はされていない。しかし，これ以前の記述内容や「アミールを挿げ替える」という表現などから，ダイラムであると判断できる。イマード・アッダウラやルクン・アッダウラがダイラム対策に苦心していたことが窺える内容である。ダイラムたちの要求の激しさ，君主に対する反抗的で傲岸不遜な態度は限度を越えたものだったのだろう。加えてこの引用からは，イクターの授与がかなり初期からダイラムたちに対して行われていたことが分かる。イマード・アッダウラは，ムイッズ・アッダウラによる 334/945~6 年のイクター制施行から 4 年後の 338/949~50 年に死去するが，その 4 年の間にファールスにもイクター制が広まっていたということだろうか。わずか 4 年という期間を考慮に入れると，イクター制はイラクで開始される以前にファールスなどで行われていたと考えるべきかもしれない。今後検討されるべき問題であると思われる[109]。

さてこのように反抗的なダイラムたちの要求に応えるべく，行政官たちは

めるような高額の金ではなく，少額の手当を指しているものと考えられる。

109. 佐藤次高は，イクター制の成立には大土地所有の発達以外に土地分割の伝統を持つブワイフ家のイラク征服が決定的に重要であったことを主張する Dūrī の見解（Dūrī, “The Origins of Iqṭā‘”, pp. 17–18）を退けている。佐藤次高『中世イスラム国家とアラブ社会』26 頁。しかし，ブワイフ家を含むダイラムの伝統がイクター制成立に影響したかどうかはともかく，イラク征服以前のファールスにおけるブワイフ朝の土地行政がいかなる形で行われていたのかについては，考察を要する問題である。とくにウスターズ・ライースの発言は，ムイッズ・アッダウラがイクター制を開始したというよりも，すでにファールスなどのイラン地域で行われていた制度をイラクに導入した可能性を考える必要性を喚起しているように思われる。なお改訂版である Sato, *State & Rural Society* では Dūrī の意見に対する批判は述べられていない。

相当の努力を強いられ，臣民の財産を没収するなどして，ダイラムたちの生活の糧を賄う。しかし，ダイラムに加えてアトラーク軍団も彼ら行政官たちに群がって要求を満たそうとするため，彼らの業務は支障をきたすようになる[110]。

こうした状況の中，ウスターズ・ライースはルクン・アッダウラの宰相となり，行政手腕を発揮し，物事を秩序立て，しかも非常に大きな権威を持ってそれを行ったと *Tajārib* は伝える。加えて *Tajārib* の著者 Miskawayh はそのようなウスターズ・ライースの活躍を目の当たりにしたと証言する[111]。さらに *Tajārib* には，ルクン・アッダウラがダイラムだけでなくクルドに対してさえ鷹揚であった事例が示され，彼に仕える行政官たちの多大な苦労が強調されるに至るのである[112]。

Miskawayh はウスターズ・ライースに仮託して，ブワイフ朝の，とくにジバール政権の君主とダイラム武将の関係を描いているわけであるが，そこには君主とダイラムの両者に対する難しい舵取りを迫られ，それを見事に成し遂げたウスターズ・ライースと彼の統治術を学んだアドゥド・アッダウラの双方を称賛する意図が含まれている。従って，そこには何らかの誇張が含まれているだろう。しかし，たとえそうであってもジバール政権は，多くのダイラム武将を抱え，彼らの支持の上に成立し，逆に彼らの多大な要求に応じる必要があり，またそうしてきたことを *Tajārib* は伝えているのである。

以上の考察から，本節の内容をまとめると，次のようになろう。イラーク政権同様，ファールス政権およびジバール政権内部にも反抗的なダイラム武将たちが多数存在し，君主に対して様々な要求を繰り返し，また反乱を起こす気運も生じていた。また実際，ルーズビハーンの反乱に同調したブッラカーがシーラーズにおいて反乱を起こしており，ダイラムが非常に扱いにくい集団として政権内に存在したことも判明した。しかしそのような状況にあっても，ジバール政権は「ダイラム排除」には傾かず，あくまでもその支持を

---

110. *Tajārib*, II, 280.

111. *Tajārib*, II, 280–281.

112. *Tajārib*, II, 281.

獲得することを政権の基本方針としていた。そのため，行政上の様々な問題が発生し，ウスターズ・ライースら官僚が政権運営にに苦心する事態となっていたことも明らかとなった。またジバール政権はアトラーク軍団を用いることにあまり価値をおいていなかったことも明らかになったと思われる。ジバール政権はイラーク政権と異なり，ダイラム武将を中心に形成され，ダイラムの支持によって君主は君主たりえる存在であったのである。

363/973-4年に行われた対ハムダーン朝戦役を契機としてイッズ・アッダウラとアトラーク軍団の長サブクタキーンの関係が悪化する[113]。その後，イッズ・アッダウラはアフワーズに駐留するアトラーク武将ブフタキーン・アーザードゥルワイフ Bukhtakīn Āzādhurwayh の解任と彼の財産没収，またサブクタキーン配下のアトラーク軍団を彼から引き離し，バグダード駐留のアトラーク軍団を削減する方針を固め，アフワーズに向かう。アトラーク軍団の排除ともいえるこの施策の背景には，アトラーク軍団の傲慢な態度とイラーク政権の財政状況の悪化があった[114]。そしてイッズ・アッダウラのバグダード不在の間に彼とサブクタキーンの決裂は決定的となり，後者はイッズ・アッダウラに対して反乱を起こす。こうしてイラーク政権は，今度は君主とアトラーク軍団が争う事態に陥るのである。この反乱に至る過程で，イッズ・アッダウラ側に多くのダイラム軍団が加担するようになる[115]。これはイッズ・アッダウラがサブクタキーンとアトラーク軍団の排除を目指して策を施したことによるが[116]，ここにおいてイッズ・アッダウラは父ムイッズ・アッダウラの遺言に反し，またイラーク政権の方針ともいえる「アトラーク重用」政策を放棄したのである。

これ以後の事態の推移についてはすでに述べた通りであるが[117]，重要なことはイラーク政権がアトラーク軍団重視の方針を変更したことである。そ

113. *Tajārib*, II, 318–319.

114. *Tajārib*, II, 323–324.

115. *Tajārib*, II, 325, 328, 332, 334; BN 5866, ff. 30a–30b, 31b.

116. *Tajārib*, II, 324–325.

117. 第1章第II節3を参照のこと。

の原因は君主とアトラーク軍団の長たるサブクタキーンの個人的な関係の悪化にも帰せられるであろうが，アトラーク軍団の君主に対する反抗的な態度が増大したことも要因として挙げられよう。この事態はムイッズ・アッダウラがダイラムを排除し，アトラークを優遇する政策を採ったことにまで遡る問題であると，*Tajārib* の中で指摘されている[118]。もちろんこの指摘は Miskawayh の反イラーク政権的傾向に基づくものではあるが，その支持基盤となる軍団を二度も変更したことがイラーク政権の勢力を削いだことは確かであり，その結果として，イラーク政権はジバール政権を継承したアドゥド・アッダウラの侵攻の前にあえなく屈することになるのである。

以上，ブワイフ朝初期における「ダイラム」の位置について，イラーク政権とジバール政権の事例を基に考察した。ムイッズ・アッダウラはルーズビハーンの反乱を契機にダイラム排除の政策を採るが，それは，ルーズビハーンの持つ背景が大いに関係していた。つまり，彼の反乱以前にもムイッズ・アッダウラは数度のダイラムによる反乱や反乱未遂に直面していたが，それらは，年齢や経験，そして血筋の面でムイッズ・アッダウラと同等もしくはそれ以上のダイラム武将たちによって起こされたものであった。しかし，ルーズビハーンはムイッズ・アッダウラの子飼いの家臣であり，彼に対しては絶対の権威を有していると考える存在であった。そのような人物でさえ自らに叛く事態に至り，ムイッズ・アッダウラは「ダイラム排除」を決めるのである。

しかし，このムイッズ・アッダウラの対ダイラム政策は他の一族君主には共有されなかった。ジバール政権の君主であるルクン・アッダウラやアドゥド・アッダウラ，そして宰相のウスターズ・ライースらはダイラムを政権の基盤と見なし，彼らの支持を取り付けることに固執したのである。

ダイラムにとってブワイフ朝の君主たちは，いわば同輩中の第一人者という存在であった。彼らがブワイフ家の君主に服従する立場となっているのは

---

118. *Tajārib*, II, 99–100（334H), 175–176（348H). *Tajārib* の著者 Miskawayh は，ムイッズ・アッダウラによるダイラム排除とアトラーク優遇政策を述べる際には，その後のイラーク政権の悪しき結末を暗示させるかのような文章を加え，その政策について評価している。

偶然のことであり，それ故，ダイラム集団内での権威であるリアーサを獲得するためにブワイフ家の君主たちに挑むこと，すなわち反乱や反乱未遂が発生したのである。そのような状況下で，イラーク政権のムイッズ・アッダウラは，自らの権威にとって危険な存在であるダイラムを排除するという政策を選び，一方ジバール政権の君主たちはあくまでもダイラムの支持・忠誠獲得に努めたのである。

以上から，先行研究が指摘するようにブワイフ朝の「ダイラム排除」かつ「アトラーク重用」の方針は，王朝の初期から始まっていたことではなく，ブワイフ一族の諸政権のうち，イラーク政権において顕著に見られた方針にすぎず，その方針についても同政権末期にはアトラーク軍団の反乱という事態が発生したため堅守されることはなかったのである。またジバール政権の事例からは，支配者がその出身母体の有力者や軍隊を避け，君主権強化のために，より君主に対する忠誠心の篤いマムルーク軍団の重用へ切り替えるという，イスラーム史における一般的な傾向にも合致しないことが明らかとなった。

アドゥド・アッダウラ死後，ブワイフ朝は再び分裂し，彼の息子や兄弟が各地に政権を樹立する。その一族政権の成立やアドゥド・アッダウラの後継を巡る争いの中で，各政権の方針や構成要素などによってダイラムに依拠する政権，アトラークに依拠する政権が登場する。しかし，これらの政権がどの軍団に基盤を置くかという問題は，ムイッズ・アッダウラのダイラム排除の方針をブワイフ朝全体に敷衍するのではなく，それぞれの状況に応じた検討が必要であろう。

第３章　ブワイフ朝ジバール政権の対外政策
――サーマーン朝との関わりから

はじめに

本章の目的は，イラクの事例をもって語られることの多いブワイフ朝初期の歴史を相対化するため，その東方勢力との関わりを中心に，同王朝の勃興と勢力拡大の過程を検証することにある。ブワイフ朝の歴史において，カリフの都であるバグダードおよびイラク地方が重要であることは言を俟たない。しかし，同王朝の政治はイラクのみで語られるものではなく，またイラクの事例をもってブワイフ朝全体の性格を規定することはできない[1]。

その登場から滅亡までの全期間にわたって，ブワイフ朝は常に東方の勢力との対峙を余儀なくされた。とくに勢力の拡大を図った初期においては，サーマーン朝が彼らの前に大きく立ちはだかり，ブワイフ朝の軍事力の大半をサーマーン朝との角逐に費やさざるを得なかった。最終的にサーマーン朝勢力をジュルジャーン以東に駆逐することに成功するが，その間のブワイフ朝の対サーマーン朝軍事・外交政策がどのような経緯を辿ったのか，それに付随して両勢力の狭間にあった諸勢力の動向がいかなるものであったのか，そして，ブワイフ朝がサーマーン朝との角逐にある程度の成果を得，以後数十年にわたって東方の脅威を排除しえた要因は何であったのか。

本章では，以上の観点からブワイフ朝初期の対東方政策を検討する。この作業を通じて，カリフ権の失墜という状況を迎えていた当時の西アジアの情勢がいかなるものであり，また諸政権の勢力拡大や他勢力との関係構築にお

1. 序論第Ｉ節を参照のこと。

ける行動の基準がいかなるものであったのか，ということの一端を明らかにできると考える。

さて以上の問題に取り組むにあたり，参照すべき先行研究を紹介する。まずジバール地方のブワイフ朝政権については，Kabirが同地方に割拠したブワイフ朝政権の略史を著している。これはジバールを支配したブワイフ朝君主ごとに，その治世中の出来事をまとめたものであり，Kabirの研究書とその執筆方針は同じものであるといえる[2]。これによって，各君主のジバール支配の概要が明らかとはなるが，何らかの分析を加えたものではない。またKennedyはその概説書において，ジバールに割拠したブワイフ朝政権の政治は外敵の脅威によって左右されたと述べ，ファフル・アッダウラ以前はサーマーン朝の圧力に対してもっぱら対処する必要があったことを指摘しており[3]，筆者の見解もこれに倣っている。ただ，概説書であるがゆえに，詳細な分析はなされていない。一方，ブワイフ朝に対峙した東方の大国サーマーン朝については，Treadwellがサーマーン朝の通史を描きつつ，その内部構造や地方支配のあり方を分析しており参照に値する。とくにTreadwellは博士論文の7章および8章において，ブワイフ朝との関わりについて詳細な経過を述べており，本書では第3章および第8章の論述に当たって，事件の経過等の確認のために参考とした。ただしTreadwellは，同王朝がブワイフ朝に対していかなる姿勢で臨んだかについての分析を行っていない[4]。一方2003年の論文では，称号の問題からサーマーン朝の対外政策や対外姿勢を分析しており，とくに「マリク」の称号をブワイフ朝君主，とくにアドゥド・アッダウラに先んじて使用していたことを明らかにしている点や，その「マリク」の称号はブワイフ朝との争いにおいて自政権の正当性を主張するために用いられたことを明らかにしている点で重要な論考である[5]。

---

2. Kabir, “The Buwayhids of Jibāl and Rayy”, pp. 29–42.
3. Kennedy *The Prophet*, p. 245.
4. Treadwell, *The Sāmānid State*, pp. 211–266.
5. Treadwell, “Shāhanshāh and al-Malik al-Mu’ayyad”, pp. 318–337. この他，Bosworthがブワイフ朝とサーマーン朝の狭間で活躍したサガーニヤーンの君侯イブン・ムフタージュ家の事績を紹介しており，参考とした。Bosworth, “The Rulers of

I. ジバール政権成立からライの確保

I–1.「ジバール政権」の定義

まず本章で使用する「ジバール政権」という用語の定義を明らかにしておく。第 1 章第 I 節において，成立当初のブワイフ朝はイマード・アッダウラ，ルクン・アッダウラ，ムイッズ・アッダウラの各人が独自に運営する政権の連合体であることを指摘し，各々の政権を，各君主が根拠地とした地方名を冠して「ファールス政権」「ジバール政権」「イラーク政権」とした。さらに各々の政権は，君主とその息子たち，吏僚や武将などの家臣および政権を支える軍団の集合体であるとした。

さらに，ファールス政権およびジバール政権を継承したアドゥド・アッダウラが，ムイッズ・アッダウラからイラーク政権を継承したイッズ・アッダウラと争ってイラーク政権を吸収し，ブワイフ朝を単独君主による一大軍事政権にまで押し上げげた，その過程を検討した。このアドゥド・アッダウラによるブワイフ朝統一，すなわちジバール政権が単独でブワイフ朝を担うという状況になると，前述のように 3 政権の連合体としてのブワイフ朝という捉え方はできなくなる。つまり，アドゥド・アッダウラによる統一の時点で，「イラーク政権」や「ジバール政権」という枠組みは一旦解体する。アドゥド・アッダウラ死後ブワイフ朝は再び諸政権に分裂するため，「イラーク政権」「ジバール政権」と呼ぶべき政権が新たに登場するが，本章で使用する「ジバール政権」はルクン・アッダウラに始まり，アドゥド・アッダウラの統一によってその役割を終える「ジバール政権」(335–367/946~7–976 年) を意味し，この政権を考察の対象とする。

I–2. ジバール政権の成立

ジバール政権の成立をどの時点に求めるかは若干の異論もあろうが[6]，

Chaghāniyān", pp. 1–20.

6. ルクン・アッダウラがイマード・アッダウラの命を受け，ジバールに進出し，

335H 年 Muḥarram 月（946 年 8 月）におけるルクン・アッダウラのライへの入城時点をもって成立したと考える[7]。その理由として，ルクン・アッダウラと兄イマード・アッダウラの関係を挙げることができる。

ズィヤール朝から独立し，シーラーズを根拠地としたイマード・アッダウラはルクン・アッダウラをジバール方面，ムイッズ・アッダウラをイラク方面に派遣し，勢力拡大を図る。この時点では，2 人の弟は兄イマード・アッダウラの一将軍として行動している。しかし，ムイッズ・アッダウラに関しては 334/945~6 年以降，ルクン・アッダウラに関しては 335/946 年以降，イマード・アッダウラが「命令」という形で指示を与え，その行動を制御するという状況が見られなくなる[8]。つまり，ルクン・アッダウラは 335/946~7 年にジバールを征服して以降，兄から独立して政権運営を開始するのであり，この時点をもってジバール政権の成立と考えることができるのである。ではこのジバール政権成立に至る期間の，ブワイフ朝の戦略はどのようなものであったのだろうか。

I–3. イマード・アッダウラの戦略

322/934 年ファールス地方の主邑シーラーズに入城し，同年カリフから同地のアミールとして任命されたイマード・アッダウラであったが[9]，その勢力は小さく，旧主マルダーウィージュ Mardāwīj b. Ziyār[10] に対抗する力は全くなかった。そのためイマード・アッダウラはマルダーウィージュの名でフトバを行い，ルクン・アッダウラを人質として差し出すなど[11]，恭順を示すことで自勢力の保全を図る。しかし，翌 323/935 年マルダーウィージュが殺害され，彼の軍隊の一部を吸収すると，イマード・アッダウラはその態度

イスファハーンを獲得する時点やカリフから「ルクン・アッダウラ」のラカブを得る 334/946 年をその成立と考えることもできる。

7. *Tajārib*, II, 108; *Kāmil*, VIII, 467.
8. 第 1 章第 I 節 2 を参照のこと。
9. *Tajārib*, I, 299–300.
10. ズィヤール朝の創設者。彼の死後，弟のウシュマキールが君主となる。
11. *Tajārib*, I, 302.

を一変させる。彼は混乱するズィヤール朝の虚を突いて，ルクン・アッダウラを将とする一軍をジバール地方へ進軍させるのである[12]。

イマード・アッダウラは，恭順の態度を示しながらも，内心では勢力拡大を目指すという野心を抱いていた。そして，自らの真意を隠して事を行うという彼の姿勢は，次の事例からも明らかである。

333/944~5年ヌーフI世 Nūḥ b. Naṣr の命を受けたアブー・アリー・イブン・ムフタージュ Abū ʻAlī Ibn Muḥtāj[13] はウシュマキールと共にライに進軍した。当時ライに駐留していたルクン・アッダウラは[14]，アブー・アリー到来の報に接し，イマード・アッダウラに指示を仰ぐ。すると彼は，ルクン・アッダウラに一旦ライを放棄するよう命じる。その後，イマード・アッダウラはアブー・アリーとヌーフI世に対して離間策を用い，両者の関係を悪化させる。彼は二枚舌外交によってヌーフI世には，ジバールからの貢納をそれまでの2倍支払うこと，アブー・アリーの背後を襲い，ヌーフI世に軍事的支援を行うことを約束する。一方，アブー・アリーに対しては，ヌーフI世のアブー・アリーに対する裏切りを警告し，ヌーフI世との戦いについてアブー・アリーを支援することを約束する[15]。もちろん，イマード・アッダウラの離間策のみがヌーフI世とアブー・アリーの反目の理由ではない[16]。

---

12. *Tajārib*, I, 310, 312–315; *Kāmil*, VIII, 312. マルダーウィージュ殺害当時イスファハーンにて人質となっていたルクン・アッダウラは，獄吏を買収し逃亡する。
13. 章末に掲げた表I①および④を参照のこと。
14. イスファハーン侵攻後のルクン・アッダウラはウシュマキールと一進一退の攻防を繰り広げていた。そこへ329/940~41年にアブー・アリーが東方からズィヤール朝領内に侵入してくる。ルクン・アッダウラはこれに呼応する形でライに向かい，330/941~2年アブー・アリーがナスルII世 Naṣr b. Aḥmad の死の報に接してホラーサーンに退却すると，弱体化したウシュマキールの軍を破ってライを征服していた。*Tajārib*, I, 352, 366, 380, 41; II, 3–8, 47; *Kāmil*, VIII, 356–357, 359–361, 369–371, 388–391.
15. *Tajārib*, II, 100–101. この部分の引用は本章第IV節1に示した。
16. アブー・アリーがヌーフI世に対して反乱を起こした原因やその経過については，*Tajārib*, II, 100–104; *Kāmil*, VIII, 458–465. また Treadwell, *The Sāmānid*

しかし，両者の仲が芳しくないことを何らかの方法によって把握していたイマード・アッダウラは，その状況を利用し，巧みな外交手段を用いて，ライを容易に確保できる状況を作り出すという，真の目的を達成したのである。

この離間策の結果，アブー・アリーはヌーフI世の叔父イブラーヒーム・ブン・アフマド Ibrāhīm b. Aḥmad[17] をサーマーン朝君主に推戴し，ヌーフI世に対する戦いを開始する。その結果手薄となったライを，ルクン・アッダウラは容易に領有したのである[18]。

以上のように，イマード・アッダウラは単に軍事的成功のみに依拠してブワイフ朝を創設しその勢力を維持したのではなく，様々な策略を用いて自らの利益を確保する手腕にも長けた人物であり，その指揮下でルクン・アッダウラは 335/946~7 年にライに入城し，ブワイフ朝ジバール政権を確立したのであった。

II. サーマーン朝のジバール侵攻

前節では，ジバール政権の成立にはイマード・アッダウラの手腕が大きく影響していたことを示した。しかしジバール政権成立後，イマード・アッダウラが弟ルクン・アッダウラに対して干渉した形跡はない[19]。史料からは 335/946~7 年以降，ルクン・アッダウラ自らがサーマーン朝やズィヤール朝との戦争・外交を指揮している様子が伝わってくる。したがって，これ以降はルクン・アッダウラが独立した君主として政権の運営にあたったと考えてよいだろう。本節では，ジバール政権とサーマーン朝の関わりについて，サーマーン朝による 4 度のジバール侵攻戦に注目し，それらの事例を時系列に並べて検討する。

State, pp. 212–230; Treadwell, “Shāhanshāh and al-Malik al-Mu’ayyad”, pp. 320–324; Bosworth, “The Rulers of Chaghāniyān”, pp. 6–8. を参照のこと。

17. ナスルII世の兄弟で，当時ハムダーン朝に亡命していた人物である。*Tajārib*, II, 101.

18. *Tajārib*, II, 108; *Kāmil*, VIII, 467.

19. 第 1 章第I節 2 を参照のこと。

II-1. 第1の侵攻

ジバール全土を確保し，勢力拡大を図るルクン・アッダウラの許に，サーマーン朝の将軍イブン・アブド・アッラッザーク Abū Manṣūr Muḥammad b. ʻAbd al-Razzāq al-Ṭūsī[20] が亡命してくる[21]。これを契機に，ブワイフ家の三兄弟イマード・アッダウラ，ルクン・アッダウラ，ムイッズ・アッダウラの間で，ルクン・アッダウラがホラーサーン方面に進出し，同地をルクン・アッダウラの領地とするという合意が成っている[22]。この合意は，ジバール以東はルクン・アッダウラの領地として約束されたことを意味し，また兄弟の政権とは独立した政権としてジバール政権が存在したことの証明になろう。その後ルクン・アッダウラはこの合意に基づき，同盟者のハサン・ブン・ファイルーザーン al-Ḥasan b. al-Fayrūzān[23] と共にタバリスターン方面に侵攻し，ウシュマキールをサーマーン朝領内へ駆逐する[24]。このように政権樹立直後のルクン・アッダウラは，アブー・アリーの反乱によってサーマーン朝が自らの行動に対応できないだろうと考え，東方への勢力拡大を図ったのである[25]。

一方ジバール政権の東方への拡大を懸念したヌーフI世は，アブー・アリーの反乱鎮圧直後に，マンスール・ブン・カラータキーン Manṣūr b. Qarātakīn al-Isfīyābī[26] をホラーサーン総督に任命し，ライへの進軍を命じる。337/948~

20. 章末の表I⑦および⑨を参照。トゥース一帯の領主家系出身の人物である。彼の亡命理由については，*Kāmil*, VIII, 470; Minorsky, "The Older Preface", p. 164を参照のこと。

21. *Tajārib*, II, 117; *Kāmil*, VIII, 470–471.

22. *Tajārib*, II, 117–118.

23. ジュルジャーン地方の在地勢力の首領でダイラム系の人物である。詳細は本章第III節2を参照のこと。

24. *Kāmil*, VIII, 475–476; *Takmila*, 160.

25. Treadwell, *The Sāmānid State*, pp. 212–230; Treadwell, "Shāhanshāh and al-Malik al-Mu'ayyad", pp. 320–324; Bosworth, "The Rulers of Chaghāniyān", pp. 6–8を参照のこと。

9年にイブン・カラータキーンは最初のジバール侵攻を試みている[27]。この時，ジバール政権はカスピ海南西岸一帯に勢力を張っていたムサーフィル朝[28]の侵攻を受けており[29]，東西からの外敵の圧力に直面することとなった。この東西両方面からの外敵の侵入に対して，ルクン・アッダウラはどちらも退けることに成功する[30]。しかし，339H年Ṣafar月（950年7~8月）に始まるイブン・カラータキーンの侵攻はジバール政権最初の危機となった。340H年Rabīʻ II月（951年9~10月）にイブン・カラータキーンがライ近郊で死去したため，ルクン・アッダウラはサーマーン朝軍を排除することができたが，この約1年の間ジバール地方の大半はイブン・カラータキーンが領有し[31]，ルクン・アッダウラはムイッズ・アッダウラからの援軍を加え，ジバール地方の奪取に努めなければならなかった[32]。

---

26. 章末の表I③を参照のこと。

27. *Tajārib*, II, 117; *Kāmil*, VIII, 478; *Takmila*, 161.

28. タールム，アゼルバイジャン，アッラーン，アルメニア一帯に勢力を張ったダイラム政権。当時最盛期を迎えていたムサーフィル朝君主マルズバーン Marzubān b. Muḥammad はライに攻め込むが，ルクン・アッダウラの反撃に遭い，敗走した。*Tajārib*, II, 115, 118, 131–135, 166; Huart, "Les Mosâfirides de l'Adherbaïdjân", pp. 233–247; Ross, "On Three Muhammadan Dynasties", pp. 212–215; Minorsky, "MUSĀFIRIDS", *EI*², VII, pp. 655b–657b.

29. *Tajārib*, II, 115; *Kāmil*, VIII, 478–480; *Takmila*, 161.

30. *Tajārib*, II, 119–120. ちなみに *Kāmil* はイブン・カラータキーンの退却の理由を伝えているが，それは主君ヌーフI世に対する不信感からの撤退であった。*Kāmil*, VIII, 478.

31. Ahmet 2907/b v. 11 f. 31a.

32. *Tajārib*, II, 123, 126–127, 129, 136–143; *Kāmil*, VIII, 486–489, 492; *Takmila*, 165. イブン・カラータキーンのジバール侵攻を招いた原因はルクン・アッダウラがジバール地方の守りを手薄にしたためであった。彼はイマード・アッダウラの死後の，ファールスの政情不安を鎮め，アドゥド・アッダウラの支配を確立するために，軍隊を率いてシーラーズに赴いていた。イブン・カラータキーンの侵攻は，このルクン・アッダウラの不在を衝くものであった。*Tajārib*, II, 120–123, 137–138; *Kāmil*, VIII, 482–483.

そして，ルクン・アッダウラは，ムイッズ・アッダウラの援助も受けながら徐々に失地を回復し，この危機を乗り切った[33]。このことは，サーマーン朝の軍隊を軍事力で排除できるほど，ジバール政権およびブワイフ朝全体の勢力が増していたことを示していよう。

II-2. 第2の侵攻

2度目のサーマーン朝の侵攻は342/953~4年に，アブー・アリー[34]率いる軍勢によってもたらされた。この度の侵攻は，故地ジバール地方の回復を目指すウシュマキールがヌーフI世に支援を求め，それに応える形で起こった[35]。3ヶ月にわたってライの城門付近で戦いが行われたが，ジバール政権側の軍隊の頑強な抵抗と忍耐力に根負けし，冬の訪れに伴う降雪を心配したサーマーン朝軍は和平を持ちかけ，ホラーサーンへ撤退した[36]。一方，この和平に不服のウシュマキールはヌーフI世に手紙を書き，和平はアブー・アリーとジバール政権との馴れ合いの結果であることを告げた。これに怒ったヌーフI世はアブー・アリーをホラーサーン総督から解任し，バクル・ブン・マーリク Abū Sa'īd Bakr b. Mālik al-Farghānī[37]を大軍と共に派遣した。アブー・アリーはヌーフI世との関係修復を諦め，ルクン・アッダウラと誼を通じ，343/954~5年にジバール政権に亡命する。

一方，ジバール政権側は，恐らくムイッズ・アッダウラを介して，カリフによる仲裁の使者をサーマーン朝へ派遣させる[38]。

---

33. *Tajārib*, II, 138–139.
34. 章末の表I④を参照のこと。一度はヌーフI世への反逆を試みたアブー・アリーであったが，その後ヌーフI世の赦免を受け，イブン・カラータキーンの死後再びホラーサーン総督に就任していた。*Kāmil*, VIII, 493; *Zayn*, 29.
35. *Kāmil* は341/952~3年にルクン・アッダウラが再びタバリスターン，ジュルジャーン遠征を行い，ウシュマキールをホラーサーンへと排除したことを伝えている。*Kāmil*, VIII, 499.
36. 『時代の鏡要約』は，和平の合意なく戦が終わったと伝えている。Ahmet 2907/b v. 11, f. 36b.
37. 章末の表I⑤を参照のこと。

今回の侵攻においてルクン・アッダウラは，3ヶ月にわたる攻囲に耐え，敵を撤退させた。敵将アブー・アリーがブワイフ朝と誼を通じたことのある人物で，和平交渉に持ち込み易かったことも幸いしただろう。アブー・アリーはルクン・アッダウラと和平を結んだことによってヌーフI世からその忠誠を疑われ，再びホラーサーン総督から解任されるが，この結果サーマーン朝内部は混乱し，ジバール政権に有利な状況となる。さらにサーマーン朝にとってはヌーフI世の死去が重なり，戦争継続が不可能となる。

加えてジバール政権は，カリフによる仲裁を持ち出し，サーマーン朝と和平を結ぶことで，今回の戦を終結させている。これは単に軍事力に頼るだけでなく，カリフの権威を利用して事を運ぼうとする姿勢の表れとみることができよう。この仲裁がカリフの自発的なものでないことは，335/946~7年や343/954~5年の事例からも明らかである[39]。

---

38. *Tajārib*, II, 147, 154–155; *Kāmil*, VIII, 504, 505–506; *Takmila*, 168; *Zayn*, 29. *Kāmil* および *Zayn* はこの和平に関して，ルクン・アッダウラには毎年20万ディーナール支払いの条件が課されていたと伝えている。*Kāmil*, VIII, 504; *Zayn*, 29.

39. 334/945~6年アブー・アリーの反乱に際し，彼がサーマーン朝君主に推戴したイブラーヒーム・ブン・アフマドに対して，カリフはイマード・アッダウラの仲介によりホラーサーンの支配権を叙任する。この叙任により，サーマーン朝内部の主導権争いに混乱がもたらされた。この叙任が当時ジバールの獲得を目指していたブワイフ家の主導で行われたものであることは *Tajārib* の記述より明らかである。*Tajārib*, II, 102–103.

　一方，343/954~5年の事例は，342/953~4年にホラーサーン総督から解任されたアブー・アリーが，サーマーン朝を見限ってカリフからホラーサーンのアミールに任命されようとし，それに応じる形でホラーサーンの支配権が授与されるが，ルクン・アッダウラおよびムイッズ・アッダウラの仲介があった。*Tajārib*, II, 156–157; *Kāmil*, VIII, 507; Ahmet 2907/b v. 11, ff. 37b–38a.　このように，当時のカリフからの叙任はカリフを掌中に収めるブワイフ朝の意向が反映していると見て大過ないだろう。

II-3. 第3の侵攻

サーマーン朝による3度目のジバール侵攻は344/955~6年に行われた。この度の侵攻は2方面から行われ，一方はバクル率いる軍隊がナイサーブールよりホラーサーン街道を西進し[40]，もう一方はムハンマド・ブン・マーカーン Muḥammad b. Mākān[41] 率いる一軍が砂漠[42] の道を通ってイスファハーンを攻撃するというものであった。諸史料はイスファハーンの戦いの詳細を伝えているが，バクル軍の詳細は不明である。イスファハーンを巡る戦いでは，ルクン・アッダウラの宰相ウスターズ・ライースが活躍し，イブン・マーカーン軍を敗走させ，イブン・マーカーンを捕虜とする[43]。

イスファハーンでの勝利に勢いづいたルクン・アッダウラはジュルジャーンに侵攻し，同地の征服を試みるが，バクルの到来を知ると，彼と和平交渉を行い，ルクン・アッダウラがライとジバール全土を領有する代わりに，貢納金を毎年支払うという条件[44] で和平を締結している[45]。

さらに同年，亡命中のアブー・アリーが死亡したため，ジバール政権とサーマーン朝との間で和平が成立，アブド・アルマリクI世 ʻAbd al-Malik b. Nūḥ はルクン・アッダウラを仲介としてカリフの叙任を得ている[46]。

---

40. バクル麾下の軍隊の具体的な行動は史料中には示されていない。しかし，イスファハーンへの救援に自ら赴かないルクン・アッダウラの行動から考えて，バクル軍はルクン・アッダウラをライに釘付けにしていたと考えられる。*Kāmil*, VIII, 512.
41. マーカーン・ブン・カーキー Mākān b. Kākī の息子。
42. イラン中央に広がるカビール砂漠およびルート砂漠を指す。
43. *Tajārib*, II, 159–161; *Kāmil*, VIII, 511–512; Feizullah 1523, f. 46b; *Zayn*, 30.
44. *Zayn* は貢納額について，毎年20万ディーナールと伝えている。*Zayn*, 30.
45. *Kāmil*, VIII, 512.
46. *Tajārib*, II, 161; *Takmila*, 170. バクルとの和平交渉に続き，アブド・アルマリクとの和平が整っているが，この点は考察を要する問題である。本章第IV節2を参照のこと。

II-4. 第4の侵攻

344/955~6年の和平以後12年間，ジバール政権とサーマーン朝との間で表立った戦闘は行われなかった。この原因は，とくにサーマーン朝内部の事情に求められる。

350H年Shawwāl月11日（961年11月23日）にアブド・アルマリクI世が落馬により死去し，弟マンスールI世Manṣūr b. Nūḥが彼の後継者として擁立される[47]。このマンスールI世の登極を巡るサーマーン朝宮廷内の権力争いに端を発し，2人のホラーサーン総督が相次いで更迭され，討伐を受けるという事態に至る。一人は後のガズナ朝の創始者アルフタキーンAlftakīn al-Ḥājib[48]であり，もう一人は以前ジバール政権に亡命していたイブン・アブド・アッラッザーク[49]である。このサーマーン朝内部の混乱が対外活動を抑制していたことは想像に難くない。

その後，体勢を立て直したサーマーン朝は356/967年に4度目のジバール侵攻を図る。史料はこの侵攻の原因として，キルマーンからブハラに亡命して来たイブン・イルヤースAbū ʻAlī Muḥammad b. IlyāsがヌーフII世Nūḥ b. Manṣūrに対し，ジバール侵攻を促したことを伝えている[50]。そこで，

---

47. *Tajārib*, II, 189; *Kāmil*, VIII, 535; *Takmila*, 180; Ahmet 2907/b v. 11, f. 48b; *Zayn*, 32–33.

48. 彼の反乱とその理由については，*Tajārib*, II, 191–912; *Kāmil*, VIII, 544; *Zayn*, 32–33; *Bukhārā*, 135; M. Nāẓim, *Maḥmūd of Ghazna*, pp. 24–26; *Siyāsat*, 113–122 (Eng. tr. Dark, *The Book of Government*, pp. 109–117;『統治の書』135–144頁）を参照のこと。

49. アルフタキーンの反乱に続き，この反乱鎮圧のために派遣されたイブン・アブド・アッラッザークもまたサーマーン朝の討伐の対象となる。これはアルフタキーン討伐失敗の責を問われたこと，また彼のブワイフ朝との関係の深さが問題視されたためであろう。*Zayn*, 33–34; Minorsky, “The Older Preface”, pp. 164–165.

50. *Tajārib*, II, 232; *Kāmil*, VIII, 586. なおイブン・イルヤースはブワイフ朝領への侵攻を促す際，同王朝を「ダイラムの王国 *mamālik al-Daylam*」と表現していたことが伝えられている。ブワイフ朝に対する外部の認識が「ダイラム政権」であったことを示す一例である。

ヌーフII世はジュルジャーンの同盟者ウシュマキールに加え，ジバール政権との関係が深いハサン・ブン・ファイルーザーンをも味方に付け，時のホラーサーン総督イブン・シームジュール Abū al-Ḥasan Muḥammad b. Ibrāhīm Ibn Sīmjūr[51] にジバール侵攻を命じたのである。

これに対してルクン・アッダウラは，ファールスにいる息子のアドゥド・アッダウラと，甥のイッズ・アッダウラに援助を求めた。イッズ・アッダウラは政権内の内紛が原因で援軍を送ることはできなかったが[52]，アドゥド・アッダウラは援軍に際してその戦略的才能を示した。

> アドゥド・アッダウラはイブン・ルーズマーン Abū Jaʻfar Ibn Rūzmān を将とする騎馬軍団をルクン・アッダウラへの援軍とした。そして，自らはホラーサーンへの進軍のためイスタフルに向けて出発した。そして，彼はハージブの一人を前衛軍と共にトゥライシース[53]へ先行させた。そこで，アドゥド・アッダウラは自らの軍にこういった「ホラーサーンの軍隊は総じて，諸地域から集まった者やガーズィー *ghāzī* たちと共にライへ向けて進軍してしまっており，ホラーサーンは空である。よもやその地を征服できぬことはない *wa laysa dūna mulki-hā shay'un*」と。その話がホラーサーン軍に伝わると，彼らは若干退却した。*Tajārib*, II, 233.

アドゥド・アッダウラは守りの手薄なホラーサーンへ向けて進軍したのである[54]。この策が功を奏し，サーマーン朝軍はダームガーンまで退却する。ジバール政権は2方面からサーマーン朝軍を攻める姿勢を示したのである。

さらにサーマーン朝側には，ウシュマキールが狩猟中に事故死し，彼の後継者ビーストゥーン Bīstūn b. Wushmakir がルクン・アッダウラと和平を結

51. 章末の表I⑩を参照のこと。彼の父もホラーサーン総督であった。章末の表I②を参照のこと。
52. *Tajārib*, II, 234.
53. *Buldān*, IV, 33–34. トゥライシースはナイサーブール近郊の村であるという。
54. *Kāmil*, VIII, 578.

び，ジバール政権側につくという不利な事態が重なる[55]。その後の経過について史料は伝えていないが，イブン・シームジュール麾下のサーマーン朝軍は撤退を余儀なくされたものと見て大過ないだろう。ジバール政権は戦略的に上位を占めつつ，ウシュマキールの事故死という幸運も利用し，再びサーマーン朝軍の侵攻を退けることに成功したのである。また今回，ズィヤール朝がサーマーン朝からブワイフ朝側へついたということも見逃せない。

以上サーマーン朝による4度のジバール侵攻について見てきた。最後の侵攻から5年後の361/971~2年，サーマーン朝とブワイフ朝の間で和平が成立する。この和平以後サーマーン朝がジバールに侵攻することはなくなる。その理由としては，サーマーン朝がガズナ朝やカラハン朝など東方からの脅威に晒されるようになり，西方への進出に兵力を割けなくなることや，支配下にある諸君侯の不穏な動きや宮廷内部の権力闘争の頻発に対処する必要があったこと，そしてブワイフ朝がアドゥド・アッダウラの治世を迎えて最盛期に入り，サーマーン朝としても容易にこれに対抗しえなくなったことなどが考えられる。

III. ジバール政権とサーマーン朝の狭間で

本章第II節では，ルクン・アッダウラの治世期における，サーマーン朝のジバール侵攻の様子を時系列に並べて検討した。ジバール政権は335/946~7年にライを根拠地として成立して以降，徐々にその勢力範囲を東へと広げていった。その勢力拡大の範囲はサーマーン朝の旧領およびサーマーン朝が従来からその影響力を及ぼそうとしていた諸君侯の領土であった[56]。このためサーマーン朝としてもブワイフ朝の動きを等閑視することはできず，西方への軍事行動を繰り返したものと思われる。

本節では，先の検討を踏まえ，両者の角逐の内実を，その狭間にあって活

55. *Tajārib*, II, 233; *Kāmil*, VIII, 578; *Zayn*, 35.

56. Treadwell, *The Sāmānid State*, p. 105, 117–121. また Frye, “The Sāmānids”, pp. 138–141, 156; Frye, *Golden Age*, pp. 200–207; Madelung, “The Minor Dynasties of Northern Iran”, pp. 208, 211, 213–215 も参照のこと。

躍した「サーマーン朝ホラーサーン総督」と「ジュルジャーンの君侯たち」の2点から検討する。

III-1．サーマーン朝ホラーサーン総督

287/900年，時のサーマーン朝君主イスマーイールI世 Ismā'īl b. Aḥmad はサッファール朝君主アムル・ブン・ライス 'Amr b. al-Layth の軍隊を破り，ホラーサーン地方の支配権をカリフより認められた[57]。以後サーマーン朝のホラーサーン支配が始まる。その中心都市ナイサーブールには，サーマーン朝から任命された役人が赴任し，軍事行政権を司った。その役人たちに対する諸史料の呼称は一定ではなく，行政官 *'āmil*[58], イスファフサラール *iṣfahsalār*[59], ホラーサーンの軍（軍団）の長 *ṣāḥib jaysh*（*or Juyūsh*）*Khurāsān*[60] などとしている。しかしその職務内容をみると，とくに軍事的要素が強いことから，彼らは単なる行政官にとどまる存在ではなく，軍隊指揮権を有した総督と考えるべきだろう。

章末に掲げた表Iを参照されたい。ジバール政権と関わったサーマーン朝ホラーサーン総督就任者を列挙したものである。延べ11名のうち，①，③，④，⑤，⑩の総督がジバール遠征を行った人物である[61]。⑩を除いて，在職

---

57. *Ṭabarī*, III, 2194, 2208; *Kāmil*, VII, 502; *Zayn*, 15; Treadwell, *The Sāmānid State*, p. 104. *Ṭabarī* は，287H年条では，イスマーイールがホラーサーンの支配権を認められたとは伝えていないが，289H年条で彼をホラーサーン太守 *ṣāḥib Khurāsān* と呼んでおり，イスマーイールがホラーサーンを支配していたことが分かる。また *Zayn* は，カリフ＝ムクタフィー al-Muktafī billāh（r. 289–295/902–908）によるホラーサーン総督職の授与を伝えている。

58. *Kāmil*, VIII, 264, 356 では「ホラーサーン軍のアーミルに任命する *ista'mala 'alā*」とか「ホラーサーンとその地の軍隊のアーミルに任命する」と記されており，被任命者が行政官としての性格が強いアーミル *'āmil* であったことを窺わせる。

59. *Zayn*, 26, 29–35, 37, 40. とくに *Zayn* ではホラーサーンの将軍職 *sipah-sālārī-ye khurārān* という表現が頻出する。

60. *Kāmil*, VIII, 492, 577, 626, 655.

61. ただし①は，ジバール政権成立以前に，サーマーン朝のジバール支配を確

期間が2〜5年とそれほど長くない理由は，ホラーサーン総督の置かれた立場にあると思われる。彼らはホラーサーン地方の軍事・財政の両権を司り，西方諸君侯との外交交渉にもその責を負った[62]。その大きな権限ゆえに，サーマーン朝君主および廷臣たちの嫉妬と疑念を受けると共に政争に巻き込まれ，ある者は解任され，ある者は暗殺され，またある者はサーマーン朝君主に対して反乱を起こしたり，他国に亡命したりして，総督職を辞したのである。表Iのうち，反乱を起こした者は①，④，⑧，⑨の4名，亡命した者は④，⑦の2名，暗殺された者は⑤である。

ここで，サーマーン朝支配体制を脱した④と⑦の2人の総督について，ジバール政権およびサーマーン朝のとった対応から検討する。この2人，アブー・アリー[63]とイブン・アブド・アッラッザーク[64]はそれぞれサガーニヤーン，トゥースに割拠する君侯であった。2人は反乱や亡命によって一旦サーマーン朝政権の傘下から脱しているが，再びその傘下に入っている。これはサーマーン朝の政権構造と関係があると思われる。マーワラーアンナフルを拠点に勢力を拡大したサーマーン朝は，その拡大に当たって，地方君侯の独立性をある程度認めつつ彼らを政権内に取り込んでいったのである[65]。彼ら2人もそうして取り込まれた君侯の一部であった。これら地方君侯[66]の取り込みはサーマーン朝の勢力拡大に貢献しただろうが，反面同王朝の政

立するための遠征軍を率いた人物である。本章第I節3を参照のこと。

62. ジバール政権との交渉のほとんどはホラーサーン総督が行っている。たとえば *Tajārib*, II, 154, 161, 311–312 を参照のこと。

63. 彼の行動については，本章第I節3，第II節1，2，第IV節2および Bosworth, “The Rulers of Chaghāniyān”, pp. 3–10; Treadwell, “Shāhanshāh and al-Malik al-Mu’ayyad”, pp. 320–326 を参照のこと。

64. 彼の行動については，Minorsky, “The Older Preface”, pp. 164–166; Treadwell, *The Sāmānid State*, pp. 224–225 を参照のこと。

65. Treadwell, *The Sāmānid State*, pp. 108–110.

66. ホラーサーン総督就任者のうち，前述の2人以外にもバクル・ブン・マーリクがフェルガナの有力家系出身と伝えられる。Treadwell, *The Sāmānid State*, pp. 314–315. また *Ṭabaqāt* はバクルがブワイフ朝との関係を疑われて殺害されたことを伝えている。*Ṭabaqāt*, 210.

権構造は常に不安定となった[67]。

ジバール政権の対サーマーン朝政策は，この不安定な政権構造を利用するものであった。先にイマード・アッダウラによるアブー・アリー調略の事例を示したが[68]，それ以外にもルクン・アッダウラがサーマーン朝宮廷の廷臣たちを買収し，同朝の対ジバール政権対策を混乱させようとしていたことを示す記述が *Kāmil* によって伝えられている。それによると，前述の如くイブン・イルヤースがマンスールＩ世に対しブワイフ朝を攻撃するよう勧めた時[69]，イブン・イルヤースはマンスールの廷臣たちがルクン・アッダウラ(史料中では「ダイラム」) によって買収されていると忠告している[70]。またルクン・アッダウラは，サーマーン朝側に接近しつつあったイブン・アブド・アッラッザークに対しても各種の贈り物をし，その結果イブン・アブド・アッラッザークはサーマーン朝から疑われることとなる[71]。

このようにジバール政権は強大なサーマーン朝勢力の西進を防ぐために調略を用い，不安定なサーマーン朝ホラーサーン総督の地位をその格好の標的としていたのである。

一方，サーマーン朝も自らの勢力保持のために，反乱者や離反者であっても，自政権に取り込んで利用していた。サーマーン朝宮廷内の様々な思惑によって翻弄されたホラーサーン総督であるが，地方君侯出身の総督たちの保持する地盤と軍事力ゆえに，サーマーン朝は彼らを容易に切り捨てることができなかったのである。

---

67. 332/943~4 年にはフワーラズムの君侯イブン・アルアシュカーム Ibn al-Ashkām がヌーフＩ世に対して叛旗を翻すが，後に赦されている。*Kāmil*, VIII, 415.
68. 本章第Ｉ節 3 を参照のこと。
69. 本章第 II 節 4 を参照のこと。
70. *Kāmil*, VIII, 577. ウシュマキールも同様の忠告を行い，イブン・イルヤースの情報を裏付けている。
71. *Kāmil*, VIII, 533.

III-2. ジュルジャーンの君侯たち

ここでは，両勢力の狭間で活躍したジュルジャーンの君侯たち，つまりズィヤール朝のウシュマキールおよびその息子たちとハサン・ブン・ファイルーザーンの活動の特徴について，また彼らに対するジバール政権およびサーマーン朝の対応について検討する。

まず，ウシュマキールであるが，彼は兄マルダーウィージュの死後，ズィヤール朝君主となる。だが兄の暗殺による混乱の中，ブワイフ朝の侵攻を受け，徐々に北東部へと退却を余儀なくされた。ズィヤール朝の家臣であったイマード・アッダウラやルクン・アッダウラによってその勢力を削がれていくことは彼にとって耐え難い状況であったと思われる。故に彼は終生，反ブワイフ朝の姿勢を崩さず，357/967年に死去するまで，彼はサーマーン朝から援助を引き出しつつジバール政権からジバール地方を奪還することに努めた[72]。

一方，ジバール政権側もウシュマキールは徹底的に排除する方針だったようである。彼とジバール政権との交渉は一切伝えられておらず，ルクン・アッダウラは事あるごとにウシュマキールを攻め，ジュルジャーンからの排撃を試みている[73]。ダイラム地方およびジーラーン地方出身の両政権は，その出自や支配の正当性の点で，共存の余地は全くなかったのであろう[74]。

ウシュマキールの後継者ビーストゥーンは父の方針を踏襲せず，ジバール政権に接近し，同政権経由でカリフ＝ムティーよりタバリスターン，ジュルジャーン，サールース，ルーヤーンの支配権を得ている[75]。マルダーウィージュの死後，ズィヤール朝を継承したウシュマキールはサーマーン朝の援助を受けて，失地回復に躍起になっていた。そのため，ブワイフ朝は常に東北部に火種を抱える状態であった。しかし新たにズィヤール朝君主となったビーストゥーンは，むしろサーマーン朝との関係を絶ち，ブワイフ朝との関係

---

72. *Kāmil*, VIII, 471, 499, 577–578.

73. *Tajārib*, II, 119–120, 158, 190; *Kāmil*, VIII, 390, 475–476, 499, 504, 509, 527, 542.

74. 第4章第III節の議論を参照のこと。

75. *Kāmil*, VIII, 578; *Zayn*, 35; *Ṭabaristān*, II, 4.

を重視することで，自勢力の保持を図ろうとしたのである。それはジバール政権にとっては好ましい状況だった。故にジバール政権は，タバリスターン地方などに対するカリフの叙任とザヒール・アッダウラ *ẓahīr al-dawla* のラカブをビーストゥーンに与えるよう尽力したのである[76]。一方，ウシュマキールの次男カーブース Qābūs はサーマーン朝のホラーサーン総督イブン・シームジュールとの関係を構築し[77]，その後反ブワイフ朝姿勢を鮮明にする[78]。

反ブワイフ朝姿勢を鮮明にするウシュマキールに対して，カスピ海南岸地域への影響力を保持したいサーマーン朝は全面的な支援を行ってきた。しかし，ビーストゥーンがブワイフ朝についたことにより，同地域におけるジバール政権とサーマーン朝の勢力図がジバール政権有利に傾いたことは確かである。

最後にハサン・ブン・ファイルーザーンについてであるが，彼はおおむねジバール政権寄りの姿勢を採っていた。彼とジバール政権の結び付きはアブー・アリーの最初のジバール遠征の時に始まる[79]。ハサン・ブン・ファイルーザーンはイマード・アッダウラが以前仕えた人物であるマーカーンと姻戚関係にあり，マーカーン殺害に関する疑惑から，ウシュマキールに対する復讐のためルクン・アッダウラと同盟を結んだ[80]。両者の関係は良好だったようで，ルクン・アッダウラは彼の娘を娶り，ファフル・アッダウラ Fakhr al-Dawla を儲ける。また，共同でウシュマキールと戦ってもいる[81]。以下の引用は，ルクン・アッダウラとハサン・ブン・ファイルーザーンの結び付き

---

76. *Zayn*, 35.
77. *Ṭabaristān*, II, 4.
78. カーブースは後に，アドゥド・アッダウラの追及を逃れてきたファフル・アッダウラを助けてアドゥド・アッダウラと戦い，共にサーマーン朝ホラーサーン総督ターシュ Abū al-‘Abbās Tāsh（表 I ⑪）の許へ逃亡する。第8章第II節2を参照のこと。
79. 本章第I節3を参照のこと。
80. *Kāmil*, VIII, 388–390.
81. *Kāmil*, VIII, 475.

の強さを示す一文である。

> (ルクン・アッダウラ曰く)「汝(アドゥド・アッダウラ)は知らぬのか，余にとっては他人であるハサン・ブン・ファイルーザーンを何度も助けたことを。余はその都度王国の外へ出て行き，自ら命を賭してウシュマキールやホラーサーンの太守と戦い，その結果勝利して，彼らの領地を奪い，それをハサン・ブン・ファイルーザーンに引き渡し，そして，美名を求め，男気を保つことのために，1ディルハム，あるいはそれ以下の価値のものも受け取らずに引き返したことを。*Tajārib*, II, 350.

しかし，342/953~4年にヌーフI世の仲介でウシュマキールと友好関係を構築して以降[82]，むしろサーマーン朝側に立って行動している節もある[83]。しかしながら，ルクン・アッダウラは彼との関係を維持しようと349/960~1年にはジュルジャーンに行き，贈り物をしている[84]。また上記の引用はハサン・ブン・ファイルーザーンの死(356/967年)から8年後の364/974~5年の出来事での発言であることを考えると，彼とルクン・アッダウラの関係がそれ程悪化していたとも思われない。

彼の割拠したジュルジャーン地方は，ジバール地方から遠く，常にズィヤール朝やサーマーン朝の介入を受ける地域であったため，その政権は安定しなかった。そのため常にジバール政権との同盟に頼れなかったハサン・ブン・ファイルーザーンはサーマーン朝との関係も結んでおく必要があったのだろう。彼は356/967年に死去するが[85]，その後彼の一族は後ジバール政権に服属し，ファフル・アッダウラの宮廷に出仕するようになる[86]。

以上両勢力の狭間で活動した小勢力の動向を検討した。その結果，すでに大勢力としてホラーサーン地方やカスピ海南岸地域に影響力を及ぼしていた

---

82. *Kāmil*, VIII, 505.
83. *Kāmil*, VIII, 577.
84. *Kāmil*, VIII, 533.
85. *Tajārib*, II, 239.
86. 第8章第II節を参照のこと。

サーマーン朝に対し，新興のブワイフ朝ジバール政権は，ホラーサーン総督の不安定な立場に付け込むなど，様々な外交政策を展開し，自勢力の拡大を有利に進めようとしていたことが明らかとなった。

IV．サーマーン朝とジバール政権の外交交渉

本章第 II 節で示したように，サーマーン朝は 4 度ジバール政権に対する遠征を行った。本節では，最初のアブー・アリーのジバール遠征を加えた 5 度の遠征の前後において，ジバール政権とサーマーン朝間で行われた交渉の内容について検討する。

IV–1．両者の交渉

334/945~6 年，イマード・アッダウラはヌーフ I 世に次のような申し出を行っている[87]。

> イマード・アッダウラはヌーフ I 世に対し，ヌーフ I 世とアブー・アリーの間で定められたことと同様に，10 年間ライの諸々の業務をイマード・アッダウラに任せ，その（ヌーフ I 世とイマード・アッダウラの）疎遠状態を終結させるよう求めた。また彼はその年の貢納をヌーフに前払いするという条件を付けて，10 万ディーナールを毎年上乗せして支払うこと，ヌーフ I 世に，イマード・アッダウラとの契約を実行し金をその手で運ぶために，信頼の置ける人物を派遣することを求め，またその後で，アブー・アリーに対抗するヌーフ I 世をイマード・アッダウラが支援すること，それはヌーフ I 世がアブー・アリーに勝利するまでであることを申し出た。*Tajārib*, II, 100.

これを見ると，ヌーフ I 世はアブー・アリーに対して幾らかの貢納を課してライを支配させていたことが分かる。イマード・アッダウラはその額に 10

87．経緯については，本章第 I 節 3 を参照のこと。

万ディーナールを増額してヌーフI世に支払うことを約束する。ヌーフI世がアブー・アリーに課した金額は不明だが，後にジバール政権とサーマーン朝との遣り取りで示される額が20万ディーナールであることから推測して，もとの額も10万ディーナールであったと思われる。この20万ディーナールは実際にヌーフI世に支払われることはなかったようである[88]。しかし，この額が後にジバール政権とサーマーン朝の交渉の際にしばしば持ち出されることになる。

加えて，イマード・アッダウラは様々な奉仕をヌーフI世に申し出て，恭順の姿勢を示しているが，イマード・アッダウラはこの時点で自勢力がサーマーン朝よりも明らかに下位にあると認識していたことが分かる。

1度目のジバール侵攻の際にジバール政権とサーマーン朝の間で何らかの交渉が行われた形跡はない。しかし，2度目の侵攻後の和平では，やはりルクン・アッダウラがアブー・アリーに20万ディーナールの支払いを行う条件が示されている。さらにこの和平にはカリフ＝ムティーの口添えがなされ，和平に強制力を持たせる試みが為されている[89]。

3度目の侵攻後，ルクン・アッダウラはホラーサーン総督バクルと和平を結び，20万ディーナールの支払い条件を呑んでいるが，今回はこの支払いと引き換えにライおよびジバール全土の支配権をサーマーン朝側に承認させているのである[90]。また今回の和平にもカリフの関与があった。

4度目の侵攻時には両者の交渉は行われず，ジバール政権とズィヤール朝との間で和平が結ばれただけであった。その後，361/971~2年にジバール政権のルクン・アッダウラ，アドゥド・アッダウラ親子とサーマーン朝のマンスールI世の間で和平が結ばれた[91]。今回もジバール政権にはサーマーン朝への貢納が課された[92]。しかし今回の和平はこれに加えて，アドゥド・アッ

---

88. *Tajārib*, II, 101; *Kāmil*, VIII, 464.
89. *Tajārib*, II, 154; *Takmila*, 168; *Zayn*, 29; *Kāmil*, VIII, 504.
90. *Tajārib*, II, 161; *Zayn*, 30; *Kāmil*, VIII, 512.
91. この和平交渉を整えたのは，サーマーン朝総督イブン・シームジュール（表I⑩）であった。*Kāmil*, VIII, 626.
92. *Takmila*, 210; *Kāmil*, VIII, 626. ただし，両者で貢納額が異なる。*Kāmil* は25

ダウラの娘とマンスールI世の婚姻が締結され，サーマーン朝からも莫大な贈答物が送られた[93]。

以上の交渉から次のことがいえよう。ジバール政権はサーマーン朝よりも下位の立場に甘んじているということである。4度の侵攻を退け，軍事的な成果を挙げながらもジバール政権はサーマーン朝に対して，強硬な姿勢を示していない。上記の交渉中サーマーン朝が何らかの金品の支払いを求められることは一度もなく，常にジバール政権が支払いを求められる立場になっている。よって和平交渉などにおいてジバール政権はサーマーン朝に対して恭順の態度で臨んでいることが分かる[94]。

もっとも，交渉での決定通りに貢納を行っていたとも言い切れない。前述のイマード・アッダウラの例に見られるように，何がしかの理由を付けて支払いを遅らせる，ないし支払わなかったことは十分に考えられよう。また，4度の侵攻時にも支払いが滞ったであろうことは容易に推察される。

また貢納額もそれほど高額ではなかったのではないだろうか。al-Muqaddasīはキルマーンのハラージュ *kharāj*（土地税）の額が6千万ディルハムであったこと，またジバール政権がキルマーンの支配権と引き換えにサーマーン朝に納めている額が20万ディーナールであったことを伝えている[95]。ディ

万ディーナールと伝えるのに対し，*Takmila* は15万ディーナールと伝えている。また年代を伝えていない *Zayn* は20万ディーナールとしており（*Zayn*, 36)，額について見解が分かれている。

93. *Tajārib*, II, 311–312; *Takmila*, 210; *Kāmil*, VIII, 626. *Kāmil* はマンスールI世の息子ヌーフII世とアドゥド・アッダウラの娘の婚姻として伝えている。

94. Treadwell は，サーマーン朝はブワイフ朝を下位に見なしていたと断じている。Treadwell, “Shāhanshāh and al-Malik al-Mu’ayyad”, p. 329.

95. *Aḥsan*, 472–473. 一方，アドゥド・アッダウラは357/968年にカリフよりキルマーン地方の支配権を獲得している *Tajārib*, II, 253; *Kāmil*, VIII, 585。カリフの叙任を得ながら，サーマーン朝に貢納を払っていたとは思われない。そもそも *Aḥsan* にある「今日まで」という表現がいつを指しているのか不明である。著者 al-Muqaddasī は少なくとも375/985~6年においてカリフ＝ターイーの治世が続いていることを書き留めているが *Aḥsan*, 9，その時期はサーマーン朝最末期に相当するため，ブワイフ朝が彼の執筆当時までサーマーン朝に貢納

ーナールとディルハムの比率が1：15であるならば，ハラージュ全体に対する貢納額の割合は20分の1（300万ディルハム），1：25であるならば，12分の1（500万ディルハム）と，支払いが不可能な額ではない[96]。ただしこれは試算であるので，十分な根拠をもって主張できるわけではないが，サーマーン朝への貢納額はジバール政権の財政事情にそれほど大きな影響を与えなかったのではないだろうか。

IV-2．カリフの関与

次に，ジバール政権とサーマーン朝の交渉におけるカリフの影響について検討する。本章の検討範囲においてカリフが関与した両勢力の交渉は，4回存在する。最初の関与は，334/945~6年のアブー・アリーの反乱時に行われた。詳細は前述の通りだが[97]，反乱軍はイマード・アッダウラを介してカリフの承認を取り付け，反乱の正当化を試みたのである。この正当化が功を奏したのか，反乱軍は一時サーマーン朝領の大半を獲得するに至る[98]。一方，反乱軍に対するカリフの承認という事態に直面したヌーフI世は，自らの支配の正当性を主張するために「天に支えられし王 *al-malik al-mu'ayyad min al-samā'*」という称号を用いて，カリフ政権との決別を表明する。これはヌーフI世とムティーの関係が断絶した結果であり，ヌーフI世は僭称者イブラーヒームに対する自らの正当性を主張したのだと，Treadwellは言う[99]。

2回目の関与は342/953~4年に行われた。当時サーマーン朝の2度目の侵攻があり，カリフはジバール政権とサーマーン朝の和平を勧めるために使者を遣わしたのである[100]。この使者派遣については詳細な情報がないため，

を行っていたとは考えられない。

96．換算比率は，Ashtor, *A Social and Economic History*, pp. 172–174の税収表に示されるディーナール（金貨）とディルハム（銀貨）の比率に基づいている。その差が最も小さい比率は1：15であり，最大でも1：25を超えることはないようである。

97．経緯については，本章第I節3を参照のこと。

98．*Tajārib*, II, 102; *Kāmil*, VIII, 460.

99．Treadwell, "Shāhanshāh and al-Malik al-Mu'ayyad", pp. 324–325.

詳しい検討はできないが，使者はアブー・アリーの許へ赴いたようである。また諸史料はルクン・アッダウラとアブー・アリー間の和平締結の事実しか伝えていない[101]。この後ウシュマキールがヌーフI世にこの和平への不服を申し立てると，ヌーフI世にとっても不本意な和平だったようで，アブー・アリーをホラーサーン総督から解任している[102]。この結果から推測すると，和平はアブー・アリーの独断であり，ジバール政権はホラーサーン総督アブー・アリーとの和平交渉のためにカリフの権威を借りたことになる。

3回目の関与は2回目と合わせて考える必要がある。ホラーサーン総督を解任されたアブー・アリーは再びヌーフI世に対して反乱を起こす。そして，カリフ側からのホラーサーン支配の叙任を，ルクン・アッダウラを介して要求する[103]。ムティーはこの要求を受け入れ，ヌーフI世の代わりに *makān Nūḥ b. Naṣr* 彼にホラーサーンの支配権を授与する。これに対しヌーフI世はバクルをホラーサーン総督に任命し，再びカリフの行為に異を唱えている[104]。

4回目の関与は，344/955~6年の3度目の侵攻時に行われた。イスファハーンへの侵攻軍を撃退したジバール政権は，東方へ進軍し，バクルと和平交渉に入る。この交渉の内容は *Tajārib* と *Kāmil* において異なる。まず *Tajārib* は，

100. 詳細については，本章第II節2を参照のこと。

101. *Tajārib*, II, 154–155; *Takmila*, 168; *Kāmil*, VIII, 504.

102. *Tajārib*, II, 155; *Kāmil*, VIII, 505.

103. *Tajārib* には「イブン・ムフタージュ（アブー・アリー）はホラーサーンに対するカリフから *min jihat al-khalīfa* の任命文書 *'ahd* が書かれることを要求した」とあり *Tajārib*, II, 156, *Kāmil* には「ホラーサーンの統治権 *wilāya* について，カリフからの任命文書が書かれることを求めた」とある。*Kāmil*, VIII, 507.

104. *Tajārib*, II, 156–157; *Takmila*, 169; *Zayn*, 30; *Kāmil*, VIII, 507. ただし *Takmila* は，この一連の出来事をヌーフI世死後のこととして伝えている。なおこの反乱はアブー・アリー軍の四散によって直ちに失敗する。

この年（344H 年条）ルクン・アッダウラの家臣カーシャーニー Abū al-Faḍl al-Qāshānī が，ホラーサーンの支配者 *ṣāḥib Khurāsān* アブド・アルマリク I 世の手紙を携えた（バクル）・イブン・マーリクの甥と共に（バグダード）に至った。（その手紙において）アブド・アルマリク I 世は，彼にホラーサーン（総督承認）の恩賜の衣 *khila'* と軍旗 *liwā'* を送付するよう求めていた。そこで，カリフはアブド・アルマリク I 世の手紙に対する返答として，軍旗を結び，それを恩賜の衣と共にイブン・マーリクの甥に手渡した。云々。*Tajārib*, II, 161.

と，ジバール政権とアブド・アルマリク I 世との間の交渉であることを伝えている[105]。しかし *Kāmil* は，

その後，ルクン・アッダウラはホラーサーン軍の長バクルに使者を送り，彼の歓心を買った。そして両者は，ルクン・アッダウラがバクルに金銭を供出すること，ライとジバール全土はルクン・アッダウラの所有であることを条件に和平を締結した。そしてルクン・アッダウラは弟ムイッズ・アッダウラに使者を送り，バクルのためにホラーサーンの統治権（授与の証として）の恩賜の衣と軍旗を求めた。そこで，ムイッズ・アッダウラはそれらをルクン・アッダウラの許へ送った。*Kāmil*, VIII, 512.

と，和平交渉がルクン・アッダウラとバクルの間で行われたことを伝えている。この後バクルが暗殺されることを考慮すると[106]，事実は *Kāmil* の伝えた如くであったのではなかろうか。アブー・アリーが独断で和平を結んだ際にヌーフ I 世が不快感を露わにしたことは前述したが[107]，今回の和平もサーマーン朝宮廷にとって不本意なものであったに違いない。

105．『時代の鏡要約』も同様である。Feizullah 1523, f. 47a.

106．*Zayn*, 31; *Ṭabaqāt*, 210.

107．本章第 II 節 2 を参照のこと。

以上，ジバール政権とサーマーン朝の交渉におけるカリフの関与について見てきた。ジバール政権は交渉を有利に運び，また勢力拡大の口実を得る手段としてカリフの権威を利用したのである。その際，イラーク政権の関与が見られるので，ジバール政権の単独行動ではなく，ブワイフ朝全体の意志としてカリフの権威が利用されていたとみるべきだろう。一方サーマーン朝側は，カリフがブワイフ朝の傀儡であっても，その権威の行使には如実に反応を示したのである。カリフの承認を失った後のヌーフI世の行動も，サーマーン朝からではなくカリフからホラーサーンの支配権を獲得したイブラーヒーム・ブン・アフマドやアブー・アリー，バクルの行動も，カリフの権威がある程度有効であったことを示している。

344/955~6年以後ジバール政権とサーマーン朝の交渉にカリフは関与していない。これはジバール政権が，もはやカリフの権威を借りることなくサーマーン朝と渡り合えるようになったことを示していると思われる。ルクン・アッダウラの死後ジバール政権を継承し，イラーク政権を吸収してブワイフ朝を統一したアドゥド・アッダウラは，イラーク政権打倒の際に裏切った弟ファフル・アッダウラを討伐すべく，371/981~2年に弟のムアイイド・アッダウラ Mu'ayyid al-Dawla を将とする軍隊を派遣する。ファフル・アッダウラはズィヤール朝君主カーブースと共同してムアイイド・アッダウラと戦うが敗走し，サーマーン朝ホラーサーン総督ターシュの許へ逃げ込み，援助を請う[108]。

ここにおいてアドゥド・アッダウラは，ムアイイド・アッダウラを東方へ派遣すると共に，サーマーン朝君主ヌーフII世に使者を送り，ファフル・アッダウラとカーブースの引き渡しを要求する[109]。*Dhayl* はその内容を詳細に伝えている。以下はその要旨である。

108. *Tajārib*, II, 416; *Dhayl*, 10, 15–17; *Zayn*, 38–39; *Kāmil*, VIII, 706–708; IX, 10–11.

109. *Dhayl*, 24; *Yamīnī*, 51.

・以前合意された金の支払いと引き換えに，ファフル・アッダウラとカーブースを引き渡すこと
・和平の更新をしないのであれば，以前の取り決めを反故にすること
・2人を追放して，和平の更新を望むなら，我々は同意すること
・2人を手許に置くならば，2人はブハラへ連行し，その郎党たちと引き離すこと
・我々が2人に安全保障を与えることを望むならば，以前の取り決めを反故とすること（その際，2人が我々の許へ出頭する必要があること）

アドゥド・アッダウラはこのような条件をサーマーン朝側に突き付けているのである。さらに和平を締結する際には，ターシュの判断ではなく，あくまでヌーフII世の署名と高官たちの証言 *shahādāt* が必要である旨を伝えている[110]。

まず言えることは，この派遣使節の背後には，ムアイイド・アッダウラに授けられた大軍が控えており，軍事力を背景とした要求であるということである。その内容もルクン・アッダウラの時の交渉とは異なり，強い態度で臨んでいることが読み取れる。そして重要なことは，アドゥド・アッダウラがサーマーン朝のホラーサーン総督ではなく，同朝君主との交渉を行っているということである。これまでの交渉はホラーサーン総督とジバール政権の交渉が主であったことを本章第IV節で示したが，今回は君主の署名を求めていることから考えて，アドゥド・アッダウラはサーマーン朝と対等の立場で交渉に臨んでいることが分かる。こうしてファールス地方に割拠し，勢力拡大を図ってきたブワイフ朝は，ここに至って東方の雄サーマーン朝と対等な立場に立ったと考えることができるだろう。

以上，ジバール政権とサーマーン朝の関わりについて様々な点から考察してきた。ブワイフ朝ジバール政権はサーマーン朝の強大な勢力を憚って，同朝との交渉においては常に下位に甘んじてきた。その一方で，軍事力強化を

---

110. *Dhayl*, 24–26.

図り，サーマーン朝の侵攻を全て退けると共に，同朝内部への調略や周辺諸侯への様々な外交政策，あるいはカリフの権威を利用した政策を行い，サーマーン朝の西進を阻み自勢力の拡大に努めたのである。そしてアドゥド・アッダウラの晩年に至って，ブワイフ朝はサーマーン朝と対等の立場に立つようになったのである。

371/981~2 年の使節派遣後にアドゥド・アッダウラが死去し，ムアイイド・アッダウラ軍が撤退したため，ブワイフ朝勢力がサーマーン朝ホラーサーン領に進出することはなく，両王朝の立場が逆転するまでには至らなかった。

しかしブワイフ朝の発展は軍事的成功にのみ基づくものではなく，初期においてはカリフの権威を利用して外交を行い，またサーマーン朝など強大な勢力に対しては表裏一体の様々な政策を行い，自政権の立場の強化を図るという戦略的成功にも依拠していたのである。またカリフの権威の利用という点に注目すれば，ブワイフ朝の傀儡となった後も，カリフの権威は諸政権の行動に影響力を持ったことが本章の検討から明らかとなった。

表2　サーマーン朝ホラーサーン総督

	人　名	着任	解任	在職年	在任当時の君主	離職事由
①	Abū ʻAlī Aḥmad b. Muḥammad Ibn Muḥtāj	327H	333H Raj	6 年	Naṣr I ～ Nūḥ I	反乱
②	Abū Isḥāq Ibrāhīm b. Sīmjūr al-Dawātī	333H Raj	335H	2 年	Nūḥ I	敗戦→退却
③	Manṣūr b. Qarātakīn	335H Ram	340H Rab I	5 年	Nūḥ I	戦没
④	Abū ʻAlī Aḥmad b. Muḥammad Ibn Muḥtāj	340H Ram	342H	2 年	Nūḥ I	反乱→亡命
⑤	Abū Saʻīd Bakr b. Mālik al-Farghānī	342H (or 343H)	345H	3 年	Nūḥ I ～ ʻAbd al-Malik	暗殺
⑥	Abū al-Ḥasan Muḥammad Ibn Sīmjūr	347H	349H Jum II	2 年	ʻAbd al-Malik	解任
⑦	Abū Manṣūr Muḥammad b. ʻAbd al-Razzāq	349H Jum II	349H D Ḥijja	6 ヶ月	ʻAbd al-Malik	政争解任
⑧	al-Ḥājib Alftakīn	349H D Ḥijja	350H	1 年	ʻAbd al-Malik ～ Manṣūr	政争解任→反乱
⑨	Abū Manṣūr Muḥammad b. ʻAbd al-Razzāq	350H D Qaʻda	350H D Ḥijja	1 ヶ月	Manṣūr	引責解任→反乱
⑩	Abū al-Ḥasan Muḥammad Ibn Sīmjūr	350H D Ḥijja	371H Shaʻb	20 年	Manṣūr ～ Nūḥ II	政争解任→隠遁
⑪	Abū al-ʻAbbās Tāsh Ḥusām al-Dawla	371H Shaʻb	373H	3 年	Nūḥ II	政争→亡命

サーマーン朝家系図

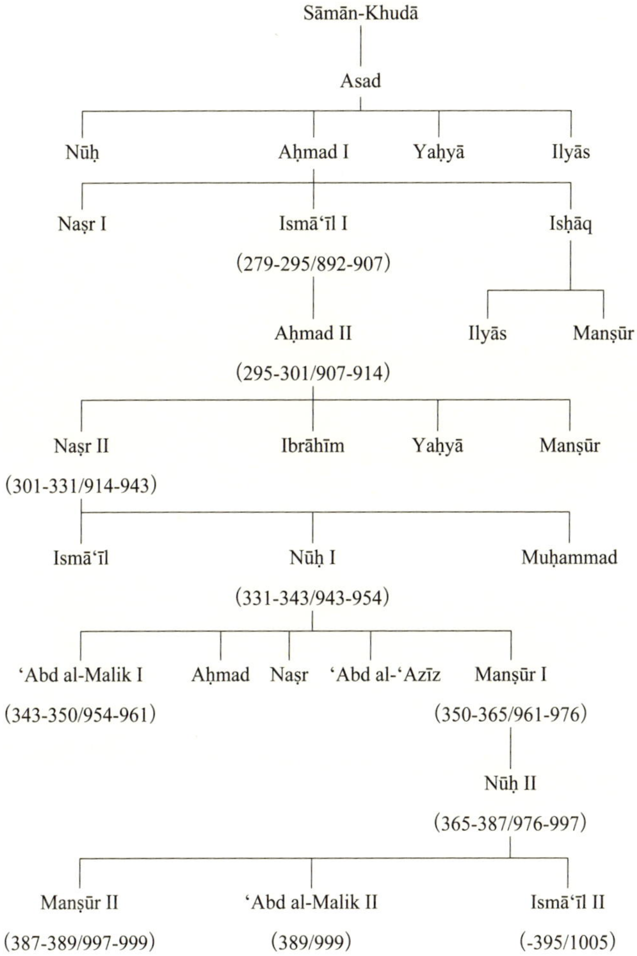

数字は在位年（ヒジュラ暦／西暦）を示す

第4章 『王冠の書』にみるアドゥド・アッダウラの王統観

はじめに

372/983年，ブワイフ朝最盛期の君主アドゥド・アッダウラが死去した。享年47歳，バグダードのアッバース朝カリフをおさえ，一族諸政権を統一し，さらなる領土拡大および権力拡大を図ろうとしていた矢先のことであった。足掛け5年という僅かな期間であったが，ブワイフ朝全時期を通じて唯一の統一期間であった。

このブワイフ朝史上，最も強大な権力を有し，単独でブワイフ朝を統治したアドゥド・アッダウラの治世について評価することは，ブワイフ朝の歴史全体を見通す上でも必須の作業であり，様々な角度からその治世について検証する必要がある。そのうち，本章では，彼の王統観について考察する。

アドゥド・アッダウラの王統観については，既に先行研究において評価がなされている。ただ，そのほとんどはブワイフ朝ないし彼の「親ペルシア的傾向」を強調するものである。例えばBusseは，アドゥド・アッダウラはカリフによって聖別されたペルシアの王たることを目論んでいたと述べ[1]，Lutzも彼がペルシア王権の，イスラームの文脈での再興を目指したと述べており[2]，アドゥド・アッダウラがペルシア王権とイスラームの融合を図っ

1. Busse, *Chalif und Grosskönig*, p. 57. Busseは一貫してこの見解を提示しており，その理由を，アドゥド・アッダウラの根拠地であるファールス地方にサーサーン朝の遺跡が点在し，過去の遺物から多大な影響を受けたことに帰している。Busse, “The Revival of Persian Kingship under the Būyids”, p. 58; Busse, “Iran under the Būyids”, pp. 273–279.

たという評価で一致している。またMadelungは，アラブであるアッバース朝カリフに対し，シャーハーンシャー *Shāhānshāh* 号を称することで，ブワイフ朝がペルシア王権の継承者たることを主張し，アラブの支配とは一線を画そうとしていたと評価している[3]。この他，Kabirもアドゥド・アッダウラがサーサーン朝の王の称号としてのシャーハーンシャーを用いたことを重視している[4]。

またこれらの研究には，Abū Isḥāq Ibrāhīm b. Hilāl al-Ṣābi' 著『王冠の書 *Kitāb al-tājī*』が用いられている。同書には「ブワイフ家の血統がサーサーン朝の王バフラーム・ジュール Bahrām Jūr（r. 420–438)[5]にまで遡る」という系譜に関する記事が見られ，それ故，ブワイフ一族はサーサーン朝王族の後裔であることを主張し，親ペルシア的な傾向を保持していたと理解されてきた[6]。

アドゥド・アッダウラの政治理念に，ペルシア王権の復興という意図や親ペルシア的傾向があったことに異を唱えるつもりはないが，それが中核を占めていたかについては，検討の余地があるように思われる。例えばMinorskyに拠ると，ダイラム[7]は，アケメネス朝，パルティア，サーサーン朝の軍事活動に傭兵として参加はしたが，その直接支配を拒んできたと言う[8]。この

---

2. Lutz, "Amīr-Malik-Shāhānshāh", pp. 83, 87, 90.
3. Madelung, "The assumption of the title Shāhānshāh", p. 97.
4. Kabir, "The Assumption of the Title of Shahanshah", p. 42.
5. *Ghrar*, 549–569; Pourshariati, *Decline and Fall of the Sasanian Empire*, pp. 67–70.
6. Busse, "The Revival of Persian Kingship under the Būyids", p. 58; Madelung, "Abū Isḥāq al-Ṣābī on the Alids", pp. 106–107; Kabir, "The Assumption of the Title of Shahanshah", p. 43.
7. 本章での"ダイラム"は「人」ないし「集団」を意味する。彼らはブワイフ一族の出身母体であり，王朝の軍事基盤を形成した民族集団である。なお地域を指す場合は「ダイラム地方」とする。
8. Minorsky, "La domination des Dailamites", p. 14; Minorsky, "DAYLAM", *EI*^{2}, II, pp. 190a–190b. MinorskyはProcopius（d. ca. 565）の記述に基づいて評価を下している。*ΙΣΤΟΡΙΑΙ*, II, IV–14（p. 529）.

Tājī にみるジールの系譜と婚姻関係，そしてブワイフ家の位置

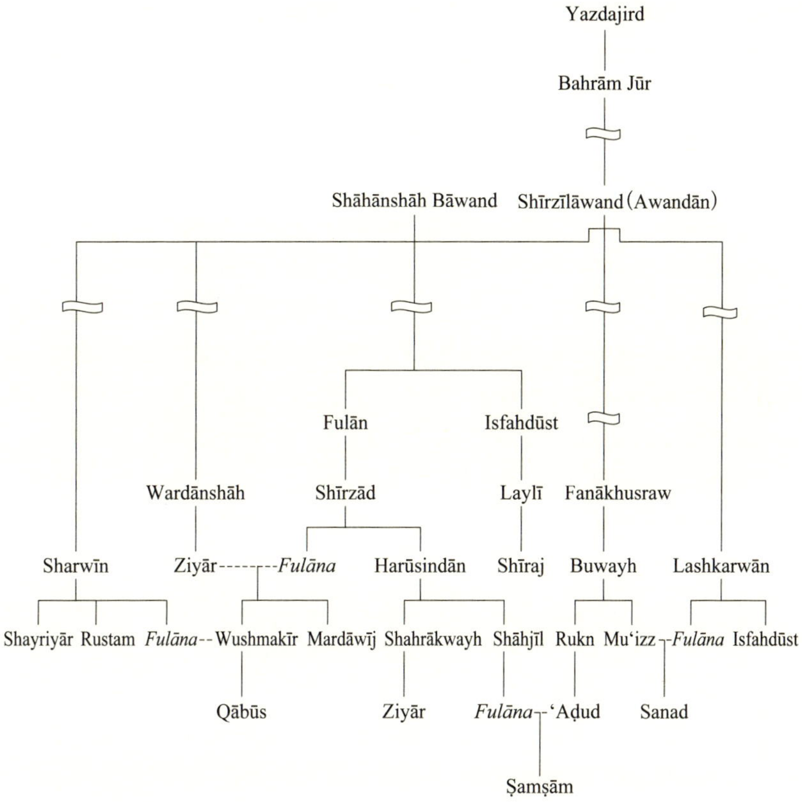

点線は婚姻関係を，斜体は女性を示す

上記の系譜は *Tājī* の記述を基礎に，以下の史料や研究を参照して作成した。

Āthār, 39; *Sanīy*, 183; Justi, *Iranisches Namenbuch*, pp. 298, 352; Vasmer, "Zur Chronologie der Ğastāniden und Sallāriden", p. 135.

指摘に拠ると，そもそもブワイフ朝やダイラムにとって，ペルシアの王権を貴び，これを継承することは自明の前提ではないということになろう[9]。

また本書においても，アドゥド・アッダウラの活動に，彼の出自であり権力基盤であるダイラムの存在が強く影響していたことを指摘してきたが[10]，従来の研究ではアドゥド・アッダウラの有する「ダイラム重視」の姿勢はあまり取り上げられてこなかった。

そこで本章では，ここまでの議論を踏まえ，アドゥド・アッダウラの「ダイラム重視」の姿勢の観点から考察を行うことで，「親ペルシア傾向」を有したとされるアドゥド・アッダウラやブワイフ朝の政治理念についての理解を相対化する作業を行う。具体的には，前述の『王冠の書』の内容を分析し，それと執筆当時の状況を合わせて考察することで，アドゥド・アッダウラの王統観を明らかにする。

ブワイフ朝の歴史やその政権構造を理解するために，アドゥド・アッダウラの政治理念を明らかにし，その治世に評価を与えることは必須の作業であり，彼の王統観の解明はその試みの一つとなるだろう。

I.『王冠の書』の概要と執筆の経緯

まずは主要な分析対象となる『王冠の書』の概要を述べる。前述のように，同書は Abū Isḥāq Ibrāhīm b. Hilāl al-Ṣābi’（d. 384/994）[11] の著作であるが，

9. Baker による最近の研究でも，ダイラムに出自を持つブワイフ朝が「ペルシア」的王朝と認識されてはいなかったことが示されている。ただ Baker は『王冠の書』が主張するブワイフ朝のサーサーン朝由来の出自とアラブ部族由来の出自の融合について，ダイラムの持つ周縁性とその野蛮性のイメージ払拭が意図されていたと考えているが，そうしたイメージの広がりについて根拠を示しておらず，また当時アドゥド・アッダウラが直面していた政治状況を考慮していないことから，本章の検討によってその見解は否定されることになるだろう。Baker, “The Lost Origins of the Daylamites”, pp. 281–295.

10. 第 1 章，第 2 章の議論を参照のこと。

11. Abū Isḥāq al-Ṣābi’ については，清水和裕「10 世紀イラクのアブー・イスハ

先行研究や諸史料の記述から，多分にアドゥド・アッダウラの影響を受けた書物であったとされている[12]。また『王冠の書』にはブワイフ一族の系譜に関する記述が含まれている。従って，同書の内容を分析することで，アドゥド・アッダウラの政治理念や王統観が見えてくることが想定できる[13]。

『王冠の書』には，現在3種の翻刻版テクストが存在する[14]。いずれも唯一現存する『王冠の書』（Abū Isḥāq al-Ṣābi' 著）の『抜萃版 *Muntaza'*』（抜萃者不明）第1巻の写本[15]からの翻刻であり，原本に由来する写本ないし『抜萃版』の第2巻以降の写本は未だ発見されていない。従って，本稿は『抜萃版』の内容に基づく考察であることを豫め指摘しておく。ただ『王冠の書』の後世への影響力は少なからず存在し，数種の史料において引用されるなどしており，若干ではあるが散逸部分の内容を把握することができる。

そこで，『王冠の書』の構成や内容を，各種史料から推測する。『抜萃版』に収録されている内容は4つに分けられる。まず，Aダイラムの風俗・習慣について，次にBダイラム・ジール諸侯の系譜や事績，次にCダイラム

ーク・イブラーヒーム文書集にみるアフド文書様式」205–206頁を参照のこと。

12. *Dhayl*, 23; *Abū al-Fidā'*, II, 123; Khan, "A Manuscript of an Epitome of al-Ṣābī's *Kitāb al-Tāğī*", p. 32; Madelung, "Abū Isḥāq al-Ṣābī on the Alids", pp. 17–18. *Abū al-Fidā'* には，アドゥド・アッダウラの著作として挙げられている。

13. Madelung は，『王冠の書』はアドゥド・アッダウラの政治的見解の表明の場であったと見なしており，その考えは筆者も共有している。Madelung, "The assumption of the title Shāhānshāh", pp. 105–106.

14. 3種の翻刻テクストの書誌は以下の通り。1. *Kitāb al-Ma'rūf bi-al-Tājī*, ed. M. Ṣ. Khan, Karachi, 1995（Arabic and English）. 2. *Kitāb al-muntaza' min al-juz' al-awwal min al-kitāb al-ma'rūf bi al-Tājī fī akhbār al-dawlat al-Daylamiyya*, ed. W. Madelung, in *Arabic Texts concerning the History of the Zaydī Imāms of Ṭabaristān, Daylamān and Gīlān*, Beirut, 1987, 11–23, 7–51. 3. *al-Muntaza' min kitāb al-Tājī*, ed. M. Ḥ. al-Zubaydī, Baghdād, 1977. このうち，本章では1の Khan による翻刻テクストを用い，文中では『抜萃版』，典拠明示の際には *Tājī* と表記した。また Khan の訳註部分は［Khan eng., 00–00］で表記した。

15. MS no. 145, in Maktabat al-Mutawakkiliyya, Jāmi' al-Kabīr, Ṣan'ā.

のイスラームへの改宗の経緯とダイラム諸侯の活動，そして最後にDダイラムの英雄ライリー・イブン・ヌウマーン Laylī b. al-Nuʻmān の詳細な事績[16]となる。

次に後世の史料からその内容を推測する。まず取り上げるべきは，Ibn Ḥassūl 著 *Tafḍīl*[17]である。彼は *Tafḍīl* において，『王冠の書』に対する論駁を展開しており，その議論から『王冠の書』の内容を推測することができる[18]。ただし，*Tafḍīl* における論駁はダイラム，とくにブワイフ一族の系譜をアラブの一部族であるダッバ Ḍabba 族やサーサーン朝の王バフラーム・ジュールへと結びつける系譜操作に関してのものであって[19]，ブワイフ朝ないしダイラム・ジール系諸王朝の歴史に関する記述および論駁は存在しない。従って，*Tafḍīl* の内容から確認できることは，『抜萃版』のBの一部に相当する部分のみである。

次に *Yamīnī* は，ルクン・アッダウラが遺言でファフル・アッダウラに残しおいたものの目録が『王冠の書』に示されていたと述べる。これは，アドゥド・アッダウラがルクン・アッダウラの後継者として指名された365/976年のイスファハーンでの会合の際[20]，アドゥド・アッダウラの弟ファフル・アッダウラに委ねられた支配領域のリストを指していると思われ，ここから365/976年までの歴史が記されていたと推測できる[21]。

Dhayl は，『王冠の書』の末尾と *Tajārib* の末尾の文章が類似していると伝えている[22]。この証言に拠れば，両書は共に369H年条で擱筆していることになり，『王冠の書』が369/979~980年までの歴史を伝えていたことになる。

以上から，『王冠の書』はダイラムの慣習やダイラム・ジール諸侯の血統

16. A: *Tājī*, 2–4. B: *Tājī*, 4–9. C: *Tājī*, 9–39. D: *Tājī*, 40–46.

17. *Tafḍīl* については，原山隆広「初期セルジューク朝による支配の正当性の主張」205–206頁を参照。

18. *Tafḍīl*, 27–36.

19. 原山隆広「初期セルジューク朝による支配の正当性の主張」208–209頁。

20. *Tajārib*, II, 363–364; BN 5866 ff. 51b–52a.　第1章第II節2，3を参照。

21. *Yamīnī*, 50.

22. *Dhayl*, 23.

についての記述に始まり，アドゥド・アッダウラの治世末期の，369/979~980年までの歴史を記した書物であったと想定することができる。また，ブワイフ朝の歴史が中心に扱われていたということも推測できるだろう。そして現在利用しうる『王冠の書』の情報はその『抜萃版』の第1巻のみということになる[23]。

次に，『王冠の書』執筆の経緯について検討しよう。Abū Isḥāq al-Ṣābi' は，イッズ・アッダウラやカリフ=ムティー（r. 334–363/946–974）の書記として作成した書簡において，アドゥド・アッダウラをイッズ・アッダウラの下位に置くなどの内容を記したことが原因で，367/978年にアドゥド・アッダウラによって逮捕された[24]。その後，アドゥド・アッダウラの宰相ムタッハル al-Muṭahhar b. 'Abd Allāh らの執り成しによって罪を赦されたが，彼はダイラム王朝に関する書物 *kitāb fī al-dawla al-Daylamīya* を執筆するよう命じられた[25]。アドゥド・アッダウラは名文家として名高い Abū Isḥāq al-Ṣābi' に自らの王朝の栄光ある歴史書を執筆させ[26]，それをもって罪を償わせようとしたものと思われる。しかし，彼は単に書物の執筆を命じただけでなく，書き上がった文章を読み，自ら加筆修正を行ったという。その状況は以下の通りである。

> Abū Isḥāq al-Ṣābi' は『ダイラム王朝についての王冠』と名付けた書物をものした。彼はその書の一部を書き上げると，それをアドゥド・アッダウラの許へ持参した。するとアドゥド・アッダウラはそれを読み，修正し，加筆し，その一部を削除するのであった。こうして彼の意に適うものが出来上がると，清書され，完成稿として宝物庫に運ばれたのであ

---

23. この他の史料への引用や影響などもあると思われるが，現段階では *Yamīnī*, *Dhayl*, *Tafḍīl* の記述を検討するにとどまっている。

24. *Dhayl*, 21–24; *Irshād*, I, 329–336; BN 5866 ff. 91a–91b. 彼が罪を赦されて釈放されるのは 371H 年 Jumādā I 月 20 日（981 年 11 月 21 日）のことであるが *Irshād*, I, 330, 異説もある。*Irshād*, I, 325 および章末の表1を参照。

25. *Dhayl*, 22–23; *Irshād*, I, 333.

26. *Dhayl*, 23.

る。*Dhayl*, 23.

この引用を見る限り，かなり細部に至るまでアドゥド・アッダウラの手が入っていたことが窺える。*Irshād* も，この引用とほぼ同一の内容を伝えている[27]。*Irshād* の記述から，情報源が Abū Isḥāq al-Ṣābi' の孫 Hilāl al-Ṣābi' であり，祖父から伝聞した内容であることが判明するので[28]，上記引用の内容の信憑性は高い。また，この他に Abū Isḥāq al-Ṣābi' が不承不承『王冠の書』を執筆していたという証言もある。

以下の報告がアドゥド・アッダウラに届いた。すなわち，ある日 Abū Isḥāq al-Ṣābi' の友人の一人が彼の許を訪れ，彼が（『王冠の書』に）注釈を付け，草稿を仕上げ，修正を施し，そして清書するという，目下の作業に追われているのを目の当たりにした。そこでその友人は作業について彼に尋ねた。すると彼は「私は無価値なものに飾り付けをし，虚偽を創作しているのである」と言った。*Yatīma*, II, 291.

Yatīma は，Hilāl al-Ṣābi' の証言を伝える *Dhayl*, *Irshād* の系統とは異なり，Abū Isḥāq al-Ṣābi' が引用にあるような発言をした結果，アドゥド・アッダウラの逆鱗に触れ，処刑寸前まで至るが，宰相ムタッハルらの執り成しによって財産没収の上，アドゥド・アッダウラの治世末まで監禁された，と伝えている[29]。ここから，Abū Isḥāq al-Ṣābi' は逮捕以前に『王冠の書』の執筆を命ぜられており，アドゥド・アッダウラの意向を反映させた内容の書物をものすことに強い不満を抱いていたことが分かる。

Yatīma の伝える Abū Isḥāq al-Ṣābi' 逮捕の正確な時期は不明であるが，アドゥド・アッダウラのバグダードとイラク地方全土の征服後であることや[30]，

---

27. *Irshād*, I, 333.
28. *Irshād*, I, 328–333. *Irshād* のこの部分は Abū Isḥāq al-Ṣābi' の伝記で，その大半は彼の孫 Hilāl al-Ṣābi' の証言によって構成されている。
29. *Yatīma*, II, 291.
30. *Yatīma*, II, 291.「バグダードとイラク全土」という表現が曖昧であるため，

ムタッハルの執り成しがなされていることから考えて，少なくとも 367H 年 Rabīʻ II 月 11 日（977 年 11 月 26 日）から 369H 年 Ṣafar 月 15 日（979 年 9 月 11 日）[31] までの間であることは確かである。いずれにせよ，369H 年以前には，アドゥド・アッダウラが Abū Isḥāq al-Ṣabi' に『王冠の書』の執筆を命じており，また清書も行っていたという記述から，その大半は完成していた可能性が指摘できる[32]。

以上の考察から，『王冠の書』は Abū Isḥāq al-Ṣābi' によって書かれたものではなく，むしろアドゥド・アッダウラ監修，Abū Isḥāq al-Ṣābi' 著の『王冠の書』となるだろう。

前述のように，Madelung などが『王冠の書』の内容の責任をアドゥド・アッダウラに帰している。彼は，アドゥド・アッダウラの意図として，ダイラム諸侯中におけるアドゥド・アッダウラの優位性をその系譜の高貴さによって証明することやダイラムの好戦的で粗野という負のイメージを払拭することにあったとしている[33]。

正確な日付は不明であるが，少なくともイラーク政権を排除し，バグダードに入城した日以降であると考えられる。Ahmet 2907/b v. 11, f. 122b.

31. この日ムタッハルはイラク南部への遠征に向かい，同年 Shaʻbān 月 11 日（980 年 3 月 2 日）陣中にて没するため，これ以前と判断できる。*Tajārib*, II, 409–411.

32. Madelung は Abū Isḥāq al-Ṣābi' 逮捕の時期についての 2 系統の情報の信憑性について考察し，Hilāl al-Ṣābi' の伝える情報の信頼性に若干の疑義を呈している。彼の見解では，孫の Hilāl al-Ṣābi' が祖父の名誉のため，*Yatīma* で伝えられている，祖父の発言について沈黙したのだという。Madelung, "Abū Isḥāq al-Ṣābī on the Alids", pp. 17–19. しかし，この沈黙が信頼性を疑う根拠となるには弱いように思われる。あるいは，367H 年に執筆を命ぜられ，その任務をこなしていたが，つい友人に漏らした不満がもとで，再びアドゥド・アッダウラの怒りを買い，財産没収の憂き目に遭ったと考えれば，2 系統の情報も，実は一つに収斂される，という可能性もある。いずれにせよ，ここでは，369H 年以前から Abū Isḥāq al-Ṣābi' が『王冠の書』の執筆に携わっていたことを確認できれば十分である。

33. Madelung, "Abū Isḥāq al-Ṣābī on the Alids", pp. 17–57.

確かにダイラムの習慣を述べる部分では，彼らの客人に対する厚遇を強調するなど[34]，『抜萃版』の記述からはそのような意図があったことが窺える。しかし Madelung がその根拠として，『抜萃版』の伝える内容ではなく，同書が伝える『王冠の書 *Kitāb al-tājī fī akhbār al-dawla al-Daylamiyya*』のタイトルのみに求めている点は頷首しがたい。Madelung 自身も指摘しているが，『王冠の書』のタイトルは各種史料によって様々に伝えられている[35]。従って，アドゥド・アッダウラが自らのラカブの文言である「王冠 *tāj*」をタイトルに入れたことによって，ブワイフ朝や非ブワイフ朝のアミールたちに対する自らの優位性を示そうとした，あるいは「ダイラム王朝 *al-dawla al-Daylamiyya*」という語句によってダイラムの負のイメージの払拭を試みた，などという見解[36]は根拠薄弱というべきであろう。

また Khan は，アドゥド・アッダウラが，自王朝の過去の栄光と偉大さを保持し，歴史的な名声を獲得しようとして，Abū Isḥāq al-Ṣābi' に『王冠の書』を執筆させた，とするが，その根拠を示さず，内容から受ける印象によって結論を導いているにすぎない[37]。

ではアドゥド・アッダウラはいかなる意図で Abū Isḥāq al-Ṣābi' に『王冠の書』を執筆させたのであろうか。現存する『抜萃版』の記述量は僅かであるが，その内容から，アドゥド・アッダウラの意図を読み取ることが可能と思われる記述が数箇所存在する。そこで次に『抜萃版』の内容から彼の意図を読み取る作業を行うことにする。

---

34. *Tājī*, 2.

35. Madelung, “Abū Isḥāq al-Ṣābī on the Alids”, p. 19, note 15. また章末の表 2 を参照のこと。

36. Madelung, “Abū Isḥāq al-Ṣābī on the Alids”, pp. 19–20. もちろん Madelung は『抜萃版』を詳細に検討した上で『王冠の書』に込められたアドゥド・アッダウラの意図を解釈していると思われるが，具体的な考察の過程を提示しているわけではない。

37. Khan, “A Manuscript of an Epitome of al-Ṣābī's *Kitāb al-Tāğī*”, pp. 38–39.

II.『王冠の書』におけるダイラムおよびジールの系譜とその事績

本節では『抜萃版』のBの内容を検討し，アドゥド・アッダウラが『王冠の書』に込めた政治的な意図が那辺に存在するか，探っていくことにする。

まず『抜萃版』のBの箇所[38]の内容を見よう。該当箇所を見ると，ダイラムの祖先が古来より存在する集団と移住者の2種に分けられ，古来より存在する集団としてアラブ遊牧部族のダッバ族の可能性が指摘されている。そしてイスラームの登場以降ダイラム地方へ逃れてきたペルシアの諸王侯たちがこれに混ざったという[39]。

そして話題はダイラムの部族の分類に移る。山岳ダイラム *jabaliyyūn*[40] には4種の部族が存在したという。その筆頭としてブワイフ家の祖とされる，シールジーラーワンド Shīrzīlāwand[41] 部族が挙げられている。この部族はラヤーヒジュ[42] という地域出身のシールジール Shīrzīl なる人物の血縁で構成され，彼の祖先はバフラーム・ジュールであるとされる[43]。

以上，『抜萃版』に示されているダイラムについての説明を要約したが，その記述からはアドゥド・アッダウラの祖先はシールジールという人物へ，

---

38. *Tājī*, 4–9.

39. *Tājī*, 5–6; 原山隆広「初期セルジューク朝による支配の正当性の主張」208–209頁。

40. ダイラムの説明の冒頭，彼らの居住地として山岳地帯 *jabal* と平野部 *sahl* の2種類が挙げられている。*Tājī*, 4.

41. 『王冠の書』以前に執筆された歴史書 *Sanīy* では，シールズィール・アワンダーン Shīrdhīl Awandān と伝えられている。*Sanīy*, 183.

42. 以下の文章にダイラム，ジールの人名・固有地名が多数出現し，Madelung と Khan で翻刻や比定が異なる場合があるが，Khan の読みに従っている。また，各々の説明も省略している。詳しくは Khan eng., 84–89, 129–150 を参照。

43. *Tājī*, 5–6. なお『抜萃版』には，その系譜がいかなる経路でバフラーム・ジュールに至るのか示されていないが，*Āthār* は『王冠の書』原本からの情報として，その経路を伝えており，『抜萃版』ではその記述が省かれていることが分かる。*Āthār*, 38.

さらにサーサーン朝の王バフラーム・ジュールへと遡ることが主張されていると分かる。

さて『抜萃版』の記述はアドゥド・アッダウラの系譜を述べた後で，ジールの説明に飛ぶ。抜萃版作成者はその事情について「ダイラムの諸部族についての言及に属する箇所が原本から欠落している」ため，とする[44]。抜萃版作成者が参照した『王冠の書』の原本には，残り3種の山岳ダイラムおよび平野ダイラムについての記述が存在しなかったのである。従ってこの『抜萃版』から，ダイラムに関する情報を，これ以上読み取ることはできない[45]。

ただし *Tafḍīl* の記述から，他のダイラム部族についての説明が『王冠の書』に記録されていたことが推測できる。その部族とは，ワフスーダーン一族 Wahsūdāniyya[46] が主導権を握る，山岳ダイラムのウスターニー部族 Ustāniyya と，その主導権がジュスターン一族 Justāniyya[47] の手中にあった，平野ダイラムのラーンジー部族 Lānjiyya の2部族である。しかし *Tafḍīl* からも，これ以上のことは分からない[48]。

さて『抜萃版』の記述はジール諸部族の説明に移る。この部分にアドゥド・アッダウラの意図を読み取る重要な記述が存在する。ジールもダイラム同様，4種の部族が存在するとされる。第1は，ジールの諸王が輩出したシ

---

44. *Tājī*, 6.

45. ただこの欠落部分にダイラム諸部族とその有力一族についての記述が存在したであろうことは大いに考えられる。

46. ワフスーダーンの名前を冠する一族の同定は困難である。Minorsky はこれをカンカル一族 Kankar（kangarid）すなわちムサーフィル朝に比定し，その祖をワフスーダーン・ブン・ムハンマド・ブン・ムサーフィル Wahsūdhān b. Muḥammad b. Musāfir とする。一方，Madelung はジュスターン一族と同一視している。Rabino, “Les dynasties locales du Gīlān et du Daylam”, pp. 310–311; Minorsky, “DAYLAM”, *EI*^{2}, II, pp. 192a; Madelung, “Abū Isḥāq al-Ṣābī on the Alids”, p. 55.

47. Rabino, “Les dynasties locales du Gīlān et du Daylam”, pp. 308–309; Minorsky, “DAYLAM”, *EI*^{2}, II, pp. 189b–194b; Madelung, “Abū Isḥāq al-Ṣābī on the Alids”, pp. 52–57.

48. *Tafḍīl*, 31.

ャーハーンシャー・バーワンド Shāhānshāh Bāwand 部族で，その子孫としてジールの王ハルーシンダーン・ブン・シールザード Harūsindān b. Shīrzād, その他ズィヤール朝の祖ズィヤール・ブン・ワルダーンシャー Ziyār b. Wardānshāh, シーラジュ・ブン・ライリー Shīraj b. Laylī, イスファーヒー・ブン・アーハリーヤール Isfāhī b. Ākharīyār, ラシュカルワーン Lashkarwān の名前が挙がっている[49]。

第2はファーラーワンド Fārāwand 部族で，ハサナカイフ Ḥasanakayh なる人物の出自として挙げられる。第3はキーラーン・アダーワンド Kīlān Adāwand 部族で，ウームカル Ūmkar[50], イスマーイール・ブン・マルドゥージーン Ismā‘īl b. Mardūjīn, シーランジーン・ブン・ジャリース Shīranjīn b. Jalīs[51], マスタル・ブン・フィールマルド Mastar b. Fīlmard[52] などが輩出している。そして第4はハスナーワンド Hasnāwand 部族でティージャースフ・ブン・ハスナワイフ Tījāsuf b. Ḥasnawayh が出ている[53]。

このうち最も重要なのが第1の部族シャーハーンシャー・バーワンドの子孫ハルーシンダーンであり，また彼の息子として挙げられているシャーフジール Shāhjīl とシャフラークワイフ Shahrākwayh である。この息子たちの子孫はブワイフ朝宮廷において活躍することになり，とくに後者の息子ズィヤールはアドゥド・アッダウラおよびサムサーム・アッダウラ Ṣamṣām

---

49. このバーワンド Bāwand 族はバーウ Bāw なる人物を祖とする集団である。そして『抜萃版』は，第1の集団の有力者として名前が挙がっている人々は何らかの形でこのバーウの子孫と主張しているのである。ただし全ての人物につながる系譜情報は他史料からも判明していない。章末の系譜および Rabino, *Mázandarán and Astarábád*, pp. 134–136 を参照のこと。なお，Lutz はバーウがシャーハーンシャーを称していることをもって，ダイラム，ジールにもシャーハーンシャー号を称する伝統があったとするが，根拠薄弱であろう。Lutz, “Amīr-Malik-Shāhānshāh”, p, 90.

50. Justi, *Iranisches Namenbuch*, p. 333b.

51. イマード・アッダウラの元僚友で，338/949~50 年に逮捕される人物である。*Tajārib* II, 122. 第2章第 III 節1を参照のこと。

52. Justi, *Iranisches Namenbuch*, pp. 199b–200a.

53. *Tājī*, 6.

al-Dawlaの将軍で，ムアイイド・アッダウラへの援軍としてジュルジャーンに赴き，バグダード帰投後サムサーム・アッダウラの右腕として影響力を行使し，最終的にシャラフ・アッダウラによって処刑される人物であると思われる[54]。また前者シャーフジールもブワイフ朝宮廷に仕えるシヤーフジーク Siyāhjīkの息子たちの，まさに彼らの父親であるとみなすことができる。それは，「ズィヤール・ブン・シャフラークワイフの親類サラーハンク・ブン・シヤーフジーク・ジーリー Sarāhank b. Siyāhjīk al-Jīlī」という*Dhayl*の記述に基づいている[55]。

次に注目すべきは，この第1の部族に，ブワイフ朝の宿敵ともいえるズィヤール朝の君主たちが属することである。マルダーウィージュ Mardāwījとウシュマキール Wushmakīrの兄弟がズィヤール・ブン・ワルダーンシャーの子供として名前が挙がっている。またムイッズ・アッダウラの義兄となるイスファフドゥースト Iṣfahdūst[56]もラシュカルワーンの息子として名前が挙がっている。このようにジールの第1の部族シャーハーンシャー・バーワンド部族には，敵味方の区別はともかく，ブワイフ一族との関係において非常に重要な人物たちが属していることになる。

その後『抜萃版』ではジール諸部族内の主導権の変遷が述べられ[57]，アドゥド・アッダウラの意図がもっとも反映されていると思われる記述に至る。

---

54. *Dhayl*, 85, 90, 96.『抜萃版』の翻刻者 Khanもこのズィヤールをシャフラークワイフ・ブン・ハルーシンダーンの息子と考えている。Khan eng., 86, 140.

55. *Dhayl*, 196. *Dhayl*の写本 Ahmet 2899に遡ると，このシヤーフジークは［Siyāhjīk］と表記される人物に対して，［ساهجك］と［سياحيل］の二種類の表記がなされていることが確認できる。Ahmet 2899, f. 144a. このことから，この人物がシャーフジール［شاهجيل］である可能性が高い。またシヤーフジークがジールに属する人物であることおよび彼とズィヤール・ブン・シャフラークワイフの親類関係を指摘する*Dhayl*の記述と，両者がハルーシンダーンの家系に連なるという『抜萃版』の記述が矛盾していないことも，この推測を補強する。*Tājī*, 6; Justi, *Iranisches Namenbuch*, p. 276b.

56. 第2章第I節5を参照のこと。

57. *Tājī*, 7–8.

シャーフジールはルクン・アッダウラに招かれ，彼の許に赴いた。そしてライのルクン・アッダウラの御前に留まり，その手厚いもてなしと厚遇を受けたのである。そして，我らが主人たるマリク・シャーハーンシャー・アドゥド・アッダウラ・ワ・タージュ・アルミッラ――神が彼の寿命を永からしめんことを！――とシャーフジールとの間の，彼の一族の高貴なるご息女を介した結び付きによって，より大いなる美とより栄光に満ちた高貴さがシャーフジールに備わることになったのである。ところで，そのご息女は我らが主人でアミールたるアブー・カーリージャール・マルズバーン（サムサーム・アッダウラ）の母となる方であった。またサムサーム・アッダウラには，彼の父祖たちの側からの第一の高貴さに，彼の母方の叔父たちの第二の高貴さが加わることになったのである。さてこの事は，以下の出来事の後に起こった。すなわち，ウシュマキール・ブン・ズィヤールはシャーフジールに対し，自らの許に来ることを求め，彼にその条件として素晴らしき財物を提供した。ウシュマキールは，彼のルクン・アッダウラへの傾倒を止めさせ，彼が自らの庇護下に入ることに応じ，その事によって（自らが）ジールの間での良き評判と名声を獲得し，それを自身および息子たちにとっての，ジールの王国を獲得する手懸かりとしようとしたのであった。しかし，シャーフジールはその申し出を拒み，そして神はシャーフジールに，彼がそれを選び取り，その紐を麗しき楽園に結び付けるよう，正しき導きをお与えになったのである。そしてシャーフジールは死ぬまでライに留まったのである。*Tājī*, 8–9.

ジール諸部族中最も重要な王家として挙げられた，ハルーシンダーン家に属すシャーフジールの娘とアドゥド・アッダウラの婚姻が記されている。この婚姻の記事は，単にブワイフ家とハルーシンダーン家の結び付きを示すのではなく，ダイラムの筆頭部族であるシールジーラーワンドとジールの筆頭部族であるシャーハーンシャー・バーワンドの結び付きを意味するものと考えられる。また，同じシャーハーンシャー・バーワンド部族に属すウシュマキールがシャーフジール懐柔と自政権への取り込みに失敗したことも記されている。つまりこの記述からは，アドゥド・アッダウラが，ジールに属するズィヤール家ではなくダイラムに属するブワイフ家こそがジールの有力家系の支持を得たことを強調している，ということが分かるのである。

以上，『抜萃版』の内容について検討してきたが，次節では『王冠の書』執筆前後のアドゥド・アッダウラを取り巻く政治状況について検討し，その結果を踏まえて，『王冠の書』に込められたアドゥド・アッダウラの意図を明らかにしよう。

III.『王冠の書』を取り巻く政治状況

本節では，アドゥド・アッダウラが Abū Isḥāq al-Ṣābi' に『王冠の書』の執筆を命じる前後の政治状況について確認し，『王冠の書』執筆命令の背景を探ることにする。本章第 I 節で考察したように，『王冠の書』の執筆の時期は，Hilāl al-Ṣābi' に拠ると 367H 年 Dhū al-Qa'da 月 26 日の Abū Isḥāq al-Ṣābi' 逮捕後で，*Yatīma* に拠ると，Abū Isḥāq al-Ṣābi' の逮捕と財産没収が行われたのが，369H 年 Ṣafar 月 15 日以前であるので，遅く見積もっても 368H 年末以前と考えられる。

ではこの 367H–369H 年前後にアドゥド・アッダウラが直面していた政治状況とはいかなるものであったのか。まず章末の表 1 を参照されたい。これは 365H 年以降 376H 年までのアドゥド・アッダウラと Abū Isḥāq al-Ṣābi' を巡る主な政治状況を年表形式で示したものである。各項目は左から，出来事の日付，アドゥド・アッダウラ関連の出来事の概要，そして Abū Isḥāq al-Ṣābi' 関連の出来事の概要となっている。

このうち，アドゥド・アッダウラの直面した政治状況を大別すると，次の 3 点にまとめられる。第一の状況は，従弟であり，ブワイフ朝イラーク政権の君主であったイッズ・アッダウラの討伐とハムダーン朝治下のジャズィーラ地方の征服である。この一連のイラク・ジャズィーラ地方への遠征が 368H 年末まで継続する。またこの間，Abū Isḥāq al-Ṣābi' が作成した書簡がモースルにおいて発見され，これが原因で彼は逮捕されることになるのである[58]。

第二は，ファフル・アッダウラの排除と，ジバール地方の平定である。この一連の遠征は，ファフル・アッダウラがイッズ・アッダウラ側に加担し，反抗の姿勢を示していたことに加え[59]，彼の有する血縁関係が，アドゥド・アッダウラの支配の正当性にとって脅威であり，これを排除するために行われたものである[60]。

第三は，ファフル・アッダウラの亡命先で，カスピ海南岸地方に勢力を張っていたズィヤール朝の排除と，これを支援したサーマーン朝との戦いである[61]。

注目すべきは，第二，第三の状況である。第3章で論じたように，ブワイフ朝初期の政治外交の中心課題は，東方の大国サーマーン朝の排除にあったが[62]，この第二，第三の状況はまさにその最終局面に相当するものである。

ブワイフ朝は成立以来の仇敵であるズィヤール朝およびサーマーン朝を，数度の戦いを経て，東方へ排除することに努め，同時にカスピ海南岸地域のダイラム・ジール系君侯の支持獲得に腐心してきた[63]。そして，アドゥド・アッダウラは371H年Muḥarram月（981年7~8月），ファフル・アッダウラを匿ったことを口実にズィヤール朝遠征を企画，弟ムアイイド・アッダウラおよび，麾下のジール武将ズィヤール・イブン・シャフラークワイフ Ziyār b. Shahrākwayh を将とする軍を東方へ派遣する[64]。

---

58. *Irshād*, I, 332.
59. *Tajārib*, II, 364. 第1章第II節3を参照のこと。
60. ファフル・アッダウラの母親はダイラムの有力君侯ハサン・ブン・ファイルーザーン al-Ḥasan b. al-Fayrūzān の娘，彼の妻はズィヤール朝君主カーブース Qābūs の娘であり，ダイラム・ジール系諸侯や軍団の支持獲得に有利な位置にあった。Madelung, “The assumption of the title Shāhānshāh”, p. 106. また，第8章第II節1を参照のこと。
61. この一連の出来事については，第8章第II節1，2を参照。
62. 第3章の議論を参照のこと。
63. 第3章第III節2を参照のこと。
64. *Dhayl*, 15; BN 5866 ff. 90b–91a.

先に検討したように，『王冠の書』執筆命令はまさにこの対ズィヤール朝戦役に先だって出されている。ズィヤール朝君主カーブースはジールの有力君侯の血統に連なる[65]。また，前述のようにファフル・アッダウラもダイラム有力君侯の血統に連なり，カーブースとも姻戚関係にあった。この両者と戦うことになるアドゥド・アッダウラが，その直前に執筆を命じたのが『王冠の書』であった。ジールおよびダイラムの血統を引く者同士の戦いが始まろうとしていたのである。そして，ダイラム・ジール君侯や軍団は独立不羈の精神を有し，容易に忠誠を翻す存在であった[66]。アドゥド・アッダウラとしては，麾下の，あるいはカスピ海南岸地域に割拠するダイラム・ジール君侯や軍団の支持を獲得し，その忠誠を繋ぎ止めておく必要があったことであろう。従って，アドゥド・アッダウラとしては，対ズィヤール朝戦役を前に，ダイラム・ジールの系譜における自己の血統が，カーブースやファフル・アッダウラのそれよりも正統性の面で勝っており，それ故自らの権力と行動に正当性があることを示す必要があったのである。

以上の検討を踏まえ，『王冠の書』に込められたアドゥド・アッダウラの意図を探ってみよう。まず，その執筆の目的としては，自政権内部やカスピ海南岸地域に多数存在するジール系諸侯や軍隊からの支持を取り付けることが挙げられよう。『抜萃版』にはダイラムとジールは兄弟部族である旨の記述があり[67]，これらの記述によってジールとダイラムが親密な関係にあることを示し，両者の融和を図ろうとする意図が窺える。また彼の麾下にはズィヤール・ブン・シャフラークワイフ以下，多くのジール武将や軍団が存在しており，彼らが同族の誼で，ズィヤール朝側に寝返る可能性は十分あった。そこで，ジールの有力家系との結び付きを強調し，ジールの支持獲得に努めたのである。

また，アドゥド・アッダウラはダイラムの有力一族であるジュスターン一族から娘を娶っている[68]。このジュスターン一族は長くダイラムの支配者が

---

65. Bosworth, “ḲĀBŪS,” *EI*^{2}, IV, pp. 357b–358b.

66. 第 2 章の議論を参照のこと。

67. *Tājī*, 4.

68. ダイラムの有力者マーナーズィル・ブン・ジュスターン Mānādhir b. Justān

輩出した有力一族であり，彼にとってこの一族との結び付きは，自らのダイラムに対する支配の正当性を主張する手段となったと思われる。とくにアドゥド・アッダウラは，討伐対象であるファフル・アッダウラに比べて，母親の血統が低いこともあり[69]，婚姻によってダイラムの有力家系と結びつくことで，自らの正統性を強化しようとしたのである。

さらに，前述の通り，『王冠の書』の執筆時期である367H–371H年は，アドゥド・アッダウラが，ファフル・アッダウラとその岳父であるズィヤール朝君主カーブースの討伐に着手し始める時期に重なっていた。この状況を考慮に入れると，シャーフジールとの結び付きを強調する記述は，ズィヤール朝すなわちカーブースのジールに対する支配の正当性を否定し，同時にアドゥド・アッダウラ自身の，ジールに対する支配の正当性を主張するものと考えることができよう。とくに，自らが派遣した武将ズィヤール・ブン・シャフラークワイフがこのハルーシンダーンの家系に連なる者であることは見逃せない[70]。シャーフジールとの結び付きの記述は，同族であるカーブースを討伐することになった，ズィヤール・ブン・シャフラークワイフの軍事行動にも正当性を与えることになっただろう。

このように，ダイラムおよびジールの有力一族との婚姻関係を有していたアドゥド・アッダウラは，『王冠の書』によって，その姻族の血統が古くから続く高貴な家系であることを示し，それによって自らの正統性・正当性も主張しようとしたのである。

以上から，『王冠の書』の記述は，アドゥド・アッダウラが当時直面していた，ファフル・アッダウラおよびカーブース追討という政治状況と，自らの王権はダイラムとジールの王権を合わせた最も偉大なものであるという，

の娘を娶り，2子を得ている。*Dhayl*, 79, 121; Madelung, “Abū Isḥāq al-Ṣābī on the Alids”, pp. 54–56; Bosworth, *The New Islamic Dynasties*, p. 145. ただし，このマーナーズィルをムサーフィル朝の一員とする見解もある。Vasmer, “Zur Chronologie der Ǧastāniden und Sallāriden”, p. 178; Rabino, “Les dynasties locales du Gīlān et du Daylam”, pp. 310–311.

69. Madelung, “The assumption of the title Shāhānshāh”, pp. 106–107.

70. 前掲註54を参照。

彼の考えを強く反映したものだったということができるだろう。

この結論は，従来の研究がジールの系譜に対する考察を疎かにし，ブワイフ家の系譜のみに注目していたのに対し，そのジールの系譜とアドゥド・アッダウラの関わりを考察することで得られたものである。もちろん，Madelung などは，ジールの系譜とアドゥド・アッダウラの関わりについて，またシャーフジールの，ルクン・アッダウラの許への到来の記事にも注目してはいる[71]。しかし，これらの記述が『王冠の書』に示されている理由にまで踏み込んだ考察をしておらず，『王冠の書』執筆当時の，アドゥド・アッダウラの直面していたズィヤール朝との戦争がその内容に大きく影響を与えていたことについては見落としていたため，「親ペルシア的傾向」を強調する結論に傾いたものと思われる。

以上，『王冠の書』に示されたアドゥド・アッダウラの意図について検討を行った。現存する『王冠の書』が『抜萃版』であり，その第1巻しか存在しないこと，加えて『抜萃版』の記述全てを考察対象としていないことなどから，その検討結果も限定的なものに留まる。しかし本章での考察から以下のことがいえるだろう。

まず『王冠の書』は，明らかに Abū Isḥāq al-Ṣābi’ 1人に帰すべき書物ではなく，アドゥド・アッダウラとの共著ないしアドゥド・アッダウラの監修による書物であるということである。しかも，その執筆に当たっては，アドゥド・アッダウラが積極的に行わせており，Abū Isḥāq al-Ṣābi’ は不本意ながら執筆したといってよいだろう。

次に，その内容にはアドゥド・アッダウラの血統についての考えや，彼が当時直面していた政治状況が反映されているということである。本章での考察から，アドゥド・アッダウラは『王冠の書』によって，自らの系譜がサーサーン朝の王であるバフラーム・ジュールにまで遡ることを強調しようとしたという従来の説に加え，自らの姻族であるハルーシンダーンの家系の，ジ

---

71. Madelung, “Abū Isḥāq al-Ṣābī on the Alids”, p. 26; Madelung, “The assumption of the title Shāhānshāh”, p. 107.

ール諸部族中の位置付けを高め，ダイラムおよびジールそれぞれの筆頭家系の結節点としての，アドゥド・アッダウラ自身の位置を確認し，強調することを意図していたことが明らかとなった。

そしてその背景には，アドゥド・アッダウラが当時準備していた，対ファフル・アッダウラおよびズィヤール朝戦争があり，これに勝利するために，麾下および周辺のダイラム・ジール軍団や君侯から忠誠と支持を獲得する必要性が存在したのである。

アドゥド・アッダウラはダイラムやジールの軍事集団あるいは有力君侯の支持獲得に腐心していたのである。彼にとってダイラム，ジールは自らの出身母体であるとともに，政権の基盤としての存在であり，自らの支配の正当性を支える根幹の集団であったのである。アドゥド・アッダウラには，確固たる「ダイラム重視」そして「ジール重視」の政治理念，王統観があり，『王冠の書』はまさにその表明の場であったのである。

表3　アドゥド・アッダウラおよびアブー・イスハーク・サービー関連年表

年月日	アドゥド・アッダウラ関連	アブー・イスハーク関連
365H 年 **Rajab** 月 (**976** 年 **3~4** 月)	イスファハーンにて，ジバール政権の後継者がアドゥド・アッダウラに，そしてムアイイド・アッダウラとファフル・アッダウラはその代官となることが決定 (*Tajārib*, II, 361–364; BN 5866 ff. 51b–52a.)	
同年	イッズ・アッダウラ，反アドゥド・アッダウラ同盟を形成，ファフル・アッダウラの懐柔を図る→イッズ・アッダウラ，ルクン・アッダウラの後継者を自称 (*Tajārib*, II, 364–365) (*Takmila*, 229 では 366H 年に後継者自称とある)	
366H 年 **Jumādā I** 月頃 (977 年 1 月頃)		アブー・イスハーク，後にアドゥド・アッダウラの不興を蒙ることになる，ターイーの書簡を作成 (BN 5866 ff. 55b–56a)
367H 年 **Rabīʻ II** 月 **1** 日 (**977** 年 **11** 月 **16** 日)	イッズ・アッダウラ，バグダードより逃亡 (Ahmet 2907/b v. 11 f. 122b) (367H 年 Rabīʻ II 月 28 日説 *Takmila*, 236)	
367H 年 **Rabīʻ II** 月 **11** 日 (977 年 11 月 26 日)	アドゥド・アッダウラ，バグダード入城 (Ahmet 2907/b v. 11 f. 122b)	
367H 年 **Jumādā I** 月 **9** 日 (977 年 12 月 23 日)	アドゥド・アッダウラ，カリフ＝ターイーより大アミールに任命 (*Muntaẓam*, VII, 87; Ahmet 2907/b v. 11, f. 123b)	
367H 年 **Shawwāl** 月 **2** 日 (978 年 5 月 13 日)	アドゥド・アッダウラ，イッズ・アッダウラおよびアブー・タグリブ追討のため出撃 (Ahmet 2907/b v. 11, f. 125b)	
367H 年 **Shawwāl** 月 **18** 日 (978 年 5 月 29 日)	アドゥド・アッダウラ VS イッズ・アッダウラ→イッズ・アッダウラ敗走→そのまま，対イッズ・アッダウラ，アブー・タグリブ戦役へ向かう (*Tajārib*, II, 381-, 383–384)	
367H 年 **Dhū al-Qaʻda** 月 **26** 日 (978 年 7 月 5 日)		アドゥド・アッダウラ，アブー・イスハークを逮捕（釈放時の記述より）→その後『王冠の書』執筆命令が出される (*Dhayl*, 21–24; *Irshād*, I, 329–336; BN 5866 ff. 91a–

		91b）
368H 年 Dhū al-Qaʻda 月 30 日 （979 年 6 月 29 日）	アドゥド・アッダウラ，バグダードへ帰還 （*Tajārib*, II, 395）	
～369H 年 Ṣafar 月以前 （979 年 8 月 28 日）以前		アブー・イスハークの逮捕と財産没収（記事から，これ以前に『王冠の書』執筆に従事していたことが判明） （*Yatīma*, II, 290–291）
369H 年 Ṣafar 月 15 日 （979 年 9 月 11 日）	ムタッハル，バティーハ遠征へ出兵 →同年 Shaʻbān 月 11 日，陣中にて没 （*Dhayl*, 21–24; *Irshād*, I, 329–336; BN 5866 ff. 91a–91b）	その際，アブー・イスハークの釈放を求めるも，アドゥド・アッダウラ拒否→アブー・イスハークに『王冠の書』執筆を命じる
369H 年 Dhū al-ḥijja 月 3 日 （980 年 6 月 20 日）	アドゥド・アッダウラ，ジバール地方へ出兵 （*Dhayl*, 9）	
370H 年 Ṣafar 月 （980 年 8~9 月）	アドゥド・アッダウラ，ハマダーンへ入城 （*Dhayl*, 10）	
370H 年 Rabīʻ II 月 （980 年 10~11 月）	アドゥド・アッダウラ，バグダードへ帰還 （*Dhayl*, 10–11） BN 5866 f. 88b では 371H 年 Jumādā II 月 11 日	
371H 年 Muḥarram 月 （981 年 7~8 月）	ムアイイド・アッダウラにジュルジャーンとタバリスターンを授与 →アブー・ハルブ・ズィヤール・ブン・シャフラークワイフをムアイイド・アッダウラへの援軍として派遣 （*Dhayl*, 15; BN 5866 ff. 90b–91a）	
371H 年 Jumādā I 月 20 日 （981 年 11 月 21 日）		アブー・イスハーク釈放 （*Dhayl*, 21–24; *Irshād*, I, 329–336; BN 5866 ff. 91a–91b）
372H 年 Shawwāl 月 8 日 （983 年 3 月 26 日）	アドゥド・アッダウラ死去（*Dhayl*, 39; BN 5866 ff. 96a, 97a, 101b）	
–376H 年 （–986~7 年）		アブー・イスハーク，サムサーム・アッダウラの治世（r. 372H–376H）まで釈放されず （*Irshād*, I, 325）

＊網掛部分は，アブー・イスハーク逮捕・財産没収と釈放時期に関する異説を示している。

表 4 『王冠の書』のタイトル各種とその出典

Tājī, 1.	***al-Tājī fī Akhbār al-Dawla al-Daylamīya***
Irshād, I, 325.	***Kitāb al-Tājī fī Akhbār Banī Buwayh***
Irshād, I, 333.	***al-Kitāb fī al-Dawla al-Daylamīya***
Irshād, I, 358.	***Kitāb al-Tājī fī Akhbār Ahl Buwayh***
Yatīma, II, 291.	***Kitāb fī Akhbār al-Dawla al-Daylamīya***
Ṭabaristān, I, 139, 300.	***Kitāb al-Tājī fī Āthār al-Dawla al-Daylamīya***
Āthār, 38.	***al-Tāj***
Dhayl, 23.	***al-Tājī fī al-Dawla al-Daylamīya***
Yamīnī, 16.	***al-Tājī fī Akhbār al-Daylam***
Kitāb al-fihrist/Ibn al-Nadīm, Bayrūt（1988）, 149.	***kitāb dawlat banī Buwayh wa akhbār al-Daylam wa-btidā' amr-hum wa yu'raf bi-al-Tājī***
I'lān, 96.（執筆情報）	***akhbār al-Buwayhīya li-Ibrāhīm b. Hilāl al-Ṣābi' al-Kāfir 'amila-hu li-'Aḍud al-Dawla***
Wafayāt, I, 52.（執筆情報）	***yaṣna'u la-hu kitāban fī akhbār al-dawla al-Daylamīya fa-'amila al-kitāb al-Tājī fa-qīla li-'Aḍud al-Dawla***

第２部　アドゥド・アッダウラ死後のブワイフ朝諸政権
――バハー・アッダウラのファールス征服まで

第5章　アドゥド・アッダウラの後継位を巡る争い

はじめに

367/978年，従兄弟のイッズ・アッダウラを排除し，また371/981~2年には自らの権威に服さない弟ファフル・アッダウラを追討してブワイフ朝を統一したアドゥド・アッダウラであったが，統一したブワイフ朝政権の基盤を固め，さらなる権力獲得を目指している最中の372/983年に死去した。享年47歳であった[1]。彼の死により，統一されたかに見えたブワイフ朝は再び分裂し，一族政権乱立の状態となる。そのうちジバール地方に樹立された「後ジバール政権」については第8章において検討する。一方，アドゥド・アッダウラの直轄地であったイラク地方およびファールス地方は彼の息子たちによって分割され，骨肉の争いが展開されることとなる。この争いの主役となるのがバグダードでアドゥド・アッダウラの地位を継承したサムサーム・アッダウラ Ṣamṣām al-Dawla とアドゥド・アッダウラの死の直前にキルマーン地方に派遣されたサムサーム・アッダウラの兄シャラフ・アッダウラ Sharaf al-Dawla である。

最終的にシャラフ・アッダウラがサムサーム・アッダウラを屈服させ，ひとまずアドゥド・アッダウラの後継争いに決着がつく。しかし史料を繙くと，それに至る過程において，後継争いの当事者たちの意向のみならず，アドゥ

1. BN5866, f. 101b. 47歳11ヶ月と3日とし，48歳6ヶ月15日とする説を併記している。なおアドゥド・アッダウラの行動や政策については第1章第II, III節を参照のこと。

ド・アッダウラの政権内部に存在した，利害を異にする様々な個人や集団の活動や意向が前述の後継争いに深く関わっていたことが明らかとなる。第1章，第2章での議論を踏まえると[2]，アドゥド・アッダウラの後継位争いとはすなわち，彼の有したリアーサ *riʼāsa* の継承を巡る争いを意味することになるだろうが，この事例においては，リアーサの語が用いられず，一族内での主導権といった概念もあまり現れることはない。

その理由としては史料の問題が挙げられよう。本書第1部ではブワイフ家内部の視点で出来事を捉え，それを記述したMiskawayhの歴史書 *Tajārib* を主要史料として用いたため，ブワイフ家内部の動向やそこに所属する成員の認識などを詳細に把握することができた。そのためリアーサのような一族内の論理の存在をある程度詳細に捉えることが可能であった。しかし *Tajārib* の記述がアドゥド・アッダウラの末年で終わるため[3]，ブワイフ家の君主たちや家臣団，軍団といったブワイフ朝内部の動向や認識を，外部から捉えた史料に頼らざるを得なくなる。その結果，一族内の論理が見えにくくなるという側面は否定できない。これ以後の章では史料のこうした性質を意識しつつ論を進めていく必要がある。

外側の視点からアドゥド・アッダウラ死後の後継争いを捉える史料には，後継候補者たちを支える家臣団がその争いを主導していたことが示される。家臣団の動きが活発になる状況は第8章で扱う後ジバール政権にもあてはまるが，こうした傾向は，先に挙げた史料上の制約があるにしても，アドゥド・アッダウラ死後のブワイフ朝の政権構造に変化が生じ始めていたためとも考えられる。すなわちブワイフ朝第一，第二世代の君主たちは自らの意向に沿って政権を運営することが可能であったが，アドゥド・アッダウラ死後の君主たちの政権には，政権の中枢に存在する家臣団の利害と意向が大きく反映されるようになり，君主といえども彼らの意向を無視できなくなっていったと考えられるのである。そしてこの後継争いはそのような状況を示す好

2. 第1章第II節および第2章第III節1を参照のこと。
3. *Tajārib* の記述は369H年で終わり，アドゥド・アッダウラの最晩年から死去の様子さえも伝えていない。

例といえる。従ってこの後継争いを検討することはアドゥド・アッダウラ死後のブワイフ朝の構造の解明に寄与することになるだろう[4]。

I. シャラフ・アッダウラの追放とサムサーム・アッダウラの即位

本節では，アドゥド・アッダウラの死の前後に起こった，彼の息子たちに関する出来事を取り上げ，それらの出来事の背景と結末について検討する。具体的には，(1) シャラフ・アッダウラのキルマーンへの追放，(2) サムサーム・アッダウラの即位，そして (3) シャラフ・アッダウラのファールス征服である。

I-1. シャラフ・アッダウラのキルマーン追放

372/983年アドゥド・アッダウラの死去に伴い，彼の次男サムサーム・アッダウラが後を継いでバグダードで即位する。一方，長男のシャラフ・アッダウラは，病床にあったアドゥド・アッダウラの許を離れ，遠くキルマーンへと派遣されていた。明日をも知れぬ身のアドゥド・アッダウラの許を離れ

---

4. アドゥド・アッダウラ死後の後継位を巡るシャラフ・アッダウラとサムサーム・アッダウラの争いの概要については，Kabir, *The Buwayhid Dynasty of Baghdad*, pp. 69–76; Busse, *Chalif und Grosskönig*, pp. 63–67; Donohue, *The Buwayhid Dynasty in Iraq*, pp. 86–96, 164–171; Abbott, "Two Būyid Coins", pp. 359–364を参照のこと。Busseはサムサーム・アッダウラを*neue Großemir*（新上位アミール）としつつ，一族の年長者となったファフル・アッダウラが*Großemirat*（上位アミールの地位）を主張したというBusse, *Chalif und Grosskönig*, pp. 63–64。この*Großemir*に相当する史料上の語句は存在しないため，その意図するところは明らかではないが，両者がブワイフ一族の主導権の保持を主張したということを意味しているものと思われる。しか両者間に争いはなく，どちらかといえば友好関係が築かれていたので*Dhayl*, 97–98，両者がそれぞれ一族の主導権（リアーサ）を主張したとは考えられない。おそらくBusseはサムサーム・アッダウラについて，大アミール*Oberemir*となったというべきところを誤って*Großemir*としたのではないだろうか。序論第III節，第1章第II節1を参照のこと。

ることは，後継候補者からの脱落を意味したと思われる。では父の死の直前に長男が遠方に派遣されるという事態はいかにして起こったのだろうか。それを知る手懸かりはシャラフ・アッダウラのバグダード入城後の行動にある。

376/987年，サムサーム・アッダウラの降伏によりアドゥド・アッダウラ死後の後継争いに勝利したシャラフ・アッダウラは，バグダードに入城し，イラク，ファールス，キルマーン等の地域を自らの支配下に収める[5]。そのシャラフ・アッダウラはバグダード入城後にシュクル Abū al-Thanā' Shukr al-Khādim という人物の行方を追う。彼はエチオピア系の宦官でアドゥド・アッダウラの傍近くに仕えた人物であった。シャラフ・アッダウラがシュクルを追い求めた理由は，彼こそが，自らのキルマーン追放の原因となったと考えていたためである。

ではシュクルは一体何を行ったのか。以下はシャラフ・アッダウラのキルマーン追放に関して，その詳細を伝える *Anṭākī* の記述である。

> アドゥド・アッダウラは，シュクルという名の黒人宦官のグラームを所有していた。彼はアドゥド・アッダウラの生活全般の世話係であった。さて，アドゥド・アッダウラが長く病に伏せっている間，彼の息子たちは誰一人として父に面会することができなかった。そして，シャラフ・アッダウラは，父はすでに死去しており，シュクルがその死を秘匿しているという疑念を抱いた。そこで，彼は押し通り，アドゥド・アッダウラが臥せっている部屋へと入った。アドゥド・アッダウラは存命であった。そして，シャラフ・アッダウラは（部屋を）出て行ったが，再び父と会うことはなかった。一方，アドゥド・アッダウラはシャラフ・アッダウラに嫌悪感を抱き，彼をキルマーンへと追放した。*Anṭākī*, 197–198.

この *Anṭākī* の記述は非常に具体的であるが，他の史料から裏付けることができないため，若干差し引いて考える必要があるだろう。ただ諸史料ともシ

5. *Dhayl*, 133–134.

ュクルの存在がシャラフ・アッダウラのキルマーン追放の原因となったことについては一致している。たとえば *Dhayl* は以下のように伝えている[6]。

> かつてシュクルはシャラフ・アッダウラを苛立たせるようなことを行い，アドゥド・アッダウラの生前において，彼をバグダードからキルマーンへと遠ざけ，サムサーム・アッダウラのために立ち働いた。そのため，シャラフ・アッダウラはシュクルを憎んでいたのである。*Dhayl*, 145.

この他，*Kāmil* もシュクルがシャラフ・アッダウラのキルマーン追放の原因となったことを伝えている[7]。従って，*Anṭākī* が伝えるような劇的な出来事があったかどうかはともかく，シャラフ・アッダウラのキルマーン追放にシュクルの何らかの関与があったことは間違いないだろう。

また *Anṭākī* はアドゥド・アッダウラがその死を悟って，シャラフ・アッダウラをシーラーズからバグダードへ召喚したとも伝えており[8]，アドゥド・アッダウラがシャラフ・アッダウラを後継者にしようと考えていた可能性を指摘することができる。先に示した *Dhayl* の記述には，「シュクルがサムサーム・アッダウラのために働いた」とあった。これはシャラフ・アッダウラに決まっていた後継者の地位をサムサーム・アッダウラへと変更することに貢献した，と読むこともできる。もしそうであるならば，シュクルはアドゥド・アッダウラの後継者選定の意思を覆したことになる。そして，少なくともシャラフ・アッダウラはそう考えたからこそ，シュクルに追手をかけたのである。

シュクルはサムサーム・アッダウラ擁立の首謀者だったのであろうか。先

---

6. Donohue は *Dhayl* のこの箇所を参照していながら，シュクル逮捕とその原因については一切触れていない。Donohue, *The Buwayhid Dynasty in Iraq*, p. 94.

7. *Kāmil*, IX, 57.

8. *Anṭākī*, 197. このくだりも他史料には見出せないが，バグダードからキルマーンへと追放された旨，*Dhayl*, *Kāmil* ともに伝えており，アドゥド・アッダウラの死の直前にシャラフ・アッダウラがバグダードにいたことは確かであろう。*Dhayl*, 145; *Kāmil*, IX, 57.

の *Dhayl* の記述をみると，彼がサムサーム・アッダウラ寄りの人物であった可能性は高い。しかし，サムサーム・アッダウラの即位後，彼の存在はそれほど重くみられていなかったようである[9]。従って，シュクルを，シャラフ・アッダウラの追放に関して重要な役割を果たした人物と考えることは可能であろうが，サムサーム・アッダウラ擁立の首謀者とは判断しがたい。では，いかなる人物ないし集団の関与によって，またいかなる政治的力関係によって，シャラフ・アッダウラではなくサムサーム・アッダウラがアドゥド・アッダウラの後継者として選ばれたのだろうか。以下ではその件について検討を加えていくことにしよう。まず，サムサーム・アッダウラの即位の状況を見ることとする。

I-2. サムサーム・アッダウラ即位の状況

前述のように，シャラフ・アッダウラのキルマーン追放の間に，アドゥド・アッダウラが死去し，次男サムサーム・アッダウラが即位する。以下は *Dhayl* が伝える，即位の状況である。

> アドゥド・アッダウラが死去した時，その情報は秘匿され，その後アミールであるサムサーム・アッダウラが，あたかもアドゥド・アッダウラから召喚された者の如く，王宮へと参内させられた。サムサーム・アッダウラが参内すると，王位継承権 *wilāyat al-ʻahd* と王権における代理の権限 *niyāba fī al-mulk*, そしてタージュ・アッダウラ Tāj al-Dawla をファールスの諸行政区に対する代理人に任命することについての命令が彼に対して発せられた。そして慣例に従って，アドゥド・アッダウラの名で，以上のことに関する書簡が全国に向けて送付された。またその書簡にはアブー・アッライヤーン・ハムド・ブン・ムハンマド[10]の逮捕お

9. 373H 年条においてアトラーク軍団を率いてモースルへ遠征したことが伝えられているが，それ以外に彼の具体的な活動は伝えられていない。*Dhayl*, 86.

10. Abū al-Rayyān Ḥamd（Ḥāmid）b. Muḥammad（d. 375/985~6）. アドゥド・アッダウラのイラクにおける宰相で，ムタッハル al-Muṭahhar の死後，その任に就く。サムサーム・アッダウラ擁立を巡る動きの中で逮捕され，その後釈放

よび彼の諸々の行為に対する非難，そしてアブー・アッライヤーンの行っていた諸々の業務についてその代わりを務めさせるため，アブー・マンスール・ナスル・ブン・ハールーン[11]を御前へと召喚することについての指示が含まれていた。*Dhayl*, 77–78.

この引用をみると，アドゥド・アッダウラが明確にサムサーム・アッダウラを後継者として指名していたことはぼやかされている。「アドゥド・アッダウラの死の情報を隠す」，「サムサーム・アッダウラを召喚する」，「命令を発する」，そして「書簡を書く」などの意味を示す動詞がすべて受動態で書かれており，行為の主体が誰であるか不明なのである。

一方，『時代の鏡要約』では，具体的な名前は記されていないものの，アドゥド・アッダウラの側近たち *khawāṣṣ* がサムサーム・アッダウラによる継承を導いたことを伝えている。

(372H年) Shawwāl月 (983年4月) において，アドゥド・アッダウラが亡くなった。しかしその情報は隠された。彼の側近たちがその情報を秘匿し，その事に細心の注意を払った。そして彼らはアドゥド・アッダウラの息子サムサーム・アッダウラを王宮に呼び出し，アドゥド・アッダウラからの任命と後継指名に関する書付を取り出した。その書付には以下のようにあった。「我らはサムサーム・アッダウラに，諸国と諸地域に対する我らが契約の所有権 *wilāyat ʻahd-nā* と我らの後継権 *khilāfat-nā* を授けた。神は我らのため，そして彼のために良き選択をなさった」，と。BN 5866, ff. 96a–96b.

また *Kāmil* はアドゥド・アッダウラ政権の武将 *quwwād* やアミールたち *umarā'*

されるも，再び逮捕，殺害される。*Tajārib*, II, 410; *Dhayl*, 39, 78, 107, 118, 134; *Irshād*, I, 335.

11. Abū Manṣūr Naṣr b. Hārūn (d. 373/983-4). アドゥド・アッダウラのシーラーズにおける宰相で，キリスト教徒。その後シャラフ・アッダウラによって処刑される。*Tajārib*, II, 346–347, 408, 412; *Dhayl*, 72, 80, 82.

が，*Muntaẓam* はアドゥド・アッダウラの部下たち *aṣḥāb* が，それぞれがサムサーム・アッダウラの即位を支持したことを伝えている[12]。以上の事から，サムサーム・アッダウラの即位は彼自身やアドゥド・アッダウラの意志というよりもアドゥド・アッダウラ政権の高官たちによって実現したと考えるのが妥当であろう[13]。

では一体いかなる人物，あるいは集団がサムサーム・アッダウラの継承を進めたのであろうか。残念ながら諸史料には明記されていないため，彼の政権における受益者を特定するなどして推測する必要がある。この問題については次節で検討することにして，以下ではシャラフ・アッダウラのファールス征服とその後の状況について見ていこう。

I–3．シャラフ・アッダウラのファールス征服

シャラフ・アッダウラは追放先のキルマーンにおいてアドゥド・アッダウラの訃報に接する。その死の情報は 373/983 年まで秘匿されていたはずであったが[14]，シャラフ・アッダウラは誰よりも早くその情報を得ていたのである。その事について *Dhayl* は以下のように伝えている。

> アドゥド・アッダウラが死去した時，彼の側近のある者がその知らせをキルマーンへと書き送った。そこでシャラフ・アッダウラは，知らせの内容を隠しつつ，その書簡の到着後にファールスへと向かった。*Dhayl*, 80.

サムサーム・アッダウラの即位を快く思わない人物がバグダードに存在したことを示す一文である。少なくとも，彼の即位はバグダードの高官たちの総意ではなかったことがこの一文から推測できる。このアドゥド・アッダウラ

12．*Muntaẓam*, VII, 113; *Kāmil*, IX, 22.

13．なお Busse もサムサーム・アッダウラを推す宮廷内の有力集団の存在を示唆しているが，特定を試みているわけではない。Busse, *Chalif und Grosskönig*, p. 63.

14．*Dhayl*, 39, 77; BN 5866, ff. 101b, 103a.

の側近が誰であるかは不明だが，彼の死を知りうる立場にあり，その死を秘匿した集団に属する人物であったことは間違いない。

ともかく，こうして父の死を知ったシャラフ・アッダウラは急いでキルマーンから軍を発し，シーラーズに入城してファールス地方を領有する。その後父の死を公表し，側近たちから忠誠の誓い *bay'a* を受けるのである[15]。この時点まで在ファールスの家臣たちはアドゥド・アッダウラの死を知らなかったことになる。

さらに彼はアドゥド・アッダウラによって逮捕収監されていた人物たちを釈放する。これらの人物の中には，クールキール・ブン・ジュスターン Kūrkīr b. Justān[16], アブー・アルハサン・ムハンマド・ブン・ウマル Abū al-Ḥasan Muḥammad b. 'Umar[17], アブー・アフマド・ムーサウィー Abū Aḥmad al-Mūsawī[18] とその兄弟アブー・アブド・アッラー Abū 'Abd Allāh, カーディ

---

15. *Dhayl*, 80.

16. *Dhayl*, 80 ではクールタキーン Kūrtakīn となっているが，シャラフ・アッダウラとの関係や 360/971 年に逮捕されシーラーフの砦に収監されていたことなどから考えて，クールキール・ブン・ジュスターンのことを指すものと考える。*Tajārib*, II, 253, 298, 301. またジャスターン Jastān とする見解も多数あり，決め手はないが，*Tajārib* の英訳者の読みに従って Justān を採用する。（Justān 説をとる研究：Minorsky, "La domination des Dailamites", p. 17; Bosworth, *The New Islamic Dynasties*, p.145; Donohue, *The Buwayhid Dynasty in Iraq*, 85. Jastān 説を取る研究：Dorn, *Caspia*, pp. 42–43 "Dschestan"; Justi, "ǰestān（ǰastān）", *Iranisches Namenbuch*, p. 114a; Huart Cl., "Les Mosâfirides de l'Adherbaïdjân", p. 244 "Djestân）"; Ross, "On Three Muhammadan Dynasties", pp. 212–213; Rabino, "Les dynasties locales du Gīlān et du Daylam", pp. 308–313; Vasmer, "Zur Chronologie der Ǧastāniden und Sallāriden", p. 165; Madelung, "Abū Isḥāq al-Ṣābī", pp. 56–57）.

17. 彼の逮捕は 369/979~80 年のことである。*Tajārib*, II, 412.

18. 304–400/916–1010 年。シャリーフ・ラディー al-Sharīf al-Raḍī およびムルタダー al-Murtaḍā の父で，バグダードのターリブ家のナキーブ *naqīb*（アリー・ブン・アビー・ターリブの家に所属する成員の把握や年金授与などの業務を行う役職）を 54 年にわたって務め，また大カーディーをも務めた人物。サ

ーのアブー・ムハンマド・イブン・マアルーフ Abū Muḥammad Ibn Ma'rūf（306–381/918–991）[19]，そしてアブー・ナスル・フワーシャーザ Abū Naṣr Khwāshādhah[20] らがいた。このうちクールキールはシャラフ・アッダウラ軍の将軍職であるイスファフサーラール職 *Iṣfahsalāriyya 'askar-hu* を与えられ，またムハンマド・ブン・ウマルやアブー・ナスル・フワーシャーザはシャラフ・アッダウラ政権の高位を占めることになる人物たちである[21]。この処置はこれ以後のシャラフ・アッダウラの政策において重要な意味を持ってくるものであった。

一方，シーラーズに留まっていたアドゥド・アッダウラの宰相ナスル・ブン・ハールーン Naṣr b. Hārūn はシャラフ・アッダウラによって捕らえられ，ナスルを憎んでいたシャーブシュティー al-Shābushtī なる人物に引き渡される。そして彼は殺害されるのである[22]。

この宰相ナスルはシャラフ・アッダウラおよびその家臣たちに対して敵意を抱いており，そのことが彼の逮捕，そして殺害につながったようである[23]。また先の引用に示したように[24]，サムサーム・アッダウラ陣営から発せられた書簡においてナスルはバグダードへ召喚されており，ナスルとサムサーム・アッダウラの結び付きが推測される。あるいは，ナスルはサムサーム・アッダウラ擁立とシャラフ・アッダウラ排除を目論んだ人物の1人であった可能性も指摘できるだろう。

ーヒブがバグダードの3人の著名人として挙げたうちの1人である。*Muntaẓam*, VII, 247–248; BN 5866, f. 242b および第8章第IV節1を参照のこと。

19. バグダードの大カーディーを務めた人物。サーヒブ・イブン・アッバードが3人の著名人として挙げたうちの一人である。*Baghdād*, X, 365–368; *Muntaẓam*, VII, 166 および第8章第IV節1を参照のこと。

20. Abū Naṣr Khwāshādhah al-Majūsī. 彼の逮捕は 371/981-2 年のことである。*Dhayl*, 17–18; *Irshād*, II, 325, V, 367.

21. *Dhayl*, 80–81; *Kāmil*, IX, 23.

22. *Dhayl*, 81.

23. *Dhayl*, 82; *Kāmil*, IX, 23.

24. 本章第I節2の *Dhayl* からの引用（*Dhayl*, 77–78）を参照のこと。

ともかくここで押さえておくべきことは，バグダードに親シャラフ・アッダウラの人物が存在したこととシャラフ・アッダウラは父アドゥド・アッダウラによって排斥された人々を解放し，自勢力に取り込んだことの2点である。

以上，本節の内容をまとめると，次のようになる。まず，シャラフ・アッダウラのキルマーンへの追放とサムサーム・アッダウラの即位という流れの契機になったのは，アドゥド・アッダウラの宦官シュクルの行動であった。諸史料がシャラフ・アッダウラのキルマーンへの追放を彼に帰しており，この点に異論はないだろう。しかし彼がなぜシャラフ・アッダウラの追放に尽力したのかについては明らかではない。もちろんシュクルが個人的な感情によってシャラフ・アッダウラの排斥を企図した可能性はある。とくにサムサーム・アッダウラ政権においてシュクルがあまり重用されていないことからは，そのような推測も可能であろう。また晩年のアドゥド・アッダウラは気に入らない人物を次々と排斥し追放しており[25]，*Anṭākī* の記述にあるように，息子の行為に憤慨したアドゥド・アッダウラが個人的な怒りでもって追放したということも考えられる。

しかし，アドゥド・アッダウラはサムサーム・アッダウラを後継者として公にしたわけではなかった。サムサーム・アッダウラが後継者として選ばれたという記述は管見の限り見当たらない。従って，彼の即位はアドゥド・アッダウラの意向というよりも政権の高官たちの思惑によって成就したと考えるのが妥当ではなかろうか。

Donohue は，アドゥド・アッダウラが，長子相続というブワイフ家の伝統を破り，シャラフ・アッダウラではなく，サムサーム・アッダウラを後継者とした，と述べている。またその根拠として，アドゥド・アッダウラとならんでサムサーム・アッダウラの名前が刻印された貨幣資料の存在を挙げている[26]。この主張は一見説得力がありそうであるが，実は不用意に貨幣資料

---

25. 前述のムハンマド・ブン・ウマルやアブー・ナスル・フワーシャーザ，そして後述するアブー・アルワファーなど，アドゥド・アッダウラの晩年に捕らえられ，各地の砦に収監されている。また al-Tanūkhī も蟄居を命じられている。*Dhayl*, 21–22; *Irshād*, VI, 266–267.

を用いているに過ぎない。

Treadwell が著した，ブワイフ朝君主たちの発行した貨幣の目録[27]に収録された貨幣の銘文を調査すると，アドゥド・アッダウラの治世において，彼の名前と並んでシャラフ・アッダウラの名前（彼のクンヤであるアブー・アルファワーリス Abū al-Fawāris で登場）が刻印されたキルマーン諸都市発行の貨幣は 27 例確認できる。同様にアドゥド・アッダウラの名前と並んでサムサーム・アッダウラの名前（彼のイスムであるマルズバーン al-Marzubān で登場）が刻印されたオマーンおよびフージスターン諸都市発行の貨幣は 37 例（358H–372H 年の間のみ）確認できる。また同時期のイラクやファールス諸都市発行の貨幣に両者の名前を刻印した例は見出されなかった。

この結果からは以下のようにいうことができよう。まずシャラフ・アッダウラは 357/968 年にキルマーン総督に任命されており[28]，彼の名前が刻印された貨幣は，彼のキルマーン総督職に因んだものであると判断できる。同様にサムサーム・アッダウラの名前が刻印された貨幣がフージスターンやオマーンの諸都市で発行されていることから，彼がこの 2 地方の総督として任命されていたと考えるのが妥当であろう。ただし記述史料からはサムサーム・アッダウラがこの 2 地方の総督に任命されたことを示す証拠は見出されていない。加えて両者の名前がアドゥド・アッダウラと並んで刻印されているのは，上記のキルマーン，フージスターン，オマーン地方に限られるため，これらの貨幣からサムサーム・アッダウラないしシャラフ・アッダウラがアドゥド・アッダウラの後継者として認められていたと結論付けることは無理かと思われる。

むしろ，サムサーム・アッダウラへの後継指名の可能性を支持する根拠としては，第 4 章で扱った『王冠の書』の記述を取り上げるべきであろう。そこでは，サムサーム・アッダウラがダイラムとジール双方から高貴な血統を受け継いでいることが指摘されている[29]。シャラフ・アッダウラの母がト

26. Donohue, *The Buwayhid Dynasty in Iraq*, pp. 30, 87.

27. Treadwell, *Buyid Coinage*, pp. 75–83（Kirmān），84–94（‘Umān），95–125（Khūzistān）.

28. *Tajārib*, II, 253; *Takmila*, 201（358H 年条）; *Kāmil*, VIII, 587.

ルコ系の奴隷であったことから考えると[30]，血統の面でサムサーム・アッダウラが有利であった可能性は高い。しかしながら，『王冠の書』においてもサムサーム・アッダウラがアドゥド・アッダウラの後継者として指名されていたという記述はないため，確実な証拠とまではいえないのである。

このように見ていくと，シャラフ・アッダウラの追放はシュクルの個人的な感情やアドゥド・アッダウラがサムサーム・アッダウラを後継者として指名したことによるものではなさそうである。となると，考えられる要素としては，アドゥド・アッダウラの家臣団が何らかの形で介入しているということになる。

前述のように，ファールス征服後のシャラフ・アッダウラは，父アドゥド・アッダウラの重臣であった宰相ナスル・ブン・ハールーンを逮捕するとともに，父によってファールスの砦に収監されていた有力者たちを解放している。とくに，解放された人々の中にいたクールキール・ブン・ジュスターンはシャラフ・アッダウラが初めてキルマーン総督に任命された際の代官としてキルマーンに赴いた人物であり，両者は以前から近しい関係にあったことが指摘できる[31]。解放されたその他の人々も，その後のシャラフ・アッダウラ政権において重用されている。こうしたことから考えると，シャラフ・アッダウラのキルマーン追放当時，アドゥド・アッダウラの周囲には親シャラフ・アッダウラの家臣たちがほとんど存在しなかった可能性を指摘することができるだろう[32]。

本節の検討を通して見えてきたのは，シャラフ・アッダウラの追放とサムサーム・アッダウラの即位にはアドゥド・アッダウラ政権の家臣たちの暗躍があったのではないかという漠然とした見通しである。次節以降ではサムサーム・アッダウラ政権とシャラフ・アッダウラ政権のそれぞれにおいて重用された人物たちの行動を検討し，この見通しを確かなものとしていくことに

---

29. *Tājī*, 8–9. 第4章第II節および第4章末の系図を参照のこと。

30. *Muntaẓam*, VII, 136.

31. *Tajārib*, II, 253.

32. 史料を見る限り，バグダード入城後のシャラフ・アッダウラ政権において旧サムサーム・アッダウラ政権の家臣たちが重用されている例は出てこない。

する。

II. サムサーム・アッダウラ政権の構成と家臣たちの動向

本節では，アドゥド・アッダウラの後を継いで即位したサムサーム・アッダウラの政権に焦点を当て，同政権内部で重用され，政権運営に深く関わった人物の動向を検討することで，彼が即位するに至った要因を探るとともに，サムサーム・アッダウラ政権の特徴を明らかにしていく。

II-1. サムサーム・アッダウラ

サムサーム・アッダウラ政権の高官たちの動向を検討する前に，サムサーム・アッダウラがいかなる背景を有していたかを確認しよう。サムサーム・アッダウラ・マルズバーン・アブー・カーリージャールは353H年Rabīʻ II月（964年4~5月）にアドゥド・アッダウラの次男として生まれた[33]。母親の名前は不明であるが，ジール王シャーフジール・ブン・ハルーシンダーンShāhjīl b. Harūshindān[34]の娘であると伝えられている。即位当時は19歳で，それ以前の経歴はほとんど不明である[35]。

注目すべきは母親の家系であろう。サムサーム・アッダウラ政権を支えた中心勢力はダイラムおよびジールの君侯と軍隊[36]であった。従って，この

---

33. 388H年Dhū al-Ḥijja月14日水曜日（998年12月7日），35歳7ヶ月と17日で亡くなったという記述からの逆算である。*Dhayl*, 314–315; *Muntaẓam*, VII, 204; *Kāmil*, IX, 142–143; BN 5866, f. 168a. また章末の家系図1を参照のこと。
34. *Tājī*, 9. この人物はジールに対する権威があったようで，ズィヤール朝のウシュマキールWushmakīrも彼に接近しその権威を利用してジールの支持を取り付けようとしたが，拒否されたと，Abū Isḥāq al-Ṣābi' は伝えている。第4章第II節を参照のこと。
35. 365H年Rabīʻ II月（975年12月～976年1月）に開催されたイスファハーン会議に，父と兄と共に出席したことが伝えられている。BN 5866, f. 51b.
36. サムサーム・アッダウラの治世中，アトラークの武将の活動は一切伝えられていない。もちろん存在しなかったわけではないだろうが，主に軍隊を率いた

母親の家系が彼の政権を支える家臣団の構成に何らかの影響を及ぼした可能性は十分にある。

以下では，このサムサーム・アッダウラをアドゥド・アッダウラの後継者とした家臣団の主導的地位にあった人物が誰であるかを検証していく。

II-2. アドゥド・アッダウラ死後における官僚の権力闘争

前述のように[37]，諸史料ともサムサーム・アッダウラをアドゥド・アッダウラの後継者として擁立した人物ないし集団の具体的な名前を明示していない。後継候補第一位と目されるシャラフ・アッダウラをキルマーンへと排除することにシュクルが一役買ったことは先に述べたが，その後のサムサーム・アッダウラ政権における彼の地位は，その貢献に見合うほどのものではなかったようである。

ではどのような個人ないし集団の利害・力関係の許，サムサーム・アッダウラが選ばれることとなったのか[38]。アドゥド・アッダウラ死後の政界内部の動きを概観してみよう。注目すべきはサムサーム・アッダウラの宰相を務めることになるイブン・サアダーン[39]である。史料中に現れる彼の最初の

のはダイラム・ジール系の武将だったことは間違いない。ただし，一部は彼の弟タージュ・アッダウラとディヤー・アッダウラ Ḍiyā' al-Dawla のサムサーム・アッダウラ政権からの分離独立を支持して，離反するに至る。これは両者の母親がダイラムの有力者マーナーズィル・ブン・ジュスターン Mānādhir b. Justān の娘であり，両者がダイラムの支持を得るに有利な血統を有していたことが関係しているものと思われる。*Dhayl*, 79–80.

37. 本章第I節2の検討を参照のこと。

38. Donohue はサムサーム・アッダウラがダイラムの有力者の血統を引いていたことをもって，アドゥド・アッダウラの後継者となったと判断している。またズィヤール・ブン・シャフラークワイフの支援があったことも指摘するが，サムサーム・アッダウラの即位当時ズィヤールはムアイイド・アッダウラ軍と共にジュルジャーンに駐留中であったため，サムサーム・アッダウラ擁立には関与していないはずである。この点についての考察はなされていない。Donohue, *The Buwayhid Dynasty in Iraq*, p. 87.

39. Abū ʻAbd Allāh al-Ḥusayn b. Aḥmad（or ʻAbd Allāh）b. Saʻdān（d. 375H）.

経歴は，軍監 *'āriḍ* 職[40]としてアドゥド・アッダウラのジバール遠征に同行し，クルド勢力およびファフル・アッダウラの追討戦に参加したことである。その後，サーヒブ・イブン・アッバードの許で徴税業務を行うなど，行政官としての経験を積んでいる[41]。そしてアドゥド・アッダウラの死後，バグダードにおける宰相であったアブー・アッライヤーンを退けてサムサーム・アッダウラの宰相となる[42]。

本章第I節2で検討したように，アブー・アッライヤーンはサムサーム・アッダウラの即位と同時に逮捕された。アブー・アッライヤーン逮捕の真相は明らかではないが，*Dhayl* によると，アブー・アルワファー[43]から送られた，詩の書かれた紙片を隠し持っていたことが理由であったとのことである。これ以前に逮捕され，マーヒキー砦 qal'at al-Māhikī に収監されていたアブー・アルワファーとの関係を疑われての逮捕であったこと，その逮捕がイブン・サアダーンの主導であったことが *Dhayl* の記述から読み取れる[44]。彼の逮捕によってイブン・サアダーンはバグダードにおける行政の権限を司ることになる。加えてイブン・サアダーンは，やはりアドゥド・アッダウラ政権の高位の行政官であった前述のアブー・アルワファーを，監禁中の砦において殺害するよう命じている[45]。このようにイブン・サアダーンは自らに競合

Bosworth, "IBN SA'DĀN", *EI*[2], Suppl., pp. 398a–398b; Kraemer, *Humanism*, pp. 191–206; Donohue, *The Buwayhid Dynasty in Iraq*, pp. 164–167.

40. アーリド *'āriḍ*。「軍監」と訳出したが，徴兵，兵籍登録，閲兵，武器や俸給の支給などの業務を行う役職である。Bosworth, "Military Organisation", pp. 162–165.

41. *Dhayl*, 9, 11. それ以前の経歴については不明である。Bosworth, "IBN SA'DĀN", *EI*[2], Suppl., p. 398a.

42. *Dhayl*, 78, 85; *Kāmil*, IX, 37.

43. Abū al-Wafā' Ṭāhir b. Muḥammad b. Ibrāhīm。アドゥド・アッダウラの最晩年である372/982年に逮捕されていた。*Dhayl*, 39; BN 5866, f. 96a. 彼はアドゥド・アッダウラのジャジーラ遠征において功績ある人物であったが，その逮捕の理由は判然としない。

44. *Dhayl*, 39.

45. *Hafawāt*, 217; *Dhayl*, 10 note 1.

する人々を排除し，373/983~4年にサムサーム・アッダウラの宰相となったのである[46]。

アブー・アッライヤーンの逮捕はサムサーム・アッダウラを後継者とする際の命令書に記載されていたわけだが，その際アドゥド・アッダウラはすでに亡くなっており，命令の主体が不明であった[47]。その状況で発せられたアブー・アッライヤーン逮捕の命令は，彼の後に宰相となったイブン・サアダーンないし彼に同調する人々によって出されたと考えるのが妥当であろう。またイブン・サアダーンはアブー・アッライヤーン以外の競合者も排除しており，彼がサムサーム・アッダウラ政権における行政権の掌握を目論んでいた，と考えることは可能であろう[48]。そうした状況から考えて，サムサーム・アッダウラの擁立にイブン・サアダーンが深く関与していた可能性が高いことは指摘できるだろう。アドゥド・アッダウラ死去当時のバグダードには，サムサーム・アッダウラ政権成立以後の軍事や行政を担う有力者[49]があまり多く存在しなかったこともそうした推測を裏付ける根拠の1つとして指摘できる。

ただサムサーム・アッダウラ政権成立当初から行政権を握ったイブン・サ

---

46. *Dhayl*, 85; *Kāmil*, IX, 37.
47. 本章第I節2の*Dhayl*からの引用（*Dhayl*, 77–78）を参照のこと。
48. 後述するように，イブン・サアダーンはアドゥド・アッダウラの書記官として重用されていたアブド・アルアズィーズ・ブン・ユースフ ʻAbd al-ʻAzīz b. Yūsuf al-Shīrāzī（以下イブン・ユースフ）の排除も試みているが，これには失敗している。*Dhayl*, 96–97. イブン・ユースフはアドゥド・アッダウラ，サムサーム・アッダウラ，バハー・アッダウラに仕えた書記官である。本章で取り上げるイブン・サアダーンとの抗争以外では，書簡集を残していることで知られている。Cahen, "ʻABD al-ʻAZĪZ b. YŪSUF", *EI*[2], Suppl. p. 4a.
49. サムサーム・アッダウラ政権の有力軍人としてはズィヤール・ブン・シャフラークワイフ・ブン・ハルーシンダーン Ziyār b. Shahrākwayh b. Harūsindān やアブー・アルカースィム・サアド・ブン・ムハンマド Abū al-Qāsim Saʻd b. Muḥammad が挙げられる。彼らはアドゥド・アッダウラ死去当時，対サーマーン朝戦役のためムアイイド・アッダウラ軍と共にジュルジャーン地方に駐留していた。*Dhayl*, 85, 90.

アダーンと，シャラフ・アッダウラのキルマーン追放に貢献したシュクルの関係が判然としないため，サムサーム・アッダウラの即位を推し進めた首魁がイブン・サアダーンであったと断定することはできない。ここではサムサーム・アッダウラが即位することによって最も利益を得た人物としてイブン・サアダーンを挙げておくにとどめよう。

こうしてサムサーム・アッダウラ政権の宰相となったイブン・サアダーンであったが，その地位も長くは続かなかった。以下ではサムサーム・アッダウラ政権内部で行われた家臣たちの権力闘争に焦点を当て，同政権の構成の変化を見ることにする。

II-3. サムサーム・アッダウラ政権の内実

アドゥド・アッダウラ死後のサムサーム・アッダウラ政権にとって喫緊の課題はファールス地方の確保であった。やはり先の引用には[50]，サムサーム・アッダウラの弟タージュ・アッダウラのファールスへの派遣命令が記載されていた。これはキルマーンに追放されていたシャラフ・アッダウラが軍を返してファールスを占領し，イラクのサムサーム・アッダウラ政権に対抗することを防ぐ狙いがあったものと思われる。

このためタージュ・アッダウラとその弟ディヤー・アッダウラを将とする軍隊が派遣されることになるのだが，それに先立ってサムサーム・アッダウラは一度タージュ・アッダウラを逮捕している。この理由は不明であるが，タージュ・アッダウラの母親がダイラムの有力者マーナーズィル・ブン・ジュスターン[51]であり，血統の面で自分と競合する人物の存在を嫌ったのか

---

50. 本章第I節2の引用（*Dhayl*, 77–78）を参照のこと。

51. *Tājī*, 36; *Dhayl*, 79, 121; BN 5866, f. 96b（BN写本ではNādhirとある）. 彼はダイラムの王とされ，*Dhayl*の注釈には，*Mir'āt al-zamān*の371H年条の記述を根拠に，Abū al-Fawāris Mānādhir b. Justān b. al-Marzubān al-Salār b. Aḥmad b. Musāfirと判断されている。しかし，校訂者がどの写本を使用したか不明であるため断言はできないが，手元の*Mir'āt al-zamān*写本の371H年条の記述を調査した限りではMānādhirをムサーフィル朝の家系に結び付けるような記述は見出すことができなかった。またBosworthやRabinoはジュスターン朝の家

もしれない。

その後，タージュ・アッダウラは釈放され[52]，ディヤー・アッダウラと共にファールスへと派遣されたが，その途上両者は，シャラフ・アッダウラが彼らに先んじてシーラーズに入城し，ファールスの支配権を確保したことを知る。そこで2人は，サムサーム・アッダウラに復命せず，それぞれアフワーズ Ahwāz とバスラ Baṣra を領有し，自立を果たす。こうしてサムサーム・アッダウラ政権はその最初期から勢力を削がれるという事態に直面するのである[53]。

その一方で，アドゥド・アッダウラの命によりムアイイド・アッダウラ軍への援軍を率いてジュルジャーン地方にいたズィヤール・ブン・シャフラークワイフとアブー・アルカースィム・サアド・ブン・ムハンマドがバグダードに帰投する[54]。ズィヤールは，その出自がサムサーム・アッダウラの母親の家系に連なると比定される人物である[55]。*Tājī* には，サムサーム・アッダウラの祖父シャーフジール Shāhjīl の兄弟にシャフラークワイフなる人物が存在したことが記されている。このシャフラークワイフがズィヤールの父と同一であるという確たる証拠はないが，サムサーム・アッダウラの即位の報を受けたズィヤールがムアイイド・アッダウラの慰留を拒み，急ぎバグダードへ帰還していることから考えて，両者が近しい関係にあったことが推測で

系に連なる人物と判断しており（Bosworth, *The New Islamic Dynasties*, p. 145; Rabino, “Les dynasties locales”, p. 311），現段階ではどちらが妥当であるか判断できない。Donohue はジュスターン家に属するという説を支持している。Donohue, *The Buwayhid Dynasty in Iraq*, p. 86.

52. 史料には，タージュ・アッダウラの母親がダイラム兵を率いて息子の奪還を計画していることがサムサーム・アッダウラの耳に入り，内乱を恐れて釈放したとある。*Dhayl*, 79; BN 5866, f. 96a.

53. サムサーム・アッダウラは反旗を翻したタージュ・アッダウラ等を討伐するため軍隊を派遣したが，その軍隊は返り討ちに遭い，以後具体的な対策を取っていない。*Dhayl*, 79–80.

54. *Dhayl*, 85; *Kāmil*, IX, 23; BN 5866, f. 103a.

55. *Tājī*, 6.

きる[56]。ともかくサムサーム・アッダウラ政権としては，この2人の帰還によって戦経験の豊富な軍隊を配下に収めることになり，軍容が回復できたと思われる[57]。

また374/984–5年にはシャラフ・アッダウラ側の人物でオマーン総督を務めていたアブー・ジャアファル・ウスターズフルムズ Abū Ja‘far Ustādh Hurmuz[58] がサムサーム・アッダウラ陣営に寝返っている。もっとも，シャラフ・アッダウラ側の素早い対応によってウスターズフルムズがシャラフ・アッダウラ軍に敗れ，捕らえられたため，この寝返りはサムサーム・アッダウラ陣営にほとんど利益をもたらさなかったようである[59]。

こうした中，サムサーム・アッダウラの宮廷に権力争いが起こる。イブン・サアダーンが捕らえられ，またイブン・ユースフがサムサーム・アッダウラ廃位の計画を立てるも露見して逃亡するなど，同宮廷は混乱に陥るのである。

II–4. 官僚たちの権力闘争とその失脚 1

一連の宮廷騒乱の遠因はイブン・サアダーンとイブン・ユースフの間の確執である。以下は両者の確執を示す *Dhayl* の記事である。

> この年（373H年条），アトラーク軍団がバグダードにおいて騒擾し，シーラーズに向かって出ていった。またすでに彼らのうちの一団はそれよりも前に出てゆき，ファールスへ到着していた。そこでズィヤール・

---

56. *Tājī*, 6. 同書の校訂者 Khān もズィヤールの父とハルーシンダーンの息子のシャフラークワイフを同一視している。*Tājī*, eng., 140. また第4章第II節も参照のこと。

57. 帰還直後，アブー・アルカースィムはクルド勢力との戦いのためモースルに派遣されている。クルドの平定は困難を極め，彼は一旦タクリートまで退き，ズィヤール・ブン・シャフラークワイフの援軍を得て，ようやくモースルを回復することになる。*Dhayl*, 85–87.

58. この人物については，第6章第III節3を参照のこと。

59. *Dhayl*, 100–101; *Kāmil*, IX, 39.

ブン・シャフラークワイフが彼らを追跡し，その大部分を連れ戻し，行政官 *nāẓir* のアブー・マンスール・イブン・アビー・アルフサイン Abū Manṣūr Ibn Abī al-Ḥusayn を捕らえた。彼は息子がシャラフ・アッダウラの許にあり，捕らえられていなかったため，逃亡したのであるが，抵抗し傷を負った後，連れ戻され，監禁されたのであった。このアブー・マンスールはイブン・ユースフの妻の兄弟 *khāl walad Abī al-Qāsim ʻAbd al-ʻAzīz b. Yūsuf* であった。さて，イブン・ユースフはアブー・マンスールのその夜の逃亡を知ると，イブン・サアダーンがサムサーム・アッダウラに讒言し，その結果，自分がサムサーム・アッダウラの怒りを買い，アブー・マンスールの逃亡の責めを負わされるのではないかと恐れた。そこでイブン・ユースフは敵（イブン・サアダーン）が機会を捉える前に身の潔白を表明しようと考えた。*Dhayl*, 96.

この引用をみると，イブン・サアダーンは以前から隙あらばイブン・ユースフを中傷して，宮廷から排除しようとしていたこと，またイブン・ユースフがそのようなイブン・サアダーンの意図を察知していたことが読み取れよう。イブン・サアダーンとしては，アドゥド・アッダウラの側近であったイブン・ユースフはアブー・アッライヤーンやアブー・アルワファー・ターヒル・ブン・ムハンマドと同様，排除すべき存在であり，イブン・ユースフも自らが狙われていることを十分承知していたわけである[60]。

さて，先んじて身の潔白を証明したため[61]，イブン・サアダーンによるイ

---

60. Busse および Kraemer はイブン・サアダーンとイブン・ユースフの対立を，彼らの個人的な争いではなく，アドゥド・アッダウラの政策の継承に関する争いであったとし，前者はその政策の転換を図り，後者は継承を持論としていたという。確かに，イブン・サアダーンはファフル・アッダウラとサムサーム・アッダウラの関係強化を図り，東方への拡大政策を放棄しているように思われるが，後者がいかなる主張を展開したのかは不明であり，Busse らの見解は根拠に乏しい。Busse, *Chalif und Grosskönig*, pp. 64–65; Kraemer, *Humanism*, pp. 195–196.

61. *Dhayl*, 97. イブン・ユースフは身の潔白を証明するため，妻を離縁している。

ブン・ユースフへの中傷はサムサーム・アッダウラに受け入れられなかった。しかしこれによりイブン・サアダーンとイブン・ユースフの関係は決裂し，その結果375/985年に起こる，イブン・ユースフによるイブン・サアダーン逮捕とサムサーム・アッダウラへの反乱へとつながるのである。

375/985年，イブン・サアダーンはアブー・サアド・バフラーム[62]およびアブー・バクル・イブン・シャーハワイフ Abū Bakr Ibn Shāhawayh とともに捕らえられる[63]。イブン・サアダーン逮捕の理由は，父親のアブー・ナスルをサムサーム・アッダウラの母后の書記にしようとしたことにあった。それまで母后の書記を務めていたアブー・アルハサン・アリー・ブン・アフマド・ウマーニー Abū al-Ḥasan ʻAlī b. Aḥmad al-ʻUmānī が亡くなった際，イブン・サアダーンは自らの父アブー・ナスルを後任にしようとする。一方，イブン・サアダーンに敵対するイブン・ユースフはアドゥド・アッダウラに仕えたアブー・アルハサン・イブン・バルマワイフ Abū al-Ḥasan Ibn Barmawayh をその職に推薦し，サムサーム・アッダウラに対しては，イブン・サアダーンの専横が極まると我々は皆彼の傀儡となってしまうという趣旨の警告を行う。その後の事情については史料に記述がないため，詳細は不明であるが，イブン・サアダーンが捕らえられ，イブン・ユースフが推薦したイブン・バルマワイフが母后の書記となる[64]。

---

62. Abū Saʻd Bahrām b. Ardashīr（d. 375/985）．この逮捕後，イブン・サアダーンに連座して処刑された。アドゥド・アッダウラ，サムサーム・アッダウラに仕えた人物で，*Tajārib* では書記 *kātib* とされているが，ダイラム軍団を率いてジャズィーラ地方への戦役にも参加している *Tajārib*, II, 373; *Dhayl*, 83。イブン・サアダーンにその文人としての能力を高く評価され，両者の間には親密な友情があったようである。*Ṣadāqa*, 77, 82.

63. *Dhayl* では，彼らの逮捕の記事のみ374H年条に記されているが，その後のイブン・ユースフの反乱の記述との関係から，375/985年と判断した。*Dhayl*, 102; *Kāmil*, IX, 41–42.

64. *Dhayl*, 102–103. イブン・サアダーンの逮捕について，*Dhayl* では374H年条の末尾に記されているが，イブン・ユースフとの政争に敗れたためという理由は示されていない。また *Kāmil* では，単にイブン・サアダーンに対する中傷があったため，彼は宰相職を解かれ，逮捕されたと伝えられている。*Kāmil*, IX,

こうしてイブン・ユースフはイブン・サアダーンを排除することに成功するのであるが，今度はそのための手駒に過ぎなかったイブン・バルマワイフがイブン・ユースフの政治的競合者として浮上してくるのである。

II–5. 官僚たちの権力闘争とその失脚　2

イブン・サアダーンの排除によって，イブン・ユースフはサムサーム・アッダウラ政権の行政を司ることになるが，イブン・バルマワイフを行政から遠ざける。これを恨んだイブン・バルマワイフは母后に働きかけ，母后の介入の結果，イブン・ユースフとイブン・バルマワイフが共に宰相として任命される事態となる[65]。

形式上，イブン・ユースフが上位であるとされてはいたが，母后の権威を後ろ盾にイブン・バルマワイフは専横を極める。この事態に直面したイブン・ユースフは，イブン・バルマワイフをズィヤール・ブン・シャフラークワイフ以上に厄介な存在であるとみなし，ついにはサムサーム・アッダウラの手から王権を取り上げる計画を練り始める[66]。

イブン・ユースフは王権転覆の協力者として，アスファール・ブン・クルダワイフ Asfār b. Kurdawayh を誘う。彼はアドゥド・アッダウラに仕えたダイラム将軍[67]で，ズィヤール・ブン・シャフラークワイフ同様，アドゥド・アッダウラに重用された人物であった[68]。この人物を唆すにあたってイブン・ユースフは，サムサーム・アッダウラとズィヤールの親密な関係を示唆する[69]。

---

42. しかし彼の逮捕は，サムサーム・アッダウラの母后の書記職を巡ってイブン・ユースフと争い，これに敗れたためとみるのが妥当であろう。

65. *Dhayl*, 103.

66. *Dhayl*, 103–104. 史料にはそのように書かれているが，果たしてイブン・ユースフはイブン・バルマワイフ排除のために政権の転覆まで意図したのだろうか。彼の反乱については過大に評価されている可能性も考えられる。

67. Justi, *Iranisches Namenbuch*, p. 46b. "Ἄσπαρ". ブワイフ朝，ズィヤール朝に仕えたダイラム将軍として挙がっている。

68. *Dhayl*, 47.

69. 具体的な文言は不明であるが，イブン・ユースフはサムサーム・アッダウ

そして両者はサムサーム・アッダウラ政権転覆について合意し，同調者を集める。そこで，ムザッファル・アブー・アルハサン・ウバイド・アッラー・ブン・ムハンマド・ブン・ハムダワイフ al-Muẓaffar Abū al-Ḥasan ʻUbayd Allāh b. Muḥammad b. Ḥamdawayh, アブー・マンスール・アフマド・ブン・ウバイド・アッラー・シーラーズィー Abū Manṣūr Aḥmad b. ʻUbayd Allāh al-Shīrāzī, そしてフーラード・ブン・マーナーズィル Fūlādh b. Mānādhir などが加わることとなる[70]。

一方，自らに対する反乱の機運が高まっていることを察知したサムサーム・アッダウラはアスファールの懐柔を試みるが，アスファールはこれを受け入れず，反サムサーム・アッダウラ勢力の結集に努める。そこで，サムサーム・アッダウラはこの計画に加わっているフーラードに懐柔の矛先を向ける。フーラードはタージュ・アッダウラ，ディヤー・アッダウラの母方の叔父で，ダイラムの有力者アブー・ファワーリス・マーナーズィル・ブン・ジュスターンの息子であった[71]。この家系を意識してか，彼はアスファールの下位に甘んじることを快く思っておらず，サムサーム・アッダウラの働きかけに応じ，アスファールらを裏切ったのである。そして，フーラードはサムサーム・アッダウラの軍を率いてアスファールの勢力に攻撃を仕掛け，彼ら

ラ政権内でのアスファールとズィヤールの待遇の差を指摘し，アスファールの不満を煽ったものと思われる。*Dhayl*, 104.

70. *Dhayl*, 104–105. イブン・ハムダワイフは亡命前のファフル・アッダウラに宰相として仕えていた人物（第 8 章第 II 節 2 を参照のこと），シーラーズィーはカリフ＝ターイーの書記を務める人物である。

71. Abū Naṣr Fūlādh b. Mānādhir（*Kāmil* は Fūlādh Zamāndār としている。*Kāmil*, IX, 41）. 彼はマーナーズィル・ブン・ジュスターンの息子でタージュ・アッダウラおよびディヤー・アッダウラの母の兄弟にあたる人物である。アフワーズにてサムサーム・アッダウラに反旗を翻す甥のタージュ・アッダウラに協力せず，バグダードに留まっていたようである。この時フーラードはジール軍団を率いて，アスファール率いるダイラム軍団と戦うことになる。史料中ではしばしばダイラム・ジールと一纏まりの集団として表現されるが，ここでは，常に一体の集団ではなく，時には相争うこともあったことを示す事例となっている。

を敗走させる。アスファールおよびイブン・ユースフはアフワーズのタージュ・アッダウラの許へと逃亡し，彼らの政権転覆計画は失敗に終わるのである[72]。

以上，サムサーム・アッダウラ政権に対する反乱計画とその失敗についての経過を述べてきたが，この事件の結果，サムサーム・アッダウラ政権の性格は大きく変わることとなる。まずいえることは，アドゥド・アッダウラの側近であった官僚たちが，サムサーム・アッダウラ政権からほぼ一掃されたことであろう。上では述べなかったが，イブン・ユースフは反乱計画瓦解の前夜，サムサーム・アッダウラの許可を得て，イブン・サアダーンとアブー・サアド・バフラームを殺害している。またイブン・バルマワイフについても殺害の記述はないが，その後 *Dhayl* にその名が現れないことから，同様に殺害されたものとみて大過ないだろう。そして翌朝にはこの反乱の首謀者であるイブン・ユースフもアフワーズに逃亡することとなる。

加えて，この反乱後に釈放されたアブー・アッライヤーンも，7ヶ月間宰相位にあったが，やはり母后の書記となったアブー・アルハサン・アリー・ブン・ターヒル Abū al-Ḥasan ʻAlī b. Ṭāhir の画策によって失脚し，逮捕・投獄される[73]。こうして，サムサーム・アッダウラ政権はアドゥド・アッダウラ期から存在した高位の官僚たちを失ったのである。

次にいえることは，この官僚たちの失脚に伴って，一部のダイラム武将の存在がサムサーム・アッダウラ政権内部で大きくなることである。376/986~7年のシャラフ・アッダウラのイラク侵攻に際して，サムサーム・アッダウラの傍らにあって建策を行っていたのは，375/985年の反乱計画を挫いたフーラード・ブン・マーナーズィルとサムサーム・アッダウラの親族であるズィヤール・ブン・シャフラークワイフという2人のダイラム・ジール武将であった。もっとも，彼らが頼みとするダイラム軍団も相次ぐ反乱による逃亡・離散，そしてシャラフ・アッダウラ軍への投降などによってその数を減らしており，サムサーム・アッダウラ政権にはシャラフ・アッダウラの侵

72. *Dhayl*, 105–106, 107.

73. *Dhayl*, 118–119.

攻に対抗する軍事力は残っていなかったのである[74]。

本節の内容をまとめると次のようになるだろう。アドゥド・アッダウラの死去当時，その軍団の多くはジュルジャーンやキルマーン，ジャズィーラ地方に派遣されていた。そのため，サムサーム・アッダウラの擁立は在バグダードの官僚によって主導された。そして本節では，その首謀者がイブン・サアダーンであった可能性を指摘した。その後，イブン・サアダーンは自らの地位の安定化を図るため，ライバルの排除を試み，その多くは成功した。しかし，イブン・ユースフの排除に失敗したため，結局自らの失墜を招くことになった。イブン・サアダーンとの政争に勝利したイブン・ユースフもサムサーム・アッダウラの母后[75]の人事・政治への介入により，行政権の掌握に失敗し，反乱の道を選ぶのであった。

---

74. シャラフ・アッダウラの侵攻を前にして，サムサーム・アッダウラ麾下のダイラム軍団が騒乱を起こし，シャラフ・アッダウラ支持を表明する。サムサーム・アッダウラは支持母体であるダイラムからも見放され，シャラフ・アッダウラに降伏する決意を固めるのである。*Dhayl*, 128–129.

75. このサムサーム・アッダウラの母親の政治への介入は本章で扱った事例のほかに，第 6 章第 III 節 2 で扱う事例にみられる。どちらも側近の書記の後ろ盾となり，書記などの官僚の権力闘争に関わっている。彼女は第 4 章第 II 節で明らかにした通り，ジールの有力者シャーフジールの娘であり，その点で実家の影響力を強く有している人物であると予想できる。ただし，彼女の政治への介入については，史料上に取り上げられているのがこの 2 件のみであり，サムサーム・アッダウラのイラクやファールスでの即位や，彼の政治に陰に陽にその影響力を行使したか否かについては不明である。ブワイフ朝においては，第 8 章で取り上げるファフル・アッダウラの妻にしてマジュド・アッダウラ Majd al-Dawla の母が実際に政権運営に当たり，その政治手腕を発揮するという事例があるが *Qābūs Nāmah*, 146–147;「カーブースの書」102–103 頁；Minorsky, “La domination des Dailamites”, pp. 21–22; Kabir, “The Buwayhids of Jibāl and Rayy”, pp. 38–40; Bosworth, *The Ghaznavids*, pp. 85, 234，君主の母親，妻妾など女性家族の政治への介入やその影響力行使については，ブワイフ朝の権力構造を理解するためにも必要な作業であるため，今後，事例を集めたうえで検討していきたい。

このように，足かけ5年にわたるサムサーム・アッダウラのバグダード統治の間，官僚たちの政争が繰り広げられ，その政権は勢力を減退させていったのである。またこの間，サムサーム・アッダウラ自身の政権運営に対する方針はほとんど示されなかった。彼の政権は官僚主導で運営されていたのであり，そのことは彼の擁立が官僚によるものであったことを裏付けるものであろう。

次節では，シャラフ・アッダウラの政権に焦点を当て，シャラフ・アッダウラがイラクへと侵攻するに至った要因を探っていくことにする。

III．シャラフ・アッダウラ政権とイラク侵攻

本節では，父アドゥド・アッダウラの訃報に接してキルマーンを去り，シーラーズに入城して自らの政権を確立したシャラフ・アッダウラが，最終的にバグダードを目指してイラクへ侵攻するに至った経緯について，とくに彼を支えた家臣たちの利害関係に注目しつつ考察する。

III-1．シャラフ・アッダウラ

まずシャラフ・アッダウラについて述べておくと，彼は351H年Muḥarram月[76]（962年2~3月）にアドゥド・アッダウラとトルコ女性[77]との間に生まれた。2歳下のサムサーム・アッダウラの行動が，その即位までほとんど伝えられていないのとは対照的に，357/968年にはアドゥド・アッダウラよりキルマーンの名目上の支配者として任命され[78]，またアドゥド・アッダウラの2度目のイラク侵攻（366/976~7年）の際には，留守居としてシーラーズに留まる[79]など，その活動が早くから伝えられている。また364/974~5年

76. 379H年Jumādā II月2日金曜日，28歳5ヶ月で死去していることからの逆算である。

77. *Muntaẓam*, VII, 136.「ウンム・ワラド *umm walad*」とあり，奴隷であったことが分かる。

78. *Tajārib*, II, 253; *Kāmil*, VIII, 433.（当時6歳）この場合後見人としてクールキール・ブン・ジュスターンが付いている。

にはイッズ・アッダウラの娘と結婚している[80]。以上のようなシャラフ・アッダウラの経歴で注目すべきは，母親がトルコ女性ということであろう[81]。彼の政権においてアトラーク将軍やアトラーク軍団が重く用いられているが，彼の出自とのかかわりがあると思われる[82]。

さてこのシャラフ・アッダウラはサムサーム・アッダウラとは異なり，父アドゥド・アッダウラの後継者となることに積極的であったと思われる。何より，父の訃報に接するや否やキルマーンを発し，ファールスを領有するという行動に，彼の王権獲得に対する強い意志を読み取ることができる[83]。

---

79. 366/976~7年当時15歳。イッズ・アッダウラの稚小姓を捕らえたアドゥド・アッダウラがシーラーズにいるシャラフ・アッダウラにその小姓を送っていることから，留守居であったと考えられる。*Tajārib*, II, 373（*Tajārib-Caetani*, VI, p. 471）; BN 5866, f. 58a. ここで *Tajārib* の写本を併記しているのは，刊本では *shīrāz*［شيراز］の部分が *shīrzād*［شيرزاد］となっているためである。このシールザード Shīrzād が誰を指すか不明であり，写本を見る限り，*shīrāz* としか読めない。また『時代の鏡要約』の写本の記述が *shīrāz* となっているため，*Tajārib-Caetani* の記述を採用した。
80. BN 5866, f. 49a（364H）.
81. Donohue は，シャラフ・アッダウラの母親がトルコ女性であったため，後継者の地位を追われ，キルマーンへ派遣されたと判断している。Donohue, *The Buwayhid Dynasty in Iraq*, p. 87. しかし前述の *Anṭākī* の記述に拠ると，アドゥド・アッダウラが，シャラフ・アッダウラの母親がトルコ女性であるという理由で後継候補から排除しようと考えていたとは断定できない。本章第II節1を参照のこと。
82. シャラフ・アッダウラ政権で最も活躍した将軍はカラータキーン・ジャフシヤーリー Qarātakīn al-Jahshiyārī である。またカラータキーン後のシャラフ・アッダウラ軍は父アドゥド・アッダウラの代においても活躍したハージブのトゥガーン Ṭughān al-Ḥājib が将軍となった。*Dhayl*, 121, 126–127, 128, 139–141; *Kāmil*, IX, 52–53; BN 5866, ff. 110a, 114a–114b.
83. Busse は，シャラフ・アッダウラは自らがアドゥド・アッダウラの正当な後継者と考えていたとするが，具体的な記述に拠る見解ではない。Busse, *Chalif und Grosskönig*, p. 63.

III-2．シーラーズ入城当初のシャラフ・アッダウラ政権の方針

前述のように，シーラーズへ入城したシャラフ・アッダウラは，父の治世において囚われていた人々を解放し，彼らを家臣として取り立てる[84]。これらの人々のうちにいた，アブー・ナスル・フワーシャーザはシャラフ・アッダウラに，ファールスに留まるよう説得する。以下はそれを伝える *Dhayl* の記述である。

> かつてこのアブー・ナスル（フワーシャーザ）とアブー・アルカースィム・アラー・ブン・ハサン Abū al-Qāsim al-‘Alā’ b. al-Ḥasan，そしてシャラフ・アッダウラと共にいる側近の大部分は，ファールスが彼らの地元であるがゆえに，同地に留まることを望んでいた。何故ならファールスには彼らの家族がおり，彼らの利権 *ni‘am-hum* があったためである。また，故郷を愛し，家族や同胞と暮らすことを選ぶのが人の世のならいだからである。一方，アブー・アルハサン・ムハンマド・ブン・ウマルは常々シャラフ・アッダウラに対してイラク征服を進言していた。しかし，彼ら（フワーシャーザたち）は揃ってイブン・ウマルの進言に同意せず，このように言った。「彼（イブン・ウマル）の意図は，安定した立場[85]，そして彼の国 *balad*，彼の財産 *amlāk*，彼の利権 *ni‘am* へと戻ることにあります。実に，アドゥド・アッダウラはファールスを去りイラクに向かって以来，その精神は休まることがなく，またその生活は健康的なものではありませんでした」，と。*Dhayl*, 119–120.

この引用は375H年条に記載されているが，「かつて」とあることから，375/985~6年以前になされた説得であったことは確かである。

この引用に示されているように，アブー・ナスル・フワーシャーザをはじめ，多くの側近たちが，シャラフ・アッダウラに対してファールスに留まるよう説得しているわけであるが，その理由として挙げられているのが，彼ら

84．*Dhayl*, 81.

85．*al-‘awd^{u} ilā mustaqirr^{i} qadami-hi*. 直訳は「彼の足の安定に戻ること」となる。

の郷土愛とでもいうべき感情である。説得者たちの筆頭に挙げられるフワーシャーザはアドゥド・アッダウラ軍の一将として各地に赴き，この後もモースルの太守になるなど[86]，およそファールスに固執するような人物とは思われない[87]。しかし少なくともこの引用からは，彼がファールス地方に何らかの地縁のある人物であった可能性が指摘できよう。

一方，名前が挙がっているもう1人の人物，アラー・ブン・ハサン[88]はファールスに留まる意志を強く抱いている人物であった。シャラフ・アッダウラに仕える以前の彼の経歴は不明であるが，この引用にあるように，ファールス出身者であったことは間違いない。またシーラーズ入城当初，ナスル・ブン・ハールーンを宰相職から罷免したシャラフ・アッダウラが彼を宰相としていることから考えて，アドゥド・アッダウラの治世期からかなり高位にあった人物と考えることができよう。その彼のファールス残留の意志は，375/985~6年のシャラフ・アッダウラによるイラク侵攻中の態度によく示されている。

375/985~6年シャラフ・アッダウラはイラク侵攻に先立って，アフワーズのタージュ・アッダウラを攻め，さらにバスラにいるディヤー・アッダウラの逮捕のために，このアラー・ブン・ハサンを派遣する。そこで彼はディヤー・アッダウラを捕らえ，バスラの安定を図った後，シャラフ・アッダウラのイラク侵攻に同行せず，シーラーズに戻るのである[89]。イラクに行くことを相当に嫌ったことがこの行為から分かるだろう[90]。

---

86. *Dhayl*, 143; *Kāmil*, IX, 54–55; BN 5866, f. 115a.

87. 死の直前には，ファフル・アッダウラの誘いを受けて，ライに赴くことを決意している。*Dhayl*, 265.

88. この人物については第6章第III節2を参照のこと。

89. *Dhayl*, 123. この時すでにタージュ・アッダウラはシャラフ・アッダウラによって捕らえられていたため，ディヤー・アッダウラは抵抗せず，シャラフ・アッダウラの軍門に降ったようである。

90. このアラー・ブン・ハサンはシャラフ・アッダウラがバグダードに入城した後もファールス地方に留まり，シーラーフの総督 *wālī* になっていたようである。BN 5866, f. 119b. ただし第6章第II節で述べるように，シャラフ・ア

このように，シーラーズ入城当初のシャラフ・アッダウラ政権内部は，ファールスに留まって，同地の支配を安定させることを望む家臣が大半を占め，シャラフ・アッダウラとしても彼らの意向を無視することはできなかったものと考えられる。上述の引用の後に続く文章では，シーラーズはシャラフ・アッダウラの生まれ育った土地であり，彼らと同様にその地に留まることを選んだ[91]，とある。ファールスに留まることは，不本意なことではなかったであろうし，政権の安定化のためには当面積極的な対外政策は控えることが得策であっただろう。しかし，結局はイラク侵攻へと突き進んでいくことになる。やはり父の後を継ごうとする野心はそう簡単に拭い去れるものではなかったと思われる。

III-3．イラク侵攻へ向けて

ではイラク侵攻へと，シャラフ・アッダウラの方針が変わるのはいつのことであろうか。先の引用ではアブー・アルハサン・ムハンマド・ブン・ウマルなる人物の説得があったとなっている。この人物については，本章第III節4で詳しく検討するが，アドゥド・アッダウラによってイラクを追われ，ファールスのとある砦に収監されていた人物である。彼にはファールスに地縁や利権はなく，その意味ではシャラフ・アッダウラにイラク征服を勧め，没収された財産の回復を目指したとしても何ら不思議はない[92]。

ファールスに政権を樹立した当初のシャラフ・アッダウラは直ちにイラクへ侵攻できる状況にはなかった。実際，374/984~5年にオマーンにいた総督

ッダウラの死去当時はシーラーズにあって，サムサーム・アッダウラのファールスでの政権樹立に貢献している。

91. *Dhayl*, 120.

92. 『時代の鏡要約』の373H年条において，このムハンマド・ブン・ウマルやイブン・マアルーフらがバグダードに戻ったと伝えられている。BN 5866, f. 102b. このバグダード帰還について他史料は伝えていない。このため推測の域を出ないが，ムハンマド・ブン・ウマルたちはバグダードに戻り，没収財産の返却を希望した。しかしその願いは叶えられず，シーラーズに戻り，シャラフ・アッダウラにイラク侵攻を進言した，という可能性も考えられる。

ウスターズフルムズがサムサーム・アッダウラ側へ寝返るという事件があり，オマーン支配の回復に努める必要があった[93]。また後ジバール政権のファフル・アッダウラとの関係も悪く，北からの脅威に備える必要もあっただろう[94]。このように，政権内部の意向に加え，対外的要因も重なって，シャラフ・アッダウラはイラク侵攻を断念していたのである。

しかし，375/985~6年にシャラフ・アッダウラはイラクへ向けて行動を開始する。この間の経緯を詳細に伝える史料は *Dhayl* のみである。シャラフ・アッダウラがイラクを目指すことになった契機について，*Dhayl* の記述を見てみよう。

> この年（375H年条），シャラフ・アッダウラがイラクを目指してファールスより行動を開始したとの情報が届いた。そこで彼の許へアブー・アブド・アッラー・ムハンマド・ブン・アリー・ブン・ハラフ Abū ʻAbd Allāh Muḥammad b. ʻAlī b. Khalaf[95] が和平締結の使者として派遣された。その後アフワーズよりイブン・ハラフの書簡が届いた。その書簡には，彼がアフワーズにてシャラフ・アッダウラに面会し，持参した書簡を届けたこと，そしてそれは快く友好的に受け入れられ，手厚い見送りが約束されたこと *wuʻida bi-iḥsān^{i} al-sarāḥ^{i}*，そして和平と適切な事を取り決めるため，イブン・ハラフに（シャラフ・アッダウラからの）使者が加えられたことが記されていた。*Dhayl*, 118.

この引用をみると，まずシャラフ・アッダウラの軍事行動が開始され，それに応じてサムサーム・アッダウラ側から和平を求める使者が出されたと理解できる。またイブン・ハラフがシャラフ・アッダウラに面会した場所がアフワーズであったことも分かる。このことから，イブン・ハラフがシャラフ・

---

93. *Dhayl*, 100–101; *Kāmil*, IX, 39. この反乱はアブー・ナスル・フワーシャーザを将とする軍隊によって鎮圧される。

94. 第8章第III節2を参照のこと。サーマーン朝ホラーサーン総督職を巡る争いに関係して，シャラフ・アッダウラはファフル・アッダウラと対立していた。

95. サムサーム・アッダウラからシャラフ・アッダウラへの使者である。

アッダウラに会った時期は，シャラフ・アッダウラによるタージュ・アッダウラ政権の打倒後ということになるだろう。

シャラフ・アッダウラはアフワーズ侵攻の前に，同地を支配する弟タージュ・アッダウラに，自らの目的がイラク侵攻であり，弟アブー・ナスル（後のバハー・アッダウラ）の救出にあることを伝え，タージュ・アッダウラの領地を安堵することを提示する[96]。しかし，タージュ・アッダウラはその言を信用せず，対決姿勢を強める。だが，彼の軍はシャラフ・アッダウラ軍を前にして次々と寝返り，結局タージュ・アッダウラは囚われの身となる[97]。

こうしてアフワーズを領有したシャラフ・アッダウラの許へサムサーム・アッダウラからの使者が到着した。*Kāmil* にはアフワーズおよびバスラがシャラフ・アッダウラの支配下に入ったことに危機感を感じたサムサーム・アッダウラが和平を求める使者を送ったと記されている[98]。

先の引用に示した通り，シャラフ・アッダウラはこの和平提案を受け入れる。その内容はサムサーム・アッダウラ側の降伏とも取れるものであった[99]。イブン・ハラフがもたらした書簡はサムサーム・アッダウラと彼の母后，そして宰相アブー・アッライヤーンからのものであり，彼らがシャラフ・アッダウラに服従し，イラクにおいてシャラフ・アッダウラの代官 *niyāba* となることなどが記されていたのである[100]。

これに対してシャラフ・アッダウラはアブー・ナスル・フワーシャーザを伴わせて，イブン・ハラフを帰す。フワーシャーザの役目はこの和平締結を確かなものとするとともに，カリフより恩賜の衣とラカブ，フトバでの唱名権を得ること，そして先の反乱[101]で捕らえられていた弟バハー・アッダウラを解放させることにあった[102]。

96. *Dhayl*, 121.

97. *Dhayl*, 122; *Kāmil*, IX, 44–45.

98. *Kāmil*, IX, 45.

99. 本章第 IV 節で示す，*Ṣubḥ* に収録された和平合意文書の一部を参照のこと。

100. *Dhayl*, 120.

101. 本章第 II 節 5 で検討したイブン・ユースフらの反乱を指す。

102. *Dhayl*, 120. なお *Kāmil* ではサムサーム・アッダウラ側がこれらの条件を

こうして376/986年にシャラフ・アッダウラとサムサーム・アッダウラの間で和平が成立し，和平に関する条約文書が作成されたのである[103]。しかしこの和平は履行されず，シャラフ・アッダウラはイラクへと侵攻する。最終的にサムサーム・アッダウラはシャラフ・アッダウラの軍門に下り，ここにアドゥド・アッダウラの後継を巡る争いは，シャラフ・アッダウラの勝利に終わるのである[104]。

では一旦は和平に傾いたシャラフ・アッダウラの決断を覆した理由は何であったのか。ここで前述のアブー・アルハサン・ムハンマド・ブン・ウマルが登場するのである。

III–4. ムハンマド・ブン・ウマル

アブー・ナスル・フワーシャーザが使者としてバグダードに赴き，またアラー・ブン・ハサンがシーラーズに戻ったため，シャラフ・アッダウラの周囲にはファールスに留まることを強く主張する人物がいなくなる。この隙をついてシャラフ・アッダウラにイラク侵攻を進言したのが，ムハンマド・ブン・ウマルであった[105]。

アブー・アルハサン・ムハンマド・ブン・ウマル Abū al-Ḥasan Muḥammad b. ʻUmar は315/927~8年にクーファで生まれ，アリーの曾孫であるザイド・シャヒード[106]の子孫とされ，ブワイフ朝前半期においてサワード[107]に

提示したことになっている。*Kāmil*, IX, 45. また『時代の鏡要約』によると，この時与えられることになるラカブはザイン・アルミッラ *zayn al-milla*（宗教共同体の飾り）であった。BN 5866, f. 109b.

103. *Dhayl*, 124–126; *Ṣubḥ*, XIV, 92–96.

104. *Yamīnī*, 313–314; *Dhayl*, 133–134; *Muntaẓam*, VII, 132; *Kāmil*, IX, 48, 49; BN 5866, f. 111b.

105. *Dhayl*, 127.

106. Zayd al-Shahīd b. ʻAlī b. al-Ḥusayn b. ʻAlī b. Abī Ṭālib（d. 122/740）. シーア派3代目イマーム，フサインの孫にあたる人物。740年にクーファにてウマイヤ朝に反旗を翻すも鎮圧され，ザイドは乱戦の最中に殺害される。清水和裕『軍事奴隷・官僚・民衆』171–182頁。

広大な土地を有していたとされる人物である[108]。彼の父ウマル・ブン・ヤフヤー[109]は数度アミール・ハッジ *amīr al-ḥajj* を務めた人物であった[110]。これは，彼がカルマト派 *Qarāmiṭa*[111] とのつながりを持っており，巡礼団を安全に往来させることできるという判断がなされたためと思われる。彼は339/950~1年に，カルマト派が持ち去っていたカアバ神殿の黒石を元に戻すことに功績があり，ウマル・ブン・ヤフヤーのカルマト派への影響力は少なからず存在したものと思われる[112]。

そのウマルの息子であるムハンマド・ブン・ウマルがいかにしてサワードに多くの私領地 *ḍay'a* を所有するようになったのか，史料は伝えていない。しかし，しばしば財産没収にあっていることが諸史料に記されているため[113]，彼が多くの動産・不動産を有していたことは間違いない。そこで，彼が莫大な財産を所有していたことについて，状況証拠を積み重ねつつ確認していくことにしよう。

まず父ウマル・ブン・ヤフヤーの行動から糸口をつかもう。al-Khaṭīb

107．この場合「サワード」とはイラク南部の農耕地帯を指す。*Buldān*, III, 272a–275b; Strange, *Eastern Caliphate*, p. 24.

108．*Tajārib*, II, 412; *Baghdād*, III, 34; *Muntaẓam*, VII, 211; BN 5866, f. 173a; *'Umda*, 308.

109．Abū 'Alī 'Umar b. Yaḥyā b. al-Ḥusayn（d. 343/954~5）. *Majdī*, 173.

110．*Awrāq*, 141（328H）, 205（329H）, 240（330H）, 250, 269; *Tajārib*, I, 330; *'Umda*, 305.

111．シーア派・イスマーイール派の一派でイラクとバフラインをその活動拠点とし，ファーティマ朝初代カリフ＝アブド・アッラー 'Abd Allāh al-Mahdī（r. 297–322/909–934）のイマーム位を承認しない集団である。317/930年の大巡礼の最中のマッカを襲撃し，カアバ神殿より黒石を奪取するという事件を起こしていた。*Tajārib*, I, 201; *Takmila*, 62; *Muntaẓam*, VI, 222–223; *Kāmil*. VIII, 207–208; Ahmet 2907/b v. 10, ff. 202b–203a（情報源 Thābit b. Sinān）.

112．*'Umda*, 305; *Tajārib*, II, 126–127; *Takmila*, 163; *Muntaẓam*, VI, 367; *Kāmil*, VIII, 486; Ahmet 2907/b v. 11, ff. 31a–31b.　*'Umda* 以外の史料はウマル・ブン・ヤフヤーの関与を伝えていない。

113．*Tajārib*, II, 412; BN 5866, ff. 89b, 123b.

al-Baghdādī がムハンマド・ブン・ウマルから al-Tanūkhī を経た情報として以下のように伝えている。

> 私はアブー・アルハサン・ムハンマド・ブン・ウマル・アラウィーから以下のように伝え聞いた。すなわち「クーファの主導権 *ri'āsa* は，我々の以前には，ファッダーン家 *Banū al-Faddān* にあった。その後ウバイド・アッラー家 *Banū 'Ubayd Allāh* の主導権が増大した。そこでわが父（ウマル・ブン・ヤフヤー）は彼らとの戦いを決意し，兵を集めたのである。*Baghdād*, V, 17.

この引用はハディース学者アブー・アルアッバース・アフマド・ブン・ムハンマド・イブン・ウクダ Abū al-'Abbās Aḥmad b. Muḥammad Ibn 'Uqda の伝記中[114]の一節で，父ウマル・ブン・ヤフヤーが集めた人員の中にこのイブン・ウクダが入っていたことを伝える記事である。ムハンマド・ブン・ウマルはクーファの主導権[115]の推移を述べているが，「我々の以前に」という発言から，その発言時において，主導権が彼の手中にあることが窺える。

さてここで登場するファッダーン家やウバイド・アッラー家とはどのような人たちであろうか。まず，ファッダーン家であるが，これはムハンマド・ブン・ウマルの祖先でもあるザイド・シャヒード Zayd al-Shahīd の家系[116]に連なる一家である。*'Umda* の記述からすると，ムハンマド・ブン・ウマルの 5 代前の祖先ウマル・ブン・ヤフヤーから分かれたアブー・マンスール・ムハンマド・アクバル Abū Manṣūr Muḥammad Akbar の後裔で，彼がファッダーンと綽名されたことに因む家名である[117]。その綽名の由来は明記

---

114. *Baghdād*, V, 14–23.

115. この場合の「主導権 *ri'āsa*」は，これらの主導権保持者や一族がバグダードのカリフやイラーク政権などから「アミール」として任命されていないことから，クーファ総督が保持するような支配権ではなく，同市の住民に対する影響力や権威のようなものと考えるべきであろう。

116. 章末家系図 3 を参照のこと。

117. *Fakhrī*, 40; *Majdī*, 177; *Shajara*, 129, 143–144. アブー・マンスールの息子フ

されていないが，土地の面積単位を意味する「ファッダーン *faddān*」という綽名から，多くの私領地を所有していたことが窺える。

だがこのファッダーン家は，4代イマーム＝アリー・ザイン・アルアービディーン（d. 95/713）の息子ウバイド・アッラー・アアラジュ ‘Ubayd Allāh al-A‘raj b. ‘Alī Zayn al-‘Ābidīn の後裔であるムハンマド・ウバイド・アッラー3世にクーファの主導権を奪われる[118]。このウバイド・アッラー家の勢力が非常に大きくなり，「天空は神のもの，地上はウバイド・アッラー家のもの *al-samā’^u^ lillāh^i^ wa al-arḍ^u^ li-banī ‘Ubayd^i^ Allāh^i^*」[119] と言われるほどであったという。

ウマル・ブン・ヤフヤーはこのウバイド・アッラー家によるクーファ支配を覆そうとしたことになる。それが先の引用に示された彼の決意であった。彼の決意はザイド・シャヒード系統の側にクーファの主導権を取り戻そうとする試みであったのではないだろうか。ウマル・ブン・ヤフヤーのウバイド・アッラー家打倒の試みがどうなったかは不明であるが，息子のムハンマド・ブン・ウマルがブワイフ朝前期におけるアリー家の大人物 *al-Muqaddam ‘alā al-Ṭālibiyyin fī waqti-hi* と称され[120]，サワードの大地主となったことから考えると，ある程度ウバイド・アッラー家の勢力を削ぐことに成功したのではないだろうか。

ともかく，ムハンマド・ブン・ウマルの家は，父ウマル・ブン・ヤフヤーのクーファでの主導権争いなどの活動により，少なくともクーファにおいて影響力をもつ存在になっていたと考えられる。そしてムハンマド・ブン・ウマルは，これまた詳細は分からないもののブワイフ朝イラーク政権の宮廷に深い関わりを持つようになり，アリー家内部での地位を高めていったものと考えられる。

サインが「ファッダーン al-Faddān」と綽名をつけられたことにより，この一家の名称がファッダーン家となったという説もある。またこのフサインはクーファにおけるライース *ra’īs* であったとされている。*Tahdhīb*, 192; *‘Umda*, 304.

118. *‘Umda*, 357. 章末家系図2を参照のこと。

119. *‘Umda*, 357.

120. *Baghdād*, III, 34; *Muntaẓam*, VII, 211; BN 5866, f. 173a.

そのムハンマド・ブン・ウマルが初めて史料中に現れるのは，353/964年クーファにてベールを身に付けた *mubarqa'* アリー家の出自と称する人物の蜂起を収めた時である[121]。この時蜂起した人物とムハンマド・ブン・ウマルの間で小競り合いが発生したが，当時モースル遠征に向かっていたムイッズ・アッダウラがバグダードに帰還すると，その人物は逃亡したということである。ムイッズ・アッダウラのバグダード帰還と彼の逃亡の因果関係は不明であるが，あるいはハムダーン朝と結託して南北からイラーク政権を脅かそうとしたのかもしれない。この事件を契機に，ムハンマド・ブン・ウマルは当時のブワイフ朝イラーク政権とのつながりを有するようになったものと思われる。

次に彼が史料に現れるのは362/972~3年のことである。イッズ・アッダウラの宰相アブー・アルファドル・シーラーズィー Abū al-Faḍl al-Shīrāzī が逮捕され，その身柄がムハンマド・ブン・ウマルに預けられている[122]。この時すでに彼とイラーク政権とのつながりは存在しているようである[123]。

その後，イッズ・アッダウラが敗死し，アドゥド・アッダウラがバグダードにやってくると，彼の宮廷に出入りするようになる。イッズ・アッダウラからうまく乗り替えることに成功したようである。しかし，アドゥド・アッダウラの宰相ムタッハル・ブン・アブド・アッラー al-Muṭahhar b. 'Abd Allāh のフサイン・ブン・イムラーン Ḥusayn b. 'Imrān 討伐に同行を命じられ，そのムタッハルがイムラーン討伐に失敗し，自害するという事態に直面する。この時のムタッハルの発言がムハンマド・ブン・ウマル逮捕の原因となるのである。以下はその場面である。

> アドゥド・アッダウラは彼の宰相ムタッハル・ブン・アブド・アッラーをバティーハにいるフサイン・ブン・イムラーンとの戦いのために派遣したが，戦況がムタッハルにとって芳しくないものとなり，彼は自らを

121. *Tajārib*, II, 208.

122. *Tajārib*, II, 313; *Takmila*, 212; *Muntaẓam*, VII, 60; BN 5866, ff. 18b–19a.

123. イッズ・アッダウラの下での活動が伝えられている。*Tajārib*, II, 313, 353, 354; *Takmila*, 231; BN 5866, f. 31b.

傷つけ，とうとう死んでしまった。しかし，その際彼から，ムハンマド・ブン・ウマルに対する不満ととれる言葉が聞かれた。そこで，アドゥド・アッダウラは彼を捕らえ，ファールスに送った。*'Umda*, 309[124].

ムタッハルがムハンマド・ブン・ウマルについて述べた不満の具体的な内容は示されていないが，*Tajārib* は，ムハンマド・ブン・ウマルとフサイン・ブン・イムラーンの間で書簡や贈り物のやり取りがあったこと，両者が，自分を不利な状況に追い込もうとしているのではないかとムタッハルが疑っていること，ムハンマド・ブン・ウマルのせいで自分は自殺する羽目になったという趣旨の発言をムタッハルがしたこと，を伝えている[125]。その真相は不明であるが，この発言がムハンマド・ブン・ウマル逮捕の口実として用いられた可能性はある。

これ以前，アドゥド・アッダウラはムハンマド・ブン・ウマルを，バグダードにおいて称賛すべき2人の人物のうちの1人として評価していた[126]。しかし，ムハンマド・ブン・ウマルの影響力に脅威を感じてもいたため[127]，ムタッハルの発言はムハンマド・ブン・ウマルを排除し，その財産を没収するに好都合なものであったに違いない。

---

124. この情報の出典は Hilāl al-Ṣābi' とのことである。

125. *Tajārib*, II, 410, 411; *Kāmil*, VIII, 701.

126. *Baghdād*, V, 364. 称賛すべきもう1人の人物，ムハンマド・ブン・サーリフ・イブン・ウンム・シャイバーン Muḥammad b. Ṣāliḥ Ibn Umm Shaybān の伝記中に示されたアドゥド・アッダウラの見解である。『時代の鏡要約』にも同様の記述がある。BN 5866, f. 89b.

127. *Muntaẓam*, VII, 104–105; BN 5866, ff. 89a–89b. アドゥド・アッダウラは，以前バグダードの住民から恥ずべき言葉でもって迎えられたことを理由に，2度目のバグダード入城に際して，住民の入城行進見物を禁止する処置を，ムハンマド・ブン・ウマルに任せた。そこで彼はバグダードの治安部隊の長たちを集め，住民の統制をはかり，アドゥド・アッダウラの命令を実行したのである。アドゥド・アッダウラは難しい処置をこなし，またバグダードの住民がムハンマド・ブン・ウマルの権威に服している様子を見て，彼を警戒するようになったのである。

こうしてムハンマド・ブン・ウマルは逮捕され，財産没収を受けたのである。彼の財産については以下の記述がある。

> アブー・アルワファー・ターヒル・ブン・ムハンマド Abū al-Wafā' Ṭāhir b. Muḥammad はムハンマド・ブン・ウマルの財貨や不動産を差し押さえるためクーファに派遣された。そして彼は，財貨や武器や各種の蓄えなど，およそ彼自身がそれを集めることなど想像もできないほど多くの品々を目にした。そしてムハンマド・ブン・ウマルの私領地にも手を付けた。それらの私領地はサクイ・アルフラート[128]の主要部分，いやむしろサワードの諸地域にまたがる広大なものであった。*Tajārib*, II, 412[129].

また *'Umda* には，78,000 ジャリーブ Jarīb の耕地を所有していたことが伝えられている[130]。以上の記述から，広大な私領地を有し，莫大な財産を所有していたことが分かる。ムハンマド・ブン・ウマルは，これらの財産を全て奪われ，ファールスの砦に監禁されていたところを，シャラフ・アッダウラによって解放されたのである。彼としてはシャラフ・アッダウラにイラク地方を征服させ，没収財産や私領地の回復に望みをつなごうとするのは当然のことであっただろう。

そして彼はファールス残留を希望するアブー・ナスル・フワーシャーザやアラー・ブン・ハサンがシャラフ・アッダウラの傍にいない絶好の機会を捉え，イラク侵攻を再び進言する。この時，アブー・ナスル・フワーシャーザはサムサーム・アッダウラの使者と共にシャラフ・アッダウラの許へ戻ってくるところであったが，ムハンマド・ブン・ウマルはシャラフ・アッダウラと 2 人きりで話し合い，シャラフ・アッダウラが望んでいることを勧め，

---

128. アンバール anbār やヒート Hit などバグダードに付属する村落およびその耕作地を指す。*Buldān*, IV, 242a-b.

129. *Kāmil*, VIII, 709–710.

130. *'Umda*, 308. 78,000 ジャリーブは，Hinz の換算に従うと，約 124 km^2 となる。Hinz, *Islamische Masse und Gewichte*, p. 65

そしてイラク侵攻が開始されたのである。アブー・ナスル・フワーシャーザには，もはやシャラフ・アッダウラの意見に従うしか道は残されていなかったようで，その決定に対して反対したという証拠はない[131]。

ここでいう「シャラフ・アッダウラの望み」とは，先にみたように，イラクを支配下におさめ，アドゥド・アッダウラの後を継いでブワイフ朝の君主となることに他ならない。*Dhayl* はムハンマド・ブン・ウマルの説得を伝えるが，同時にシャラフ・アッダウラ自身にイラク征服とアドゥド・アッダウラの地位の継承の意志があったことも仄めかす記述となっている[132]。

バグダード入城後，シャラフ・アッダウラはムハンマド・ブン・ウマルに対して旧領を返却しただけでなく，さらに私領地を加増した。一方他の人物に対しては，その旧領や以前所有していた財産を返却したのみであった[133]。ムハンマド・ブン・ウマルは特別扱いを受けたのであった。これは彼がイラク侵攻を進言したことと関わりがあると考えても大過ないだろう[134]。

イラク侵攻は，イラクに戻り，父の後を継ごうとするシャラフ・アッダウラの強い意志とイラクに自己の権益を有するムハンマド・ブン・ウマルの推進という2つの要素が合わさって実現したのである。そしてファールス残留を求める家臣団もイラク侵攻を意図する君主を押しとどめることができず，この動きに従ったのである。

ただし，アラー・ブン・ハサンのように，あくまでファールスに留まることにこだわった人物が存在したことは特記すべき点であろう。彼は，シャラ

131. *Dhayl*, 127.

132. そもそもアブー・ナスル・フワーシャーザやアラー・ブン・ハサンが説得した際に用いた，「イラクへ行った後，アドゥド・アッダウラの精神も肉体も休まることがなかった」としてファールスに留まるよう進言していること自体，シャラフ・アッダウラにイラク行きの望みがあったことを如実に示している。

133. *Dhayl*, 136; *Muntaẓam*, VII, 136; *Kāmil*, IX, 50; BN 5866, f. 113a.

134. シャラフ・アッダウラがムハンマド・ブン・ウマルの功績を高く評価していたことを示す逸話として，ムハンマド・ブン・ウマルの私領地の莫大さを警告した徴税官 *ʿāmil* の報告に対し，シャラフ・アッダウラがそれでは少ないとの判断を示す，という事例がある。*Dhayl*, 173–174.

フ・アッダウラの死後，サムサーム・アッダウラを擁立して，イラクの王権すなわちバハー・アッダウラ政権に対抗するファールス独自の政権[135]の樹立を主導する人物であるが，このようにシャラフ・アッダウラの死後，彼の支配領域がイラクとファールスに二分される遠因は，麾下の勢力がイラク侵攻派とファールス残留派に二分されていたこと，アラーのような人物がファールスに存在したこと，そしてファールス残留派の意向を軽視しイラク侵攻を強行したことに求められるからである。

IV. 機能しなかった和平合意とブワイフ家の論理

376H 年 Ṣafar 月 15 日（986 年 6 月 26 日）サムサーム・アッダウラとシャラフ・アッダウラの間の和平が成立し，Abū Isḥāq al-Ṣābi' によって合意文書が作成された[136]。以下は *Ṣubḥ* に収録された和平合意文書の一部である。

> （前略）両者は称賛されたる道であり，正しく導かれた慣習であるところの，彼らの祖先が彼らのために確立した，相互愛 *ta'āluf*, 相互支援 *tawāzur*, 相互扶助 *ta'āḍud*, 軍事協力 *taẓāfur*, 年長者尊重 *ta'ẓīm al-aṣghar li-al-akbar* と年少者への扶養 *ishbāl al-akbar 'alā al-aṣghar*, 利益の共有 *ishtirāk fī al-ni'am*, 富と取分についての協議 *tafāwuḍ fī al-ḥuẓūẓ wa al-qisam* を守ることについて合意した。（後略）*Ṣubḥ*, XIV, 93[137].

この部分では，ブワイフ朝の父祖たちが確立した相互に協力するという慣習に則って，サムサーム・アッダウラとシャラフ・アッダウラが和平を結ぶこと，年長者に対して敬意を払うこと，そして年少者は年長者の庇護を受ける

135. 第 6 章第 II 節，および第 III 節 2 を参照のこと。

136. BN 5866, f. 110a; *Ṣubḥ*, XIV, 92. ただし *Dhayl* はこの文書の作成にカリフ＝ターイーのハージブであるアブー・アルハサン・イブン・ハージブ・アンヌウマーン Abū al-Ḥasan Ibn Ḥājib al-Nu'mān が関わったことを伝えている。*Dhayl*, 125.

137. この文書自体は刊本で 5 頁にわたる長大なものである。*Ṣubḥ*, XIV, 92–96.

ことが示されている。この文章はブワイフ朝諸政権の連合体制が存在した初期の状況と彼らの関係の特徴をよく示している。従って，*Ṣubḥ* という後世の史料[138]に収録されたものではあるが，偽作や仮託による文書ではなく，その当時の状況をよく知る人物である Abū Isḥāq al-Ṣābi' の手になる書簡である可能性は高いといえよう。

とくに注目したいのは年長者に敬意を示すよう述べている箇所である。ブワイフ一族内部では，年長者を敬い，年長者は一族の主導権（あるいは家長の権威）を保有するという共通認識が存在した[139]。ここでは一族の主導権を指すリアーサ *ri'āsa* という文言は使用されていないが，サムサーム・アッダウラとしては兄シャラフ・アッダウラの年長者としての権威を認めるという意図で「年長者への敬意」という文言を入れたものと思われる。すなわち彼はシャラフ・アッダウラのリアーサを承認しているのである。

本章第I節2において，サムサーム・アッダウラは積極的にアドゥド・アッダウラの後を継いで支配者になろうとしたわけではなかったことを指摘した。サムサーム・アッダウラはバグダードにいた官僚，恐らくイブン・サアダーンの主導のもと，兄シャラフ・アッダウラを差し置いてアドゥド・アッダウラの後継者となったのである。そして今やその兄シャラフ・アッダウラは強大な勢力を擁してイラク侵攻を企図し，自らの前に現れたのである。そこでサムサーム・アッダウラが持ち出したのが，一族政権の連合体制とその協調関係というブワイフ朝第一世代の君主たちが有していた支配の論理であり，リアーサ保持者への服従という姿勢であった。

---

138. 後期マムルーク朝の文人シハーブ・アッディーン・アフマド・カルカシャンディー Siḥāb al-Dīn Aḥmad al-Qalqashandī（d. 821/1418）の著した『書記術に盲い者にとっての黎明 *Ṣubḥ al-a'shā fī ṣinā'at al-inshā*』と題する書記術のための大百科事典に収録された文書である。同書は400年ほど後の編纂物ではあるが，著者の時代までの任命文書や外交文書など，現存しないものを含め多数収録しており，またその収録文書については手を加えずに収録しているとされており，その利用価値は高いとされる。佐藤次高「Vアラブ（後期）」588頁。

139. 第1章第II節参照。

相互愛，相互支援等の文言は，サムサーム・アッダウラとシャラフ・アッダウラの対等関係を暗示している。一方が完全に従属してしまった場合，「相互」[140]という言葉で表される関係にはならないからである。その一方で，一族内部の関係においては兄の権威を認めるのである。政権の支配者としては対等であるが，一族内の関係において従属する，それが和平合意文書に示されたサムサーム・アッダウラの意図であった。彼にとっては，それこそがイラクに存在する自らの政権を平和的に維持するための，最善の方法だったと思われる。

Busse は，「ブワイフ朝はその初期よりバグダードとシーラーズの間では年少者が年長者に服従するという原則を有していた」とするが[141]，第 1 章第 II 節での検討から分かるように，上記 2 都市に基盤を置いたブワイフ朝政権の間だけでそのような原則が働いていたわけではない。またサムサーム・アッダウラはシャラフ・アッダウラのイラク侵攻に直面して初めて，年長者に従う姿勢を表明しており，常にシャラフ・アッダウラに対して敬意を示していたわけでもない。この場合，これまで年長者シャラフ・アッダウラに対して敬意を示していなかったサムサーム・アッダウラが，自政権存続の手段としてブワイフ家の論理を持ち出してきたと理解すべきであろう。そしてこの事から，アドゥド・アッダウラ以前のブワイフ朝内で意識されていたリアーサの概念は，彼の死後それほど強く意識されていなかったと考えることもできるだろう。

ともかく，こうして一旦は定まった和平合意であったが，前述のように，ムハンマド・ブン・ウマルの説得を受けたシャラフ・アッダウラは合意文書が手元に届く前にイラク侵攻を開始し，結局サムサーム・アッダウラはその軍門に下ったのである。自らの政権を維持し，兄弟政権の並存を実現しようとした彼の試みは，アドゥド・アッダウラの地位を受け継ごうとする兄シャラフ・アッダウラの執念の前に潰えたのであった。

---

140. 引用文中に示した通り，ほとんどの語句が第 VI 型の動名詞である。第 VI 型は「相互に～する」という意味を含む。

141. Busse, *Chalif und Grosskönig*, p. 66.

以上，アドゥド・アッダウラ死後のシャラフ・アッダウラとサムサーム・アッダウラによる後継争い，および両者を支えた家臣たちの動向や利害について見てきた。

まずいえることは，シャラフ・アッダウラとサムサーム・アッダウラによる，アドゥド・アッダウラの後継位を巡る争いは，継承権を保有するシャラフ・アッダウラとサムサーム・アッダウラの意志というよりも，アドゥド・アッダウラ死去当時，バグダードに存在した家臣たちによって引き起こされたということである。アドゥド・アッダウラはシャラフ・アッダウラ，サムサーム・アッダウラのどちらを後継者とするかを明確にしていなかった。それがこの争いの遠因となったわけであるが，史料から見えてくるのは，アドゥド・アッダウラの家臣たちによるサムサーム・アッダウラ擁立とシャラフ・アッダウラ排除の動きである。

では，なぜシャラフ・アッダウラが排除されなければならなかったのか。彼自身の要因としては，母親がトルコ系奴隷女であったことや父アドゥド・アッダウラの仇敵イッズ・アッダウラの娘を妻としていたこと，そして父の死の床で見せた失態などが挙げられよう。とくに母親の出自に関する問題は，ダイラム政権としてのアドゥド・アッダウラ政権においては不利に働いた可能性はある[142]。

本章第II節では，5年にわたるサムサーム・アッダウラ政権の内実を検討した。その間に，官僚たちの勢力争いやサムサーム・アッダウラ麾下の諸軍団の離散が頻発していたことが明らかとなった。この事からサムサーム・アッダウラは家臣団や軍隊に対する権威に欠け，支配者の資質に欠ける人物であったと思われる。アドゥド・アッダウラの後継者として登場する以前の彼の事績はほとんど伝わっていない。これはキルマーン総督に任命され，シーラーズの留守居を任されたシャラフ・アッダウラとは対照的である。このこ

---

142. その一方で，サムサーム・アッダウラの母親はジール王シャーフジール・ブン・ハルーシンダーンの娘であり，ダイラム・ジール系諸侯に受け入れられやすかったものと思われる。*Tājī*, 9 および第4章第II節を参照のこと。

とから，少なくともアドゥド・アッダウラの家臣団にとってサムサーム・アッダウラはシャラフ・アッダウラよりも御しやすい存在として映っていた可能性は指摘できるだろう。それゆえにシャラフ・アッダウラは排除され，サムサーム・アッダウラが擁立されたものと思われる。そして，それほど権威もなく，家臣たちの動きを制御できないサムサーム・アッダウラの下，官僚たちは勢力争いを繰り広げ，政権自体の力を弱めていき，最終的に多くの官僚たちがサムサーム・アッダウラ政権の中枢を追われ，ダイラム君侯が君主サムサーム・アッダウラを操るようになっていくのである。

一方，シャラフ・アッダウラはシーラーズ入城後に，それ以前に逮捕・収監されていたアドゥド・アッダウラの家臣やイラクの有力者を釈放し，彼らを自らの家臣として用いる。またファールス出身の家臣を登用して，政権の基礎を確立するのである。これは彼自身がキルマーンへ追放された身であり，キルマーンへ自らの家臣を伴うことができなかったためと考えられる。キルマーンからファールスへ引き返す際にイブラーヒーム・ダイラムサファール Ibrāhīm Daylamsafār という名の家臣が *Dhayl* に登場するが[143]，それ以後彼についての言及はなく，もっぱらファールスで採用した家臣たちがシャラフ・アッダウラの政権を支えることになった。従って，シャラフ・アッダウラ政権はファールスの地縁を有する多くの家臣と，イラクから追放・収監されていた少数の家臣という構成で成立したのである。そしてその構成を反映してか，イラクへの侵攻と政権のイラクへの移転を嫌いファールスに留まることを希望する家臣たちが多く，政権樹立当初のシャラフ・アッダウラはイラクへ進出することを断念していたのである。

しかし，シャラフ・アッダウラはアドゥド・アッダウラの後を継ぐという意欲を保持し続けた。そして，サムサーム・アッダウラ政権の混乱という絶好の機会を捉え，またイラクに地縁のある家臣ムハンマド・ブン・ウマルの説得もあって，最終的にはイラク侵攻の道を選んだのである。このムハンマド・ブン・ウマルは父の代よりクーファを拠点にイラクのサワード地帯に大規模な私領地を所有し，ブワイフ朝イラーク政権やアドゥド・アッダウラの

143. *Dhayl*, 80.

宮廷に出入りした有力者であった。アドゥド・アッダウラの晩年に逮捕，財産を没収され，ファールスに追放，収監されていたが，シャラフ・アッダウラによって解放され，その側近となっていたのである。ムハンマド・ブン・ウマルとしては自らの旧領と財産の回復のためには，是非ともシャラフ・アッダウラにイラクを征服してもらう必要があった。

こうして，父の後を継ぐことを望むシャラフ・アッダウラとイラクの旧領回復を願うムハンマド・ブン・ウマルの利害は，イラク侵攻とサムサーム・アッダウラ政権の打倒ということで一致したのである。

サムサーム・アッダウラはシャラフ・アッダウラのイラク侵攻と自政権の消滅を食い止めるべく，和平を持ちかけ，シャラフ・アッダウラの家長としての権威を認め，自らはその権威に服すことを表明する。もしシャラフ・アッダウラがこれに満足していたならば，ブワイフ朝第一世代の君主，イマード・アッダウラ，ルクン・アッダウラ，ムイッズ・アッダウラがそれぞれ独自の政権を有し，3政権が鼎立していた状態が再現することになっただろう。すなわちファールスには兄シャラフ・アッダウラ，ジバールには叔父ファフル・アッダウラ，そしてイラクには自分が政権を保持し，一族の最年長者を敬いその権威に服しつつ，共存する状態を意味する。しかし，アドゥド・アッダウラの地位を継承することにこだわったシャラフ・アッダウラの前に，その試みは脆くも潰えたのである。

アドゥド・アッダウラの後継を巡る争いはこうしてシャラフ・アッダウラの勝利に終わった。だがこの争いの経過から見えてきたものは，アドゥド・アッダウラの息子たちが強い指導力を発揮して，父の後継位を獲得しようとしたわけではなく，むしろ彼ら後継候補者を支える家臣団の利害が優先され，後継候補者の行動を規定していたという事実である。アドゥド・アッダウラという強大な指導力を有した人物の死によって，これ以後のブワイフ朝の政治史的展開には，王家の人間ではなく彼らを支える家臣たちの意向が強く反映されるようになり，統一を志向する強大な権力を有する君主が現れず，さらなる分裂が生じブワイフ朝の勢力が衰退していくことになるが，この後継争いはその端緒であったといえるだろう。

家系図 1：アドゥド・アッダウラの婚姻関係と子供たち

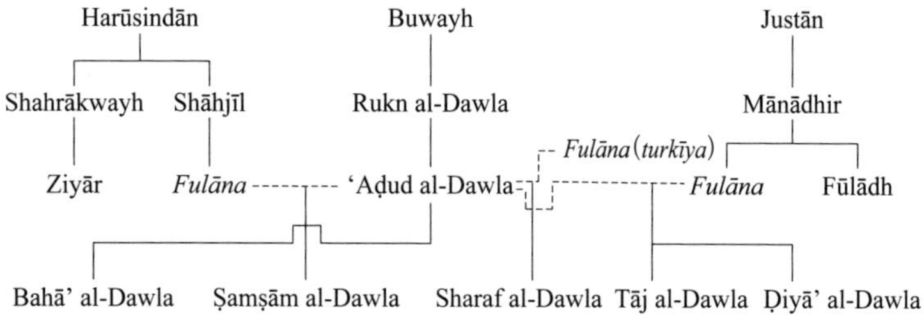

点線は婚姻関係を示す
斜体は女性を示す

家系図 2：'Ubayd Allāh 家と 'Alī 諸家

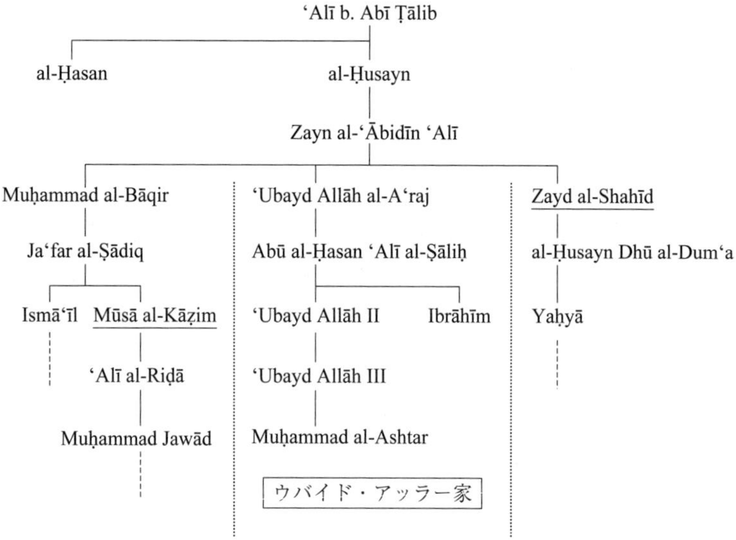

'Umda の情報を基に作成（図 3，4 も同様）

家系図 3：Zayd al-Shahīd 家と al-Faddān 家，および Muḥammad b. ʻUmar の家系

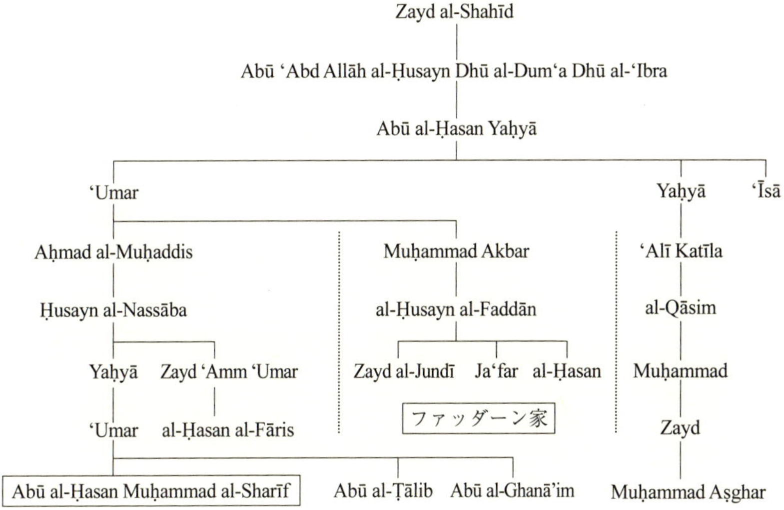

家系図 4：al-Mūsawī 家

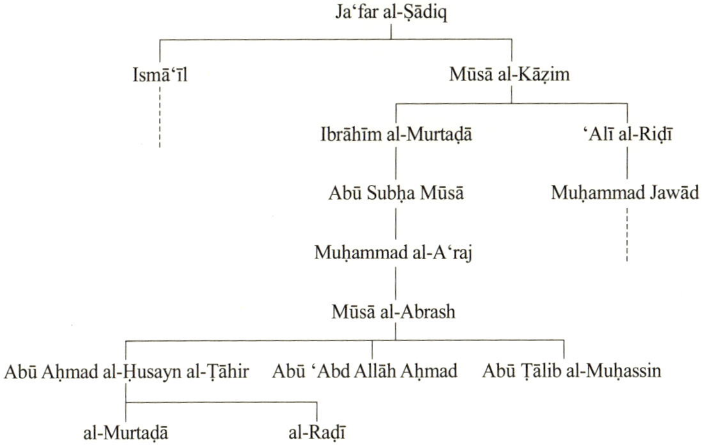

第6章　第二次ファールス政権とダイラム

はじめに

379/989年，弟サムサーム・アッダウラ Ṣamṣām al-Dawla との後継争いを経てイラクを征服し，父アドゥド・アッダウラ ‘Aḍud al-Dawla の残した領土のうち，キルマーン，ファールス，フージスターン，イラクを統一したシャラフ・アッダウラ Sharaf al-Dawla が死去した。バグダード入城から3年弱，28歳という若さでの死であった。彼の死後，ひとたび統一された上記の地域は分裂し，再びブワイフ一族による権力闘争が繰り広げられることとなる。最終的には，シャラフ・アッダウラの後継者としてバグダードにおいて支配者となったバハー・アッダウラ Bahā’ al-Dawla が上記の地域を統一することで決着がつくが，それには10年を超える歳月を要したのである。またこの過程でバハー・アッダウラはその拠点をバグダードからファールス地方の主邑シーラーズへと移すことになる。

このシャラフ・アッダウラ死後，バハー・アッダウラのシーラーズ入城までの期間については，概説書や研究書の中でその概要が述べられる程度で[1]，これまでほとんど詳細な検討がなされてこなかった。しかし，当該時期の出来事を記した史料に目を通すと以下の3つの疑問が浮かび上がってくる。

第一はイラクにおける後継問題である。シャラフ・アッダウラには長男ア

---

1. シャラフ・アッダウラ死後のイラクとファールスの争いについては，Kabir, *The Buwayhid Dynasty of Baghdad*, pp. 78–81; Abbott, “Two Būyid Coins”, pp. 361–363 に経緯が示されている。その他 Donohue, *The Buwayhid Dynasty in Iraq*, p. 98; Kennedy, *The Prophet*, pp. 237–238 も参照のこと。

ブー・アリー Abū ‘Alī[2] がいたが，彼は後継者として在バグダードの家臣団から推戴されず，シャラフ・アッダウラの弟バハー・アッダウラが君主として推戴された。アブー・アリーは父の死の直前に，アトラーク軍団と家族や財産を抱えてファールスに向かったが，これは父シャラフ・アッダウラの命令によるものであった。彼は自らが父アドゥド・アッダウラによってキルマーンへと派遣されたことと同様のことを息子に命じたのであった。その意図はいかなるものであったのか。またバグダードの家臣団はなぜバハー・アッダウラを君主として推戴したのであろうか。

第二はファールスにおけるサムサーム・アッダウラ擁立の問題である。彼は恐らくシーラーフ近郊のとある砦に収監され，シャラフ・アッダウラの死の直後に，目を潰される刑に処されていた。その彼が支配者として擁立され，シーラーズを目指して進軍，同地の勢力より君主として迎えられる。カリフ就任者の資格要件に見られるように，盲目であることは支配者として不適格であると思われるが[3]，盲目のサムサーム・アッダウラはその後 10 年近くにわたってファールスの支配者であり続けた。何故ファールスの人々は，支配者としては欠格者であると考えられるサムサーム・アッダウラを擁立し，イラクのバハー・アッダウラ政権に対抗したのであろうか。

第三は，バハー・アッダウラとサムサーム・アッダウラの間で繰り広げられた戦いの争点は何であったのかということである。両者が争った 10 年間の経緯を見ると，バハー・アッダウラ側は執拗にファールス侵攻を行っているが，それに反してサムサーム・アッダウラ側は一度フージスターンに侵攻し，これを自領としている程度で，イラクへの進出までは考えていなかったようである。従って，検討すべきはバハー・アッダウラの意図ということになるだろう。

本章では，以上の 3 つの問題点のうち，ブワイフ朝の政権構造を考える

---

2. 母親，生年ともに不明である。シャラフ・アッダウラはイッズ・アッダウラの娘と 364/974~5 年に 13 歳で結婚している。BN 5866 f. 49a. アブー・アリーの母親がこの女性であるとすれば，379/989 年当時のアブー・アリーは 14 歳以上ではない。

3. *Aḥkām*, 6; アル＝マーワルディー『統治の諸規則』9 頁。

上で重要な第二の問題点について検討を行う[4]。ブワイフ朝史研究において，ファールスの状況に注目した先行研究は皆無といってよい。その理由は明らかで，諸史料に示されるファールスの事例が最も少ないからである。ブワイフ朝発祥の地であるファールスについては，創始者イマード・アッダウラによるファールス征服までの過程が詳しく述べられるが，その後については，史料作者の注目がイマード・アッダウラの2人の弟ルクン・アッダウラとムイッズ・アッダウラによる領土拡大と，とくに後者のイラク統治に移り，イマード・アッダウラによるファールス統治にその記述が割かれることはほとんどなくなるのである。

さらにこの状況は，アドゥド・アッダウラのファールスでの活動についてもあてはまる。彼の活動が史料中に取り上げられるようになるのは，イラク遠征（364/974~5年）の頃からであるが，ファールスの実態については触れられず，もっぱら遠征の経過が語られるのみである。シャラフ・アッダウラの在ファールス期の状況についても同様に不明である。

このようにブワイフ朝期におけるファールスの実態については，史料的な制約という問題が存在するため，ほとんど研究の対象になってこなかった。しかし，シャラフ・アッダウラ死後からバハー・アッダウラのファールス征服の期間に関しては，恐らく唯一の例外といってもよいだろうが，ファールスの状況を示す記述が諸史料に現れる。何故ならこの時期ファールスは，初めて外圧に晒されることになるからである。

ファールスはイマード・アッダウラ以降，外へ向かうブワイフ朝勢力の根拠地としての役割を果たし，それ故外敵の侵入を受けることがなかった。恐らくはそれが原因で諸史料の注目からも外れて来たのであろう。しかし，シャラフ・アッダウラ死後の時期においては，バハー・アッダウラがファールスを征服すべく侵攻を繰り返し，最終的にファールスはその軍門に下ることになる。そしてその過程において，ブワイフ朝支配下のファールスの状況が

---

4. 第一の問題点については本章での検討を進めるに当たって，適宜触れる予定である。また第三の問題点については，バハー・アッダウラの治世全体を見通した上で詳細に検討を要すると考えるため，今後の課題とする。

わずかではあるが明らかになってくるのである。

これまでの研究はイラクに視点を置き，ファールスをバハー・アッダウラによって征服される地域以上の認識でもって見ることはなかったが，本章ではファールスに焦点を当て，これまでのブワイフ朝理解とは異なるブワイフ朝像を提出することを目指す。具体的には，まずファールスにおいて盲目のサムサーム・アッダウラが支配者として擁立される背景を明らかにし，続いて彼の許で活躍した人々に焦点を当てることでファールスの政権構造を解明し，なぜイラクの王権[5]に対抗する政権がファールスに樹立され，またなぜその政権が崩壊したのかという問題を考察する。この検討を通して，ファールスにおけるダイラム勢力の存在と彼らのブワイフ朝史における位置づけが明らかにされるとともに，史料の空白期間におけるファールスの状況もおぼろげながら見えてくるだろう[6]。

I. サムサーム・アッダウラへの科刑の背景と経緯

サムサーム・アッダウラが再び支配者となる要因について検討する前に，彼が科刑によって盲目にされることになる背景とその経緯を明らかにしよう。376/987年シャラフ・アッダウラのイラク侵攻を目の当たりにしたサムサーム・アッダウラは抵抗を諦め，その軍門に下る[7]。その際，投降したダイラ

5. すなわちバハー・アッダウラのイラーク政権を指す。現段階では，バハー・アッダウラ政権に対して詳細な検討を行っていないため，彼の政権を「イラーク政権」あるいは「第二次イラーク政権」などの名称を与えることは控えた。今後の課題としたい。

6. 前述の通り，サムサーム・アッダウラのファールスにおける王権については，これを中心に取り上げる先行研究は存在しない。もちろん，個別の事件等については様々な先行研究で取り上げられているが，それらがサムサーム・アッダウラ政権の性格を明らかにするための材料としては用いられていないのである。従って，本章での考察がファールスにおけるサムサーム・アッダウラ政権（本章ではこれを「第二次ファールス政権」と呼ぶ）の構造を明らかにする初の試みとなろう。

ム将兵の反乱を懸念するシャラフ・アッダウラの側近ナフリール Naḥrīr al-Khādim がサムサーム・アッダウラの殺害を勧める[8]。その後サムサーム・アッダウラはシャラフ・アッダウラのバグダードでの謁見式に出席するが，そこで捕らえられ，ファールスの砦に収監される[9]。そして問題の科刑がシャラフ・アッダウラの死の直後に行われるのである。

Dhayl の 379H 年条に，ナフリールが持論であるサムサーム・アッダウラへの科刑の件をシャラフ・アッダウラに持ちかける様子が伝えられている。以下はその際の発言である。

> 王者たる者は，一旦その玉座についた以上，時の経過やその諸々の出来事から安全ではありません。そして陛下の政権 *dawlat-ka* はサムサーム・アッダウラが生きている限り，危険に晒されているのです。*Dhayl*, 149.

ナフリールはサムサーム・アッダウラが存在する限り，シャラフ・アッダウラの王権は覆される可能性があることを指摘しているのであるが，シャラフ・アッダウラは弟サムサーム・アッダウラの殺害を嫌い，この進言を退ける。しかし彼が瀕死の状態となった時，ナフリールはサムサーム・アッダウラを失明させること *kaḥl*[10] を提案し，シャラフ・アッダウラはそれを承認するのである[11]。

---

7. *Dhayl*, 130–131.
8. ナフリールはシャラフ・アッダウラ側に投降したダイラム軍団がサムサーム・アッダウラを担いで反乱を起こす可能性を示唆している。しかしシャラフ・アッダウラはその忠告を退けている。*Dhayl*, 132.
9. *Dhayl*, 134.
10. *kaḥl* とは「目の周りにコール墨（この顔料自体はクフル *kuḥl* という）を塗ること」を意味する *kaḥala* の動名詞で，いわゆるアイシャドウをすることである。この顔料を使用することで受刑者を失明させられるのかという点については後述する。
11. *Dhayl*, 149. サムサーム・アッダウラへの科刑が叶わないと思ったのか，ナ

こうして，その命を受けたムハンマド・ファッラーシュ Muḥammad al-Farrāsh なる人物がファールスに派遣されるのであるが，サムサーム・アッダウラが収監されていた砦に到着した時，シャラフ・アッダウラの訃報が届く。そこでファッラーシュは砦の長であったルーズビフ Rūzbih なる人物と相談し，アブー・アルカースィム・アラー・ブン・ハサン Abū al-Qāsim al-'Alā' b. al-Ḥasan[12] に，すでに死去した王の命令を実行することについて許可を求める。アラー・ブン・ハサンはそれを許可し，ファッラーシュはサムサーム・アッダウラに対する刑を執行するのである[13]。

しかし，その効果は不十分だったようで，その砦でサムサーム・アッダウラに仕えていたブンダール Bundār なる召使が，彼に視力があることに気づき，これをムハンマド・ファッラーシュに報告，ファッラーシュは短刀を用いてサムサーム・アッダウラの両眼を抉る[14]。こうしてサムサーム・アッダ

フリールは彼を失明させることに方針転換している。この科刑によってサムサーム・アッダウラの王権獲得の可能性を消滅させようとしたことは間違いない。カリフ就任要件に準じて，アミールなどの支配者も感覚器官の正常性が求められたものと思われる。例えば，『カーブースの書』第十九章「ポロについて」では，独眼の王アムル・ブン・ライスに対し，「ポロに興じていて眼球に当たった場合，王位を手離すことになる」との忠告がなされた逸話が紹介されている。この逸話からも視力を欠くことは支配者の資格なしと見なされる条件であったことが分かる。*Qābūs Nāmah*, 96;「カーブースの書」68–69 頁。また *Aḥkām*, 6; アル＝マーワルディー『統治の諸規則』9 頁を参照のこと。

12. 後に第二次ファールス政権において宰相を務める人物であるが，この時はサムサーム・アッダウラに対する故シャラフ・アッダウラの肉刑命令に裁可を与えている。本章第 II 節および第 III 節 2 を参照のこと。

13. *Dhayl*, 149–150.

14. *Dhayl*, 150. *kaḥl* の効果があまりなかったようである。一般的に人の視力を奪う際に用いられるアラビア語は *samala*（目を潰す，抉る）であるが，*kaḥala* という語でも「視力を奪う・失明させる」ことを意味する。Dozy は，熱した針の如き器具を瞼の隙間に差し込み失明させること，と説明している。Dozy, *Supplément aux Dictionnaires Arabes*, vol. II, 446a-b. 例えば，カリフ＝カーヒル al-Qāhir billāh（r. 320–322/932–934）は廃位後に盲目にされているが，

ウラは完全に光を失い，不具となるのである。

II. 第二次ファールス政権の成立

では不具者となったサムサーム・アッダウラはなぜファールスの支配者に擁立されることになったのであろうか。以下ではその要因を明らかにしよう。シャラフ・アッダウラの死の知らせが届き，彼の息子アブー・アリーがファールスへ向けて進軍している最中，サムサーム・アッダウラは同じ砦に収監されていたディヤー・アッダウラ・アブー・ターヒル・ファイルーズ Ḍiyā' al-Dawla Abū Ṭāhir Fayrūz[15] と共に，砦の守備兵らによって解放される。同じく収監されていたフーラード・ブン・マーナーズィル Fūlādh b. Mānādhir も解放される[16]。そして 3 人はサムサーム・アッダウラとディヤー・アッダ

その際 *Awrāq* は「そこで彼（刑の執行者）はカーヒルに *kaḥala* を行い，彼を盲にした *fa-kaḥala-hu wa a'mā-hu*」と述べている *Awrāq*, 20。同じ出来事を *Tajārib* は「カーヒルは目を抉られた *sumila al-Qāhir*」と受身形であるが，*samala* で伝えている *Tajārib*, I, 292。これらの記述から *kaḥala* と *samala* の双方が，人の「視力を奪う・失明させる」行為を指していることが分かる。ただし *kaḥala* の場合，サムサーム・アッダウラの事例のように完全に視力を奪うに至らないこともあったようである。

15. 彼は兄サムサーム・アッダウラの命により，兄弟のタージュ・アッダウラ・アブー・アルフサイン・アフマド Tāj al-Dawla Abū al-Ḥusayn Aḥmad と共にシーラーズへ向けて派遣されたが，シャラフ・アッダウラが先に到着していたためにシーラーズ行きを断念し，バスラにてサムサーム・アッダウラ政権から独立した政権を樹立していた。そして 375H 年にシャラフ・アッダウラの侵攻を前に捕らえられていた。*Dhayl*, 78–80, 123; *Kāmil*, IX, 22–23, 45; BN 5866 f. 97a.

16. *Dhayl* には，フーラードが収監された砦として「ナフル砦 qala'at Nahr」の名前が挙げられている。*Dhayl*, 131. また『時代の鏡要約』によるとフーラード以外にも多数のダイラム君侯がその砦に収監されていたようである。そして彼らはシーラーフに向かい，そこからシーラーズへ向けて北上するのである。BN 5866, f. 121b.

ウラが王となることで一致し，集結したダイラムがこれを承認し，一行はシーラーズへと向かうのである[17]。

当時シーラーズにいたアラー・ブン・ハサンはシャラフ・アッダウラの息子アブー・アリーを迎える手はずを整えているところであった。しかしこのサムサーム・アッダウラ一行のシーラーズへの接近を知ったアラー・ブン・ハサンは，アブー・アリーの迎え入れををやめ，サムサーム・アッダウラ側につくことを選ぶ[18]。

その理由はアブー・アリーの傍らに仕えるラディーウ Abū al-Qāsim al-Raḍī‘ の存在に求めることができよう。ラディーウはシャラフ・アッダウラによってアッラジャーンの代官職 *niyāba* を担っていた人物で，ファールスに多くの所領を有する有力官僚の一人であった[19]。アブー・アリーを迎えた場合，アラー・ブン・ハサンではなくこのラディーウが行政権などを掌握する可能性が高くなる。これはアラー・ブン・ハサンにとって望ましくない状況であったことだろう。そこで同じくシーラーズを目指していたサムサーム・アッダウラの勢力に加わることを選び，そのためにアブー・アリーを排除するための策略を実行する。

アラー・ブン・ハサンはシーラーズにいたダイラムの有力者60名をアブー・アリーの許へ赴かせ，ラディーウについて讒言させる。そして彼を逮捕させた後，アブー・アリーをシーラーズへ入城させる。その後，アブー・アリーの率いてきたアトラーク軍団とシーラーズにいたダイラムの間に不和を起こさせ，アブー・アリーがシーラーズから退去するよう仕向ける[20]。アラ

---

17. *Dhayl*, 160; BN 5866, f. 121b.
18. *Dhayl*, 160.
19. アラー・ブン・ハサンがラディーウのイクターを餌にダイラムの有力者たちの支持を取り付けていることから，ラディーウ所有の多くのイクターがファールスに存在していたと思われる。さらに彼は第二次ファールス政権においてもその活動が見られ，最終的に同政権と命運を共にしていることから考えて，ファールス出身の有力者の一人であったと思われる。ただ，一度アラー・ブン・ハサンに追われたラディーウがいかなる経緯で第二次ファールス政権に加わったのかについては不明である。*Dhayl*, 159–160, 246, 314–5.

ー・ブン・ハサンはダイラムの有力者たちに，ラディーウが所有するイクターの分配を約束し，彼らを味方につけていたのである。

この計略は成功し，アブー・アリーは側近を失い，かつシーラーズで王権を確立することもできずにアッラジャーンへと去る[21]。そしてアラー・ブン・ハサンはサムサーム・アッダウラをシーラーズに迎え，フーラード・ブン・マーナーズィルと共にサムサーム・アッダウラ政権の行政を司ることになるのである。またこの時ディヤー・アッダウラが死去しているが，一説によると，毒殺されたとのことである[22]。盲目のサムサーム・アッダウラ1人を君主と仰ぐことがフーラードやアラー・ブン・ハサンにとって好都合であったことは十分に考えられ，ディヤー・アッダウラの死が陰謀によるものである可能性は高い。

この他ディヤー・アッダウラが排除され，サムサーム・アッダウラ一人が君主となった理由としては，(1) サムサーム・アッダウラはダイラムとジールの双方の高貴な家系の血を引く人物であり，血統的にダイラムおよびジールの支持を得やすかったこと，(2) サムサーム・アッダウラを擁立した主要な人々が，フーラードをはじめとするダイラム有力者すなわち372/983年のサムサーム・アッダウラ即位以来の家臣であったため，新たな主従関係を築く必要がなかったことが挙げられるだろう。また，(3) その時点でサムサーム・アッダウラがアドゥド・アッダウラの息子たちの中では最年長で

20. *Dhayl*, 160–162.

21. その後，アブー・アリーは麾下のアトラーク軍団と共にイラクのバハー・アッダウラの軍門に下るが，最終的には殺害されている。*Dhayl*, 162. 彼のファールス行きは，イラクの軍事力の分裂を意味し，同時期に後ジバール政権によるアフワーズ遠征（第8章第IV節2を参照）と相俟って，バハー・アッダウラ政権の勢力を一時的に弱体化させたという意義を有する。またファールスの諸勢力はアブー・アリーの接近に対して，サムサーム・アッダウラを支配者とすることでまとまり，以後10年にわたってイラクの政権の侵攻に対峙する政権を成立させるという意義もあった。つまり，ファールス地方のダイラムを中心とした勢力の集結を促したのである。

22. *Dhayl*, 163; BN 5866, ff. 121b–122a.

あったことも理由として考えられるのではないだろうか。

（1）は，ファールス一帯に住まうダイラムから新たに支持を獲得するには有利な条件であっただろう[23]。（2）についてはダイラムの貴顕たち *a'yān al-Daylam* がサムサーム・アッダウラと共に逮捕されていたことが伝えられているが[24]，彼らは恐らく，サムサーム・アッダウラがシャラフ・アッダウラ陣営へ投降する際に，同じく投降したダイラム有力者およびシャラフ・アッダウラのバグダード入城の際に騒乱を起こしたダイラム軍団の有力者であると思われる[25]。

一方，ディヤー・アッダウラも375/986年に家臣共々シャラフ・アッダウラに捕らえられているが，その家臣の構成は伝わっておらず，その中にダイラム有力者が存在したかどうかは不明である[26]。従って，史料から確認できる限りではあるが，サムサーム・アッダウラらと共に収監されていたダイラムは彼の家臣であったダイラムであると考えるのが妥当だろう。以上の通りであるならば，ともに解放されたサムサーム・アッダウラの家臣たちが彼を擁立するのはごく自然なことであろう。

また（3）については，サムサーム・アッダウラがバハー・アッダウラの兄，アブー・アリーの叔父であり，彼らに対する年長者としての，すなわちリアーサの保持を主張しうる立場にあったことが根拠となる。またディヤー・アッダウラの兄タージュ・アッダウラはファフル・アッダウラに拒絶されているが[27]，サムサーム・アッダウラの場合ファフル・アッダウラとの関

---

23. サムサーム・アッダウラの血統については *Tājī*, 9, 第4章第II節，および第4章末尾の系図を参照のこと。

24. BN 5866, f. 121b.

25. この騒乱はダイラムとアトラークの間で起こされたものであるが，一部のダイラムがサムサーム・アッダウラを擁立して，シャラフ・アッダウラの王権を覆そうとしたと伝えられている。*Dhayl*, 132–133; *Kāmil*, IX, 49; BN 5866, f. 121b.

26. *Dhayl*, 123. バスラにいた彼を捕らえたのは，アラー・ブン・ハサンであった。

27. ファフル・アッダウラの許に身を寄せたタージュ・アッダウラはダイラム

係も良好で[28]，後ジバール政権との関係を考えるとサムサーム・アッダウラを擁立する方が有利であったことは考えられる。

ともかくサムサーム・アッダウラはアラー・ブン・ハサンとフーラードの補佐を受けてファールスの支配者となった。その後，ファールスの行政は主にフーラードが取り仕切ったようであるが[29]，アラー・ブン・ハサンがアブー・アリーのシーラーズ入城に対して，策をもってこれを退けた点も見逃せない。このアラー・ブン・ハサンは，前述の通り，サムサーム・アッダウラを盲目にするという，亡きシャラフ・アッダウラの命令の遂行に許可を与えた人物であった。その彼が旧主シャラフ・アッダウラの息子アブー・アリーではなく，旧主の敵であったサムサーム・アッダウラを主君として迎え入れたのはいかなる理由だったのだろうか。

ここで考えられるのが，ダイラムの存在である。先に指摘したように，収監先の砦を下ったサムサーム・アッダウラを君主として仰いだのは，同じく収監されていたダイラムであり，またシーラーフに集まって来たダイラムたちであった[30]。前者は明らかにシャラフ・アッダウラ政権に恨みや反感を持つ者たちであっただろうし，その代表としてフーラードが挙げられよう。一方シーラーズにも多数のダイラムが存在していた。そのうちの有力者 60 名がアブー・アリーの許を訪れたことはすでに述べたが，それ以外のダイラムの存在も確認できる[31]。

一方アブー・アリーの主力はアトラーク軍団であった[32]。その彼を受け入

地方のある砦に収監され，その後ファフル・アッダウラが死に瀕した際，殺害されている。*Dhayl*, 122–123.

28. Abbott, “Two Būyid Coins”, p. 361.

29. *Dhayl*, 163; BN 5866, f. 122a.

30. BN 5866, f. 121b. 集まって来たのはダイラムだけのようである。彼らは砦に収監されていた者ではなく，ファールス各地に居住していた者たちと考えるべきであろう。

31. *Dhayl*, 160–163; *Kāmil*, IX, 63.

32. *Dhayl*, 151. シャラフ・アッダウラはアブー・アリーのシーラーズ行きに際して，アトラークの有力者たち *‘adad kathīr min wujūh al-atrāk* を同行させて

れた場合，シーラーズにいるダイラム軍団とアブー・アリー率いるアトラーク軍団によって，ファールス南部のダイラム軍団の支持を得たサムサーム・アッダウラの勢力と戦うことになる。その場合，シーラーズのダイラムがアブー・アリーを裏切り，サムサーム・アッダウラ側に寝返る可能性も出てくる[33]。またアブー・アリーの軍隊はバグダードより長駆してファールスに到来し，疲弊してもいた。このような状況を踏まえて，アラー・ブン・ハサンはアトラーク軍団に支持されたアブー・アリーではなく，ダイラムに支持されたサムサーム・アッダウラを選択したものと思われる。アラー・ブン・ハサンは，サムサーム・アッダウラを迎え入れることの方が，ファールスの安定にとってより望ましい状況になると考えたのではないだろうか[34]。

こうしてサムサーム・アッダウラを君主の地位に据え，ファールス在住のダイラムやその他の有力者が彼を支持するという構図が成立した。以上の検討から，サムサーム・アッダウラの擁立には，シャラフ・アッダウラによって追放されたダイラムとファールス在住のダイラムの，双方の利害が関わっていたことが明らかとなった。シーラーフにおいてサムサーム・アッダウラを君主として擁立した勢力の中核は，彼と同様にイラクから追放・収監されていたダイラムの有力者たちであった。従ってこの勢力は当初から反イラクの姿勢であったと思われる。またサムサーム・アッダウラをシーラーズに迎えたアラー・ブン・ハサンはダイラムではないが，シャラフ・アッダウラのイラク侵攻について反対を表明し，ファールスに留まった人物であった。この後も彼は領土拡張を目指すような政策を行わず，もっぱら外圧に対する防衛に専念している。つまり，彼の活動の根底にはファールスの安定化が常に存在したと考えることができる。そして，その実現にはアトラーク軍団に支

いるが，ダイラムについては一切記述がない。従って，アブー・アリー勢力はほぼアトラーク軍団で構成されていたものと思われる。

33. ダイラム軍団とアトラーク軍団の確執については本書でも随所で指摘しているが，とくに第7章第I節1および第I節2を参照のこと。

34. Kennedy はアラー・ブン・ハサンらの地方的関心事 *their own local concerns* がサムサーム・アッダウラを選択させた，としているが，地方的な関心事とは何であるかを示していない。Kennedy, *The Prophet*, p. 237.

持されたアブー・アリーではなく，ファールスに多数存在するダイラムの支持を取り付けるに有利なサムサーム・アッダウラを君主として選ぶ必要があったのである。

このサムサーム・アッダウラ政権は 379/989~990 年に成立した後，彼がイッズ・アッダウラ・バフティヤールの息子たちによって殺害されるまで足かけ 10 年間にわたってファールスを支配することになる。そこでファールスに，ファールス在地の勢力によって樹立されたこの政権を，イマード・アッダウラの政権と区別して「第二次ファールス政権」[35] と呼ぶこととする。

III. 第二次ファールス政権の有力者と構成要素

前述の通り，サムサーム・アッダウラの 2 度目の即位はイラクから追放されたダイラム有力者とファールス在地のダイラムの支持によって成就した。そしてその政権を「第二次ファールス政権」と名付けた。ではこの第二次ファールス政権は具体的にどのような活動を行い，またいかなる政権構造を有していたのだろうか。この「第二次ファールス政権」に焦点を当てて考察した先行研究はなく，ファールスの王権については，ファールス征服を目指すバハー・アッダウラの遠征活動への対応など，限られた事例のみが取り上げられるに留まっている。

しかし 10 年にわたってファールスを支配し，その間何度もバハー・アッダウラの侵攻を撃退してきた第二次ファールス政権の基盤と運営の方針を明らかにすることは，ブワイフ朝の政権構造やブワイフ朝によるファールス支配の実態を考える上で非常に重要である。そこで第二次ファールス政権に属した 4 名の有力者[36] の活動を取り上げ，その後第二次ファールス政権を支

35. アドゥド・アッダウラの死後，ファールスに拠点を置いたシャラフ・アッダウラの政権を「第二次ファールス政権」と考えることもできるだろう。しかし，筆者はアドゥド・アッダウラの死からシャラフ・アッダウラの死までの期間を，シャラフ・アッダウラとサムサーム・アッダウラの間で争われたアドゥド・アッダウラの後継を巡る，長期にわたる権力闘争と考え，本書においては両者の勢力を独立した政権と見なしていない。

えた集団の構成を検討し，同政権の政権構造を考えることとする。

III-1. フーラード・ブン・マーナーズィル

第二次ファールス政権成立当初の，同政権の実力者はアブー・マンスール・フーラード・ブン・マーナーズィル[37]であった。史料には政権成立当初，彼が全権を握っていたと記されている[38]。その様子は以下の通りである。

> ファールスにおけるフーラードの権勢が制御できなくなり，その権勢が軍隊の指揮官たちの範囲をはるかに超えた時，サムサーム・アッダウラはフーラードの支配下に入り *taḥta ḥukm-hu*, サムサーム・アッダウラは諸々の命令書において，彼の名を自らの名前に続けて書き記した。すなわち，「これは信徒の長の右腕にしてアドゥド・アッダウラの息子サム

---

36. 君主サムサーム・アッダウラについては取り扱わない。というのも，その10年間の統治期間において，盲目の彼が主体的に行動を起こしたことを伝える史料の記述がほぼ皆無であるためである。

37. *Dhayl* には「アブー・マンスール Abū Manṣūr」と「アブー・ナスル Abū Naṣr」の2種のクンヤが記されている *Dhayl*, 107, 183。このフーラードについては第5章II節5でも取り上げたが，ダイラムの有力者マーナーズィル・ブン・ジュスターン Mānādhir b. Justān の息子で，サムサーム・アッダウラのイラク統治期の後半から彼の傍近く仕えていた人物である。また彼の姉妹は，シーラーズ入城直前に死去したディヤー・アッダウラの母親である。それ故，フーラードはサムサーム・アッダウラではなく，甥のディヤー・アッダウラを擁立してもよさそうなものであるが，彼はそのような行動を取っていない。そもそも第五章でみたように，彼はディヤー・アッダウラらのシーラーズへの進軍に従軍せず，バグダードに残ってサムサーム・アッダウラに仕えた人物である。従って，血縁のディヤー・アッダウラよりもサムサーム・アッダウラとの関係が緊密であった人物であると考えられる。

38. *Dhayl* はフーラードがダイラムの諸事を担当し，アラー・ブン・ハサンと協調して政権運営を担ったが，フーラードが専横を極めたため，次第にその関係が悪化したと伝える。*Dhayl*, 163. また『時代の鏡要約』は，行政の権限はフーラードが握り，彼が国事を独占したと伝えている。BN 5866, f. 122a.

サーム・アッダウラ・シャムス・アルミッラ・アブー・カーリージャールと，彼の僕であり彼の軍隊の指揮官である，信徒の長のマウラー，ナジュム・アッダウラ・アブー・マンスール Najm al-Dawal Abū Manṣūr（Fūlādh）からの書簡である」と。*Dhayl*, 199.

この引用には，フーラードの権勢が軍の指揮官としてのものではなく，政権の全てにおよぶ強大なものであったことが示されている。また，サムサーム・アッダウラの命令書には常にフーラードの署名が添えられるようになっていたことも分かる。つまりサムサーム・アッダウラの命令にはフーラードの意向が何らかの形で反映されているとみることができるのである。さらにカリフから授与されたものではないだろうが，フーラードが「ナジュム・アッダウラ」というラカブを有していたことも判明する。

また彼は 380/991 年にアッラジャーンからナウバンダジャーンにまで侵攻してきたバハー・アッダウラ軍を，ダイラム軍団[39]を駆使して撃退し，彼のファールス征服の野望を挫く。この勝利の結果，第二次ファールス政権はアッラジャーンまでを自領として保有することが確定し，さらにバハー・アッダウラの領内にイクターを所有するという取り決めまで交わされる[40]。これは明らかにフーラードの軍事的成功の成果であるといえるだろう。

このように軍事的成功をおさめ，君主の命令にもその意向を差し挟むことができたフーラードであったが，同じく第二次ファールス政権の実力者であるアラー・ブン・ハサンの排除を試みて失敗し，逆に自らが政権を追われることになる[41]。その失敗の要因は，フーラードが直ちにアラー・ブン・ハサンを始末せず，ダイラム有力者たちとの面会や話し合いに忙殺され，アラー・ブン・ハサンに逃亡の機会を与えてしまったことにある。このことから，フーラードが自らの行為についてダイラムの承認を取り付けることを何よりも重視したことが窺え，第二次ファールス政権におけるダイラムの影響力の

39. ダイラムの歩兵軍に加え，ダイラムおよびクルドの騎兵 *fursān min al-Daylam wa al-Akrād* を用いている。*Dhayl*, 184.

40. *Dhayl*, 183–185; *Kāmil*, IX, 76; BN 5866, f. 126a.

41. *Dhayl*, 200–201.

強さを読み取ることができるだろう。

III-2. アラー・ブン・ハサン

第二次ファールス政権最大の実力者として挙げられるのが，アブー・アルカースィム・アラー・ブン・ハサン Abū al-Qāsim al-ʻAlā' b. al-Ḥasan であろう。彼はフーラードを排除した381/991~2年以降，387/997年に死去するまで，サムサーム・アッダウラの宰相として同政権の軍事・行政を司った人物である。彼はシャラフ・アッダウラのファールス支配期において，初めてその活動が史料中に現れるが[42]，当初からかなりの実力を有していたようで，おそらくはファールスの有力家系出身の人物であると思われる。第二次ファールス政権成立当初はフーラードの権勢に押されていたのか，その活動は伝えられていない。しかしフーラードが彼を排除しようとして計画した陰謀を辛くも避け，逆にフーラードの排除に成功すると，政権運営を一手に引き受けることになる[43]。またフーラードの排除に際して，彼はフーラード所有のイクターを分配することで，ダイラム軍団を懐柔している[44]。

ところでアラー・ブン・ハサンはフーラードの排除に先立ってキルマーン総督であったティムルターシュ Timurtāsh を排除している。381/991~2年，それまでの和平状態を破って，シースターンの支配者ハラフ・ブン・アフマド Khalaf b. Aḥmad[45] が息子アムル ʻAmr を将とした軍を派遣し，ティムルターシュをファールスへ退却させる[46]。このティムルターシュはシャラフ・

---

42. *Dhayl*, 101. なお彼のシャラフ・アッダウラ政権下での経歴については，第5章第III節2を参照。

43. *Dhayl*, 200–201. この結果，フーラードは後ジバール政権に亡命し，同政権の宮廷内での存在が確認できる。*Irshād*, II, 305–306, 308.

44. *Dhayl*, 201.

45. Khalaf b. Aḥmad（r. 352–393/963–1003）. サッファール朝君主アムル・ブン・ライス ʻAmr b. al-Layth（d. 289/902）の孫娘の孫にあたる人物。Bosworth, "ṢAFFĀRIDS", *EI*^{2}, VIII, pp. 795b–798a.

46. *Dhayl*, 190; *Kāmil*, IX, 82. ただし，ティムルターシュはシーラーズまで退却したのではなく，サムサーム・アッダウラの援軍を待ってキルマーンとの境界

アッダウラの代よりキルマーン総督として同地に駐留していた人物であった。彼とアラー・ブン・ハサンの間には，シャラフ・アッダウラの治世以来の敵対関係があったようで，アラー・ブン・ハサンはティムルターシュがシースターンのサッファール朝軍に敗走したことを絶好の機会と捉え，サムサーム・アッダウラに彼の逮捕を促すのである[47]。

彼の進言を受け入れたサムサーム・アッダウラはダイラムの大ナキーブ[48]であったアブー・ジャアファル Abū Ja‘far Naqīb nuqabā’ al-Daylam[49] を主将とするダイラム軍団をキルマーンに向けて派遣する。そして，バルダシールにて彼らを迎えたティムルターシュは，アブー・ジャアファルによって逮捕され，そのままシーラーズへ送られ，アラー・ブン・ハサンによって処刑される[50]。

付近にいたようである。

47. *Dhayl*, 190. その際アラー・ブン・ハサンは，ティムルターシュがバハー・アッダウラと誼を通じていると述べている。一方，*Kāmil* ではアラー・ブン・ハサンの関与は伝えられず，ただティムルターシュがサッファール朝軍に敗れたことをもってサムサーム・アッダウラが彼の逮捕を命じているようである。*Kāmil*, IX, 83.

48. ナキーブ *naqīb* といえば，アリー家の成員ないしムハンマドの子孫 *ahl al-bayt* を管理し，血統の純粋性を保つ，あるいは預言者の取り分から親族へ支給される金銭等の配分に責任を持つ *naqīb al-ashrāf*（高貴な者たちの長）がよく知られているが，「ダイラムのナキーブ」という表現から，ダイラムの血統に関する情報を調査・保持していた役職の存在が指摘できる。現段階ではこれ以上の情報がないためその活動の実態は不明であるが，本章第 IV 節 2 で述べるダイラムの系譜調査の際にダイラムのナキーブが活躍したものと思われる。*Aḥkām*, 96–99; アル＝マーワルディー『統治の諸規則』第 8 章，229–239 頁。Havemann, “NAḲĪB al-ASHRĀF”, *EI²*, VII, pp. 926b–927b.

49. この人物が何者であるかは判然としないが，そのクンヤが「アブー・ジャアファル」であることやダイラムを統括するナキーブの長であることから考えて，後に検討するアブー・ジャアファル・ウスターズフルムズである可能性を示唆しておく。本章第 III 節 3 を参照のこと。

50. *Dhayl*, 191; *Kāmil*, IX, 83. その名前から判断してティムルターシュはアトラ

フーラードおよびティムルタ－シュという政敵を排除したアラー・ブン・ハサンであったが，382/992~3 年にはサムサーム・アッダウラの母后[51]の側近たちとの政争に敗れ，一族郎党共々逮捕投獄および拷問という災厄に見舞われることとなった。この母后の側近たちとは，アブー・アリーに付き従ってアッラジャーンよりやって来たアブー・アルカースィム・ラディーウとサアーダ Sa‘āda なる人物[52]と母后の書記たち，そしてアラー・ブン・ハサンの子飼いの家臣であったアブー・アルカースィム・ダラジー Abū al-Qāsim al-Dalajī であった[53]。ただしこの一件は，ダラジーが翌 383/993~4 年に母后の寵を失い，逮捕投獄され，アラー・ブン・ハサンが宰相に復帰することで落着する[54]。

その後アラー・ブン・ハサンは，テル・ターウースの戦い[55]にて敗北を

ーク軍人だったと思われる。ダイラム君侯や軍団中心で構成された第二次ファールス政権にあっては，アトラーク出身の総督の存在が嫌われた可能性もある。

51. 第 4 章第 II 節および第 5 章第 II 節 5 の検討から判明するように，サムサーム・アッダウラの母親はジールの有力者シャーフジール・ブン・ハルーシンダーンの娘であり，当時のブワイフ朝宮廷の官僚やダイラムおよびジール諸侯，軍団に対して少なからず影響力を有する人物であったと思われる。ただし彼女の具体的な発言や行動は伝わっていないため，その影響力についての検討は本書では行っていない。今後の課題としたい。

52. 彼は 384/994~5 年の第二次ファールス政権の敗北の際，サムサーム・アッダウラの傍近くに侍って彼の馬を引いている。従って，盲目のサムサーム・アッダウラの世話をするハーディムであった可能性が高い。*Dhayl*, 260.

53. *Dhayl*, 246. アラー・ブン・ハサンはシャラフ・アッダウラの治世においてこのダラジーをアフワーズにて見出し，シーラーズへ連れ帰り，文書庁 *dīwān al-inshā’* 長官に任じていた。また *Kāmil* は，アラー・ブン・ハサンの収監中，ダラジーが行政を司っていたと伝える。*Kāmil*, IX, 94. また BN 5866 ではマドラジー al-Madlajī ないしムドリジー al-Mudlijī とある。BN 5866, f. 140a.

54. *Dhayl*, 246; BN 5866, ff. 140a–140b. この逮捕が第二次ファールス政権の崩壊の遠因となったと，*Dhayl* の著者 al-Rūdhrāwarī は指摘している。この件については本章第 IV 節 1 で検討する。

55. 詳細については第 7 章第 I 節 2 を参照のこと。

喫し，その勢力範囲を狭めた第二次ファールス政権の失地回復のためにダイラム軍団を率いて転戦し，385/995~6 年の戦いでバハー・アッダウラ軍をワーシトまで後退させることに成功している[56]。また 386/996 年にはバハー・アッダウラ側から投降してきたダイラムをラシュカルシターン・ブン・ザキー Lashkarsitān b. Dhakī[57] の部隊に編入し，彼をバスラへ派遣し，バハー・アッダウラをワーシトまで撤退させる[58]。その後死ぬまでアスカル・ムクラムに駐留し，バハー・アッダウラの侵攻に備えたのである[59]。

III–3. アブー・ジャアファル・ウスターズフルムズ・ブン・ハサン

第二次ファールス政権に仕えた有力ダイラム武将の一人である[60]。史料には，彼が 374/984~5 年当時オマーン総督であったことが伝えられている。彼は，息子アブー・アリー・ハサン・ブン・ウスターズフルムズ（後のアミード・アルジュユーシュ ʻAmīd al-Juyūsh）がサムサーム・アッダウラの宮廷に仕え，ハージブに任命されていたこともあって，当時ファールスにいたシャラフ・アッダウラを裏切り，サムサーム・アッダウラ側に付く。しかし，シャラフ・アッダウラの派遣したアブー・ナスル・フワーシャーザ Abū Naṣr Khwāshādhah 軍に敗れ，収監される[61]。その後恐らくは第二次ファールス政権の成立と共に釈放され，サムサーム・アッダウラに仕える身となっ

---

56. *Dhayl*, 266–268; *Kāmil*, IX, 112–113; BN 5866, f. 146b.

57. Justi の読み［Laškarsitān］に従っている。Justi, *Iranisches Namenbuch*, 138a.

58. *Dhayl*, 271–272; *Kāmil*, IX, 123–124.

59. *Dhayl*, 247, 294.

60. Abū Jaʻfar Ustādh Hurmuz b. al-Ḥasan al-Daylamī. 彼がダイラムであることは『時代の鏡要約』の記述に依拠している。BN 5866, f. 167a. また 387/997 年のダイラムの系譜調査に呼び戻される際，彼ほど系譜についての知識を有している人物はいないといわれており，ウスターズフルムズがダイラムである可能性は極めて高いといえよう。また先に挙げたダイラムの大ナキーブであるアブー・ジャアファルがこのウスターズフルムズであると推定できるのもダイラムの系譜に関する知識の多さゆえである。*Dhayl*, 312.

61. *Dhayl*, 100–101; *Kāmil*, IX, 39.

ていたものと思われる。

そのウスターズフルムズの第二次ファールス政権における最初の任務は，キルマーン総督としての赴任であった。このキルマーン総督就任の時期について *Dhayl* の記事には若干の混乱が見られるため，その経緯を示しておく。

381/991~2 年にサッファール朝軍がシースターンより侵入し，前述のようにティムルターシュが退却，アブー・ジャアファルはティムルターシュを捕らえ，そのままサッファール朝軍との戦闘に突入する。しかしアブー・ジャアファルは敗走し，ジールフトへ退却する。この敗戦の報を受けて，サムサーム・アッダウラはハージブのアッバース・ブン・アフマド al-ʻAbbās b. Aḥmad al-Ḥājib を派遣，アッバースはサッファール朝軍を破り，これをシースターンへと追いやる[62]。*Dhayl* はこの勝利を 382H 年 Muḥarram 月（992 年 3~4 月）中のこととする[63]。ただし，その後ウスターズフルムズのキルマーン総督着任を 381H 年条に記載し，しかも先に述べたハージブのアッバースとの交代という形であったことを伝えている[64]。対サッファール朝戦役の途中で指揮官を交代させたということであろうか。あるいは，サッファール朝勢力を排除した後の交代とみるべきだろうか。その後のウスターズフルムズのキルマーンでの活動をみると，恐らく後者であると考えられる[65]。

その後ウスターズフルムズは，キルマーンの諸都市に駐留するダイラム武将およびダイラム軍団[66]を指揮して，再び到来したサッファール朝軍を撃

62. *Dhayl*, 190−192; *Kāmil*, IX, 83.

63. *Dhayl*, 192.

64. *Dhayl*, 192; *Kāmil*, IX, 83.

65. *Dhayl*, 192−193. ウスターズフルムズとサッファール朝君主ハラフ・ブン・アフマドの間での和平交渉が伝えられており，サッファール朝軍がシースターンまで退いている可能性が高い。

66. ダイラム武将としては，ナルマーシールに駐留するシャーフファイルーズ・イブン・ビント・マルカー・ブン・ワンダーフルシード Shāhfayrūz Ibn bt. Malkā b. Wandākhurshīd（Malkā とあるが，その父親の名前から，恐らくルーズビハーンの兄弟 Balkā or Bullakā［بلكا］である可能性が指摘できる。ただし写本は［ملكا］である。Ahmet 2899 f. 144a)，そして彼の麾下にいるサラーハ

退する。なお最終的にサッファール朝軍がシースターンへ退くのは 384/994 ~5 年である[67]。その後ウスターズフルムズは 388/998 年にダイラムの系譜調査[68]のために呼び戻されるまで，キルマーン総督として任地に留まっていたようである[69]。そしてその系譜調査のためにファールスの都市ファサーに赴いた際，イッズ・アッダウラ・バフティヤールの 2 人の息子アブー・ナスル・シャーフファイルーズ Abū Naṣr Shāhfayrūz とアブー・アルカースィム・アブサーム Abū al-Qāsim Absām がサムサーム・アッダウラに対して蜂起し，サムサーム・アッダウラが殺されるという事態が発生する。この時ファサーのダイラムがウスターズフルムズを捕らえ，彼はバフティヤールの息子たちの許に連行されることとなる[70]。

III-4. アミード・アルジュユーシュ

上に挙げたウスターズフルムズの息子で，後にバハー・アッダウラに仕え，アミード・アルジュユーシュという称号を与えられ，401/1010~11 年に死去するまでイラク総督を務めた人物である[71]。前述のようにサムサーム・ア

ンク・ブン・シヤーフジール・ジーリー Sarāhank b. Siyāhjīk al-Jīlī がいた（第 4 章第 II 節で検討したように，［Siyāhjīk］は［Shāhjīl］の誤読であろう。彼がズィヤール・ブン・シャフラークワイフ Ziyār b. Shahrākwayh の親類であるとされていることと *Dhayl* の写本に［Shāhjīl］と読める記載があることが根拠である。Ahmet 2899, f. 144a. また *Tājī* によれば，シャフラークワイフとシャーフジール Shāhjīl は兄弟であり，ジールの君侯ハルーシンダーン・（ブン・ティダーイー・）ブン・シールザード Harūsindān（b. Tidā'ī）b. Shīrzād の息子であるため，この *Dhayl* の記述にある「親類 *qarīb*」という語が，Siyāhjīk を Shāhjīl と比定することの妥当性を裏付ける。*Tājī*, 6 および第 4 章第 II 節を参照のこと）。*Kāmil*, IX, 161 も参照のこと。

67. *Dhayl*, 193–198; *Kāmil*, IX, 84.
68. この系譜調査については本章第 IV 節 2 において検討する。
69. 385/995 年の，第二次ファールス政権によるアトラーク殺害と追放に際して，キルマーンに逃亡してきたアトラークをさらにスィンドへと排除した。*Dhayl*, 265.
70. *Dhayl*, 312–313; *Kāmil*, IX, 142.

ッダウラのイラク統治期においてハージブを務めたことが伝えられているが，その後シャラフ・アッダウラのイラク到来から第二次ファールス政権成立までの動向は伝わっていない。381/991年に彼がファールスに到着し，サムサーム・アッダウラが彼を傍近くにおいたという記事が *Dhayl* にあり，この記事から判断すると，アミード・アルジュユーシュはシャラフ・アッダウラのイラク統治の間は身を隠していたのではないだろうか[72]。

彼の第二次ファールス政権での活動は主に軍事の分野であった。383/993~4年アドゥド・アッダウラに殺害されたイラーク政権の君主イッズ・アッダウラ・バフティヤールの息子たち[73]が脱獄し，サムサーム・アッダウラに対して蜂起する[74]。この蜂起にはダイラムが多く参加していたようである。これに対して派遣された軍の主将がアミード・アルジュユーシュであった。彼はこの蜂起に参加していたダイラムの有力者を調略して，厚遇と昇格を約束する代わりに，彼らの立て籠もる砦の門を開ける手引きをさせ，バフティヤールの息子6名を捕らえる[75]。こうして首尾よくこの蜂起を鎮圧するので

---

71. ‘Amīd al-Juyūsh Abū ‘Alī al-Ḥasan b. Abū Ja‘far Ustādh Hurmuz（350–401/961–1011年）*Muntaẓam*, VII, 252–253; Ahmet 2907/d v. 17, ff. 10b–11b（一部出典は Hilāl al-Ṣābi’）.

72. *Dhayl*, 100, 192. 同じく *Dhayl* はサムサーム・アッダウラの失明に直接関与したムハンマド・ファッラーシュのその後を伝える記事において，このアミード・アルジュユーシュがイラクから到着するや，彼を恐れて逃亡した，と伝えている。*Dhayl*, 150.

73. 史料には「バフティヤールの息子 Ibn Bakhtiyār, バフティヤールの息子たち Awlād Bakhtiyār」として登場する。イッズ・アッダウラ ‘Izz al-Dawla をバフティヤールと記すことについては，清水和裕「バフティヤールと呼ばれる男」1–38頁を参照のこと。本章ではイッズ・アッダウラの息子たちを史料上の用語である「バフティヤールの息子（たち）」で記述している。

74. ファールス地方における蜂起であることは間違いないが，具体的な地名は不明である。*Kāmil*, IX, 96.

75. *Dhayl*, 248–249; *Kāmil*, IX, 96. 捕らえられた6名のうち，首謀者であろう2名が処刑され，残り4名はジュナイド砦 qal‘at Junayd に収監された。しかしこの処刑されなかった4人の息子たちのうちの2人が後にふたたび蜂起し，

ある。

またアミード・アルジュユーシュは，テル・ターウースの戦いに敗れた際，サムサーム・アッダウラに付き従ってシーラーズまで退却したことが伝えられているが，この戦いにおける彼の役割については不明である[76]。

その後387/997年にアラー・ブン・ハサンがアスカル・ムクラムにて死去し，彼の後任としてアブー・アッタイイブ・ファルハーン[77]が派遣されるが，彼が軍事的無能さを露呈し，麾下のダイラムが彼に従わず，スースやジュンダイサーブールがバハー・アッダウラ軍によって占領される事態となる[78]。そこで，彼に代わってアミード・アルジュユーシュがアスカル・ムクラムに派遣されるのである。

彼は麾下のダイラムの支持を取り付け，イブン・マクラム Ibn Makram 率いるバハー・アッダウラ軍をワーシトまで敗走させ，さらにフージスターン地方全体の徴税とイクターの監督業務に着手する。そして自らの派遣した徴税官と対立したシヤーマルド・ブン・バルジャアファル Siyāmard b. Balja‘far なるダイラムを追放し，彼とその一党が所有していたイクターを500名のダイラムと300名のクルドに分配する。こうしてアミード・アルジュユーシュはフージスターン在地のダイラムの絶大な支持と尊敬を獲得し，バハー・アッダウラ軍の侵入を阻んだのである[79]。

サムサーム・アッダウラは彼らによって殺害されることになる。

76. *Dhayl*, 260.

77. Abū al-Ṭayyib al-Farkhān b. Shīrāz（d. 392/1001）. ジュワイム・シーフ Juwaym al-Sīf というファールスの一村落出身の人物。アラー・ブン・ハサン死後，サムサーム・アッダウラの宰相となるも，ダイラム軍団に対する指導力を発揮できず，アスカル・ムクラムのダイラム軍団はアミード・アルジュユーシュに引き継がれた。*Dhayl*, 257, 293–4; *Ta’rīkh Hilāl*, 414. Justi, *Iranisches Namenbuch*, p. 95b ‘ Abū ’l-Ṭayyeb Ferχān ’. なお *Buldān* ではシーラーフ北東のクラーンという村がファルハーンの故郷であるとしている。*Buldān*, IV, 444a-b.

78. *Dhayl*, 294.

79. *Dhayl*, 294–295; *Kāmil*, IX, 133. このシヤーマルドとその一党はダイラム地方 *bilād al-Daylam* に追放されている。このことから，彼らがダイラムであったと推察できる。

しかし，ムワッファク al-Muwaffaq Abū ʻAlī Ibn Ismāʻīl を主将とするバハー・アッダウラ軍の侵攻を食い止めている最中の 388H 年 Dhū al-Ḥijja 月（998 年 11~12 月）に，サムサーム・アッダウラがバフティヤールの息子たちによって殺害されたため，彼は翌 389/999 年にバハー・アッダウラに降伏する[80]。

III–5．第二次ファールス政権の構成

以上，4 名の有力者を取り上げたが[81]，このうち，アラー・ブン・ハサンを除く 3 名がダイラムないしジールに出自をもつ者であった。もちろん彼ら以外の人物が第二次ファールス政権の一員として活動している様子も伝えられている。それらの人々を詳細に検討することはできないが，以下では第二次ファールス政権下で活動した有力者や集団の構成について検討する。その活動が伝わっている人物のうち，ダイラムとされる者はラシュカルシターン・ブン・ザキーをはじめ 12 名，出自不明の武将は 2 名，アトラークはティムルターシュの 1 名，ファールス出身と思われる文官は前述のアブー・アルカースィム・ダラジーら 3 名，その他 2 名である。計 20 名の人物が，第二次ファールス政権下で活動していたことが史料中に見られるのである。彼ら以外にも多くの家臣が存在したであろうが，名前が伝わっているのはこの 20 名と前述の 4 名だけである。

以上から 15 名がダイラムないしジールであり，一方アトラークは 1 名であることが分かる。この比率が第二次ファールス政権の家臣構成を反映していると断定することはできないが，アトラーク武将が極端に少ないことは明

---

80. *Dhayl*, 310, 315–316; *Kāmil*, IX, 141–142, 150; BN 5866, f. 169a.

81. この 4 名は，他の人物が 1〜2 度限りの登場であるのに対して，その活動が何度も言及される人物であることを理由に取り上げた。彼ら以外に注目すべき人物としては，386/996 年に第二次ファールス政権の武将として，バハー・アッダウラの駐留するバスラを襲撃し，彼をワーシトまで退却させたラシュカルシターン・ブン・ザキーなるダイラム武将や前述のアブー・アッタイイブ・ファルハーンが挙げられる。*Dhayl*, 257, 271–273, 293–294, 316; *Kāmil*, IX, 123–124.

らかであり，故に第二次ファールス政権には，アトラーク武将がほとんど存在していなかったか，あるいは重要な地位にいなかったと考えることができるだろう。またアトラーク軍団については，その理由は不明であるが，385/995年に700名が殺害され，また一部はキルマーンからスィンドへと落ち延びるという事件の際に現れるのみであり[82]，やはり軍隊の中核をなしていたとは考えにくい。

その一方でダイラムは，上述の4名の事例にも示されているが，第二次ファールス政権のあらゆる活動に関わっている。またその人数についても若干の記述がある。例えば，テル・ターウースの戦いの際に捕虜となったダイラム兵は2000名以上であったとされているし[83]，アミード・アルジュユーシュはフージスターンで得たイクターを500名の下級ダイラム *al-Daylam al-aṣāghir* に分配したと伝えられている[84]。また以下で検討するダイラムの系譜調査の際，ファサーのダイラムのうち，650名の者がダイラムとは認められず，登録を抹消されたともある[85]。

加えて，ダイラムに身分的階層が存在したことや地域的にまとまっていたことも史料から判明する。前述のとおり下級ダイラムの存在を指摘したが，バハー・アッダウラのファールス征服の際には下級に加え，中級 *al-awāsiṭ* および上級ダイラム *akābir al-Daylam* の存在も史料中に現れる[86]。またフー

82. *Dhayl*, 264–265; *Kāmil*, IX, 111; BN 5866, ff. 146a-b. 700名という数字は『時代の鏡要約』の記述に基づいている。また同書はその排除の理由として，アトラークたちの腐敗，災厄を引き起こすこと，他人の財産や妻妾に害をもたらしていたことを挙げている。

83. *Dhayl*, 256.

84. *Dhayl*, 295.

85. *Dhayl*, 312. 本章第IV節2を参照のこと。同時にキルマーンのダイラムのうち，400名がその登録を抹消されている。

86. このうち，上級ダイラムに区分される者が「ダイラムの有力者 *wujūh al-Daylam*」と呼ばれる集団を構成するものと思われる。第7章第II節2を参照のこと。また「ダイラムの大ナキーブ *naqīb nuqabā' al-Daylam*」という役職の存在が確認でき，ダイラムの登録簿などを管轄する役人ないし役職が存在したことが分かる *Dhayl*, 190, 321。一方，アトラークのナキーブという単語

ジスターン・ダイラム *al-Daylam al-Khūzistāniyya*[87] やファールスのダイラム *Daylam Fārs*[88], ファサーのダイラム *Daylam Fasā*[89], トゥスタルのダイラム *Daylam Dustar*（*Tustar*）[90], キルマーンのダイラム *al-Daylam al-Kirmāniyya*[91] などの表現が史料中に見られることから[92]，彼らが地方や地域，都市ごとにまとまっていた，あるいはまとまった集団であると考えられていたこと，さらに土地名を冠していることからそれらの地域に基盤を有する集団であることが分かる。一方このような表現は，アトラークについては見出すことができない[93]。

以上のようにダイラムについては *Dhayl* の記述から様々な活動の様子や彼らの状況が判明するのである。アトラークの事例が一つのみであったことを考え合わせると，第二次ファールス政権を支える軍団の主要部分はダイラムで構成されていたと断言できよう[94]。

は管見の限り見当たらない。前掲注 48 を参照のこと。

87. *Dhayl*, 165; *Ta'rīkh Hilāl*, 378. またフージスターンに居住するダイラム有力者の妻たち *niswat^{un} min nisā'^{i} akābir^{i} al-Daylam^{i} al-muqīmīna bi-khūzistān^{a}* という表現もある。*Dhayl*, 313.

88. *Dhayl*, 327.

89. *Dhayl*, 312.

90. *Dhayl*, 323.

91. *Ta'rīkh Hilāl*, 362, 381.

92. この他，ライの武将たち *al-quwwād al-Rāziyya*（*Dhayl*, 171）やフージスターンの武将たち *al-quwwād al-Khūzistāniyya*（*Dhayl*, 165）などダイラム軍団の武将たちについても地名を伴った集団名で示されることがある。

93. アトラークについていえば，個人名を付して，「誰それのアトラーク」という表現がみられる。例えば，トゥーズーニーヤ *al-atrāk al-Tūzūniyya*（*Tajārib*, II, 139）やシャラフィーヤ *al-ghilmān al-Sharafiyya*（*Dhayl*, 157）などがある。ここで「誰それのグラーム」という表現をアトラークの例として提示したが，トルコ系の奴隷軍人であると断定できるわけではない。特定の人物の所有であることを示す表現であることからの類推である。「グラーム」が「アトラーク」の意味で使用される例として，清水『軍事奴隷・官僚・民衆』32–35 頁を参照のこと。

さてこれまでは特に軍隊について見てきたが，第二次ファールス政権の行政の担い手たちの状況はどのようなものであっただろうか。この政権の特徴として，行政に携わる文官の活動があまり見えてこないという点が挙げられる。アラー・ブン・ハサンを除くと，先に挙げたダラジーやラディーウ，あるいはバスラ征服を果たし，後にアラー・ブン・ハサンに代わってアスカル・ムクラムへ派遣されるファルハーンの存在が指摘できるが，サムサーム・アッダウラの宮廷において活躍する文官の存在はほとんど伝わっていない。同時期のバハー・アッダウラ政権においては，あまたの宰相が任命，解任され，文官同士の権力闘争が繰り広げられていたが，第二次ファールス政権においてはアラー・ブン・ハサンとダラジーの間で行われたのみである[95]。

この要因としては，第二次ファールス政権の官僚たちがアラー・ブン・ハサンを中心によくまとまっていたことや，彼の権勢が強大であったことを想定することもできるが，やはりダイラム武将が多数宮廷に存在し，文官の力を抑えていたと考えるのが妥当ではなかろうか。この見通しは，フーラードやアラー・ブン・ハサンがその権力闘争において，まずダイラムの懐柔に着手していることや[96]，第二次ファールス政権に仕える人物たちのほとんどがダイラムであり，その職務が軍事関係に集中していることなどから導くことができる。

さらにウスターズフルムズ親子の存在も重要である。彼らは第二次ファールス政権内部にあって，権力闘争に関わる姿勢を全く見せず，主君サムサーム・アッダウラや同政権に対する忠実な家臣として振る舞っている。これは第2章で見た，君主に対するダイラムの反抗的な態度からすると稀有のことである。とくに，アミード・アルジュユーシュがサムサーム・アッダウラとの間の君臣関係 *iṣṭināʻ* を大事に思っていると表明するくだりを伝える *Dhayl* の記述は示唆的であり[97]，彼がサムサーム・アッダウラに対して忠実

94. この他，クルドやアラブの諸部族が第二次ファールス政権下で活動していたことが伝わっているが，ダイラムに比べるとその情報は少ない。*Dhayl*, 184, 201, 256, 260, 295, 313, 314, 326.

95. 本章第 III 節 2 を参照のこと。

96. 本章第 III 節 1，2 を参照のこと。

な家臣として仕えていたことが分かる。彼の如き政権の実力者がサムサーム・アッダウラに深い忠誠心を抱いていたことは，同政権内部の他のダイラムにも影響を与えたと推測され，彼の存在ゆえに，ダイラムたちが第二次ファールス政権に服属していたと考えることもできるだろう[98]。

では何故ファールスには多くのダイラムが存在するのだろうか。これについては第2章III節の議論を参照されたい。そこではファールスに拠点を置いたイマード・アッダウラおよびアドゥド・アッダウラのダイラム対策やダイラム観について検討したが，その際彼らがダイラムの支持を取り付けることを最も重視したということに加えて，麾下のダイラムにイクターを授与していたことを，ウスターズ・ライースの発言に基づいて明らかにした。つまり，ファールスにはイマード・アッダウラやアドゥド・アッダウラによってイクターを授与された多くのダイラムが存在し，ファールスに経済基盤を有していた彼らの支持を得ることでイマード・アッダウラたちは政権の安定を得ていたのである。ブワイフ朝創設の地であるファールスは王朝の発展を支えたダイラムの一大拠点となっていたものと考えられるのである。

こうしたダイラムおよびその子孫たちがこの第二次ファールス政権を支える存在であったと言ってよいだろう。彼らはアドゥド・アッダウラやシャラフ・アッダウラのイラク進出に従わず，ファールスに留まった者たちなのである。彼らには，恐らくイラクの王権に従うことを潔しとせず，遠くイラクからの支配を受け入れようとしない気風が備わっていたものと思われる。またイラクの王権には自分たちとは相容れないアトラーク軍団が多数存在しており，彼らのファールスへの到来を嫌ったということも十分考えられる[99]。

---

97. *Dhayl*, 320.

98. 先に示したように，アミード・アルジュユーシュのダイラムに対する権威は絶大なものがあった。彼は軍事上のみならず行政上の手腕もあり，また物惜しみしない寛大さをも持ち合わせていた。従って，ダイラムが彼に心服していたことは確かであろう。本章第III節4を参照のこと。

99. その一方で，バハー・アッダウラ麾下のアトラーク軍団も，自分たちの拠点がバグダードであることを意識していたようで，ファールス遠征の終盤において，イラクやバグダードへの帰還を望んでいる様子が史料に現れる。またフ

さて，このようにダイラムの支持を集めて成立し，イラクの王権の度重なる侵攻を退けていた第二次ファールス政権であったが，その崩壊は，ダイラムの支持を失うことによって起こったのである。このことも第二次ファールス政権がダイラムの支持によって成り立っていたことを示す証拠といえるだろう。以下では政権崩壊の過程を見てゆくことにする。

IV. 第二次ファールス政権の崩壊とその要因

ここでは第二次ファールス政権崩壊の要因について検討する。検討すべき課題は 2 つである。1 つはアラー・ブン・ハサンの逮捕後の政策であり，もう 1 つはダイラムの系譜調査である。

IV–1. アラー・ブン・ハサンの逮捕後の政策

まずアラー・ブン・ハサンの逮捕後の政策について見てみよう。以下に引用を示すと，

> 自分や娘や家族に降りかかった災厄ゆえに，アラー・ブン・ハサンのサムサーム・アッダウラに対する忠誠心 *niyya* は純粋なものではなくなった。むしろ彼はイクターの授与，俸給の加増，金の配分，諸領の譲渡などによってサムサーム・アッダウラの政権 *dawla* を破滅させようとしたのである。そしてサムサーム・アッダウラの諸事，諸状況は混乱へと導かれたのである。かくの如く，害された者の復讐の炎は物事の腐敗に

ァールスに拠点を移した後バハー・アッダウラ政権は，アトラーク軍団の徴募をバグダードで行い，これをファールスへ派遣させようとしており，ファールスに基盤を持つアトラークがほぼ存在しなかった可能性が高いといえるだろう *Ta'rīkh Hilāl*, 374, 387。従って，ブワイフ朝後期から末期にかけてアトラーク軍団の活動のみが史料に現れることも，ダイラムはファールスに，アトラークはイラクにと，両者の住み分けがなされていたがゆえに，イラクに焦点を置く史料にダイラムの活動が記録されないという可能性から説明ができるのではないだろうか。

努めるのである *hākadhā yas‘ā fī fasād^i al-umūr^i kull^u ḥanaq^in mawtūr^in*。*Dhayl*, 247.

この文章は一旦逮捕されたアラー・ブン・ハサンが再び宰相職に戻されたことを述べた後の，*Dhayl* の作者 al-Rūdhrāwarī の発言である。彼は復帰後のアラー・ブン・ハサンの諸政策がサムサーム・アッダウラに対する復讐を遂げるための手段として行われた，との評価を下している。そこで挙げられているのはイクターの乱発や支払俸給額の加増など，政権の財政を逼迫させる可能性のあるものばかりである。また *Dhayl* の 388H 年条においても同様の趣旨の記述があり，アラー・ブン・ハサンの政策によってダイラムが増長し，第二次ファールス政権の財政事情が苦しくなったことを指摘している[100]。また al-Rūdhrāwarī は，次に述べるダイラムの系譜調査にいたる要因として，この財政逼迫を持ち出しており，論理的には筋の通った話である。問題はアラー・ブン・ハサン個人の復讐心のみによってダイラムへのイクター授与や俸給の加増が行われたのかという点である。

たしかにアラー・ブン・ハサンに限らず，第二次ファールス政権はダイラムに対するイクター授与などに寛大であったように思われる[101]。388/998 年に至るまで，ダイラムが俸給の遅配に対して不満を示す，あるいはその増額を求めて騒乱を起こす，などの事例がないことから考えても，その財政措置がダイラムを満足させていたことは確かであろう。

しかし，以上のような評価の一方で，アラー・ブン・ハサンはテル・ターウースの戦いの敗戦後，自ら軍を率いてフージスターンを転戦し，バハー・アッダウラ軍をフージスターンから排除することに尽力している。もし第二次ファールス政権の崩壊を望むならば，ここでバハー・アッダウラの勢力を

---

100. *Dhayl*, 311.

101. 379H 年には，アラー・ブン・ハサンがダイラムの有力者たちに対し，ラディーウ所有のイクターの分配を約束し，381H 年には，アラー・ブン・ハサンがフーラード所有のイクターをダイラムたちに与え，387H 年には，イブン・ウスターズフルムズがあるダイラム有力者を追放し，彼の所有していたイクターを下級ダイラムに配分している *Dhayl*, 160, 201, 294–295。

無理に防ぐ必要はなかったと思われるが，彼は死ぬまで前線にあって軍を指揮している。従って，アラー・ブン・ハサンが復讐心から政権の崩壊を促進させるような政策を採ったとするal-Rūdhrāwarīの評価を，全面的に受け入れることはできない。ただし，彼の意図にかかわらず，第二次ファールス政権の財政が徐々に逼迫し，そのために次に検討するダイラムの系譜調査という事態に至ったことは確かである。

IV-2. ダイラムの系譜調査

*Dhayl*の伝えるところによると，アラー・ブン・ハサンの死後，第二次ファールス政権の財政が逼迫し，ダイラムたちの俸給やイクターについての要求が激しくなる。そしてダイラムたちはサムサーム・アッダウラの母后やラディーウ，その他の側近たちのイクターに狙いをつけ，これを要求するまでになる。そしてファサーにいたダイラムが同地の徴税官*ʻāmil*に，上記の人々のイクターから自分たちが要求する金を支払うよう迫るまでになる。彼らはこの要求を拒否した徴税官を吊るし上げ，シーラーズまで赴き，サムサーム・アッダウラに要求を突きつけるのである。結局サムサーム・アッダウラは彼らの要求を受け入れ，事態は一旦沈静化する[102]。

しかし，この事態を受けて第二次ファールス政権は，俸給ないしイクター要求を行う「ダイラム」の出自を確認し，その要求の正当性を見極めるための調査を行うという方針を打ち出す。以下はその内容を示す*Dhayl*の記述である。

> サムサーム・アッダウラの相談役たちは，諸行政区全てに存在するダイラムの綿密な再調査を行い，純粋であって系譜*nasab*の正しい者全てを承認し，外来であってダイラムを騙る者全てを削除するよう，また上記理由で削除される者たちが手放すイクターによって*bi-mā yanḥallu min al-iqṭāʻāt*^{i} *ʻan-hum bi-hādhā al-sabab*^{i}懐を潤すよう，彼に忠告した。*Dhayl*, 311.

102. *Dhayl*, 311–312; BN 5866, f. 166b.

血統の面でダイラムと認められない者を除外し，俸給やイクター取得の権利を取り上げ，財政の健全化を図ろうという趣旨の提案である。このような政策が打ち出される背景として，*Tajārib* の記述から推測されるように，ダイラムでない者がダイラムを騙る場合があったと考えられる。*Tajārib* にはイッズ・アッダウラが一旦登録を抹消したダイラムとジールのうち，それぞれの血統が純粋にダイラムないしジールである者を再登録したという記述がある[103]。このことから，血統の純粋でないダイラムやジールがブワイフ朝初期から存在したことが分かる。恐らくダイラムを騙ることで，イクターの受給や俸給の支払いの面で他の集団より有利となったものと思われる。加えて，アトラークと同様ダイラムも集団で俸給の支払いを要求するなどしており，数の力でその要求を満たし得る状況にあったことも，ダイラムを騙る理由になったのではないだろうか。

そして実際にダイラムを騙る者が多数存在し，この 388/998 年の調査によってファサーのダイラムのうち 650 名がダイラムと認定されず，登録[104]を抹消される[105]。またキルマーンにおいても同様の調査が行われ，約 400 名が登録を抹消される[106]。1000 名以上が抹消されたことにより，財政状況はかなり改善したものと思われる。

---

103. *Tajārib*, II, 236. また Minorsky もダイラムを騙る者の存在を指摘している。Minorsky, “La domination des Dailamites”, p. 25.

104. *Dhayl* には，具体的にどこから削除されたのか示されていないが，*Ta'rīkh Hilāl* には，登録簿 *jarā'id* の存在が描かれている。*Ta'rīkh Hilāl*, 362. 恐らくこのような帳簿が存在し，そこから認定を外れた者の名前が抹消されたものと思われる。Minorsky は，「登録簿の確認とそこからの排除 *vérifia les registres des Dailamites et en exclut*」としており，何がしかの帳簿の存在を指摘している。Minorsky, “La domination des Dailamites”, p. 29. また先に指摘したようにダイラムのナキーブなる役職が存在しており，こうした人々が登録簿の管理を行っていたと考えられる。本章第 III 節 2 を参照のこと（前掲註 48)。

105. *Dhayl*, 312; *Kāmil*, IX, 142; BN 5866, f. 167a. なおこの時，調査されたダイラムの全体数については記述がない。

106. *Dhayl*, 312.

しかし，この政策は政権の根幹を揺るがす事態となる。1000名以上の者がダイラムの認定を外され，イクターなどを奪われて，流浪集団となる。そこへ，383/993~4年の蜂起の際に処刑されずに生き残ったバフティヤールの息子たちのうち，アブー・アルカースィム・アブサームとアブー・ナスル・シャーフファイルーズが収監先の砦を抜け出し，再び第二次ファールス政権に対して蜂起するという事態が重なる[107]。その結果，行き場を失った「元ダイラム」はバフティヤールの息子たちの勢力に糾合されることになるのである[108]。

そしてさらに事態は悪化する。帳簿にそのまま登録されることを認められたファサーのダイラムたちも，もはやサムサーム・アッダウラ政権の滅亡は必至と見たのか，同地にいたウスターズフルムズを捕らえ，彼を伴ってバフティヤールの息子たちの許へ叛き去ってしまったのである[109]。この後サムサーム・アッダウラはアミード・アルジュユーシュのいるアフワーズに逃れようとするが，途中で捕まり，殺害される[110]。こうして第二次ファールス政権は崩壊するのである。

以上，第二次ファールス政権の崩壊の過程を見てきた。そのあっけない終焉の要因は支持基盤であるダイラムの権益を損ね，彼らの支持を失ったことに帰せられよう。確かにal-Rūdhrāwarīが指摘するように，第二次ファールス政権はダイラムに対するイクター授与や俸給の加増を行い，ダイラムを増長させたのかもしれない。しかし彼らは5度にわたるバハー・アッダウラのファールス侵攻[111]を退け，また2度にわたるサッファール朝のキルマー

107. *Dhayl*, 312–313; BN 5866, f. 167a.　アブサームとシャーフファイルーズの勢力の中心はクルド集団であった。

108. *Dhayl*, 313.

109. *Dhayl*, 313–314; *Kāmil*, IX, 142; BN 5866, f. 167b.　この時期，アブサームはアッラジャーンを征服しており，第二次ファールス政権はフージスターンとの連絡を断たれていた。*Dhayl*, 313; BN 5866, f. 167a.

110. *Dhayl*, 314–315; *Kāmil*, IX, 143; BN 5866, ff. 167b–168a.

111. 380H年（*Dhayl*, 182–185），383H年（*Dhayl*, 252–253），384H–385H年（*Dhayl*, 255–257, 260–261, 266–268），387H年（*Dhayl*, 294–295）。

ン侵攻[112]にも打ち勝った優秀な軍隊の根幹であった。従ってそれらの戦をくぐり抜けてきたダイラムにイクターの授与や俸給の加増によって報いるのは当然のことであっただろう。ただ第二次ファールス政権は対外進出に積極的ではなかったため，新たな財源を確保することができず，財政の逼迫を招いたものと思われる。そしてその解消のためにダイラムの数を整理する政策を採用したわけであるが，そのためにダイラムの支持を失い，政権は崩壊することになる。第二次ファールス政権は，ダイラムの支持によって樹立され，その支持を失うことによって終焉を迎えたのである。

本章では，これまでほとんど注目されることのなかったブワイフ朝支配下のファールスの状況について，シャラフ・アッダウラ死後から第二次ファールス政権崩壊までの期間に限って検討してきた。まずいえることは，ファールスは，ブワイフ朝草創期よりダイラムが多数存在する土地であり，その状況は本章で検討した時期まで変化していなかったということである。もちろんダイラム以外にもクルドやズットなどの存在が確認できるが，史料中には圧倒的にダイラムが現れる回数が多く，彼らがファールスの主要勢力であったことは間違いない。彼らはイマード・アッダウラ以来ファールス各地にイクターを授与され，そこに生活の基盤を築いていたのである。

そして彼らはシャラフ・アッダウラの死後，イラクの王権ではなくサムサーム・アッダウラを擁立してファールスに独自の政権を樹立することで一致した。その契機となったのはファールスの支配者となるべくアトラーク軍団を率いて到来しつつあったシャラフ・アッダウラの息子アブー・アリーに対する，ファールス総督アラー・ブン・ハサンの個人的な思惑であり[113]，サムサーム・アッダウラと共にイラクを追放された人々の，イラクの王権に対する敵対心であった。しかし，それとてもファールスに存在するダイラムの影響を受けての選択であり，また彼らの支持なくしては叶わないものであった。

---

112. 381H–384H 年の間に 2 度（*Dhayl*, 188–198）。

113. 本章第 II 節を参照のこと。

こうしてファールスにはサムサーム・アッダウラを君主とするダイラムの政権，第二次ファールス政権が誕生したのである。本章での検討の結果，この第二次ファールス政権はダイラムの支持によって成立し，彼らの支持を失うことによって崩壊したことが明らかになった。彼らにとって君主が盲目であることは問題ではなく，自分たちの権益を守る人物であるかどうかが問題であったのである。サムサーム・アッダウラと彼を擁立した主要なダイラム君侯たちは，アトラーク軍団を率いてファールスの征服を目指すイラクの王権に抗い，ダイラムの利益を守ることに努めたのであり，その意味ではダイラムの意に適った王権であっただろう。

しかし財政の逼迫から行われたダイラムの系譜調査と，その結果によってダイラムとしての認定を取り消すという政策は，ファールスにいるダイラムの権益を損ねるものであり，これが第二次ファールス政権崩壊の主因となったのである。

第二次ファールス政権はダイラムの支持によって樹立され，ダイラムの支持を失うことで崩壊した，徹頭徹尾ダイラムの政権であったのである。

地図（6–7 章で登場する地名を示している。）

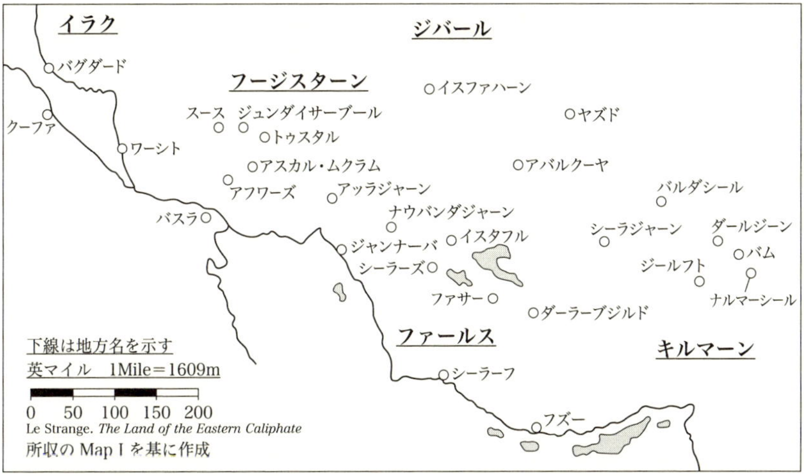

第7章　バハー・アッダウラとダイラム

はじめに

本章では，即位後ファールス征服を目指して執拗に南進を繰り返し，最終的にファールスおよびキルマーン征服を成功させたバハー・アッダウラ Bahā' al-Dawla と彼の政権のダイラムに対する姿勢について考察するとともに，バハー・アッダウラ政権の構造の一端を明らかにすることを試みる。バハー・アッダウラはアドゥド・アッダウラの死後に分裂していたイラク，フージスターン，ファールス，キルマーンの諸地方を統一し，さらにファフル・アッダウラ死後の後ジバール政権の君主たちに影響力を及ぼした支配者であった。その意味でアドゥド・アッダウラが統一したブワイフ朝の，真の後継者であったといってもよい存在である。従って，彼の政権運営やそれを支えた軍団・官僚機構の構造を検討することはブワイフ朝史研究において重要な課題となるものと思われる。

バハー・アッダウラの治世については，その半ばで同時代史料がなくなるため，その前後で考察・検討を分ける必要がある[1]。本章でも史料状況を考慮し，バハー・アッダウラがファールスおよびキルマーンを征服するまでの期間に限定して検討を行うに留めている。

---

1. 史料解題中，*Dhayl*, *Ta'rīkh Hilāl*, *Mir'āt* を参照のこと。とくに前2者の収録年代はそれぞれ 369–389/980–999 年，389–393/999–1003 年であり，バハー・アッダウラの治世半ばで擱筆となっている。ただし，*Ta'rīkh Hilāl* は3年強の内容を収録する写本断片が残っているに過ぎない。今後，残りの部分が発見されることになれば，ブワイフ朝史研究に資すること大であることは疑いない。

バハー・アッダウラ政権の特徴は，治世の半ばで拠点をイラクからファールスに移すことである。この結果，ブワイフ朝君主の直接支配から解放されたアッバース朝カリフが独自の政治外交活動を開始し，またイラクの南北に割拠した軍事勢力の活動が活発化するなど，以後のブワイフ朝政治史に大きく影響を及ぼす事態が生じることになる[2]。しかし先行研究はこのファールスへの移転理由に関して具体的な検討を行っていない。Kabir および Busse はバハー・アッダウラのファールス行きの経過を辿るのみであり[3]，むしろ Kabir はバハー・アッダウラがファールスへ去った後のバグダード総督の活動を検討の中心に据えているほどである。Donohue もファールス行きを「ブワイフ朝王権の象徴的失策」と評価するものの[4]，そのファールス行きの理由については検討していない[5]。

だが，バハー・アッダウラが何故ファールスへ本拠地を移したのか，という点を明らかにすることは，以後のブワイフ朝の政権構造やその活動を理解するうえで欠くことができない問題であると思われる。そこで本章では，バハー・アッダウラのファールス征服前後の時期に焦点を当て，彼のダイラムへの姿勢・対応を検討することでファールスへの本拠地移転の理由と政権運営の方針の一端を明らかにし，今後の研究に備えることとする。

ここでダイラムへの姿勢・対応を取り上げる理由は，再三検討してきたように，ブワイフ朝史研究において，同王朝は全体的にダイラム排除の傾向があったとされてきたことが挙げられる。しかし，第6章で明らかにしたように，ファールスはダイラムが多く存在する土地であった。そのファールス

---

2. カリフ＝カーディルはホラーサーンの地方政権ガズナ朝の君主マフムードと連絡を取り，カリフ権力の回復を図ろうとする。*Rusūm*, 108–110;『カリフ宮廷のしきたり』105–107 頁（とくに註 388）; *Yamīnī*, 178; Nāẓim, *The Life and Times of Sulṭān Maḥmūd*, pp. 45, 57, 164–165; Bosworth, *The Ghaznavids*, pp. 46, 52. Hanne, *Putting the Caliph*, pp. 21–25.

3. Kabir, *The Buwayhid Dynasty of Baghdad*, pp.77–91; Busse, *Chalif und Grosskönig*, pp. 67–68.

4. Donohue, *The Buwayhid Dynasty in Iraq*, pp. 96, 108.

5. Donohue, *The Buwayhid Dynasty in Iraq*, pp. 96–109.

にわざわざ本拠地を移したバハー・アッダウラの行為は，従来の研究が示してきた，バハー・アッダウラ政権の対ダイラム姿勢についての見解と矛盾するように思われる。

先行研究は，ブワイフ朝のダイラム排除とアトラーク重用の傾向を指摘する際，バハー・アッダウラ期の2つの事例を取り上げ，それを根拠にアトラーク重用傾向を指摘してきた。その2つの事例とは，バハー・アッダウラがシャラフ・アッダウラの後継者としてイラクの支配者となったまさにその年に起こったダイラムとアトラークの間の衝突と，384/994-5年に行われたファールス遠征の際に，アフワーズを攻略したバハー・アッダウラ軍の主将トゥガーン Ṭughān al-Ḥājib が起こした2000名以上[6]のダイラム殺害事件である。この2つの事例をもって，バハー・アッダウラがダイラムを排除し，アトラークを重用する傾向を有していたとするのである[7]。

確かにこの2つの事例は注目を引くものであるが，この2例をもってバハー・アッダウラ政権，あるいはブワイフ朝全体がアトラーク重用の傾向にあったと規定するのは早計であるように思われる。第2章で検討したように，イラーク政権のアトラーク重用政策は同政権のみのものであり，同じ時期のジバール政権はむしろダイラム重視であった。また，アドゥド・アッダウラ ʻAḍud al-Dawla はダイラムおよびアトラークを公平に扱った君主であ

6. この数字については *Dhayl* と *Kāmil* の記述による。*Dhayl*, 256−257; *Kāmil*, IX, 104. 一方 BN5866 は 4000 名と伝えている。BN 5866, f. 143a.

7. Minorsky, "La domination des Dailamites", p. 25（note 62）; Kabir, *The Buwayhid Dynasty of Baghdad*, p. 89; Bosworth, "Military Organisation", p. 156; Busse, *Chalif und Grosskönig*, p. 335; Kennedy, *The Prophet*, p. 238. このブワイフ朝の「アトラーク重用」かつ「ダイラム排除」の傾向については，第2章の研究史も参照のこと。例えば，Kabir は，バハー・アッダウラの軍隊はほとんどアトラークで構成され，一方サムサーム・アッダウラ軍はダイラムであり，両者の戦いはアトラークとダイラムの戦いであったと断じ，バハー・アッダウラの勝利はすなわちアトラークの勝利であったとする。また Bosworth はダイラムがサムサーム・アッダウラ支持の姿勢を示したため，バハー・アッダウラはやむなくアトラーク側についたとするが，これは以下の検討から，誤った理解であるということができよう。

ったとする研究も存在する[8]。このようにブワイフ朝は必ずしもダイラムを排除する傾向を有していたわけではない。

従って，バハー・アッダウラ期のアトラーク重用の2例は，個別の事例として扱われるものではなく，彼のファールス征服および本拠地の移転を含めた政権運営全体の中に位置づけて考察すべき問題であるといえる。そのファールス移転に際して，同地のダイラムとの衝突があったことは確かであるが，最終的にバハー・アッダウラはファールスを本拠地に定め，亡くなるまでの約14年間そこに居続けることになる[9]。この事実を捨象したままでバハー・アッダウラ政権の構造を解明することは不可能である。

そこで本章では，まずバハー・アッダウラ期の2例に限って考察する。次に，ファールス征服以前のバハー・アッダウラ政権におけるダイラムの位置づけを明らかにし，最後に，ファールス征服を成し遂げたバハー・アッダウラが同地のダイラム君侯や軍団とどのように関わったか，という点を考察し，バハー・アッダウラが従来いわれているようにアトラーク重用の姿勢を示していたか，改めて検討を加えることとする。こうした作業によって，バハー・アッダウラ政権全体の構造やブワイフ朝の政権構造におけるダイラムの位置づけが明確な形で見えてくることになるだろう。

I. ファールス征服以前のバハー・アッダウラ政権下のダイラム

イラクの支配者となったバハー・アッダウラの軍隊が当初どのような構成であったかは不明であるが，シャラフ・アッダウラの政権を継承したわけであるから，アトラーク軍団とサムサーム・アッダウラの支持基盤であったダイラム軍団の双方を抱えていたことは間違いないだろう。ただ，シャラフ・アッダウラの息子アブー・アリーが一部のアトラーク軍団を率いてファールスへ向かっていたため，アトラーク軍団の数はシャラフ・アッダウラ期より

---

8. *Dhayl*, 43–44; Kabir, *The Buwayhid Dynasty of Baghdad*, pp. 60, 135.

9. 389/999年のシーラーズ入城後，403/1012年にアッラジャーンで亡くなるまで，バグダードに戻ることはなかったようである。

も少なくなっていたと思われる。

I-1. 379/989~90年のダイラムとアトラークの衝突

では先行研究がバハー・アッダウラのアトラーク重用の傾向を述べる際の根拠となっている第一の事例を検討することにしよう。*Dhayl* はこの出来事を，379/989~90年にバハー・アッダウラがイラクの支配者となった後に起こった出来事としている。バハー・アッダウラがシャラフ・アッダウラの家臣であったナフリール Naḥrīr al-Khādim の出仕を要請し，それを拒んだナフリールを捕らえ，殺害するという出来事がこの直前に伝えられているが，ダイラムとアトラークの間の争いとの因果関係は示されておらず，無関係の出来事であろう。とすると，両者の争いがいかなる原因で起こったのか，また何を巡って争っているのか，という点が不明のまま争いの経過が伝えられている。

> この時，ダイラムとアトラークの間で，彼らの胸に憎しみを植え付け，両者の間に終わりのない争いをもたらすこととなった嫌悪感が生じた。ダイラムは街区の小路を要塞化し，事態は深刻になった。数日戦いが続き，とうとうバハー・アッダウラはアトラークの陣営に行き，彼らの許に天幕を張った。というのも，アトラークは，傍らにあっては，軍事に関してより粘り強く，性質としては，服従に関してより心穏やかであったからである。そしてバハー・アッダウラは事態を収拾し，ダイラムに使者を送り，またアトラークを丁重に扱った。その結果戦闘は収まり，和平が成った。アトラークは町へ戻り，両者は互いに贈り物をしあい，握手を交わし，（不戦を）誓い合った。そしてアトラークの勢力が強くなり，彼らの言葉が確固としたものとなり，その一方でこの争いの後にダイラムの力は弱まった。そしてダイラムの集団はあらゆる方面へと分散して行き，一団また一団と去っていったのである。*Dhayl*, 158.

上記の引用中，先行研究が注目しているのは，「バハー・アッダウラはアトラークの陣営に行き」というくだりである。確かにバハー・アッダウラはアトラーク軍団の強さと忠誠心を期待して彼らの陣営に行ったわけであり，彼とアトラークの結び付きがこの時強固なものとなったと思われる。しかし注意すべきは，彼にダイラム軍団を排除する意図がなかったということである。バハー・アッダウラは事態の収拾に際して，より扱いやすいアトラーク軍団の側に立っただけで，その真の目的は両軍団の和解であることが上の引用から分かる。

また後半が重要である。ダイラムとアトラークの間で和解が成立し，事態は収まっている。しかし，バハー・アッダウラがアトラーク側についたことで，アトラークの勢いが増し，それに応じてダイラムたちの勢力が衰え，バグダードのダイラムたちが次第にバハー・アッダウラの許を離れていった，という記述になっている。これを見ると，バハー・アッダウラ主導によるダイラム排除というよりも，ダイラムたちのバグダードからの自発的な退去であったと考えられるのではないだろうか。つまり，バハー・アッダウラ政権から多数のダイラムが去るが，それは彼の意向ではなく，むしろ強勢になったアトラーク軍団が存在する政権に留まることを嫌ったダイラム自らの選択であったと思われる。これが *Dhayl* から導き出せる結論である。

次に *Kāmil* の伝えるところを見てみよう。

> この年（379H 年条），バグダードにてアトラークとダイラムの間で争乱が起こった。事態は悪化し，両軍の間で 5 日間戦闘が繰り広げられた。この間バハー・アッダウラは館から，和平に応じるよう彼らに使者を出していたが，それは聞き入れられず，使者の中には殺される者もいた。その後，バハー・アッダウラはアトラークの許へ行き，彼らと共に戦闘に加わった。その後事態はさらに深刻になり，悪しき状況が拡大した。そのあとで，バハー・アッダウラは和平について動き出した。彼はアトラークを厚遇し，ダイラムに使者を送った。すると，彼らの間の状況が落ち着き，彼らは互いに（和平を）誓い合った。この戦闘は 12 日間に及んだ。その後，ダイラムは四散し，一団また一団と去ってゆき，ある者たちは追放され，ある者たちは捕らえられ，彼らの勢力は弱くな

った。一方アトラークの力は増し，彼らは強勢となった。*Kāmil*, IX, 63–64.

続いて『時代の鏡要約』の伝える内容を示すと，

> この年（379H年条），ファフル・アッダウラ Fakhr al-Dawla がイラクの王権 *mulk* を求めてハマダーンに到着した。そして彼とバハー・アッダウラの間で使者のやり取りが行われた。そして彼らは数日戦い，両軍とも多数の死者を出した。ところで，この時アトラークはダイラムよりも強力であった。また両者は都市の郊外に天幕を張っていた。そこでバハー・アッダウラは彼らを和解させるために出かけたが，彼らは目もくれなかった。そこでバハー・アッダウラはアトラークの軍営に下馬した。何故なら彼らはより優勢であったからである。その後（アトラークの軍営に）居続け，彼ら（ダイラムとアトラーク）を和解させた。彼らは互いに（和平を）誓った。しかし，そうであったにもかかわらず，アトラークの心は強くなった。何故なら，バハー・アッダウラが彼らを選んだからであった。ダイラムたちはこの争いの後，ある者はモースルへ，またある者はハマダーンへ，そしてまたある者はアフワーズへと逃げ出し，彼らの勢力は弱くなってしまった。そして政権 *dawla* はアトラークのものとなり，彼らの力がいや増した。BN 5866, f. 121b.

以上2史料の記述を見ると，*Kāmil* では，バハー・アッダウラがアトラークと共に戦ったと伝えられている点が注目に値する。またバハー・アッダウラの許を去っていったダイラムの中には捕らえられた者がいたともある。この記述を読むと，バハー・アッダウラがダイラムを嫌ったという結論に至ることも頷ける。一方，『時代の鏡要約』の方は文脈がやや乱れている。ファフル・アッダウラとの戦闘に続いてダイラムとアトラークの不和が起こったように描かれているが，そのつながりには疑問が残る。文の脱落の可能性が指摘できる。また実際に両者が矛を交えたかどうかもこの文章には示されていない。それはともかく，バハー・アッダウラがアトラークの陣営に行ったこと，そしてその理由としてアトラークの武力が優勢であったことについては *Dhayl* と同じ内容である。

では何故バハー・アッダウラがアトラークを重視していると評価されたのか。3 史料とも，彼が両者の和解を試みていることを伝えている。従って，彼がダイラムを排除しようとしていたことを主張することはできない。しかし，彼がアトラーク軍団を選んだという記述が，先行研究の認識に大きく影響していることは間違いない。また *Kāmil* の記述からはバハー・アッダウラのアトラーク重用およびダイラム排除の姿勢が読み取れる。しかし，ここはより同時代に近い *Dhayl* の記述を優先させるべきと考える[10]。

加えて，先行研究がその後の記述に注目していない可能性も指摘できる。3 史料とも，ダイラムのバグダードからの退去は自発的に行われたことを伝えている。*Kāmil* には，逃亡したダイラムを捕らえたという記述があるが，しかし彼らの退去に関してバハー・アッダウラが命令したとは述べていない。もちろんバハー・アッダウラが逃亡するダイラムを引きとめていないという反論も可能であるが，本章第 I 節 3 で検討するように，その後のバハー・アッダウラ政権においてもダイラムの活動が多数確認できるため，彼がダイラムを軽視したとまではいえないだろう。従って，バハー・アッダウラおよび彼の政権が率先してダイラム排除を行ったのではなく，アトラークとダイラムの争いの結果，アトラークの勢力が増したため，それを嫌った一部のダイラムがバグダードを去ったというのが真相であると思われる。

『時代の鏡要約』の引用の最後の部分にある「そして政権 *dawla* はアトラークのものとなり，彼らの力がいや増した」という文章は，おそらく著者 Sibṭ Ibn al-Jawzī のこの事態に対する評価であろうが，ダイラムの退去の結果，バハー・アッダウラ政権におけるアトラークの勢力が強くなり，同政権が彼らの所有物になってしまったとは，的を射た評価のようにも思われる。しかしこれは結果に対する著者の見解であって，この事例からバハー・アッ

---

10. *Dhayl* および『時代の鏡要約』は，同時代史料である Hilāl al-Ṣābi’ の歴史書を参照して書かれている可能性が極めて高く，その点から *Dhayl* に依拠することの妥当性が導かれる。巻末の史料解題を参照のこと。

ダウラのアトラーク重視の傾向を強調することは無理があると考える。ダイラムの減少[11]の結果，アトラーク軍団を用いることが多くなったであろうが，それはバハー・アッダウラの意図したこと，とまではいえないのである。

I-2. トゥガーンによるダイラム虐殺

次にトゥガーン率いるバハー・アッダウラ軍による，ダイラム虐殺の事例を検討しよう。この事件の前年の 383/993~4 年，アブー・アルアラー・ウバイド・アッラー・ブン・ファドル Abū al-'Alā' 'Ubayd Allāh b. al-Faḍl 率いるバハー・アッダウラ軍が，アフワーズにおいてアブー・アルファラジュ・ムハンマド・ブン・アリー・ブン・ズィヤール Abū al-Faraj Muḥammad b. 'Alī b. Ziyār 率いる第二次ファールス政権の軍隊に敗れる。結果，主将ウバイド・アッラーは捕らえられ，アフワーズは第二次ファールス政権の領有するところとなる[12]。この事態を重く見たバハー・アッダウラは翌 384/994~5 年，トゥガーンを主将とするアトラーク軍団を派遣する。そしてトゥガーンの軍勢はフージスターン地方北部のトゥスタルとスースの間にあるテル・ターウースという場所でサムサーム・アッダウラ率いるファールス軍を撃破し，2000 名以上のダイラム兵の投降を受けたのである[13]。本書ではこの戦いを「テル・ターウースの戦い」と呼ぶ。以下の引用は，投降したダイラムに対するトゥガーンの処置に関するものである。

> 安全保障を求めてきたダイラムたちがトゥガーンによって彼らのために設営された天幕に集まった時，グラームたちがダイラムについて忠告した。彼らが言うには，「これらの人々は親族を殺され，いまだ血の復讐を果たしていない者たち[14]であり，しかもその数は我らよりも多い。

---

11. この事件以後，バハー・アッダウラ政権にダイラム軍団が全く存在しなくなったわけではない。むしろ，後述するアブー・アルハサン・ムアッリム Abū al-Ḥasan al-Mu'allim の処刑の事例にみられるように，依然として政権の重要な支持基盤として存在していたと思われる。本章第 I 節 3 を参照のこと。
12. *Dhayl*, 253; *Kāmil*, IX, 97.
13. *Dhayl*, 255–256.

彼らを我らの陣営に留めるならば，我らは彼らの蜂起に脅えることになろう。またもし彼らを放免するならば，我らはその反撃を恐れることになろう」と。そこで彼らは投降ダイラムを殺害することで考えをまとめた。そして彼らは投降ダイラムに対してその天幕を投げつけ，その柱で彼らを打ちつけ，とうとう彼らを皆殺しにしてしまったのである。*Dhayl*, 257.

Kāmil も同様の内容を伝えている[15]。一方，4000 名のダイラムを殺害したとする『時代の鏡要約』の文章は，その虐殺が戦闘中の出来事であるのか，彼らを捕虜とした後での出来事であるのか明確にしていない[16]。

上の引用をみると，この投降ダイラムを虐殺した事件はトゥガーン率いる軍中のアトラーク[17]の懸念に端を発していることが分かる。ダイラムの投降を受け入れはしたが，彼らの数が自分たちを上回っており，いつ寝首を掻かれるか分からないとして，その不安を主将トゥガーンに訴えたのである。その結果，彼らは投降ダイラムを皆殺しにするという解決策を採用する。

この事例にバハー・アッダウラ[18]の意志は全く反映されていない。虐殺は前線の将軍の独自の判断で行われた，いわば偶発的な出来事であったといえよう[19]。従って，この事例もまたバハー・アッダウラおよび彼の政権がダ

14. *mawtūrūn*：親族などを殺害され，その血の代償を相手方に支払わせていない人々を意味する。つまりトゥガーン軍中のアトラークは捕虜のダイラムが自分たちを仇と狙ってくる可能性があることを懸念しているのである。

15. *Kāmil*, IX, 104

16. BN 5866, f. 143a.

17. 上記引用中では「グラームたち」とあるが，トゥガーンの軍団がアトラークで構成されているため，これを同義と考えた。*Dhayl*, 255–256.

18. バハー・アッダウラはこの当時ワーシトにおり，この虐殺を指示したという事実は記録されていない。*Dhayl*, 257.

19. ちなみに 380H 年に行われたファールス遠征（バハー・アッダウラ軍の主将はアブー・アルアラー・ウバイド・アッラー・ブン・ファドル）では，サムサーム・アッダウラ軍側からの投降ダイラムの存在が確認できるが，彼らが虐殺されたという事実は伝わっていない。BN 5866, f. 126a.

イラム排除の傾向を有していたとする根拠とはならないことが示された。

I-3. バハー・アッダウラ政権内のダイラムの位置：ダイラム軍団

上記2例は先行研究がブワイフ朝のアトラーク重用およびダイラム排除の傾向を強調する際に用いられてきた事例であった。しかし以上の検討から，少なくともバハー・アッダウラが意図してダイラムを排除していたわけではなかったことが明らかとなった。確かにバハー・アッダウラ政権下ではアトラーク軍団の活躍が目立つ。しかし，ダイラム武将や軍団が存在しなかったかというと，そうではない。むしろ史料からは多数のダイラムの活動が見えてくる。そこで以下では，ファールス征服までの時期に限ってバハー・アッダウラ政権内部のダイラムの活動を取り上げ，同政権内でいかなる存在であったかを考察する。

先に述べたように，アトラークとダイラムの反目に際してバハー・アッダウラがアトラーク側に付いたことが要因となって，バハー・アッダウラ政権のダイラムが徐々に彼の許を去っていったと，史料には描かれている。その影響がなかったとする根拠はないが，バハー・アッダウラ政権から全てのダイラムが去ったわけではなかった。以下，バハー・アッダウラ政権において認められるダイラムの活動を列挙する。

A：379H年，バスラにおいて忠誠の誓いの見返りを要求[20]
B：379H年，フサイン・ファッラーシュの将軍任命式で軍事行進に参加[21]
C：379H年，シャラフ・アッダウラ死去当時，モースルに駐留[22]
D：380H年，アッラジャーンにて，戦利品の分配を求めて騒乱[23]
E：380H年，食糧不足による騒乱[24]

---

20. *Dhayl*, 159.
21. BN 5866, f. 123a.
22. *Dhayl*, 175; *Kāmil*, IX, 67.
23. *Dhayl*, 183; *Kāmil*, IX, 76; BN 5866, f. 125b. *Kāmil* には「兵士 *jund*」とある。
24. BN 5866, f. 126a.

F：381H年，アフワーズにて，俸給を要求，宰相らの引き渡しを要求[25]
G：381H年，ラフバ，ラッカへの派遣[26]
H：381H年，カリフ＝ターイーの廃位とカーディルの登極[27]
I：382H年，アブー・アルハサン・ムアッリムの逮捕を要求[28]
J：383H年，貨幣改悪，物価高騰，俸給の遅配に対して騒乱，宰相の館を略奪[29]
K：383H年，第二次ファールス遠征における援軍としての派遣[30]
L：386H年，サムサーム・アッダウラ側への亡命[31]
M：386H年，ウカイル朝の有力者ムカッラドへの寝返り[32]

以上が，バハー・アッダウラのファールス征服までの期間において史料中に見られるダイラム軍団の活動である。俸給の要求やそれに付随する騒乱という事例が多く，扱いにくい存在であることを印象付けるのは確かである。以下，その内容を詳しく見ていこう。

Aはシャラフ・アッダウラの息子アブー・アリーを追ってアバーダーン ʻAbādān まで赴いたアブー・シュジャー・バクラーン Abū Shujāʻ Bakrān およびアブー・アリー・イブン・アビー・アッライヤーン Abū ʻAlī Ibn ʻAbī al-Rayyān に対して，バスラのダイラムたちがバハー・アッダウラへの忠誠

25. *Dhayl*, 187.
26. *Kāmil*, IX, 91; BN 5866, f. 134a. 軍隊構成については『時代の鏡要約』にのみ記載あり。
27. *Dhayl*, 202; *Muntaẓam*, VII, 156–157; *Kāmil*, IX, 79, 81; BN 5866, f. 129a（出典 Hilāl al-Ṣābi'）.
28. *Dhayl*, 244; *Kāmil*, IX, 94; BN 5866, f. 139b. 軍隊構成については『時代の鏡要約』のみ「ダイラム」「アトラーク」「兵士たち」と記載。前2史料は「兵士 *jund*」とある。
29. *Dhayl*, 250; *Kāmil*, IX, 100.
30. *Dhayl*, 253.
31. *Dhayl*, 271; *Kāmil*, IX, 124.
32. *Dhayl*, 280–281.

の誓いの見返り *rasm bay'a* を要求し，バクラーンらはアブー・アリーの残した財産を質草に借金し，彼らの要求を満たした事例である。結果，バスラのダイラム軍団はバハー・アッダウラ陣営に属すことになったと考えられる。

Bはファフル・アッダウラのアフワーズ侵攻に際して，派遣軍の将に任命されたフサイン・ブン・アリー・ファッラーシュ al-Ḥusayn b. ʻAlī al-Farrāsh の任命の式典での行進に500名のダイラムが参加していた事例である。この出来事は先に検討したダイラムとアトラークの争乱以後のことと考えられ，この時点でバグダードにダイラムの存在が確認できる事例である。

Cはシャラフ・アッダウラの死後，ハムダーン家の2人の王子がモースルへ戻り，これに呼応する形で，モースルの民が同地に駐留中のブワイフ朝のダイラム軍団を襲い，彼らを町から排除しようとした事件である。この時点で在モースルのダイラム軍団の旗幟は鮮明ではないが，駐留軍の将アブー・ナスル・フワーシャーザ Abū Naṣr Khwāshādhah がバハー・アッダウラ政権に属す人物であるため[33]，この軍団もバハー・アッダウラ麾下ということになるだろう。

Dはファールス遠征にてアッラジャーン Arrajān を陥落させたバハー・アッダウラが莫大な戦利品を獲得した際，その配分を求めてアトラークとダイラムが騒乱を起こした事例である。この事例から，数は不明であるが，遠征軍がアトラークとダイラムで構成されていたことが分かる。

Eは一旦アッラジャーンまで征服した380/990~1年のファールス遠征の後，サムサーム・アッダウラ軍の反撃に遭い，その結果物価の高騰と軍中の食糧不足が起こり，これに対してダイラムが騒ぎ出した事例である。やはりバハー・アッダウラ軍中にダイラムの存在を確認できる事例である。ただこの時アトラークがいかなる反応を示したのかは史料中に伝えられていない。

Fは上記のD, Eの結果，サムサーム・アッダウラ側と和平が成立し，バハー・アッダウラはアフワーズまで退く。その際，軍中のダイラムとアトラークが揃って俸給を求めて騒いだ際の事例である。この時彼らは，宰相のア

33. 380/990~1年に行われた，バハー・アッダウラの第一次ファールス遠征の際，フワーシャーザは彼の代官としてバグダードに残っている。*Dhayl*, 182.

ブー・ナスル・サーブール Abū Naṣr Sābūr，バハー・アッダウラの寵臣アブー・アルハサン・ムアッリム，アトラークとダイラムのそれぞれの軍監 *ʻāriḍ* に対する不満を表明している。これに対して，バハー・アッダウラはムアッリムとアトラークの軍監[34]については執り成しを行い，宰相サーブールとダイラムの軍監を解任，アブー・アルカースィム・アブド・アルアズィーズ・ブン・ユースフ Abū al-Qāsim ʻAbd al-ʻAzīz b. Yūsuf を宰相に任命した[35]。処分に差がある理由については不明であるが，4人のうち2人を解任し，恐らくは両者の財産を没収してダイラムとアトラークの要求を満たしたものと思われる。

Gはラフバおよびラッカの民がバハー・アッダウラ政権に総督派遣を要求してきたことに応じて，フマールタキーン・ヒフスィー Khumārtakīn al-Ḥifṣī と彼に率いられた計500名のアトラークとダイラム，そしてアラブ遊牧集団が同2市へ派遣された事例である。地理的に見てバグダードから派遣されたと思われ，バグダードにおけるダイラムの存在を示唆する。ただし，ラッカ駐留の武将バドル・サアディー Badr al-Saʻdī[36] 率いる軍に敗れ，フマールタキーンは捕虜となり，身代金支払いの上，バグダードに帰還するため，バハー・アッダウラ政権による上記2市の恒常的な支配には至らなかったようである[37]。

Hはカリフ＝ターイー al-Ṭāʼiʻ lillāh の廃位とその財産没収，およびそれに続くカーディル al-Qādir billāh のカリフ位登極の事例である。『時代の鏡

34. アトラーク軍団の軍監はアブー・アルカースィム・アリー・ブン・アフマド・アバルクーヒー Abū al-Qāsim ʻAlī b. Aḥmad al-Abarqūhī で，後に宰相に任じられる人物である。なおアバルクーヤ Abarqūyah（アバルクーフともいう）はヤズドの南西に位置するファールス地方の小都市である。*Dhayl*, 201, 245–246; *Buldān*, I, 69b–70b; Busse, *Chalif und Grosskönig*, p. 241.

35. *Dhayl*, 187–188.

36. ハムダーン朝アレッポ政権の君主サアド・アッダウラ Saʻd al-Dawla b. Sayf al-Dawla のグラームである。

37. *Anṭākī* では，サアド・アッダウラ自らラッカ征服に赴いたと伝えている。*Anṭākī*, 221.

要約』は，ターイーの廃位の際，彼を玉座から引き摺り下ろした人物としてアブー・アルハサン・ムアッリムとアブー・シュジャー・バクラーンの名前を挙げ，その後ダイラムがターイーに殺到し，彼を捕らえて王宮へ連行したと伝えている[38]。他の史料はダイラムが彼を引き摺り下ろしたとしている[39]。またカーディル登極の際に，忠誠の誓いに対する見返りを求めてダイラムとアトラークが共同で騒乱を起こしており，やはりダイラムの存在が確認できる。

Iはバハー・アッダウラの寵臣アブー・アルハサン・ムアッリム[40]の引き渡しを要求するアトラークとダイラム，そしてその他兵士による騒乱の事例である。この時，軍とバハー・アッダウラの仲介になったアブー・シュジャー・バクラーンはバハー・アッダウラに強く迫り[41]，アブー・アルハサン・ムアッリムの引き渡しを求めた。バハー・アッダウラはやむなく応じ，アブー・アルハサンはアブー・ハルブ・シールジール Abū Ḥarb Shīrzīl[42] に引き渡され，殺害されたのである。

---

38. BN 5866, f. 129a. 異伝として，2人のダイラムの行為であったという情報も記載されている。

39. *Muntaẓam*, VII, 156; *Kāmil*, IX, 79.

40. このアブー・アルハサン・ムアッリムのラカブである「ムアッリム al-Mu'allim」は教師を意味し，恐らくバハー・アッダウラの家庭教師であったのだろう。彼はバハー・アッダウラ即位以前からその傍に侍っていた人物であったと思われる。即位後は文書庁の長官になり，バハー・アッダウラの腹心として，多くの高級官僚の任免や財産没収，カリフ＝ターイーの廃位とその財産没収の立案に関与した。またアブー・アリー・イブン・シャラフ・アッダウラの殺害に手を下したのもこの人物であった。Donohue, *The Buwayhid Dynasty in Iraq*, pp. 172–173, 277. 今回彼が軍隊の反感を買ったのは，国事を占有し，軍隊の権利を損ない，彼らを見下していたからであると『時代の鏡要約』にある。BN 5866, f. 139b. 一方 *Muntaẓam* は彼の専横とダイラムに対する扱いが原因となったとしている。*Muntaẓam*, VII, 168.

41. 詳細については後述する。本章第I節4を参照のこと。

42. バハー・アッダウラの母方の叔父。BN 5866, f. 139b. この人物についてはバクラーンとの関係で後述する。本章第I節4を参照のこと。

Jはバグダードのダイラムが貨幣の改悪や物価高騰，俸給の遅配に不満を抱き，宰相サーブールの館を強略，サーブールと国庫と造幣所の責任者アブー・アルファラジュ・ムハンマド・ブン・アリー・ハーズィン Abū al-Faraj Muḥammad b. ʻAlī al-Khāzin の引き渡しをバハー・アッダウラに要求した事例である[43]。サーブールは身を隠し，後にアブー・シュジャー・バクラーンの許に身を寄せ，ダイラムへの執り成しを願い出る[44]。この事例ではアトラークの活動が見られない。ダイラムのみが貨幣での俸給の支払いを受けていたことを示唆する事例であるかもしれない。

Kは383/993~4年の第二回目のファールス遠征に際して，アブー・ターヒル・ダリーダ・シーリー Abū Ṭāhir Darīda Shīrī 麾下のダイラム軍がアフワーズへ，またアブー・ハルブ・シールジール麾下のダイラム軍がバスラへ派遣された事例である。これは先遣隊としてアフワーズに派遣されていたアブー・アラー・ウバイド・アッラー・ブン・ファドルからの援軍要請によって行われたものであるが，それぞれの軍隊の規模は不明である。彼らの後，トゥガーン率いるアトラーク軍団が出立している。

Lは386/996年，それまでにアフワーズを奪い返し同地に駐留していたサムサーム・アッダウラ側の宰相アラー・ブン・ハサン al-ʻAlā b. al-Ḥasan の許に，バハー・アッダウラ側から約400名のダイラムが亡命する事例である。この後，彼らはサムサーム・アッダウラ軍の一将ラシュカルシターン・ブン・ザキー Lashkarsitān b. Dhakī の部隊に編入され，バスラ攻略に向かう。その際，再びバハー・アッダウラ側からダイラムの亡命があり，バハー・アッダウラはワーシトまで撤退，ラシュカルシターンによるバスラの一時的占領という事態になる。この時期にもダイラム軍団がバハー・アッダウラ麾下で活動していたことが分かる。しかし，384/994~5年のダイラム虐殺の影響であろうか，不利な状況に追い込まれていたバハー・アッダウラを見限るダイラムが続出していたようである。

Mはウカイル朝の後継問題に絡み，モースル駐留のダイラムの一部を味

43. *Dhayl*, 250–251; *Muntaẓam*, VII, 172.

44. *Dhayl*, 252.

方につけようとしたムカッラド・ブン・ムサイイブ・ウカイリー al-Muqallad b. al-Musayyib al-ʻUqaylī の調略に応じた一部のダイラムの事例であり，A の事例と合わせて，この当時までモースル駐留軍中にダイラム軍団が存在したことを窺わせる。

以上のように，バハー・アッダウラ政権において多数のダイラム軍団が存在し，様々な活動において用いられ，また政権の運営に影響を与えていたことが判明した。これにより，バハー・アッダウラ政権がアトラーク軍団を重視し，ダイラムを排除していたという，先行研究の見解は修正を迫られることになろう。またダイラムとアトラークが反目していたという見解についても，多くの場合において両者が共同で俸給の支払いを求めるなどしており，またバハー・アッダウラ即位直後の反目以外に同政権内部のダイラムとアトラークの間の目立った対立が伝えられていないことから，両者の対立を過度に強調する必要はないと思われる。

ただしサムサーム・アッダウラの第二次ファールス政権との争いについては，同政権の軍隊がほぼダイラムで構成されていたため[45]，バハー・アッダウラ軍とサムサーム・アッダウラ軍の対立がアトラークとダイラムの対立のように見なされることはあるだろう。しかしここではその点についての考察は措き，以下ではバハー・アッダウラ政権のダイラムの有力者アブー・シュジャー・バクラーンの同政権内での位置について検討する。

I-4. バハー・アッダウラ政権内の有力ダイラム：バクラーン

アブー・シュジャー・バクラーン・ブン・アビー・アルファワーリス Abū Shujāʻ Bakrān b. Abī al-Fawāris はバハー・アッダウラ政権随一のダイラムの実力者である。しかもバハー・アッダウラの親戚にあたる人物である。これについては Donohue の研究に散見される記述から明らかになるが[46]，

---

45. 第6章第 III 節を参照のこと。

46. Donohue, *The Buwayhid Dynasty in Iraq*, pp. 88, 173, 203. Donohue はアブー・ハルブ・シールジールがバハー・アッダウラの母方の叔父であり，バクラーンが彼の兄弟であることを関連付けて検討していないため，「バクラーン＝バハー・アッダウラの母方の叔父」という彼の発言の根拠は分かりにくいものとな

若干検討を加えておく。

まず，先に挙げたＩの事例においてアブー・アルハサン・ムアッリムの殺害を実行したアブー・ハルブ・シールジール・ブン・アビー・アルファワーリス Abū Ḥarb Shīrzīl b. Abī al-Fawāris について，彼がバハー・アッダウラの母方の叔父であるという記述が *Muntaẓam* および『時代の鏡要約』にある[47]。そしてこのシールジールは *Dhayl* の記述から，アブー・シュジャー・バクラーンの兄弟であることが判明する[48]。従って，バクラーンもバハー・アッダウラの母方の叔父ないし，少なくとも親戚にあたる人物ということになるだろう[49]。

ではバクラーンがバハー・アッダウラ政権でいかなる地位にあったのか。先に示したA〜Mの事例のうち，事例H, Iおよび事例Jの後の出来事を取

っている。

47. *Muntaẓam*, VII, 169; BN 5866, f. 139b.「そこでムアッリムはアブー・ハルブ・シールジールに委ねられたが，彼はバハー・アッダウラの母方の叔父 *khāl* であった。そしてシールジールはムアッリムに２度毒を盛った。云々」とあり，シールジールがバハー・アッダウラの「母方の叔父」であることが分かる。

48. *Dhayl*, 332; *Ta'rīkh Hilāl*, 335. 実際両者の父のクンヤも Abū al-Fawāris で一致しており，兄弟である可能性はきわめて高い。また父アブー・アルファワーリスはしばしばバルファワーリス Balfawāris と表現されている *Dhayl*, 332; *Ta'rīkh Hilāl*, 365, 397。これはダイラム・ジールの名前として時折見られる表現であり，この事からバクラーンとシールジールの兄弟がダイラムないしジールであることも言える。*Tajārib*, I, 276（Balqāsim b. Balḥasan）; 401（Balsuwār）; II, 4（Balqāsim b. Balḥasan）, 12（Balsuwār）; *Dhayl*, 294（Siyāmard b. Balja'far）,（Abū 'Alī Ibn Bal'abbās）; *Ta'rīkh Hilāl*, 352（Wandarīn b. Balfaḍl Harkāmij）, 360–361（Balfaḍl b. Buwayh）.

49. 父母を同じくする兄弟は *akhun shaqīqun* と表現されるが，彼らの関係を述べる際に *shaqīq* の語は見出されないので，父母を同じくする兄弟であると断定することはできない。Lane, *Arabic-English Lexicon*, p. 1577c. ただし「兄弟 *akh*」の第一義は父母を同じくする兄弟であり，母方の叔父を指す *khāl* も一般的に母親の兄弟を示すので，バクラーンがバハー・アッダウラの叔父である可能性は高い。

り上げて，彼の政権内での立場を明らかにしよう。

まずはHであるが，ターイーの廃位というバハー・アッダウラ政権の重大行為にバクラーンが関わっていた可能性が『時代の鏡要約』に示されている。また他史料はダイラムたちによるターイーの逮捕・連行としているが，『時代の鏡要約』にもそれは表れる。この事件を伝える文章は Hilāl al-Ṣābi' の引用であることが明記されており，その情報の信頼性は高いといえるだろう。そしてターイー逮捕の場所はサムサーム・アッダウラの許からやって来た使者を引見したカリフ宮であり，バハー・アッダウラが使者を伴って参内した時に起こっている。そのような場にバクラーンが存在していたことから考えて，彼はバハー・アッダウラ政権のかなり高位にあったと考えられる。この引見に同席し，カリフの廃位に関わったアブー・アルハサン・ムアッリムがバハー・アッダウラの寵臣であることもバクラーンとバハー・アッダウラの関係の近さを窺わせる[50]。

次にIであるが，バクラーンはアブー・アルハサン・ムアッリムの引き渡しを求める軍の代弁者として，バハー・アッダウラと交渉している。その際彼は以下のように発言する。

> 王よ，この件はあなたが考えているようなものではありません。あなたはアブー・アルハサンが生き永らえるか，あなたの政権 *dawla* が存続するかの選択を迫られているのです。2つのうち，望む方をお選びになりなさい。*Dhayl, 244.*

バハー・アッダウラに二者択一を迫っている様子が分かる[51]。このような発

50．BN 5866, f. 129a.

51．*Muntaẓam* も同様の記述である。*Muntaẓam*, VII, 168. 一方『時代の鏡要約』では，「汝が（彼を）引き渡さなければ，それもよかろう。渡さなければ，我々はこぞってシーラーズに向かうのみである」あるいは「彼を引き渡せ。さもなくば汝の政権は終わりである」などの発言がバハー・アッダウラに対して投げかけられたことを伝えている。ただしこちらは，発言者が具体的には示されていない。BN 5866, f. 139b.

言が可能であるということからもバクラーンがバハー・アッダウラと近しい関係にあることを裏付けるのではないだろうか。

また彼が軍隊の代弁者となっている点も注目に値する。『時代の鏡要約』では，その要求者たちの構成がダイラムとアトラークと兵士たち，と明記されている[52]。それらの人々とバハー・アッダウラの間に立って，アブー・アルハサン・ムアッリムの引き渡しを要求していることから，バクラーンが軍隊から信任を受けていたことが分かる。あるいはムアッリムという君側の奸を排除するために率先して動いていたのかもしれないが，ともかく彼は軍隊およびバハー・アッダウラとの血縁関係を背景に強い態度で臨んでいるのである。この結果，バハー・アッダウラはアブー・アルハサン・ムアッリムを叔父アブー・ハルブ・シールジールへ引き渡している。

最後にJであるが，これは貨幣の改悪などに不満を持ったダイラム軍団による宰相サーブールに対しての蜂起であった。この蜂起に直面してサーブールはバクラーンに保護を求めたのである。これを受けてバクラーンは，サーブールに対するダイラムの怒りを宥め，サーブールは安全を保障されたのである[53]。すでに貨幣の改鋳が行われ，ダイラムの不満への対応が図られていたこともあるだろうが，この事例からはバクラーンのダイラムに対する強い影響力を読み取ることができるだろう。またサーブールもその影響力を見込んでバクラーンの許に保護を求めたものと考えられる。

以上の検討から，アブー・シュジャー・バクラーンという人物がバハー・アッダウラ政権におけるダイラムの実力者であり，その運営に深く関わり，軍への影響力も強い人物であったことが明らかになった[54]。

---

52. BN 5866, f. 139b. なお *Muntaẓam* ではダイラムとアトラークのみが記されている。*Muntaẓam*, VII, 168.

53. *Dhayl*, 252. *Kāmil* はサーブールの館に対するダイラムの略奪，そしてダイラムの状況が改善されたのち，サーブールが宰相位に復帰したことを簡単に伝えているが，その仲介を果たしたバクラーンの存在は描かれていない。*Kāmil*, IX, 100.

54. バハー・アッダウラのファールス征服以後も，バクラーンはバグダードにおけるバハー・アッダウラの代官として存在し，その後ワーシトにて死去する

本節ではファールス征服以前のバハー・アッダウラ政権におけるダイラムの位置づけについて検討を行ってきた。同政権には多数のダイラム軍団が存在し活躍していたこと，またバハー・アッダウラ自身がとくにダイラムを排除しようという確固たる方針を有していなかったことが明らかになった。それ故，従来，バハー・アッダウラないし彼の政権がアトラーク重用かつダイラム排除という方針であったとしてきた先行研究の見解は否定されるべきであることも指摘した。第2章での結論と合わせて述べるならば，ブワイフ朝がその初期から滅亡に至るまでダイラムの影響力を排し，アトラークに依拠した政権運営を行ったという見解は妥当ではなく，むしろブワイフ朝は全体としてみれば，ダイラムの度重なる俸給支払い要求や彼らの引き起こす騒擾に直面しつつも，ダイラムを用い続けた王朝とみなすべきなのである。

II. バハー・アッダウラのファールス征服とダイラム

前節ではバハー・アッダウラ政権におけるダイラムの位置づけを，ファールス征服以前に限って検討した。その結果，バハー・アッダウラ政権はとくにアトラーク軍団を重用し，ダイラム軍団を排除するという傾向はなく，両者ともに用いられていたことが明らかになった。そうした傾向がファールス征服以後，どのように変化するか，また相対したダイラムの反応はどのようなものであったか，本節ではファールスおよびキルマーン征服の過程でバハー・アッダウラが示したダイラムへの姿勢とそれへの反応を検討し，イラクおよびファールスを統一し，ファールスへと拠点を移したバハー・アッダウ

まで，一度も政権の中枢から追われることがなかった。同政権の多くの有力者が財産没収や役職からの解任の憂き目に遭っていることから考えても，彼の地位がいかに安定していたかが分かる。*Dhayl*, 332; *Ta'rīkh Hilāl*, 335–336, 337, 397; *Kāmil*, IX, 168. *Kāmil* ではその死亡を伝える際，ジャラール・アッダウラ Jalāl al-Dawla の母方の叔父としているが，そうであるならば，バハー・アッダウラの妻の兄弟という存在となる。どちらにしてもバハー・アッダウラの親戚ということには変わりない。

ラ政権の構造の一端を明らかにすることを目指す。

バハー・アッダウラはサムサーム・アッダウラを君主とする第二次ファールス政権と6度にわたる戦いを経て，389/999年にシーラーズに入城し，イラク，フージスターン，ファールスを統一する[55]。以後バハー・アッダウラはバグダードに戻ることはなく，主にシーラーズを拠点に支配権を握り，イラクにはブワイフ一族ではない人物を総督として配置し，同地域の支配に当たらせるという体制を確立したのである。従って，バハー・アッダウラは，これまでの検討から判明しているように，ダイラムが多数存在するファールスに拠点を置いたということになる。その理由は何か。それを明らかにするためには，バハー・アッダウラの治世全体を考慮に入れる必要があるが，ここではダイラムの扱いという問題に限り考察を加える。これによってバハー・アッダウラの政権全体の構造を明らかにするための立脚点を確立することを目指す。

II-1．アミード・アルジュユーシュの帰順

388/998年，バハー・アッダウラは6度目のファールス遠征のためワーシトを出立する。これを迎え撃つのは，前年アラー・ブン・ハサンの後任として，バハー・アッダウラの軍勢をワーシトへと退け，フージスターンの総督として同地を管轄していたアミード・アルジュユーシュであった。一方バハ

---

55. *Dhayl*, 327; *Kāmil*, IX, 151; BN 5866, f. 169b. 第6章で検討したように，バハー・アッダウラが戦った第二次ファールス政権は5度にわたってバハー・アッダウラ軍の侵攻を退けてきた。バハー・アッダウラがファールスを征服しえたのは，第二次ファールス政権がダイラムの支持を失ったことによる内部崩壊が要因である。ダイラムの系譜調査によって「元ダイラム」たちがバフティヤールの息子たちの蜂起に参加し，政権内部のダイラムたちも次々にサムサーム・アッダウラの許を離れる。シーラーズに留まることを危険視したサムサーム・アッダウラはアフワーズへ逃れようとするが途中で捕まり，バフティヤールの息子たちに引き渡され，処刑される。こうして組織的な抵抗ができなくなっていたシーラーズを，バハー・アッダウラは征服するのである。第6章第IV節2を参照のこと。

ー・アッダウラ軍を指揮するのは，政争によって一旦はバティーハ地方に身を隠していたが[56]，387/997-8年の敗走による失地回復のために呼び戻されたムワッファク・アブー・アリー・イブン・イスマーイール al-Muwaffaq Abū ʻAlī Ibn Ismāʻīl であった。両軍の戦いは一進一退であったが，バハー・アッダウラ側の食糧が底を尽きかけ，敗走は必至となっていた[57]。そのような状況の下，ファールスにおいてサムサーム・アッダウラが殺害されたという報がアミード・アルジュユーシュの陣営にもたらされる[58]。

その知らせに続いて，バフティヤールの息子たちからアミード・アルジュユーシュへの，彼の懐柔を試みる手紙が届く。こうしてアミード・アルジュユーシュはバハー・アッダウラに降伏するか，バフティヤールの息子たちに従うかの選択を迫られることになったのである[59]。そこで彼はバハー・アッダウラへ帰順することを選ぶ。そしてバフティヤールの息子に従おうとする麾下のダイラム武将たちと以下のようなやり取りを行う。まずアミード・アルジュユーシュの発言を示す。

> 実に，この王権の継承権 *warāthat hādhā al-mulk* はすでにバハー・アッダウラのものとなっており，いかなる者もその王権について彼と争うことは許されていない。もし我々がバハー・アッダウラの許を去り，我々から遠く離れた館におり，我々に対する意図が粗雑 *jāfiya* な人物の許へ赴くならば，我々は思慮というものを無駄にしてしまうことになろう。故に保障を取り付けた上でバハー・アッダウラに服すことが適切であろう。*Dhayl*, 319.

この意見を受けて，あるダイラム武将が発言する。

---

56. *Dhayl*, 292–293, 306–307.
57. *Dhayl* の著者 al-Rūdhrāwarī は，バフティヤールの息子たちの蜂起とサムサーム・アッダウラの殺害が遅れていたならば，バハー・アッダウラは敗走したであろうと，述べている。*Dhayl*, 316.
58. *Dhayl*, 310.
59. *Dhayl*, 319; *Kamil*, IX, 150.

> 我々はいかにしてアトラークからこの身を守ればよいのか。我々と彼らとの間には，あなたも知っている通りの敵対関係が存在するのですぞ。
> *Dhayl*, 319.

アミード・アルジュユーシュがバハー・アッダウラへの帰順を選んだ理由は，383/993~4 年にバフティヤールの息子たちの蜂起を鎮圧し，帰順を呼びかけるアブサームとシャーフファイルーズの兄弟を殺害しているという過去があったためであろう[60]。一方，麾下のダイラムたちは長年の敵であり，お互いに仇をもつ身であるアトラーク軍団の許へ行くことは身を危険に晒すことであり，とくに 384/994~5 年のトゥガーンによるダイラム虐殺[61]は彼らの記憶に新しいことであったと思われることから，バハー・アッダウラへの帰順を渋ったのである。

一方バハー・アッダウラはアミード・アルジュユーシュに対して使者を送り，降伏を促した。その際の彼の発言である。

> 汝（アミード・アルジュユーシュ）およびダイラムたちについて，本日より以前に，余と我が兄弟との間で王権 *mulk* を巡って行われた戦いに関しては，その罪を赦すこととする。今や我が兄サムサーム・アッダウラについての我が血の復讐と汝らのそれとは，兄の血を流し，兄の妻を凌辱した *istaḥalla maḥrama-hu*[62] 者に対して果たすべきものとなった。故に血の復讐の遂行を求めること，王権を解放すること，そして恥を雪ぐことについて，余の申し出を拒むことは，汝らには許されていない。
> *Dhayl*, 320.

---

60. *Dhayl*, 248–249; *Kāmil*, IX, 96. この時殺害されずにジュナイド砦に収監された 4 名のうちの 2 名がアブサームとシャーフファイルーズである。
61. 本章第 I 節 2 を参照のこと。
62. 直訳すると「彼の禁忌を合法化する」であるが，この場合サムサーム・アッダウラの妻を辱めたことを意味していると思われる。

バハー・アッダウラは，血の復讐の論理を持ち出し，アミード・アルジュユーシュとダイラム軍団は主君の，自分は兄弟の，仇を討つ義務を負ったのであり，同一の目的を有したのであるから，自分に服従すべきと迫るのである[63]。

この後バハー・アッダウラとアミード・アルジュユーシュの間で服従に至る条件などについて使者の往来があり，ダイラムの有力者たちがバハー・アッダウラの許に赴いて，彼から不変の誓約 *yamīn bāligha*[64] を，また以前の罪を帳消しにするとの言質や安全保障などを取り付けることによって，ようやくバハー・アッダウラへの服従を受け入れるのである[65]。さらにダイラムたちはバハー・アッダウラ軍の主将ムワッファクに対しても，彼らに対する誓約を求める。拒むムワッファクに対してダイラムは執拗に迫り，バハー・アッダウラが強いたため，ムワッファクもしぶしぶ誓約を行うのである[66]。

---

63. *Kāmil* も同様の趣旨の発言を伝えている。*Kāmil*, IX, 150.

64. Lane の辞書には，*aymān bāligha* と複数形で示されているが，これはクルアーン 68 章 39 節にある「復活の日まで有効な誓約」（井筒俊彦訳『コーラン』下巻 220 頁）と同じ意味であろう。つまり永遠に有効な誓約ということであり，これによってダイラムはバハー・アッダウラを信用し，彼に服したのであるから，かなり拘束力の強い誓いであると思われる。Lane, *Arabic~English Lexicon*, I, p. 252b.

65. *Dhayl*, 320; *Kāmil*, IX, 150; BN 5866, f. 169a. この後，ダイラムは降伏を受け入れたにもかかわらず，バハー・アッダウラと一戦を交える。この理由を糺したバハー・アッダウラに対し，あるダイラムが以下のように発言する。

> ご安心めされよ。今や彼らが降伏することは明白である。彼らには，無能さや弱さから降伏するとみなされないよう，降伏の際に最も激しく戦うという習慣がある。*Dhayl*, 321.

その後，ダイラムはバハー・アッダウラの軍門に下るのである。ダイラムの尚武の気風の一端が垣間見える内容である。

66. *Dhayl*, 321. このことに嫌気がさしたのであろうか，ムワッファクは辞職を願い出，バハー・アッダウラはこれを許可する。しかし，アトラークの有力者

以上から，ダイラムがバハー・アッダウラ側からの安全保障などを取り付けることにかなり神経質になっていることが分かる。アトラークとの関係の悪さや以前の虐殺が念頭に置かれていると考えてよいだろう。

ともかく，こうしてバハー・アッダウラはアミード・アルジュユーシュ麾下のダイラムを糾合し，ムワッファクをバフティヤールの息子たちとの戦いに派遣する[67]。そしてムワッファクは首尾よく彼らを破り，バハー・アッダウラをシーラーズに迎え入れるのである[68]。以下では，バハー・アッダウラのシーラーズ入城の際のダイラムへの対応と彼らの反応についてみることにする。

II-2. シーラーズ開城とダイラムへの対応

389/999年バフティヤールの息子たちをシーラーズより排除したムワッファクは，同地のダイラムからの安全保障の要求を受け入れる。またムワッファクの勝利とバハー・アッダウラのシーラーズ入城を受けて，ファールスのダイラムがシーラーズに参集，彼らが所有するイクターの件で話し合いが行われる[69]。

その話し合いでは，ダイラムを上級，中級，下級に分け，中・下級についてはイクターの基本額について，300ディルハムを1ディーナールとする交換比率 *muṣārafat thalāthmi'a dirham bi-dīnār*[70] でもって計算されること，各

たちが，彼の辞職を承認するならば，自分たちもバグダードに帰還すると述べて，バハー・アッダウラに迫り，ムワッファクの慰留に努めるのである。この事例から，ムワッファクがアトラークの支持を受けていたことが分かる。*Dhayl*, 322.

67. まずアッラジャーンのアブサームを排撃し，各地に存在したサムサーム・アッダウラの旧臣の投降を受け入れた後，ムワッファクがシーラーズに向けて派遣されている。*Dhayl*, 323–324, 326; *Kāmil*, IX, 151.

68. *Dhayl*, 326–327; *Kāmil*, IX, 151.

69. *Dhayl*, 327; BN 5866, f. 169b.

70. 英訳者はこのディーナール（金貨）とディルハム（銀貨）の交換比率は間違いであろうと指摘している。*Eclipse*, VI, 352. この当時の両貨の交換比率は,

人に割り当てられた当初の額 *mā li-kull^{i} rajl^{in} min al-ījāb^{i} al-aṣlī^{i}* が調査され，その後その額に応じてイクターからの実収益が与えられること，そして最も重要なこととして，サムサーム・アッダウラの治世末期に行われた政策が無効とされることが取り決められた。これはダイラムの系譜調査のことを指すものと思われ，ダイラムの認定を外され兵籍簿から除かれたダイラムの地位が回復されたものと思われる。一方，上級ダイラムについては「彼らに与え，結果，彼らの目を満足させた *a'ṭā-hum ḥattā mala'a 'uyūna-hum*」とのみ伝えられており，具体的に何を与え，また何を取り決めたのかについては不明である[71]。

この取り決めの後，ダイラムはこぞってムワッファクに感謝を示し，彼に恭しく仕えたと伝えられており[72]，その内容が彼らを満足させるものであったことは間違いない。こうしてバハー・アッダウラのシーラーズ入城とファールス支配は，大きな混乱もなく受け入れられたのである。サムサーム・アッダウラ期の政策を放棄し，第二次ファールス政権を支持していたダイラムの権利を保護し，彼らの経済基盤を確保したことが，その大きな要因であろう。

しかし，これによってバハー・アッダウラのファールス支配が完全に安定したわけではなかった。その支配に不満を抱く者，あるいはその支配を肯んじない者たちが多く存在していたからである。以下では，とくにキルマーン

おおよそ1対13から1対15であったとされ Ashtor, *A Social and Economic History*, p. 174; Sato, *State & Rural Society in Medieval Islam*, p. 26 note 6, またこの当時の金銀貨幣について研究した佐藤圭四郎もこのような交換比率については伝えていない（佐藤圭四郎「アッバース朝中期における金銀通貨について」96–119頁）。そのため，この1対300という比率は通常のものとは思えない。この交換比率によって具体的にイクターがどのように評価され，ダイラムたちに与えられたのか不明であるので，現段階ではこれ以上の考察を控えるが，少なくとも分配を受けるダイラムたちが感謝しているので，彼らに不利な比率ではなかったものと思われる。

71. *Dhayl*, 327–328.

72. *Dhayl*, 328.

地方を中心に生じた2つの争乱を取り上げ，バハー・アッダウラのファールスおよびキルマーン支配に対するダイラムの反発が存在したこと，そしてそれがいかにして鎮められたかという点を考察する。まずはバフティヤールの息子アブー・ナスル・シャーフファイルーズがキルマーンにおいて再起を図った事件についてみよう。

II–3. バフティヤールの息子アブー・ナスルの再起とダイラム

首尾よくファールス在住のダイラムの不安を取り除き，彼らを満足させてバハー・アッダウラ政権に帰属させることに成功したムワッファクは，389/999年のうちにウスターズフルムズをキルマーンへ派遣し，同地の総督に任命する[73]。

一方，シーラーズでの戦いに敗れ，ダイラム地方に身を潜めていたアブー・ナスル・シャーフファイルーズ[74]はファールスおよびキルマーンのダイラムに決起を促す書簡を送付する。一部のダイラムがこれに応じ，ファールスの北辺に位置するアバルクーヤ[75]へアブー・ナスルを招く。そして彼の許にダイラム，アトラーク，ズット *zuṭṭ*[76], クルドの各集団が結集し，バハー・アッダウラ政権に反旗を翻す。シーラーズ入城の翌年390/999~1000年に，バハー・アッダウラは早くもその支配への抵抗に直面することになったのである[77]。

---

73. *Dhayl*, 328.

74. 史料中では「バフティヤールの息子 Ibn Bakhtiyār」という表現で頻出するが，以下「アブー・ナスル」で統一する。

75. ヤズドとシーラーズを結ぶ街道に位置するファールスの一都市。*Buldān* では Abarqūh という読みを見出しとして挙げているが，Abarqūyah という読みも紹介している。*Buldān*, I, 69b; Strange, *Eastern Caliphate*, pp. 284, 294, 297, Map VI. *Ta'rīkh Hilāl* の記述と一致するため，アバルクーヤの読みを採用した。*Ta'rīkh Hilāl*, 348.

76. ズットとは，アラビア語で北西インドに出自を持つ民族集団を示す用語で，彼らは4/10世紀頃にはイラク南部からペルシア湾岸にかけての地域に分布していた。Bosworth, "AL-ZUṬṬ", EI^2, XI, pp. 574b–575a.

アブー・ナスル軍の活動の詳細は省くが，彼らは討伐のためにシーラーズを発ったムワッファク軍を避けてキルマーン方面へ向かう。そしてキルマーン総督となったウスターズフルムズ率いる軍と会戦，相手方の多くのダイラムの寝返りを受け入れて，これを破る。こうしてアブー・ナスルはキルマーンに入り，同地方の大半を征服する[78]。

アブー・ナスルはアバルクーヤで決起して以降，ダイラムをはじめ，アトラークやズットなど多くの兵を結集することに成功する。そしてウスターズフルムズ率いる軍勢からも多くのダイラムが彼に寝返る。このように，ファールス東部からキルマーンにかけての地域にはバハー・アッダウラの支配を嫌う者たちが多く存在し，彼らはバハー・アッダウラを打倒すべくアブー・ナスルの蜂起に参加したのである。

ダイラムに対するイクターの安堵など，彼らの懐柔に努めたバハー・アッダウラ政権であったが，イラクからやって来た支配者を拒む気風が存在したのであろうか，アブー・ナスルの許に集まるダイラムたちが少なからず存在した。この蜂起は，バハー・アッダウラの権威がまだ確固たるものではなかったことを示すこととなった。

ただし，このアブー・ナスルの蜂起も長くは続かず，最終的にはムワッファク軍に攻められ，逃亡中に部下の裏切りに遭い，ムワッファクの許に連行され，殺害される[79]。

こうして，バフティヤールの息子アブー・ナスル・シャーフファイルーズの蜂起は終結するが，バハー・アッダウラ政権にとっての問題はこの後に生じるのである。ムワッファクはアブー・ナスルの軍勢のうち，投降してきたアトラークには何ら懲罰を課すことなく受け入れるが，キルマーン西部にあるバルダシールの砦に立て籠もっていたダイラムの安全保障要請に対しては，これを受諾するも，彼らのバハー・アッダウラ政権への帰属を許さず，資財

77. *Ta'rīkh Hilāl*, 348–349; *Kāmil*, IX, 160; BN 5866, f. 170a.

78. *Ta'rīkh Hilāl*, 349; *Kāmil*, IX, 160; BN 5866, f. 170b.

79. *Ta'rīkh Hilāl*, 357; *Kāmil*, IX, 161; BN 5866, f. 171a. またムワッファクはバハー・アッダウラへの勝利宣言書の中で500名のダイラムを殺害，ズットに至っては数えることができないほど殺害したと述べている。*Ta'rīkh Hilāl*, 358.

等を置いて砦を退去するよう命じる[80]。つまり彼らには生命の安全のみを保障し，追放する，という処置を施したのである。さらにムワッファクはキルマーン在地のダイラム *al-Daylam al-Kirmāniyya* を招集し，以下のように述べる。

> この政権に留まることを欲する者は，以下の条件が課される。すなわち，帳簿 *dīwān* への登録を更新すること，相応の義務が課され，それを遂行すること，また私領地 *ḍay'a* やイクターの所有は許されず，俸給 *'aṭā'* と割り当て *tasbīb*[81] が与えられることである。他方，去ることを望む者には，その道が開かれている。*Ta'rīkh Hilāl*, 362.

この引用からはムワッファクが強い態度でキルマーン在地のダイラムに臨んでいることが分かる。彼らからイクターや私領地を取り上げ，代わりに俸給等を割り当てるというこの政策は，在キルマーンのダイラムの勢力削減と政権による統制の強化を意味した。そしてキルマーンのダイラムはこの命令に服す[82]。

以上みてきたようにムワッファクはアトラークについては寛大に接してい

---

80. *Ta'rīkh Hilāl*, 360.
81. この「割り当て *tasbīb*」については，Mottahedeh, "A Note on the 'Tasbīb'", p. 350; Sato, *The State & Rural Society*, pp. 35–36; Donohue, *The Buwayhid Dynasty in Iraq*, pp. 234–240 を参照のこと。Sato はこれをイクター授与と本質的に同じであるとするが，この引用文では，イクターおよび私領地とは区別され，俸給 *'aṭā'* と同種のものであるとされている。Sato の言うように，ムイッズ・アッダウラ期の，アトラークへのタスビーブ授与はイクター授与と同じことであったのかもしれないが，その後制度が確立し，ムイッズ・アッダウラ期のような制度の濫用がなくなり，俸給の授与と同じ意味を持つものへと変質した可能性もある。
82. *Ta'rīkh Hilāl*, 362. 長年キルマーンにあって多くのイクターを所有し，その収益の少ないものでも 50 万ディルハムもの実収益の上がるイクターを所有していたダイラムが真っ先にこの命令を受け入れており，多くのダイラムがこれに従ったものと思われる。

るが，ことダイラムに対しては非情な措置を取っている。アブー・ナスル勢力の鎮圧に失敗し，多くのダイラムの寝返りを招いたキルマーン総督ウスターズフルムズに対しても厳しい態度で臨んでいる[83]。そのような措置は，一旦バハー・アッダウラ政権に服従する姿勢を示しながら，1年と経ないうちに叛逆したダイラムに対しての怒りや彼らに不信感を抱いていたためであろう。また，元来ムワッファクはバハー・アッダウラ軍中のアトラークから強い支持を得ており，彼らとのつながりの強い人物であった[84]。このため，ダイラムに対して厳しい態度を取ることになったとも考えられる。しかし，この政策は将来に禍根を残し，再びキルマーンはバハー・アッダウラ政権に対抗する勢力の根拠地となる。

II–4．ターヒル・ブン・ハラフのキルマーン侵攻とダイラム

390H 年 Sha'bān 月 12 日（1000 年 7 月 18 日），アブー・ナスルの蜂起を鎮圧し，キルマーン統治を安定させたムワッファクがシーラーズに帰還する。ファールス征服および今回のアブー・ナスル討伐という軍事的成功によってムワッファクの威信が軍隊内で非常に高まっていた。そしてそのことがバハー・アッダウラの警戒心を掻き立てる結果となり，シーラーズ入城の 10 日後にムワッファクは逮捕・収監される[85]。

こうしてムワッファクは政権の中枢から追われることとなる。その後，390/1000 年の半ばごろ[86]，キルマーンにターヒル・ブン・ハラフ Ṭāhir b.

83．*Ta'rīkh Hilāl*, 362; *Kāmil*, IX, 161. *Kāmil* の場合は，ウスターズフルムズの解任という直接的な表現ではなく，アブー・ムーサー・シヤーフジール Abū Mūsā Siyāhjīl をキルマーン総督に任命するという文章になっている。

84．*Dhayl*, 293, 322. 本章第 II 節 1 を参照のこと。

85．*Ta'rīkh Hilāl*, 363, 367–368; *Kāmil*, IX, 162; BN 5866, f. 171b. シーラーズ凱旋の際，ムワッファクと彼に従ってきた軍はバハー・アッダウラに出迎えられたにもかかわらず，バハー・アッダウラの館に赴かず，ムワッファクの館に集い，バハー・アッダウラは疎外感を感じるとともにこの一件でムワッファクを深く恨むようになったという。

86．ターヒル軍への対策としてだと思われるが，ウスターズフルムズがキルマ

Khalafというサッファール朝の王子が逃亡してくる。彼はアブー・ナスル・イブン・バフティヤールの敗残兵やキルマーンのダイラムの支持を得て，同地で勢力を拡大する。こうしてキルマーンは再びバハー・アッダウラ政権の支配から離れる[87]。ターヒルの許へキルマーンのダイラムやバフティヤールの息子に与した者たちが集まることになった理由については，以下の引用によく示されている。

ムワッファク・アブー・アリーがアブー・ムーサー・フワージャ・ブン・シヤーフジャンク Abū Mūsā Khwāja b. Siyāhjank[88] にキルマーンの諸行政区を委ね，すでに述べた通りの方法でダイラムを放逐すると，アブー・ムーサーはジールフトへ向かった。彼は排斥されたダイラムの財産を調査し，彼らの委託金[89] をはき出させ *istathāra wadā'i'a-hum*, 彼らの妻妾や郎党を（差し出すことを）要求した。そして彼らの財産を没収し，残っている一団を捕らえ，彼らを殺害し，また追放した。彼は，バ

ーンに派遣されるのが390H年 Ramaḍān月（1000年8–9月）とあるため，少なくともそれ以前にターヒルはキルマーンにやって来ていると思われる。*Ta'rīkh Hilāl*, 371–372. また *Kāmil* は391H年条においてこの出来事を伝えている。*Kāmil*, IX, 166.

87. *Ta'rīkh Hilāl*, 375–376; *Kāmil*, IX, 167.

88. *Kāmil* にはシヤーフジール Siyāhjīl とある。*Kāmil*, IX, 166. この人物は，第4章第II節および第6章第III節3での検討を踏まえ，ジール王シャーフジール・ブン・ハルーシンダーンの息子である可能性を指摘することができる。ただ Add. 19360 f. 27a, 39b, 40b, 41a の記述を確認すると，各々［سياهحيك］,［ساهجك］,［سياهحك］,［سياهجنك］と表記に揺れがあるが（最後の［ك］の文字は［ل］とも読みうる），筆写者は Siyāhjank を意図して書いているように見える。

89. この当時，他人に自己の資産の一部を預けておく慣習が存在したようで，この預け金のことを「委託金 *wadī'a* (pl. *wadā'i'*)」といった。これは恐らく，富裕な者や政権の要職にある者が財産没収 *muṣādara* を受けて全財産を奪われ，破産してしまうことを避けるための措置であったと思われる。ただし，預け先が財産没収に遭った場合，委託金も没収されてしまうことになった。例えば，*Tajārib*, I, 14 を参照のこと。

フティヤールの息子と共に行政を行った，有力な書記たちのうちの2人を磔にした。そして徹底的な調査 *istiqṣā'* と冷酷さを露わにしたのである。ちょうどその頃，父ハラフを嫌悪し，父と権力をめぐって争い，結果として自らが逃亡することになる戦をターヒル・ブン・ハラフが起こす。そして彼はバハー・アッダウラの許に亡命しようとして，キルマーンを目指した。そしてシースターンとキルマーンの間に横たわる砂漠に足を踏み入れ，道を見失ってしまった。彼は非常な困難に遭遇し，悲惨な状態に陥った。そこへ敗残のダイラムや追放されたバフティヤールの息子の部下たちが（やって来て）彼に出会い，彼らはターヒルに，キルマーンを獲得し同地を支配するよう唆した。彼らはターヒルに，彼らの背後にいるダイラムたちはムワッファクが彼らに対して行ったことゆえにバハー・アッダウラを忌み嫌っていること，彼らこそターヒルに服従するために集結し，彼への助力を惜しまない者であることを告げた。そこでターヒルはその申し出に（心を）動かされ，蜂起を決意した。*Ta'rīkh Hilāl*, 375–376.

ムワッファクの派遣した新しいキルマーン総督アブー・ムーサーは同地のダイラムを非常に苛酷に扱い，財産没収や彼らの妻妾に手を付けるなど，いわば圧政を行っていた。こうした行いによって，キルマーンのダイラムがアブー・ムーサーのみならず，彼を任命したムワッファク，そして君主であるバハー・アッダウラを恨み，その支配に不満を抱くようになっていたとしても不思議ではない。そこへ，シースターンからターヒル・ブン・ハラフが亡命者として到来する。キルマーンの不満分子やアブー・ナスル軍の敗残兵たちや追放者たちがこのターヒルを擁立し，バハー・アッダウラ政権に対抗する勢力として現れるのは自然の成り行きであっただろう。彼らは反乱の旗頭としての役割をターヒルに見出したのである。こうしてバハー・アッダウラ政権は自ら作り上げた敵の脅威に曝され，これに対処する事態に陥ったのである。

キルマーン総督アブー・ムーサー率いる軍はこのターヒル軍の前に敗れ，アブー・ムーサーは頭に傷を受けて捕らえられる。そこでバハー・アッダウラはウスターズフルムズを将とする軍隊を派遣する[90]。そしてバムとダールジーンの間での戦闘においてウスターズフルムズはターヒル軍に勝利する。その後，ターヒルはシースターンまで逃げ帰り[91]，残された軍はウスターズフルムズに帰順し，彼は帰順してきたダイラムに，彼らが以前所有していたイクターを返却するという措置を採る[92]。

これによってダイラムの，ウスターズフルムズへの信頼が高まる。その後ウスターズフルムズをシーラーズへ帰還させるための使者が派遣された際に，ダイラムたちの反対に遭い，危うく使者が暴行を受けるという事件が発生する[93]。また宰相アブー・ガーリブ Abū Ghālib Muḥammad b. ʻAlī b. Khalaf[94] もウスターズフルムズのイクターについての措置を承認しつつ，新たな役人を派遣してイクターや俸給についての差配を行わせることをバハー・アッダウラに進言する。

こうしてウスターズフルムズはバハー・アッダウラに復命し，キルマーンでは私領地の返還や豊かな土地に対する俸給の割り当てが行われるなど，ダイラムの待遇改善が図られたのである[95]。以後キルマーンやファールスにおいてダイラムによる大きな騒乱はなくなり，バハー・アッダウラのファールス，キルマーン支配はようやく安定するのである。

以上本節では，バハー・アッダウラのファールス，そしてキルマーン征服

---

90. 捕らえられたアブー・ムーサーの息子たちはウスターズフルムズではなく，キリスト教徒の武将アブー・アルアラー・ウバイド・アッラー・ブン・ファドルの派遣をしきりに要請する。その際ウスターズフルムズは高齢であって，その任に堪えないというのが彼らの主張であったが，実際には，ウスターズフルムズの解任によってキルマーン総督となったアブー・ムーサー側とすれば，彼の登場は自分たちに不利な状況になるという懸念があったものと思われる。*Ta'rīkh Hilāl*, 379; *Kāmil*, IX, 167.
91. *Ta'rīkh Hilāl*, 382; *Kāmil*, IX, 166.
92. *Ta'rīkh Hilāl*, 380–381.
93. *Ta'rīkh Hilāl*, 382.
94. ムワッファクの逮捕後にバハー・アッダウラの宰相となった人物である。
95. *Ta'rīkh Hilāl*, 383.

とそれに伴うダイラムの動向について考察してきた。その内容をまとめると，次のようになるだろう。まずファールスおよびキルマーンには多数のダイラムが存在し，彼らは多くのイクターや私領地を保有していた。また彼らはアトラークに対する非常に強い嫌悪感や不信感を抱いていた。たとえばアミード・アルジュユーシュ麾下のダイラムたちはバハー・アッダウラへの降伏を渋ったが，その要因はアトラークに対する懸念であった。そのため彼らは確固たる誓約によって自分たちの身の安全を確保することに固執したのである。

一方，バハー・アッダウラ側としてもダイラムが多数存在する地域に入り，統治を行うために，彼らの権利を侵害することのないよう配慮を示した。イクター等の安堵政策がそれである。しかし，バハー・アッダウラ政権への不信感や嫌悪感は簡単には払拭されず，バフティヤールの息子アブー・ナスルの蜂起が起こり，これに多くのダイラムたちが参加し，バハー・アッダウラ政権を脅かすこととなる。またこの蜂起を鎮圧したムワッファクのダイラムに対する過酷な処置がさらなる政権への抵抗を生みだし，ターヒル・ブン・ハラフの許に，とくにキルマーンのダイラムや多くの追放者たちを集結させたのである。

この事態への反省から，ターヒルの蜂起を鎮圧した後，バハー・アッダウラ政権はこの蜂起に参加したダイラムにイクターを返還するなど懐柔に努め，これによって以後ダイラムの目立った反乱は起こらなくなる。ダイラムに対する硬軟両面の政策を採り，彼らの2度にわたる騒乱を武力で鎮圧することで，バハー・アッダウラ政権はファールスおよびキルマーンの支配を安定させたのであった。

このようにファールス，そしてキルマーンという土地はダイラムの経済基盤であるイクターや私領地が多数存在する土地であり，その経済基盤を確保させ，彼らの生活を安定させることがファールスに拠点を置く政権の最優先課題であった。従って，これらはもはやダイラムの動向如何によって左右される，ダイラムの土地[96]と呼んでもよい地域であったのである。

---

96. *Taʼrīkh Hilāl* の390H年条には，キルマーンのダイラムたちが「この土地は，シースターンの輩が牛耳った後に，我々が征服した『我々の土地』である

本章ではバハー・アッダウラのファールス征服，そしてキルマーンでの2度の反乱を鎮める390/1000年までの期間に限定し，彼および彼の政権によるダイラムの位置付けやダイラムへの姿勢・対応について考察した。その結果，バハー・アッダウラおよびその政権がダイラムを排除し，アトラークを重用するという傾向を有してはいなかったという結論を得た。またファールス征服以前において同政権内部には少なからずダイラム軍団およびダイラムの有力者が存在し，彼らの活動が見られたことも明らかとなった。本章およびこれ以前の章での検討結果を合わせても，ブワイフ朝がダイラム排除の傾向を有していたとはいえず，むしろブワイフ朝は，その扱いに苦慮しつつもダイラムを重用し，彼らに頼り，彼らを利用していた王朝であったという結論に至ることになるだろう。

また本章後半では，ファールス征服を目指して6度の遠征を企画したバハー・アッダウラ政権が，ファールスおよびキルマーンの征服を果たした後でさえもダイラムの反乱に悩まされ，その懐柔に心を砕いていた状況を明らかにした。その過程で，ファールスおよびキルマーンがダイラムの多数存在する地域であり，同地域には彼らのイクターや私領地など多大な利権が存在していたことが浮かび上がってきた。これらを所有するダイラムの多くは第二次ファールス政権末期の政策に反発した者たちであったと考えられ，またバハー・アッダウラ政権の過酷な政策に対してもすぐさま叛意を示し，自分たちの権利や権益を守るために躊躇なく抵抗する者たちであった。そして，バハー・アッダウラは彼らの権利を十全に認めることによって，ようやく支

---

hādhi-hi al-bilād[u] *la-nā wa naḥnu fataḥnā-hā ba'da taghallub*[i] *al-sajzīyat*[i] *'alay-hā*」と発言したことを伝えている。*Ta'rīkh Hilāl*, 382. アドゥド・アッダウラによるキルマーン征服以来（357H年），多くのダイラムがキルマーンに経済基盤を有し，キルマーンを自分たちの拠って立つ土地あるいは領地と考えていたことが，この発言から読み取れる。後からブワイフ朝領となったキルマーン地方に住まうダイラムでさえ，同地への帰属意識が強かったのである。ファールスのダイラムが同地を自分たちの土地と考えていたとしても不思議ではない。

配者と認められたのである。

このように独立不羈の精神にあふれ，自らの権利確保に力を尽くすダイラムたちが多数存在する地域にバハー・アッダウラは本拠地を移したのである。ファールスへの移転後，バハー・アッダウラ麾下のアトラーク軍団は，ダイラムが多数存在するファールスに留まることを嫌い，バグダードへ帰還することを希望している[97]。そのうち，どの程度の人数が実際にイラクに帰還したかは不明であるが，史料中に現れるこうした記述から，イラクにはアトラークが多数存在し，一方ファールス（そしてフージスターンやキルマーンなど周辺を含む地域）にはダイラムが多数存在する，という構図で捉えられるようになったことは想像に難くない。バハー・アッダウラのファールスへの移転以後のイラクおよびバグダードの軍隊構成，またファールスの軍隊構成を，ブワイフ朝の滅亡に至るまでの期間において調査することによって，上記のような棲み分けが恒常的なものとなったのか明らかにする必要があるだろうが，少なくともダイラムが多数存在する地に本拠地を置くことを，バハー・アッダウラが選んだことは確かである。

ではなぜファールス征服を目指したのか。本章の検討だけではその答えを導き出すことはできないが，5度の遠征失敗にも懲りず，6度目にしてファールス征服を果たしているという事実からは，バハー・アッダウラの執念のようなものを感じざるを得ない。しかもファールスにいるダイラムたちは容易にその権威に服する存在ではなかった。敢えてそのような地にバハー・アッダウラは向かったのである。

これについては1つの見通しを述べておくことにしよう。それは，イラクおよびファールスの有する地理的・経済的要因である。イラクはブワイフ朝の進出以前から大アミールたちによる抗争が繰り返され，ブワイフ朝イラーク政権成立後も南北の諸勢力との対立が続いた。アドゥド・アッダウラのイラク征服，その後サムサーム・アッダウラとシャラフ・アッダウラの後継争いもあり，継続的に戦乱に見舞われてきた。

---

97. *Dhayl*, 257, 323. またイラクで徴用されたアトラーク軍団がファールスへの派遣を拒んだという事例も伝えられている。*Ta'rīkh Hilāl*, 374, 387.

一方ファールスは，第6章で明らかにしたように，バハー・アッダウラの征服活動によって，ブワイフ朝成立後初めて戦火に見舞われることになった土地であり，それ以前は，外敵の侵入やそれに付随する農耕地の荒廃などを心配する必要のない地域であった。

またイマード・アッダウラがファールスに拠点を置いて以降，ムイッズ・アッダウラ，アドゥド・アッダウラ，そしてシャラフ・アッダウラと，ファールスを拠点とした君主たちが常にイラク征服を成功させてきた。それには個々の君主たちの軍事行政能力，また彼らを支える家臣団や軍隊の能力にも拠るだろうが，戦火に見舞われてこなかったファールスの経済力にも負っていると思われる。バハー・アッダウラはこうしたことを踏まえて，自らの政権の本拠地をイラクからファールスへ移そうと考えたのではないだろうか。

もちろんこれは見通しに過ぎず，今後，ブワイフ朝全時期を通じてファールスの置かれた状況や，イラクとファールスの経済力の違いを見ていくなど，改めて考察すべき問題であるが，王朝発祥の地であり，ダイラムが多数存在するファールスを確保することに努めたバハー・アッダウラの活動からは，ダイラム排除ではなく，むしろダイラム重視の姿勢が見て取れる。やはりブワイフ朝はダイラムの王朝であったと考えるべきものであろう。

第８章　後ジバール政権の成立

はじめに

372/983年，ブワイフ朝諸政権を統一し，王朝の最盛期を現出したアドゥド・アッダウラが死去した。これによりブワイフ朝は分裂し，再び一族政権が乱立することとなる。バグダードではアドゥド・アッダウラの後継者としてサムサーム・アッダウラが即位するが，これに不服の兄シャラフ・アッダウラはキルマーンからファールスへ進出し，イラク侵攻の機をうかがう。またシャラフ・アッダウラに先んじてファールスを領有するために派遣されたタージュ・アッダウラおよびディヤー・アッダウラの２人も兄サムサーム・アッダウラに背き，それぞれアフワーズとバスラにて自立の動きを見せる。

翌373/984年には，東方の大国サーマーン朝との戦いのためジュルジャーンに駐留していたアドゥド・アッダウラの弟ムアイイド・アッダウラが兄を追うように死去する。ムアイイド・アッダウラはアドゥド・アッダウラ亡き後，最年長者としてブワイフ一族全体にその影響力を及ぼそうと考え，ファールスのシャラフ・アッダウラに使者を送り，ファールスにおいて行われるフトバの中で自らの名を唱えさせるとともに貨幣に刻印させるなどしたが[1]，志半ばで斃れたのであった。彼はアドゥド・アッダウラからジバール

---

1. *Dhayl*, 91. Treadwellのカタログには，ムアイイド・アッダウラとシャラフ・アッダウラ（クンヤであるアブー・アルファワーリス）が共に刻印された貨幣データが２件収録されている。いずれも373H年に，フージスターン地方の都市スーク・アルアフワーズとトゥスタルで発行されたものである。Treadwell, *The Buyid Coinage*, pp. 116, 125.

に加え，タバリスターンやジュルジャーンの支配権を認められており[2]，半ば独立の政権を運営していた[3]。このムアイイド・アッダウラに仕えていた家臣たちは彼の死に直面し，誰をその後継者とするか協議する。そして，彼らが主君として選び出したのは，ムアイイド・アッダウラの息子でもなく，ムアイイド・アッダウラ陣営にいた彼の弟フスラウ・ファイルーズ Khusraw Fayrūz でもなく，彼らがその直前まで戦火を交えていたサーマーン朝に亡命していた，ファフル・アッダウラであった。

ファフル・アッダウラは，アドゥド・アッダウラのイラーク政権併合に際して，敵方イッズ・アッダウラ ʻIzz al-Dawla に味方し，その後アドゥド・アッダウラによる追討命令を受けたムアイイド・アッダウラの軍勢に敗れ，ズィヤール朝君主カーブースと共にサーマーン朝に庇護を求めた人物である。つまりムアイイド・アッダウラの家臣たちは，アドゥド・アッダウラやムアイイド・アッダウラによってブワイフ朝を追われた人物を君主として迎えたことになる。

このムアイイド・アッダウラからファフル・アッダウラへの継承を詳細に検討した研究は管見の限り見当たらず，ジバールに本拠を置いたブワイフ朝政権の概略史においてもとくに注目されてはいない[4]。しかしこの継承の経

---

2. *Dhayl*, 10, 15–16; *Kāmil*, IX, 5; BN 5866, ff. 90b–91a. 370/980年にアドゥド・アッダウラはファフル・アッダウラの領地のうち，ハマダーンとナハーワンドをムアイイド・アッダウラに与え，翌371/981年にはカーブースの領地であったタバリスターンとジュルジャーンの支配権をカリフ＝ターイーの承認のもと，彼に与えていた。

3. アドゥド・アッダウラの生前，ムアイイド・アッダウラは彼の下に服属する形で支配を認められていた。また彼はアドゥド・アッダウラの死後1年を経ずして，対サーマーン朝戦役の最中に亡くなるため，ムアイイド・アッダウラの政権を独立した政権と捉えるよりも，本章の検討で明らかにする「後ジバール政権」成立までの過渡的な政権と考えるのが妥当と思われる。後掲註5を参照のこと。

4. ムアイイド・アッダウラからファフル・アッダウラへの継承については，Cahen がわずかに言及している。Cahen, “FAKHR al-DAWLA”, *EI*[2], II, pp. 748b–749b. 彼は，サーヒブ・イブン・アッバード Ṣāḥib Ibn ʻAbbād がファフル・

過とその背景を明らかにすることは，ジバールに本拠を置いた政権のみならずブワイフ朝全体の王権のあり方や政権構造を解明する上で欠かすことができない問題である。この継承には，継承者の主体的な意志だけではなく，彼を迎える側の利害や事情が強く反映されていることが，本章の検討から明らかになるが，それは草創期のブワイフ朝のように，王家の論理のみによって継承が行われるという時期が過ぎ去りつつあったことの 1 つの証左であるといえるだろう。

以上のことから，本章ではムアイイド・アッダウラからファフル・アッダウラへの政権の継承過程および継承後のファフル・アッダウラによる「後ジバール政権」[5] の様々な活動に焦点を当て，ジバールに拠点を置いたブワイフ朝政権がいかなる論理で存立していたのかを解明する。

アッダウラを君主として迎え入れた理由として，自らの宰相としての地位を維持するためであったとする。また Busse はアドゥド・アッダウラの対東方政策を受け継ぐサーヒブの意向がファフル・アッダウラの継承につながったという考え方を示しているが，両者とも史料的裏付けを示していない。Busse, "Iran under the Būyids", pp. 289–290. そもそもブワイフ朝史研究自体がイラクの事例に偏っており，ジバールを支配したブワイフ朝君主たちの事績についてはほとんど関心が払われていないのが実情である。ジバールに本拠を置いたブワイフ朝政権についての概観は Mottahedeh, *Buyid Kingdom of Rayy*, pp. 17–36; Kabir, "The Buwayhids of Jibāl and Rayy", pp. 29–42 において示されている。また Kennedy は，ジバールのブワイフ朝政権は東方との関係によってその動向を左右されたという指摘をしている。Kennedy, *The Prophet*, p. 245.

5. 本章で用いる「後ジバール政権」という用語は，ファフル・アッダウラの即位をもってはじまる政権を意味し，第一部で用いた「ジバール政権」とは区別している。なおアドゥド・アッダウラの死の時点で「後ジバール政権」が成立すると考える見方もあるだろうが，本章はファフル・アッダウラがムアイイド・アッダウラの政権を継承した時点で成立したことに積極的な意味を見出すことを目的としている。従って，ファフル・アッダウラの継承以前のムアイイド・アッダウラの政権は「ムアイイド・アッダウラ政権」と呼ぶ。

I. ムアイイド・アッダウラの死とファフル・アッダウラの継承

本節ではまず，ムアイイド・アッダウラ死後の状況を描いた諸史料の記述を比較し，ファフル・アッダウラの継承に至るまでの過程を見ていく。

I-1. ムアイイド・アッダウラの死とサーヒブ・イブン・アッバード

ムアイイド・アッダウラの死について詳細に伝えている史料は5種[6]存在するが，ここでは『時代の鏡要約』の記述を挙げる。なおこの引用の情報源はHilāl al-Ṣābi’である。

> この年（373H年条），ジュルジャーンに滞在中であった，ムアイイド・アッダウラという称号*laqab*を有するブワイフ・ブン・ルクン・アッダウラが亡くなった。死の床にあるムアイイド・アッダウラに対し，宰相サーヒブ・イブン・アッバードがこう言った。「もし大アミール*Amīr al-umarā’*（ムアイイド・アッダウラ）閣下が，兵士たちが信頼するであろう人物に対して後継指名を行い[7]，その結果いと高き神が，その人物の健康と，その者が王国を差配することに対して栄誉を与えてくださるならば*ilā an yatafaḍḍala allāh*[u] *bi-‘āfiyati-hi wa qiyāmi-hi ilā tadbīr*[i] *mamlakati-hi*, その後継指名はいかなる不利益も生じない，神への援助要請となりましょう*kāna dhālika min al-istiẓhār*[i] *alladhī lā ḍarar*[a] *fī-hi*」と。ところで，すでにムアイイド・アッダウラはSha‘bān月13日日曜日（984年1月20日）に扁桃炎を発症していた。そこで，彼はこう言った。「余は汝が語ったことを行うことはできないし，余のごとく死の床にある者にとって，この王権は価値のないものである。従って，

6. *Yamīnī*, *Dhayl*, *Muntaẓam*, *Kāmil*,『時代の鏡要約』の5史料を指す。

7.『時代の鏡要約』では，*law ‘ahada al-amīr*[u] *al-umarā’*[i] *ilā man yarā-hu ‘ahd*[an] *kāna askana li-al-jund*[i] とあるが，文法上意味をなさないので，*Dhayl*にある*law ‘ahada amīr*[u] *al-umarā’*[i] *‘ahd*[an] *ilā man yarā-hu yaskunu ilay-hi al-jund*[u] という記述を採用し，訳出した。*Dhayl*, 91.

> 汝らが行うに適当であることを行え」と。BN 5866, f. 103b[8].

この引用文と同様の内容を伝えているのは *Dhayl* および *Muntaẓam* である[9]。注目すべき点はこの 3 史料の情報源が Hilāl al-Ṣābi' であることである。Hilāl al-Ṣābi' および彼の祖父 Abū Isḥāq Ibrāhīm al-Ṣābi' はサーヒブより金銭面での支援を得ており[10]，サービー家がサーヒブに対して少なからず恩義を感じていたであろうことは推測できる。従って，上記引用中の，サーヒブが一旦ムアイイド・アッダウラの意向を伺い，その上で後継指名の権限を彼から委任される手続きをとるという構図は，後継指名におけるサーヒブの独断という状況をあいまいにする Hilāl al-Ṣābi' の意図が反映されていると考えることもできよう。

一方，*Yamīnī* および *Kāmil* はムアイイド・アッダウラの死の床でのやり取りは伝えず，彼の死後，後継者を誰にするかムアイイド・アッダウラ政権の高官たちが協議する様子のみを伝えている[11]。

そして諸史料一致して伝えるのは，サーヒブが後継者選定において指導的な立場であったことである。その様子について，*Yamīnī* は以下のように伝えている。

> そこで（ムアイイド・アッダウラの死後），その政権の貴顕たち *awliyā' tilka al-dawla* はムアイイド・アッダウラの地位に就けられ，リアーサ *ri'āsa* に関してムアイイド・アッダウラの地位を占める人物について相談した。そこで，サーヒブは，そのお家 *dhālik al-bayt* においてファフル・アッダウラよりもアミール位についての権利があり，年齢と能力において彼よりもリアーサと行政の責務を 1 人で引き受けることができる人物はいないとして，その名を挙げた。そこで彼らは伝書鳩を飛ばし，いと高き神が，それについていかなる者もなしえず，いくら感謝を示し

8. Pocock 370, ff. 97b–98a. 文言は完全一致ではない。

9. *Dhayl*, 91; *Muntaẓam*, VII, 121.

10. *Irshād*, II, 335.

11. *Yamīnī*, 70; *Kāmil*, IX, 26.

ても足りないような恩寵としてファフル・アッダウラに下賜した，王権の最良の部分および財貨の蓄え（を獲得するため）に急ぐよう伝えた。*Yamīnī*, 70.

この引用で注目すべきは「リアーサ」という言葉が用いられていることである。この言葉は第1章第II節で示したように，ブワイフ家の主導権を示す際に用いられる言葉であり，その言葉が用いられているということは，ブワイフ家の家長として誰を選ぶかが議論されていることになるだろう。また「そのお家 *dhālika al-bayt*」は，ファフル・アッダウラを推すサーヒブの意図から考えて，ムアイイド・アッダウラの家ではなくブワイフ家全体を指すものと考えられるので，その点からも「リアーサ」の指す内容が「ブワイフ家の家長の権威」であることが判明する。さらに，サーヒブは年齢と能力の面での資格を満たす者としてファフル・アッダウラを挙げているが，この点から「リアーサ」保持には年長者で経験のある人物であることも重要な要素であることが言えるだろう[12]。また，この引用を見る限り，サーヒブの提案はそのまま受け入れられているようであるが，他にいかなる意見が提出されていたかは不明である。

また諸史料とも，ファフル・アッダウラの到来までの間，サーヒブがムアイイド・アッダウラとファフル・アッダウラの弟であるフスラウ・ファイールーズを代理の支配者として擁立し，政権の安定を図ったことを伝えている[13]。以上から，ムアイイド・アッダウラからファフル・アッダウラへの継承はサーヒブが主導したこと，およびムアイイド・アッダウラ政権に所属する有力者や軍隊はその継承を承認したことが確認できた。

---

12. 第1章第II節および第2章第III節1を参照のこと。ブワイフ朝外部で作成された歴史書である *Yamīnī* において，ブワイフ一族内での権威の所在を示す言葉として *ri'āsa* が用いられている。ここから，リアーサという概念が，*Tajārib* の著者 Miskawayh がブワイフ家内部で機能している家長権としての「ブワイフ一族の主導権」を彼独自の捉え方で表現したものではなく，広く王朝外の人々にも認識されていた概念であったと考えることができるだろう。
13. *Yamīnī*, 70–71; *Dhayl*, 93; *Kāmil*, IX, 26; BN 5866, f. 104a.

では何故サーヒブは，直前まで敵対していた人物であるファフル・アッダウラをムアイイド・アッダウラの後継者として選んだのであろうか。先に見たようにファフル・アッダウラの指導力や年齢のことが理由として挙げられている。最長老であったアドゥド・アッダウラ，ムアイイド・アッダウラが相次いで死去したため，ファフル・アッダウラがブワイフ一族の最長老となったことは確かである。しかし，わざわざ敵方に逃亡した人物を選ばずとも，ムアイイド・アッダウラの息子アブー・ナスル・シャフリーサーラール Abū Naṣr Shahrīsālār や先に挙げたフスラウ・ファイルーズを擁立したところで，それほど問題があるようにも思われない。ムアイイド・アッダウラの息子を推す勢力が存在していたとしてもおかしくはないが，目立った反対が起きていないという点もやや不可解である。従って，サーヒブがファフル・アッダウラを選んだ理由，また反対が起こらなかった理由については，別の角度から検討する必要があるのだが，これについて次節以降で検討するとして，以下ではファフル・アッダウラの即位の状況について見ていこう。

I-2. ファフル・アッダウラの即位

ファフル・アッダウラの復帰と即位の状況について見よう。サーヒブを中心としたムアイイド・アッダウラ政権の高官たちはファフル・アッダウラをムアイイド・アッダウラの後継者として選び，彼に戻ってくることを促す。当時ファフル・アッダウラはナイサーブールとジュルジャーンの中間に位置する町アスファラーイーンにおり，サーマーン朝君主ヌーフ・ブン・マンスール Nūḥ b. Manṣūr（ヌーフ II 世）の召喚によりブハラへ向かう直前であったようである[14]。このムアイイド・アッダウラ政権の高官たちの申し出を受けたファフル・アッダウラは直ちにジュルジャーンへと向かい，その地でサーヒブを始めとするムアイイド・アッダウラ政権の高官および軍隊から忠誠の誓い *bay'a* を受ける[15]。

これ以前，アドゥド・アッダウラの死後すぐに，ムアイイド・アッダウラ

14. *Dhayl*, 93; BN 5866, f. 103b.
15. *Yamīnī*, 71; *Dhayl*, 94; *Kāmil*, IX, 26–27; BN 5866, f. 104a.

はファフル・アッダウラに対してジュルジャーンの支配権授与を提示し，ブワイフ朝の領域に戻るよう促しているが，ムアイイド・アッダウラを信頼するに足りないとみたファフル・アッダウラは彼の申し出を拒絶している[16]。そのように警戒したファフル・アッダウラも今回に関してはサーヒブらの申し出をあっさり信用している。自らを排除した兄2人が亡くなったとはいえ，サーヒブの申し出を疑いもなく受け入れているのは，それ以前に彼が示した警戒からすると，矛盾した態度であるように思われる。

さて忠誠の誓いの後，サーヒブとファフル・アッダウラの間で以下のようなやり取りが交わされる。

> 王権がファフル・アッダウラに対して定まった時，サーヒブは以下のように言った。「陛下。神は陛下に対し，また陛下を通じて私に，我々が望んだものを与えてくれました。そこで陛下に対する私の奉仕の取り分，および陛下が侵害してはならない我が聖なる事柄として，私自ら選んだ館に隠棲し，軍事から身を引き，それこそ来世において最良の結果となり私にとって最も有益な行為である神の命に従って生きること *tawfīrī ʻalā amr Allāh* にご同意いただきたいのです」と。するとファフル・アッダウラはこう言った。「サーヒブよ。そのように言ってはならない。なんとなれば，余はこの王権を汝によって以外では望まないし，またその王権において余の権力は汝と共にあってはじめて確立するものだからである。もし汝が諸々の事柄に近しく接することを嫌うのであれば，余も汝がそれを嫌うがゆえにそれを嫌い，かつていた場所に戻るとしよう」と。BN 5866, f. 104a[17]

この引用は，サーヒブが政権運営から身を引くことをファフル・アッダウラに伝え，ファフル・アッダウラはこれを慰留している場面を伝えるものであ

---

16. *Dhayl*, 91.
17. Pocock 370, ff. 98a–98b（情報源 Hilāl al-Ṣābi’）．なお *Dhayl*, 94–95; *Muntaẓam*, VII, 121; *Kāmil*, IX, 27 にも同様の内容が伝えられている。

る。結局サーヒブは宰相として政権の運営を司ることになる。従って彼の引退表明はファフル・アッダウラの信任を得るための行為であったといえるだろう。またこの引用からは，ファフル・アッダウラとサーヒブの親密な信頼関係がすでに出来上がっていた，あるいはムアイイド・アッダウラ死去以前に両者の間で何らかのやり取りがあったという推測も可能ではないだろうか。先に指摘したように，サーヒブの申し出に速やかに応じたファフル・アッダウラの態度からもそのような推測ができる。ともかくファフル・アッダウラの復帰と継承は，上述の引用に基づく限り，順調に運んだものと見て大過ないだろう。

以上のように，ムアイイド・アッダウラの死に始まるこの継承劇はサーヒブの主導のもとに，迅速かつ順調に行われたことが諸史料の記述から導き出せたと思う。次節以降では，この継承が成功裡に運んだ要因について考えていくことにする。

II. 継承以前のファフル・アッダウラ

前節では，ファフル・アッダウラのムアイイド・アッダウラ政権継承の，まさにその時に焦点を当てた。そこから浮かび上がってきたのはサーヒブの重要性およびファフル・アッダウラのブワイフ朝における立場である。本節では，この 2 点のうち，ファフル・アッダウラに注目し，ムアイイド・アッダウラ政権を継承するに至るまでの彼の事績を追い，その要因を探っていくことにする。

II–1. 生い立ちから反アドゥド・アッダウラ戦線への参加まで

諸史料によると，ファフル・アッダウラ・アブー・アルハサン・アリー Fakhr al-Dawla Abū al-Ḥasan ʻAlī は 341/952 年にルクン・アッダウラの三男としてハサン・ブン・ファイルーザーン al-Ḥasan b. al-Fayrūzān の娘から生まれた[18]。2 人の兄アドゥド・アッダウラとムアイイド・アッダウラの生母

18. *Tajārib*, II, 8; *Takmila*, 120; *Kāmil*, VIII, 391.

の家柄が全く不明であるのと対照的に，ファフル・アッダウラの母はダイラム君侯の一族に連なるということで，とくに史料中にその旨が示されたものと思われる[19]。

この母親は，後にファフル・アッダウラが共に行動することとなるカーブースの母親とは姉妹であり，またファフル・アッダウラはそのカーブースの娘を妻とすることから[20]，ファフル・アッダウラの活動や政権運営に，この母親の家系の人脈が深く関わったことは間違いないだろう。この点はファフル・アッダウラがムアイイド・アッダウラの後継者として迎えられる要因の一つとして注目すべきものと考える。

次にファフル・アッダウラが史料に現れるのは，365/976年にルクン・アッダウラとその息子たちおよびジバール政権[21]の重鎮たちによる，アドゥド・アッダウラの後継指名を確認するイスファハーン会議においてである[22]。この席上，アドゥド・アッダウラがルクン・アッダウラの後継者として正式に承認され，ジバールとファールスを継承し，ムアイイド・アッダウラはライとイスファハーンを，ファフル・アッダウラはハマダーンとディーナワルを，それぞれアドゥド・アッダウラの代官として支配することが確認された[23]。それ以前のファフル・アッダウラの動向は不明であるが，父ルクン・アッダウラがイスファハーン会議に彼を呼んでいることから考えて[24]，任地となるハマダーンにいたものと考えるのが妥当であろう[25]。

---

19. 章末系図①を参照のこと。
20. *Qābūs Nāmah*, 235; Ross, “On Three Muhammadan Dynasties”, p. 211. 章末系図②を参照のこと。
21. 前掲註 5 を参照のこと。
22. イスファハーン会議については *Tajārib*, II, 363–364; *Takmila*, 228; *Kāmil*, VIII, 669; BN 5866, ff. 51b–52a および第 1 章第 II 節を参照のこと。
23. *Takmila*, 228; *Muntaẓam*, VII, 80; BN 5866, ff. 51b–52a.
24. *Tajārib*, II, 363.
25. この会議ではムアイイド・アッダウラやファフル・アッダウラの任地の確認が行われているが，すでに両者が治めている土地に対してその権限を追認する意味合いが強かったと思われる。

366/976 年にルクン・アッダウラが死去すると，アドゥド・アッダウラはジバール政権を継承し，イラーク政権の併合に向けて動き出した。これに対しイラーク政権の君主であるイッズ・アッダウラはハムダーン朝のアブー・タグリブやバティーハに勢力を張っていたイムラーン・ブン・シャーヒーンらに協力を求め，反アドゥド・アッダウラ連合を形成した。そしてファフル・アッダウラにもその連合に加わるよう誘いをかけたのである[26]。この誘いに対してファフル・アッダウラはあいまいな態度をとった。すなわち，ターイーからのハマダーンの支配権授与を受け入れながら，送付された恩賜の衣を着なかったのである[27]。これは公然とアドゥド・アッダウラに反抗することを避ける狙いがあったものと思われる[28]。しかし結局はこのイッズ・アッダウラとの関わりによって，ファフル・アッダウラに対するアドゥド・アッダウラの態度が硬化したことは明らかである[29]。

II–2. ホラーサーンへの亡命

367/978 年イラーク政権を滅ぼしたアドゥド・アッダウラは，反アドゥド・アッダウラ連合に参加した諸勢力の排除を開始した。そして 369/980 年にクルド勢力と弟ファフル・アッダウラ追討のため，ジバールに向けて軍を発したのである[30]。アドゥド・アッダウラの強大な軍隊に恐れをなしたのか，ファフル・アッダウラ側の家臣や軍隊がアドゥド・アッダウラに投降す

26. *Tajārib*, II, 364; *Takmila*, 228; *Kāmil*, VIII, 671; BN 5866, f. 54b; 第 1 章第 II 節 3 を参照のこと。

27. *Tajārib*, II, 364–365.

28. Cahen は，領地の少なさに不満を持ったファフル・アッダウラがイッズ・アッダウラと結びつき，反アドゥド・アッダウラへと向かったとするが，実際にはファフル・アッダウラはイッズ・アッダウラとの結びつきには慎重になっている一面も見せているため，彼の見解をそのまま受け入れるわけにはいかない。Cahen, “FAKHR al-DAWLA”, *EI*^{2}, II, p. 748b.

29. もっともアドゥド・アッダウラは，一旦はファフル・アッダウラの懐柔を試みているが，ファフル・アッダウラはそれに応じなかった。*Tajārib*, II, 415.

30. *Tajārib*, II, 415–416; *Dhayl*, 9–10.

る。以下は家臣らの投降の様子である。

> さて，アドゥド・アッダウラが行軍している時，その途上で，彼の（先遣の）軍隊がハマダーンに入城したこと，ファフル・アッダウラの武将たちやハサナワイフの兵士たちの多くが安全保障を求めてきたこと，そして，彼らがアドゥド・アッダウラの旗の下に参集し，その旗を受け入れたことについての吉報が届けられた。そして，ファフル・アッダウラの宰相であったアブー・アルハサン・ウバイド・アッラー・ブン・ムハンマド・ブン・ハムダワイフ Abū al-Ḥasan ʻUbayd Allāh b. Muḥammad b. Ḥamdawayh がアドゥド・アッダウラを出迎えた。彼と共には，ファフル・アッダウラの側近たちや残っていた彼の武将やグラームがいた。*Tajārib*, II, 416.

一方，ファフル・アッダウラはアルボルズ山脈を越え，ダイラム地方へ[31]，そしてジュルジャーンのカーブースの許へと落ちのびる。

この後，アドゥド・アッダウラはファフル・アッダウラおよびカーブース追討を弟のムアイイド・アッダウラに任せる。ムアイイド・アッダウラにはアドゥド・アッダウラの仲介で，カリフよりジュルジャーンとタバリスターンの支配権が授与され[32]，またファフル・アッダウラの旧臣や軍隊が，さらにアドゥド・アッダウラからの援軍がムアイイド・アッダウラの指揮下に加えられた[33]。こうしてファフル・アッダウラの旧勢力を加えたムアイイド・アッダウラ軍は371/981年に東方へと進軍する。そして，ムアイイド・アッダウラはカーブース軍をジュルジャーンの都市アスタラーバードに攻囲し，

---

31. *Tajārib*, II, 416.

32. 当時タバリスターンおよびジュルジャーンはカーブースの支配する地域であった *Kāmil*, VIII, 687–688。これに対して，ムアイイド・アッダウラに両地域の支配権を認める叙任をカリフの名で発することは，ムアイイド・アッダウラにカーブース排除の大義名分を与えることになった。本章はじめにおよび第4章を参照のこと。

33. *Yamīnī*, 50–52; *Dhayl*, 11, 15–16; BN 5866, f. 90b.

両軍の間で激しい戦いが繰り広げられる。最終的にムアイイド・アッダウラ軍が勝利し，カーブースは，そしてファフル・アッダウラはサーマーン朝ホラーサーン総督ターシュ Abū al-'Abbās Tāsh に保護を求めて逃亡する[34]。

ファフル・アッダウラとカーブースはサーマーン朝からの援助を要請し，時のサーマーン朝君主ヌーフⅡ世はホラーサーン総督ターシュに，ファフル・アッダウラらを助けてムアイイド・アッダウラと戦うよう命じる。これにより，今度はムアイイド・アッダウラ軍[35]とサーマーン朝軍が戦うこととなる。この戦いではムアイイド・アッダウラ軍が頑強な抵抗を示すとともに，策略を用いてサーマーン朝軍の一翼を担う指揮官ファーイク Fā'iq を買収するなどして，敵の攻撃を退ける。またこの戦いの最中，ムアイイド・アッダウラ軍の武将アリー・ブン・カーマ 'Alī b. Kāma 率いる部隊はサーマーン朝軍の左翼を率いていたファフル・アッダウラと戦い，彼を敗走させている[36]。こうして，サーマーン朝軍はナイサーブールまで退却し，ファフル・アッダウラはサーマーン朝の庇護下にて権力回復の機会を待つ身となったのである[37]。

II-3. ホラーサーン総督ターシュとの結び付き

先に示したように，ファフル・アッダウラはサーマーン朝治下のホラーサーンへ逃れ，同王朝からの援助をもとにブワイフ朝への返り咲きを試みる。これに対しサーマーン朝側も西方進出への足掛かりとしてファフル・アッダウラを利用しようとしたのか，ヌーフⅡ世はホラーサーン総督ターシュにファフル・アッダウラを援助し，ムアイイド・アッダウラ軍が駐留するジュル

---

34. *Yamīnī*, 52–53; *Dhayl*, 16–17.

35. この戦いのためであろうか，アドゥド・アッダウラの許から増援が派遣されている。ただし *Dhayl* が伝えるその記事は 372H 年条に記載されている *Dhayl*, 28。実際の戦いは 371/981~2 年のことであろう。*Yamīnī*, 56.

36. *Yamīnī*, 54.

37. *Yamīnī*, 53–57; *Dhayl*, 28. またこの戦いを受けて，アドゥド・アッダウラはサーマーン朝にファフル・アッダウラとカーブースの引き渡しを要求した。第 3 章第 IV 節 2 を参照のこと。

ジャーンへ侵攻するよう命じる。しかしこの試みは失敗に終わり，以後サーマーン朝が西方へ派兵することはなくなる。この当時すでにサーマーン朝君主の権力は衰えており，同宮廷は宰相と諸君侯の権力争いの場となっていた。また西方政策を司るホラーサーン総督職を巡っても熾烈な争いが起こっており，もはや，サーマーン朝には他へ進出する余裕はなくなっていたのである[38]。

ファフル・アッダウラとカーブースを迎え入れたホラーサーン総督ターシュは彼ら2人が亡命してきた371/981年に総督に就任した人物であった。彼の総督就任の背景には，サーマーン朝宮廷内の争いが存在していた。367/977年君主ヌーフII世は宰相としてアブー・アルフサイン・ウトビー Abū al-Ḥusayn al-ʻUtbī を就任させる。この人事について時のホラーサーン総督アブー・アルハサン・ムハンマド・ブン・イブラーヒーム・イブン・シームジュール Abū al-Ḥasan Muḥammad b. Ibrāhīm Ibn Sīmjūr はウトビーが若輩者であるがゆえに難色を示す。これに恨みを抱いたウトビーは371/982年にアブー・アルハサンをホラーサーン総督から解任し，自らの息のかかったターシュを任命するのである。

このターシュに対してファフル・アッダウラは相当の恩義を感じていたようで，後日ターシュへの過剰な援助に疑義を呈したサーヒブに対して，報恩の強い意志を示している。さらにファフル・アッダウラは，アドゥド・アッダウラが自分を引き渡すようサーマーン朝側に求めたときにターシュが匿ってくれたことを指摘して，ターシュへの過大な援助を正当化するのである[39]。サーヒブとしても，サーマーン朝との間での無益な争いが避けられるのであれば，両者の良好な関係を喜んで受け入れたであろうが，その結び付きはサーヒブが考える以上に強固であり，そのことが政権運営に支障をきたす要因になるのではと懸念して疑義を呈したのであろう。

以上，ファフル・アッダウラの生い立ちからホラーサーンへの亡命までを

---

38. この当時のサーマーン朝内部の事情については，Treadwell, *The Samanid State*, pp. 240–266 を参照のこと。

39. *Yamīnī*, 79. なおファフル・アッダウラのターシュへの援助については本章第III節2を参照のこと。

概観したが，そのうちファフル・アッダウラがムアイイド・アッダウラの後継者として迎えられる要因となったものについて纏めてみよう。

まず挙げられるのは，彼の生まれと血縁に関するものである。先に指摘したとおり，ファフル・アッダウラの母親はダイラム君侯ハサン・ブン・ファイルーザーンの娘であった。このハサンはやはりダイラム君侯であるマーカーン・ブン・カーキーの従弟にあたる人物であり[40]，ファフル・アッダウラにはダイラムの貴族の血が流れていることになる。またハサンのもう 1 人の娘は，のちにファフル・アッダウラと共に行動するカーブースの妻であり，さらにファフル・アッダウラはカーブースの娘を娶っているのである[41]。従って，ファフル・アッダウラはダイラム・ジール系の有力諸侯の血を引き，その血縁がダイラムおよびジール諸侯や軍隊の支持を得るのに十分な根拠となった可能性は指摘できよう[42]。

次に挙げられるのは，ファフル・アッダウラの旧臣がムアイイド・アッダウラ政権内に存在したことである。ファフル・アッダウラはアドゥド・アッ

---

40. 第 3 章 第 III 節 2 および Bosworth, "MAḲĀN B. KĀKĪ", *EI*^{2}, VI, pp. 115b–116a. 章末系図①を参照のこと。

41. *Nizhād*, ff. 38a–38b; Ross, "On Three Muhammadan Dynasties", p. 211. 章末系図①，②を参照のこと。

42. ファフル・アッダウラとの血縁関係を頼ってその宮廷に出仕していたと思われる，ズィヤール家のマヌージフル・ブン・カーブース Manūjihr b. Qābūs, アブー・アルハッジャージュ・ブン・ザヒール・アッダウラ（・ビーストゥーン・ブン・ウシュマキール）Abū al-Ḥajjāj b. Ẓahīr al-Dawla Bīstūn b. Wushmakīr, ハサン・ブン・ウシュマキール Ḥasan b. Wushmakīr, ファイルーザーン家のナスル・ブン・ハサン・ブン・ファイルーザーン Naṣr b. al-Ḥasan b. al-Fayrūzān, アブー・アルアッバース・ファイルーザーン・ブン・ハサン・ブン・ファイルーザーン Abū al-ʻAbbās al-Fayrūzān b. al-Ḥasan b. al-Fayrūzān, ワクバート・ブン・バルカースィム・ブン・ファイルーザーン Wakbāt b. Balqāsim b. al-Fayrūzān, そしてマーカーン・ブン・カーキーの息子アブド・アルマリク ʻAbd al-Malik b. Mākān b. Kākī などの人物の存在が確認できる。*Yamīnī*, 73, 81–82, 84, 229, 231–232, 238–239, 244; *Irshād*, II, 306–308. 彼らダイラム・ジール諸侯が後ジバール政権の一翼を担っていたのである。

ダウラ，ムアイイド・アッダウラ軍への抵抗を諦め，単身ズィヤール朝のカーブース，そしてサーマーン朝ホラーサーン総督ターシュの許へと身を寄せた。一方，残された家臣らはアドゥド・アッダウラ側に投降し，そのままムアイイド・アッダウラ政権に組み込まれた。そして，ムアイイド・アッダウラが373/984年に死去するが，それはファフル・アッダウラの亡命からわずか4年後のことであった。従って，ムアイイド・アッダウラ政権内部に旧主ファフル・アッダウラを快く迎え入れる人々が相当数存在したと考えても不自然ではないだろう。

最後に指摘できることは，ファフル・アッダウラと亡命先のサーマーン朝との関係，とくに同王朝のホラーサーン総督ターシュとの関係の深さである。これについては次節にて詳しく検討するが，ファフル・アッダウラは，アドゥド・アッダウラからの引き渡し要求を拒み，実際に軍を率いてムアイイド・アッダウラ軍と戦ったターシュにはとくに強い恩義を感じていた。もちろん個人的な関係がすべての要因とはなりえないが，少なくとも両者の結び付きがサーマーン朝とブワイフ朝の関係を新たな局面へと導くことになるのではないかという見通しが，ファフル・アッダウラを迎える側に存在した可能性はあるだろう。

III. サーマーン朝ホラーサーン総督を巡る争いとファフル・アッダウラ

前節では，ファフル・アッダウラがブワイフ朝を追われ，サーマーン朝に亡命するまでの過程をたどり，彼がムアイイドの後継者として選ばれる際の要因となったと思われる点を取り上げた。本節では，その最後の部分で指摘した，ファフル・アッダウラとサーマーン朝ホラーサーン総督のターシュとの関わりに焦点を当て，そこからファフル・アッダウラの継承について考察する。

III–1. ファフル・アッダウラの継承に至るまでのホラーサーン[43]

365/976年ヌーフⅡ世がサーマーン朝君主となる。この当時のホラーサーン総督はアブー・アルハサン・イブン・シームジュールであり，彼は

350/962年の就任以来15年にわたってホラーサーン総督職を務める実力者であった。代替わりの後もホラーサーン総督職を追認されたが[44]，367/977年にヌーフII世が宰相位をアブー・アルフサイン・ウトビーに授けた際に，その人事に反対したため，ウトビーの反感を買い，371/982年ホラーサーン総督職を解任される[45]。

そして，ホラーサーン総督には，ウトビーの子飼いであり，ヌーフII世の父マンスールの時代からサーマーン朝宮廷に仕えていたアブー・アルアッバース・ターシュが任命される。ターシュは就任直後にファフル・アッダウラとカーブースを保護し，ヌーフII世の命令によってムアイイド・アッダウラ軍と戦ったのである。そして前述のとおり，ターシュはムアイイド・アッダウラ軍を撃退することができず，ナイサーブールに退却する[46]。

ところが，372/982年宰相のウトビーが暗殺されるという事件が起こる。これ以前にイブン・シームジュールは自らの境遇の悪さを宮廷の実力者ファーイクに述べ，これに対してファーイクはウトビーの暗殺を唆していた。そしてウトビーの暗殺事件が起こったのである[47]。この暗殺事件を重く見たヌーフII世はターシュをブハラに召喚，下手人捜索を命じた。ターシュはナイサーブールよりブハラへ向かうが，結局この事件の首謀者を捕らえることができず，またナイサーブールはターシュの不在中にアブー・アルハサン・イブン・シームジュールの息子アブー・アリーによって奪取されてしまうのである。

ターシュはアブー・アリー軍との戦いのためであろうか，ブハラよりマルウ方面へ出撃するが，その後ブハラでは反ウトビー派のアブド・アッラー・ブン・ウザイル ʻAbd Allāh b. ʻUzayr が宰相に就任し，ターシュは退路を断

---

43. この箇所の内容は Treadwell, *The Sāmānid State*, pp. 240–247 にその詳細が示されている。

44. *Yamīnī*, 38, 43.

45. *Yamīnī*, 65. Treadwell, *The Sāmānid State*, p. 243.

46. 本章第II節2を参照のこと。

47. *Yamīnī*, 65; *Zayn*, 39; *Kāmil*, IX, 12–13. ファーイクは前代君主のグラームを唆し，買収してウトビーを暗殺させたようである。

たれてしまう。その結果，アブー・アリーはヘラートを，ファーイクはバルフを，そしてターシュはナイサーブールとホラーサーン総督職をそれぞれ保持するという合意がなされる[48]。その後イブン・ウザイルはターシュのホラーサーン総督職を剥奪し，アブー・アルハサン・イブン・シームジュールを同職に再任するとともに，ターシュの任地をナサーとアビーヴァルドに変更する[49]。

以上，ファフル・アッダウラの継承に至るまでのホラーサーンの状況を概観した。宰相のウトビーとアブー・アルハサン・イブン・シームジュールの争いを発端に，サーマーン朝宮廷は2つに割れ，ホラーサーン総督職を巡る争いに突入することとなった。この争いの経過を主に *Yamīnī* に基づいて確認したが，そこから見えてくるのはサーマーン朝君主ヌーフII世の権威の不在である。この争いを主導する政権の高官たちの動きを止める権威は，このときの彼には存在しなかったといってよいだろう。そしてそれ故にウトビーの暗殺とターシュのホラーサーン総督からの解任を防ぐことができず，以後サーマーン朝は混乱と衰退の道を歩むことになるのである。

またこのホラーサーン総督職を巡る混乱の隙をついて，ファフル・アッダウラはブワイフ朝領内へと帰還し，ムアイイド・アッダウラの地位を継承する。サーマーン朝にとってファフル・アッダウラは，西方に存在する大勢力ブワイフ朝の一族であり，政治的な利用価値の高い人物であったと思われるが，この混乱期にあっては彼の動向に注意を払う人物はサーマーン朝宮廷には存在しなかったのであろう。

III-2. ファフル・アッダウラのターシュへの協力

ジュルジャーンにおいてムアイイド・アッダウラ政権の高官たちから忠誠の誓いを受けたファフル・アッダウラは，律義にも自らを匿い，ムアイイド・アッダウラとの戦を援助してくれたターシュに書簡を認め，ムアイイド・アッダウラの政権を継承し君主となること，それはターシュの協力のお

48. *Yamīnī*, 65–67.

49. *Yamīnī*, 68.

かげであることを述べ，感謝を示した。これに対してターシュは祝辞を述べるが，同時に自らの境遇についての不満を述べ，暗にファフル・アッダウラの協力を求めたのである[50]。このターシュの「自らの境遇」とは，先に述べたとおり，アブー・アルハサン・イブン・シームジュール一派との権力争いに敗れ，ホラーサーン総督から解任されたことを意味しているものと思われる。

これに対してファフル・アッダウラはアブー・アルアッバース・ファイルーザーン・ブン・ハサン[51]を将とする援軍を派遣し，ターシュ軍と連携してアブー・アルハサン・イブン・シームジュール軍からナイサーブールを奪還することに成功する[52]。しかし，アブー・アルハサンは当時ファールスを支配していたアドゥド・アッダウラの息子シャラフ・アッダウラの援助も受け，再びナイサーブールを攻撃する。ここに，ホラーサーン総督職とホラーサーンの首府ナイサーブールを巡る争いは，ファフル・アッダウラとその甥シャラフ・アッダウラというブワイフ家の成員を巻き込んだ争いに発展するのである。

その後，戦いはターシュ軍有利で展開されていたが，最終的にはアブー・アルハサン側の勝利に終わり，ターシュはジュルジャーンへと逃亡する[53]。その後，ターシュはジュルジャーンから再度ナイサーブールへの侵攻を企て，

---

50. *Yamīnī*, 72.
51. ファイルーザーン家の成員。章末系図①および前掲註42を参照のこと。
52. *Yamīnī*, 72–74.
53. *Yamīnī*, 75–77; *Zayn*, 40; *Kāmil*, IX, 27–29. ただしナイサーブールを巡るターシュとアブー・アルハサン・イブン・シームジュールの一連の戦いがいつ行われたのかについては2説ある。*Zayn* は376H年以降の出来事であるように伝え *Zayn*, 40, *Kāmil* は373H年の出来事として伝えている *Kāmil*, IX, 27–29。また事件の経過を最も詳細に伝える *Yamīnī* には年代が記されていない。しかし「アブー・アルハサンはファールスにいるシャラフ・アッダウラに援助要請をした」というくだりを信ずるならば，シャラフ・アッダウラがアフワーズへむけて進軍する375/985–6年以前と考えるべきであり，*Kāmil* の伝える373/983–4年説を採るのが妥当と思われる。*Yamīnī*, 75; *Zayn*, 40; *Dhayl*, 120–123; *Kāmil*, IX, 44–45; BN 5866, f. 108b.

ファフル・アッダウラもこれを援助するが，ナイサーブールに至る前に軍を退き，その後377/987~8年にジュルジャーンにて病没する[54]。

ファフル・アッダウラは1度ならず2度までもターシュのナイサーブール奪還を援助している。2度目の援軍については，サーヒブが難色を示しているほどで，後ジバール政権の政策にとってもそれほど利益になるものではなかったと思われる[55]。もちろんサーヒブとしてもファフル・アッダウラがターシュに恩義を感じ，ファフル・アッダウラが彼との良好な関係を保っていくであろうことは，考慮していたに違いない。また両者の良好な関係はターシュがホラーサーン総督であり続ける限り，後ジバール政権に対する東方の脅威が減少するという意味では喜んで受け入れるべき状況だったという推測も成り立つ。しかし，ホラーサーン総督職を巡る争いによってサーマーン朝が混乱し，東方の脅威が弱くなっているとはいえ，その混乱に過度に介入することは後ジバール政権の勢力を削ぐことになっただろう。そしてバグダード進出計画が果たせなくなってしまうことをサーヒブが危惧していた，と考えることもできる。この点については次節で検討する。

2度目の援助に対するサーヒブの態度について，*Yamīnī* は以下のように伝えている。

> サーヒブは常々，ファフル・アッダウラがターシュに与えている厚遇と援助，および贈り物と恩寵の継続について，限度を超えていると判断していた。また彼はこれ以前ファフル・アッダウラに対して，彼（ファフル・アッダウラ）の前任者たちが選んだ，ホラーサーンとの講和状態およびホラーサーンからの平和を成果 *ghanīma* とみなすことに反してまで，ファフル・アッダウラの兵でもってホラーサーンを蹂躙する *fī isti‘rāḍ*[i] *khurāsān*[a] *bi-rijāli-hi* ことについては忠告を与えていなかった。*Yamīnī*, 78–79.

54. *Yamīnī*, 81–85. なおターシュの死はジュルジャーンに広まった疫病が原因であるという説に加え，毒殺説も伝えられている。*Dhayl*, 96; *Kāmil*, IX, 29.

55. *Yamīnī*, 78–79. 本章第II節3を参照のこと。

この引用から分かることは，サーヒブはホラーサーンを征服するなどという意図を有しておらず，それはファフル・アッダウラの前任者，すなわちアドゥド・アッダウラやムアイイド・アッダウラも同様の考えであったということである。つまりサーマーン朝をジュルジャーン以東に排除しておき，東方からの脅威を減じておくことがアドゥド・アッダウラ以来のブワイフ朝の東方政策[56]だったのである。そして，ファフル・アッダウラが行うターシュへの過度の援助は，その東方政策からの逸脱だったということになる。

以上の検討の結果，次のことが言えるだろう。第一に，ホラーサーン総督職を巡る争いによってサーマーン朝内部が混乱していたため，亡命者ファフル・アッダウラは容易にブワイフ朝領内へ帰還することができた。第二に，ファフル・アッダウラはターシュに対して強く恩義を感じており，自らのムアイイド・アッダウラ政権継承に対するターシュの貢献を重視していた。またターシュもファフル・アッダウラに頼ってホラーサーン総督職の奪回を試みており，両者は相互依存の関係にあった。そして第三に，サーヒブはファフル・アッダウラが行うターシュへの過剰なまでの援助に難色を示しており，そのことはサーヒブの意図する後ジバール政権の政策に沿ったものではなかった。

本節の考察によって，継承に至るまでのファフル・アッダウラが有していたホラーサーンでの人脈についてはある程度明らかになったと思われる。次節では受け入れ側の中心的存在であるサーヒブ・イブン・アッバードに焦点を当て，彼の政策や行動からファフル・アッダウラを君主として選んだ理由を検討していく。

---

56. Busse はアドゥド・アッダウラの東方政策を支持するサーヒブが，その政策の継承者にふさわしい人物としてファフル・アッダウラを選び，そしてファフル・アッダウラは東方への拡大政策を推し進めた，というように描いているが，先の引用を見る限りその理解は正しいとはいえない。Busse, “Iran under the Būyids”, p. 290.

IV. サーヒブ・イブン・アッバード

前節まではファフル・アッダウラに焦点を当て，彼がムアイイド・アッダウラの後継者として選ばれた要因を探ってきたが，本節ではファフル・アッダウラを選んだ人物すなわちサーヒブに焦点を当て，彼の政権運営にあたっての方針や様々な活動を検討し，ファフル・アッダウラを選んだ理由について考察する。

IV-1. サーヒブ・イブン・アッバードの経歴

まずファフル・アッダウラをムアイイド・アッダウラの後継者として迎えるまでのサーヒブの経歴を見ていこう。

サーヒブ・イブン・アッバード Abū al-Qāsim Ismā‘īl b. ‘Abbād b. al-‘Abbās は 326/938 年にイスタフルに生まれた。彼の父アッバードがルクン・アッダウラの書記官として仕えていたため[57]，サーヒブもまた宰相アブー・アルファドル・イブン・アルアミード Abū al-Faḍl Ibn al-‘Amīd 配下の書記官として，ブワイフ朝に仕えることとなったようである。その後 347/958 年にはムアイイド・アッダウラの書記官として史料に現れる[58]。そして 366/976 年にルクン・アッダウラが死去し，ムアイイド・アッダウラがライとイスファハーンを受け継ぐと，ムアイイド・アッダウラは父ルクン・アッダウラの宰相であったアブー・アルファトフ・イブン・アルアミード Abū al-Fatḥ Ibn al-‘Amīd を排除し，サーヒブを自らの宰相に任じる[59]。こうしてサーヒブは

---

57. *Mathālib*, 56; *Irshād*, II, 273–274. なおサーヒブの父はアミーン al-Amīn と呼ばれ，またサーヒブと同じ年に死去している。*Irshād*, II, 274; BN 5866, f. 149a (Pocock 370, f. 111a 情報源 Hilāl al-Ṣābi’).

58. 347H 年にムアイイド・アッダウラが叔父ムイッズ・アッダウラの娘との婚姻のためにバグダードを訪れるが，サーヒブは彼に同行しているため，それまでにムアイイド・アッダウラ付きの書記官となっていたものと思われる。*Tajārib*, II, 168; *Irshād*, II, 338.

59. *Irshād*, II, 275; *Kāmil*, VIII, 675; BN 5866, f. 55a. この排除はアドゥド・アッ

385/995 年に死去するまでの 19 年間，ムアイイド・アッダウラおよびファフル・アッダウラの許で宰相として活躍することになったのである。

その後 370/980 年にサーヒブはムアイイド・アッダウラの使者として，ファフル・アッダウラの勢力を排除しハマダーンにとどまっていたアドゥド・アッダウラの許を訪れる。アドゥド・アッダウラはサーヒブを歓待し，恩賜の衣やイクターを与え，またファフル・アッダウラの配下にあった軍隊をつけてムアイイド・アッダウラの許へ帰らせる[60]。こうしてサーヒブはムアイイド・アッダウラに従ってファフル・アッダウラ追討のため東へと向かい，ジュルジャーンの陣中にてアドゥド・アッダウラの訃報に接し，またムアイイド・アッダウラの死を看取ることになったのである。

以上の経歴の中で注目すべきは，347/958 年のバグダード来訪であろう。主人であるムアイイド・アッダウラの婚礼に同行しての来訪であるが，この機会にサーヒブはバグダードの著名な文人や政治家たちと出会い，交流を深めたようである[61]。そしてバグダードの印象を尋ねたウスターズ・ライース al-Ustādh al-Ra'īs Abū al-Faḍl Ibn al-'Amīd に対し，サーヒブは「諸々の町の間にあるバグダードはまるで下僕たちの間にいる主人 *ustādh* の如きものであると思います」と答え，その偉大さを強調している[62]。

このように，サーヒブはバグダードに対して良い印象を持ち，おそらくは憧れのような感情を抱いていたことが推測される[63]。このような傾向を有し

ダウラの意向が強く反映された結果であるが，アブー・アルファトフとサーヒブの間での権力闘争があったことも付言しておく。*Mathālib*, 352–353; *Takmila*, 229; *Irshād*, II, 311; BN 5866, ff. 54b–55a, 147a.

60. *Dhayl*, 10–11. なお *Mathālib* はサーヒブのハマダーン来訪を 369/979~80 年のことと伝えている。*Mathālib*, 66.

61. *Mathālib*, 114–116; *Irshād*, II, 338–339.

62. *Mathālib*, 292; *Laṭā'if*, 171; *Yatīma*, III, 137. ちなみにサーヒブはこの発言によって，バグダードだけでなく質問者である「ウスターズ・ライース al-Ustādh al-Ra'īs」も称えていると解釈することもできる。

63. たとえば，サーヒブは常々，ムハンマド・ブン・ウマル・アラウィー Muḥammad b. 'Umar al-'Alawī とアブー・アフマド・ムーサウィー Abū Aḥmad

ていたサーヒブの主導のもと，379/989~90 年に後ジバール政権はアフワーズに侵攻し，イラク征服を目論む。以下では後ジバール政権によるアフワーズ遠征について検討し，そこからサーヒブのイラク征服ないしバグダードへの進出の意図を読み取っていくことにする。

IV-2. アフワーズ遠征

379/989 年シャラフ・アッダウラが死去し，その弟バハー・アッダウラ Bahā' al-Dawla が王権を継承した。その一方で，シャラフ・アッダウラによってイラクを追われ，シーラーフ近郊の砦に監禁されていたサムサーム・アッダウラとディヤー・アッダウラの 2 人がシーラーフに独自の政権を樹立，さらにシャラフ・アッダウラの息子アブー・アリーがアッラジャーンに根拠地を定め，バハー・アッダウラ政権と決別する[64]。ここにシャラフ・アッダウラの旧領は群雄割拠の状態となったのである。

この機に乗じて後ジバール政権は西方への進出を試み，フージスターンの都市アフワーズに侵攻する。諸史料はこの遠征の企画がサーヒブによってなされたこと，そしてその理由はサーヒブがバグダードを好み，同地での政権運営を欲したことでほぼ一致した見解を示している[65]。さらに *Irshād* は，バ

---

al-Mūsawī とアブー・ムハンマド・イブン・マアルーフ Abū Muḥammad Ibn Ma‘rūf という在バグダードの 3 人の著名人に会いたいとの希望を洩らしていた，という報告があり，彼のバグダードへの想いの強さを窺わせる。*Muntaẓam*, VII, 166; BN 5866, f. 138b. この内容を伝える 2 史料の典拠は，*Baghdād*, X, 366 である。そこでは al-Tanūkhī からの情報として，サーヒブが上記 3 名との面会を希望していたことが伝えられている。従って，少なくともサーヒブの発言については，単にその 3 名を称揚するために *Muntaẓam* や *Baghdād* の作者が用いた修辞ではなく，al-Tanūkhī を媒介にしてはいるが，彼の実際の発言と考えてよいだろう。もっとも彼の発言が 3 名の偉大さを表現するだけで，サーヒブ自身のバグダード行きの希望を表してはいないと考えることもできるだろうが，本章での検討のように，サーヒブがバグダードに対して憧れのような感情を抱いていた可能性は高く，この逸話もそのことを裏付ける材料としてみなしうるだろう。

64. *Dhayl*, 158–163; *Kāmil*, IX, 62–63; BN 5866, f. 121b.

グダードでの政治活動を望んでいたことを示すサーヒブの発言を伝えている。

> Hilāl al-Ṣābi' 曰く，「私はある人物が Abū Isḥāq（Hilāl al-Ṣābi' の祖父）に以下のように語っているのを聞いた。それによると，その人物はサーヒブが『私の望みといえば，イラクを征服し，バグダードにおいて指導的な立場に就き，Abū Isḥāq al-Ṣābi' を書記として，私の代わりに筆をとらせ，私は彼の面倒を見ること以外にはない』と言っているのを聞いた，とのことである」。*Irshād*, 337.

もちろん，これは Abū Isḥāq al-Ṣābi' の書記としての能力を高く評価する意味での発言とも考えられるが，実際にバグダードを目指した軍事行動を起こしていることから考えると，サーヒブの心の内にバグダード進出の野望が存在したことは十分考えられるだろう。また先にも述べたとおり，Hilāl al-Ṣābi' の一族はサーヒブと非常に親しい関係にあり，サーヒブはしばしば Hilāl al-Ṣābi' の祖父 Abū Isḥāq al-Ṣābi' と手紙のやり取りをするなどの交流があった。従って，Hilāl al-Ṣābi' の伝えるこの発言はかなりの信憑性を持つと言えるだろう[66]。ともかくこの引用の内容を踏まえると，サーヒブは単に知識人たちとの交流目的だけでなく，自らの政治手腕を発揮することを望んでバグダード征服を目指したことが推測できる。

さてこのようにバグダード征服を目指して行われたアフワーズ遠征である

---

65. *Dhayl*, 163; *Kāmil*, IX, 64; BN 5866, f. 122a. 但し *Yamīnī* は，ファフル・アッダウラのバハー・アッダウラに対する嫌悪感を遠征の理由として挙げており，サーヒブの個人的な欲望によってのみ企画された遠征ではなかったと思われる。*Yamīnī*, 83.

66. 但し，この発言は *Irshād* 以外には伝えられていない。*Irshād* には他の史料には見出されない Hilāl al-Ṣābi' の発言や彼の文章の引用が見られるが，これは恐らく Hilāl al-Ṣābi' 著の『宰相史』*Kitāb al-wuzarā' aw tuḥfat al-umarā' fī ta'rīkh al-wuzarā'* の散逸部分から収録されたものと考えるのが妥当であろう。Hilāl al-Ṣābi' がサーヒブの事績を同書で扱っていることは現存部分の記述から推測できる。*Wuzarā'*, 5.

が，サーヒブの目的が達せられることはなかった。この遠征の詳細については割愛するが，当初サーヒブと後ジバール政権の同盟者バドル・ブン・ハサナワイフ Badr b. Ḥasanawayh がホラーサーン街道を進み，ファフル・アッダウラはアフワーズを経由する道でイラクに向かうという，2方向からの侵攻が計画されていた。しかし，サーヒブがバハー・アッダウラ陣営に寝返るのではないか，という讒言に動かされたファフル・アッダウラがサーヒブを呼び戻し，全軍で南進することに計画が変更される[67]。サーヒブとバハー・アッダウラの間に密約があったという証拠は存在しないが，ファフル・アッダウラの周囲から前述のような讒言が発せられるという状況から考えると，サーヒブのバグダードへの執心が公然のものとなっていたのではないだろうか。また，長引く遠征の最中，軍の一部からはサーヒブへの疑惑の声が上がる[68]。こうしたことも，アフワーズ遠征がサーヒブ主導のもとに行われたことを裏付ける証拠となるだろう。

このアフワーズ遠征は後ジバール政権が西方へ進出した，つまりブワイフ朝一族政権と矛を交えた唯一の戦いであった。サーヒブはバグダード進出の野望を果たすことができなかったわけであるが，この遠征に関する一連の記述から，彼はファフル・アッダウラにバグダードを征服させ，その地で宰相として政治手腕を発揮するとともに多くの知識人たちと交わることを望んでいたということができるのではないだろうか。

IV-3. ファフル・アッダウラ即位後のサーヒブの活動

アフワーズ遠征は後ジバール政権が行った唯一の積極的な対外進出活動であった。サーヒブはイラクを，そしてバグダードを後ジバール政権の支配下に置こうとしたのであった。ではサーヒブはアフワーズ遠征に至るまでにどのような過程を経たのであろうか。以下では，ファフル・アッダウラを君主

---

67. *Dhayl*, 164; *Kāmil*, IX, 64; BN 5866 f. 122a.

68. ファフル・アッダウラの軍中では「サーヒブはただ我々を破滅させるためにこの地へ我々を導いたのである」という不満の声が上がっていた。また成果の上がらない戦に嫌気がさしたファフル・アッダウラも，サーヒブの説得に耳を貸さず，軍をライへと返したのである。*Dhayl*, 166; BN 5866, f. 122b.

として迎えたサーヒブの，アフワーズ遠征に至るまでの言動を検討し，そこから彼がファフル・アッダウラを迎えた理由を明らかにする。

ファフル・アッダウラを君主に迎えたサーヒブが最初に行ったことは，最大のライバルとなるであろうアリー・ブン・カーマの排除であった[69]。彼はブワイフ朝第一世代の君主たちの妹を母に持ち[70]，ルクン・アッダウラ麾下の将軍として長年にわたって活躍したムアイイド・アッダウラ政権最古参の人物であった[71]。さらに彼には，ムアイイド・アッダウラ麾下の武将として，サーマーン朝の援軍を得たファフル・アッダウラと戦い，彼を撃破した過去があり[72]，またムアイイド・アッダウラの息子シャフリーサーラールの舅でもあった[73]。従って，アリー・ブン・カーマはムアイイド・アッダウラ政権においてサーヒブと並ぶ実力者とみなしうる人物であり，彼の動きによっては，ムアイイド・アッダウラの後継者はシャフリーサーラールとなった可能性も考えられるのである[74]。そしてそうなった場合，サーヒブの立場が非常に不安定となっただろうことも容易に想像できる。

このような状況が存在したことから考えると，サーヒブがファフル・アッダウラを擁立したことは，ムアイイド・アッダウラ死後の自らの立場を安定させ，アリー・ブン・カーマの影響力を弱めるための手段であったとみなすことができるだろう。そしてサーヒブは自ら擁立したファフル・アッダウラ

---

69. サーヒブはファフル・アッダウラと謀り，彼を毒殺した。*Dhayl*, 95.

70. *Tajārib*, II, 176. 章末系図③を参照のこと。

71. *Tajārib*, II, 137–138, 176; *Bayhaq*, 132; *Kāmil*, VIII, 486, 499.

72. *Yamīnī*, 54–55; *Dhayl*, 90.

73. *Bayhaq*, 132. *Bayhaq* はムアイイド・アッダウラの息子の名をナスル Naṣr としている。しかしシャフリーサーラール以外にもムアイイド・アッダウラの息子の存在は確認できるが，その名前が伝わっていないため，これはシャフリーサーラールのクンヤであるアブー・ナスル Abū Naṣr の誤記と判断した。

74. *Bayhaq* にはアリー・ブン・カーマが婿のアブー・ナスルに王権を獲得させることを望んだ，という記事がある。この内容の時期がいつであるかは不明であるが，ファフル・アッダウラの継承あるいはファフル・アッダウラの王権を覆そうとする兆しが全くなかったとはいえないようである。*Bayhaq*, 132.

と謀り，アリー・ブン・カーマを排除したのである。

アリー・ブン・カーマ暗殺の後，イスファハーンに駐留していたシャフリーサーラールはジュルジャーンを訪れ，ファフル・アッダウラに帰順する[75]。しかし 375/985~6 年，バグダードにムアイイド・アッダウラの息子の訃報が届く[76]。その死因は明らかにされておらず，また死去した人物がシャフリーサーラールであるとも明示されていないが，もしそうであるならば，サーヒブにとってこの事態が好都合なものであったことは確かだろう。

次に取り上げるのはサーヒブによるジュルジャーンの扱いについてである。373H/984 年ファフル・アッダウラは君主になるとすぐに，ホラーサーンに留まっていたカーブースに，その旧領ジュルジャーンとタバリスターンを返還することを決める。それに対してサーヒブは以下のように言って反対する。

> それら（ジュルジャーンとタバリスターン）はすでに陛下の手中にある広大な国 *bilād ʻaẓīma* であります。もし陛下がそれらの国を手放すならば，そこから得られる国の運営 *siyāsa* と政権の差配 *iḥtiyāṭ li-al-dawla* に必要な資金を，陛下御自身のせいで失うことになりましょう。BN 5866, f. 154b.

サーヒブはジュルジャーンからの収益が損なわれることを理由にカーブースへのジュルジャーン返還に反対を表明する[77]。しかしこれはカーブースを拒否するための口実にすぎなかった。何故なら，ターシュがホラーサーン総督職を巡る争いに敗れてファフル・アッダウラの許に亡命してきた際には，彼をジュルジャーンに留め，ジュルジャーンを含む諸地域の収入を彼に充当する措置をとっていたからである[78]。また 384H/994~5 年にアブー・アリー・イブン・シームジュールとファーイクがファフル・アッダウラの許へ亡命してきた際にも[79]，やはり 2 人をジュルジャーンに留めている[80]。つまり後ジ

75. *Dhayl*, 95–96.
76. *Dhayl*, 123; *Muntaẓam*, VII, 127; *Kāmil*, IX, 47; BN 5866, f. 108a.
77. *Dhayl* も同様の理由を述べている。*Dhayl*, 297.
78. *Yamīnī*, 77–78; *Dhayl*, 96; *Kāmil*, IX, 29.

バール政権は，カーブース以外の人物に対しては，ジュルジャーンに滞在させ，同地の税収を与え，さらに彼らがホラーサーンにおける支配権を回復するために積極的な援助を行ったのである。従って，サーヒブが単純に収益の面からカーブースの帰還を拒んだとはいえない。

サーヒブがカーブースと彼以外の亡命者たちを区別した理由は，やはり東方政策が絡んでいると思われる。カーブースはズィヤール朝の君主であった。ズィヤール朝は伝統的にブワイフ朝と敵対してきた勢力であり[81]，ファフル・アッダウラの舅であるとはいえ，彼がブワイフ朝の領土に触手を伸ばさない保証は全くなかったといってよいだろう。これに対してタージュやイブン・シームジュール家の面々はサーマーン朝治下のホラーサーンに活動の拠点を置く者たちであり，彼らは皆ホラーサーン総督職の奪還を目指していた。つまり，彼らの意識はジュルジャーンの支配ではなくホラーサーンへ戻ることに向いていたのである。

従ってタージュらをジュルジャーンに配置し，支援をしつつ彼らを東方へと進軍させることは，サーマーン朝の西への進出を阻み，同朝の支配を混乱させるに都合がよかったのである。だがカーブースに旧領を返還することは，後ジバール政権にとっては依然として後顧に憂いを残し，西方への進出に支障をきたすことを意味した。この点が両者を区別した最大の要因であろう。

以上，サーヒブに焦点を当て，ファフル・アッダウラを選定した理由について検討してきた。端的にいうと，彼は自らの地位を確保するために，ファフル・アッダウラをムアイイド・アッダウラの後継者として選んだのであ

---

79. この出来事の概要については *Kāmil*, IX, 102–103 および Treadwell, *The Sāmānid State*, pp. 247–258 を参照のこと。後ジバール政権は彼らに軍資金と援軍を与え，彼らのホラーサーン帰還を援助した。また，この事業の指揮を執った人物がサーヒブであったことも明記しておく必要があろう。

80. *Yamīnī*, 113–114; *Kāmil*, IX, 103. さらにアブー・アリーの兄弟アブー・アルカースィム・イブン・シームジュールやアブー・アリーの息子が亡命してきた際にも後ジバール政権は彼らを匿い，援助を行った。*Yamīnī*, 142–143.

81. 第3章第III節2を参照のこと。

る[82]。また自らのバグダード進出という野望を達成するために，後ジバール政権の背後を脅かす可能性のあるカーブースの帰還を拒み，ホラーサーンからの亡命者たちには支援を与えて，東方の脅威に対する防壁としたのであった。全てはバグダード進出のための布石であったのだろう。あるいはブワイフ朝を自らの手で再統一するためであったのかもしれない。

本章では，ムアイイド・アッダウラからファフル・アッダウラへの継承問題を，ファフル・アッダウラ本人と彼を選んだ中心的存在であるサーヒブの背負った様々な背景や活動を通して考察した。その結果ファフル・アッダウラがムアイイド・アッダウラの後継者として迎えられることとなった様々な要因が浮かび上がってきた。

第一にファフル・アッダウラの有する血縁関係が挙げられる。彼の母はダイラムの有力家系ファイルーザーン家出身の女性であった。ファフル・アッダウラはその血縁に基づいてダイラムやジールの諸侯に対する権威を及ぼすことが可能であり，実際多くのダイラム諸侯を後ジバール政権に服属させていたのである[83]。彼の血縁関係が継承の一因となったといえるだろう。

第二に，ファフル・アッダウラ亡命以前の家臣や軍隊がムアイイド・アッダウラ政権内部に多数存在したことが挙げられる。彼らの存在は，ファフル・アッダウラの受け入れに大きく影響したに違いない。またファフル・アッダウラの旧臣や軍隊がサーヒブの配下となっていたことも見逃せない事実

---

82. Cahen の見解では，アドゥド・アッダウラの息子たちにはそれぞれ宰相がいるため，自らの存在意義がなくなることを恐れてファフル・アッダウラを選んだ，となっているが Cahen, "FAKHR al-DAWLA" EI^2, II, p. 749a, サーヒブが念頭に置いていたのは自らが属す後ジバール政権での立場の確保であった。

83. *Yamīnī* および *Irshād* には先に挙げたファフル・アッダウラの血縁のダイラム・ジール諸侯以外にもアゼルバイジャンからダイラム一帯に勢力を張るムサーフィル朝やタバリスターン山岳地帯の君侯ジュスターン家に属すダイラム・ジール諸侯が彼の宮廷に集っていたことを示す記述が存在する。前掲註 42 および *Yamīnī*, 238–239; *Irshād*, II, 308 を参照。

である[84]。ムアイイド・アッダウラの後継者としてファフル・アッダウラを迎え入れる下地は十分にあったといえるだろう。

そして第三に挙げるべきはサーヒブの事情と彼の意図した後ジバール政権の運営方針である。サーヒブはブワイフ家においてファフル・アッダウラ以外に年齢と能力の面でリアーサを保持するにふさわしい人物は存在しないことを主張する。これはブワイフ家の論理から見れば反論しがたい主張であり[85]，ファフル・アッダウラを君主として迎えるには最も有効な理由であったと思われる。そしてサーヒブは，そのリアーサが後ジバール政権内部に留まらず，イラクやファールスのブワイフ朝政権に対しても効力を発揮することを期待したのであろう。何故なら，それはサーヒブが自身のバグダード進出という目標を実現するための口実となりうるものであったからである。

これに加えて，ムアイイド・アッダウラ政権におけるサーヒブの立場も大きく関わっている。ムアイイド・アッダウラにはイスファハーンに駐留する息子がおり，彼にはムアイイド・アッダウラ政権の軍事を支えてきた実力者アリー・ブン・カーマという後ろ盾が存在した。ムアイイド・アッダウラの息子が後継者となった場合，政権内でのサーヒブの発言力が低下することは避けられないことであっただろう。そのような状況を回避し，自らの立場を保つためにより適当な人物を後継者とする必要に迫られ，ファフル・アッダウラを選んだのである。

またサーヒブのバグダード進出に必要な条件として，背後に存在するサーマーン朝など東方の脅威の排除があったが，ファフル・アッダウラとサーマーン朝ホラーサーン総督ターシュとの結び付きは，それを満たすものであったといえるだろう。もっとも，ターシュがサーマーン朝内部の勢力争いに敗れ，またファフル・アッダウラがターシュに対して必要以上に支援を行ったことは，サーヒブにとっては誤算であったのかもしれない。

以上の検討から，ファフル・アッダウラの継承は彼個人の背負った様々な

---

84. *Dhayl*, 11. アドゥド・アッダウラがサーヒブに，ファフル・アッダウラの許から安全保障を求めてきた者たちを（家臣として）加えた，とある。

85. 第 1 章第 II 節，第 2 章第 III 節 1 を参照。

背景と，迎える側の中心的存在であったサーヒブの背景が重なったことによって実現したことが明らかとなった。以下ではこの継承の意義について述べることにする。アドゥド・アッダウラの死後，ムアイイド・アッダウラ軍に参加していたアドゥド・アッダウラ直属の軍隊がバグダードへの帰還を願い出る。ムアイイド・アッダウラはこれを慰留するが，彼らはその慰留を受け入れず，バグダードに戻り，アドゥド・アッダウラの地位を継承したサムサーム・アッダウラに復命する[86]。この時点でムアイイド・アッダウラはアドゥド・アッダウラの後継者として全ブワイフ朝の支配者となることを，アドゥド・アッダウラ麾下の軍隊によって否定されたことになろう。そしてムアイイド・アッダウラは死去し，残された彼の家臣たちは，アドゥド・アッダウラの後継位を巡って争う彼の息子たちの傘下には加わらず，独自の君主を擁立し，ジバールに根拠を定める政権樹立を模索したのであった。そしてその中心人物がサーヒブ・イブン・アッバードであった。

従って，ムアイイド・アッダウラの家臣・軍隊はファフル・アッダウラの擁立によって，アドゥド・アッダウラの後継諸政権と袂を分かち，以後ガズナ朝の侵攻によって滅亡するまで，独立の「後ジバール政権」として存続する道を選んだのである。「後ジバール政権」の成立にはブワイフ家の論理というよりも，むしろムアイイド・アッダウラ麾下の家臣・軍隊の利害が大きく影響したのである。

---

86. *Dhayl*, 90–91.

①ファイルーザーン家を中心とした家系図および婚姻関係

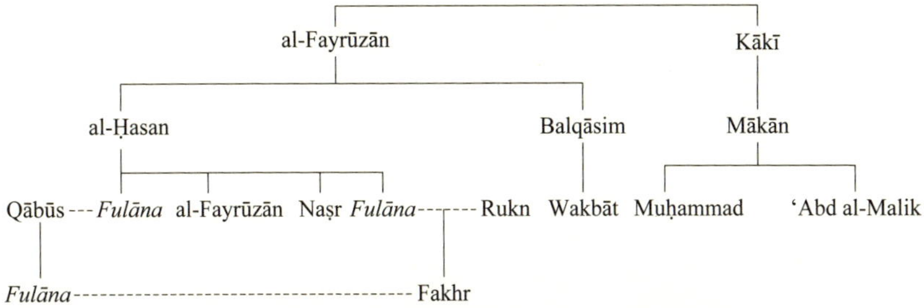

②ズィヤール家を中心とした家系図および婚姻関係

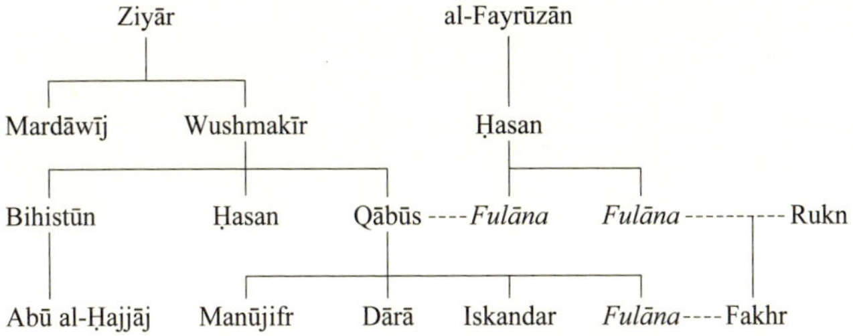

③ブワイフ家とカーマ家の婚姻関係図

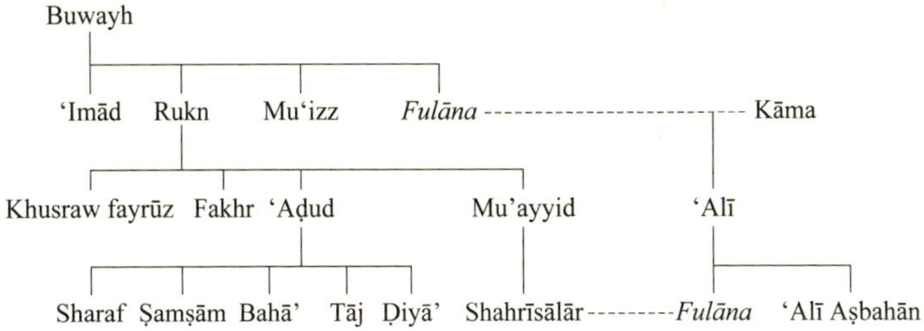

斜体は女性を示す

---------は婚姻関係を示し，そこから縦に伸びる線の先には，両者の間に生まれたことが史料中に明示されている子供を置いた

これらの系図は本章で使用した諸史料，諸研究に加え，Bosworth, *The New Islamic Dynasties* の情報を基に作成した

結　論

I

本書では，ブワイフ朝前半期（324–390/935–1000），とくにその勃興からバハー・アッダウラのファールス征服までの時期を対象として，同王朝の政権構造と彼らの辿った政治過程を，とくにブワイフ一族の紐帯や王家の論理，王朝におけるダイラム君侯や軍団の位置づけ，また文官を中心とした「家臣団」の利害関係といった点に注目しながら考察した。また本書では考察対象時期をアドゥド・アッダウラの死の前後で区分し，それぞれを第1部，第2部とした。

まず第1部では，ブワイフ朝の勃興からアドゥド・アッダウラによるブワイフ朝諸政権の統一に至る期間を対象とし，この間ブワイフ朝諸政権の君主はカリフの叙任を得たアミールという意味で独立した存在であったが，その一方でブワイフ一族の年長者が有するリアーサ *riʾāsa* という主導権ないし家長の権威の下にまとまった存在であったことを明らかにした。第一世代の君主たち，ルクン・アッダウラ，ムイッズ・アッダウラはこのリアーサを保持する長兄イマード・アッダウラを尊重し，この権威に服すことで，また第二世代の君主アドゥド・アッダウラとイッズ・アッダウラはリアーサの獲得を巡って争うことで，ブワイフ朝は一つのまとまった勢力であったのである。またブワイフ朝内部では，リアーサの獲得・保持がカリフの権威付け以上に価値があり，彼らの支配の正当性主張の際の根拠となったことも明らかにした。

そしてブワイフ朝諸政権を統一したアドゥド・アッダウラはもはやカリフ

の任命したアミールとしてではなく，強大な権力を有する支配者「マリク *malik*」としてカリフの前に現れ，また彼は娘をカリフに娶わせることで，ダイラムの血が入ったカリフの誕生を目論んだのである。その行為には，アドゥド・アッダウラの，「ブワイフ朝はダイラム政権である」とする強烈な思想が込められていたと考えてよいだろう。(第1章)

またこの期間ブワイフ朝の軍事力を支えたダイラムについては，イラーク政権とファールス，ジバール政権でその対応に違いがあったことを明らかにした。従来の研究はイラーク政権の「ダイラム排除」かつ「アトラーク重用」の政策をもってブワイフ朝全体の傾向としていたが，ファールス，ジバール政権での事例を詳細に拾い上げ，個々の事例を比較することで，イラーク政権の「ダイラム排除」政策があくまで一人の君主の統治期間に行われた個別事例に留まること，従ってブワイフ朝史全体に敷衍すべき傾向ではないことを明らかにした。ブワイフ朝においては，イラーク政権を除き，ダイラムを重視し，彼らの支持を得ることが政権の確立と安定に必要であったのである。(第2章)

ダイラムを巡る各政権の対応の違いはブワイフ朝を構成する諸政権が独立した存在として政権運営にあたっていたことの証左であったが，加えてジバール政権の東方政策の検討から，同政権がサーマーン朝やタバリスターンの諸政権との戦争や外交交渉において独自の方針のもとに動いていたことも明らかとなった。(第3章)

また第1部の最後では，アドゥド・アッダウラの著作ともいえる『王冠の書』の内的論理と執筆が行われていた当時の政治状況を合わせて考察し，『王冠の書』が麾下のダイラム・ジール系の有力者および軍団への，アドゥド・アッダウラの正当性の主張および敵対するズィヤール朝の威信低下を目的として著されたものであることを示した。この事例からもダイラムの支持獲得が重要な課題であったことが分かる。(第4章)

第2部では，アドゥド・アッダウラの死からバハー・アッダウラによるファールスの征服完了までの時期，すなわち一旦統一されていたブワイフ朝がアドゥド・アッダウラの死によって再び諸政権に分裂し，互いに権力闘争を繰り広げた時期に焦点を当て，ブワイフ朝の政権構造およびダイラムの位置づけの解明に努めた。アドゥド・アッダウラの死後，ブワイフ朝君主の地位を巡るシャラフ・アッダウラとサムサーム・アッダウラの争いは，バグダードの家臣団が次男サムサーム・アッダウラを君主として擁立したことに端を発していた。そしてそのイラクでは文官らの権力闘争が繰り返され，結果として政権の弱体化を招くことになった。

一方，シャラフ・アッダウラも，そのイラク侵攻については大多数の家臣団の反対に遭い，当初はこれを進められずにいた。しかし強力な推進派の存在と彼自身のそれに向けての強い意志によって，イラク征服は達成された。シャラフ・アッダウラは家臣たちへの指導力を発揮することが可能なブワイフ朝君主であったことになる。

また両者の争いの最終段階において，サムサーム・アッダウラはシャラフ・アッダウラにリアーサが存することを認め，イラクとファールスに兄弟政権が並立する形を模索したが，それは自らの政権の滅亡を必至と見た彼の，生き残りをかけた戦略であったこと，従って，当初から彼がシャラフ・アッダウラに対して年長者としての権威（リアーサの保持）を認めてはいなかったことを明らかとした。第1〜2世代の時期ほどリアーサが重視されていないという事態こそ，ブワイフ朝の権力構造に変化が表れはじめていたことの証左といえるだろう。（第5章）

一方，ジバールではアドゥド・アッダウラの弟ムアイイド・アッダウラが君主として立つも1年足らずで死去し，ジバールに存在したブワイフ朝の家臣団や軍隊は，アドゥド・アッダウラに追放されていたファフル・アッダウラを君主に迎えた。君主の選定はサーヒブ・イブン・アッバード主導で進められたが，そこには君主に選ばれる側と彼を選ぶ側の利害の一致が働いており，とくにサーヒブの，宰相としての自らの地位を保全しようとする意図が働いていたのである。（第8章）

アドゥド・アッダウラ死後の君主擁立の2つの事例は，官僚を中心とする家臣団主導で行われ，彼らの政治や継承問題への発言力が強くなっていたことを示すものであった。

また，ダイラムの存在がブワイフ朝の政治・軍事面において大きな位置を占めていたことを，ファールスおよびキルマーンに存在したダイラムの動向を検討しつつ明らかにした。ファールスはブワイフ朝創設以来ダイラム軍団やその有力者たちの，イクターをはじめとする経済基盤の存する土地であり，その地を根拠とするダイラムたちは，シャラフ・アッダウラの死後，イラクの王権の下に服すことなく，独自の君主を擁立し，自らの権益を守ろうとした。それが盲目のサムサーム・アッダウラを君主とする第二次ファールス政権の成立につながり，同政権はイラクのバハー・アッダウラ政権の侵攻を幾度も退けたのである。しかし，度重なる軍事行動は第二次ファールス政権の財政を悪化させることとなった。そのため同政権は，純粋にダイラムであるか，それを騙り権益を不当に得ている者かを選別するための調査を行い，ダイラムを騙る者を排除することによって財政の健全化を図ろうとする。この結果数多くの者が排除されることになったが，これが政権の基盤を弱め，また不穏分子が多数輩出することになり，第二次ファールス政権の崩壊へつながるのである。つまり同政権は，それを騙る者も含めた「ダイラム」の支持を失うことで崩壊したのである。(第6章)

その後，ファールスおよびキルマーンはバハー・アッダウラの支配下に入ることとなる。だがこれらの地方のダイラムはバハー・アッダウラの支配を速やかに受け入れたわけではなかった。彼らは，既得権益の確保のためにバハー・アッダウラ政権に対して2度の反乱を起こし，いずれも鎮圧されるもののある程度の権益確保という目的を達成することで，ようやくその支配に服したのであった。ダイラムにとっては経済基盤の確保が最大の関心事であり，これを脅かす支配者は彼らの拒否に遭うことになった。また併せて，ファールスへの進出以前のバハー・アッダウラ政権におけるダイラムの活動と彼らの位置づけを考察した。その結果，先行研究が指摘する，バハー・アッダウラの「アトラーク重視」と「ダイラム排除」という傾向は顕著には見られず，むしろその存在や活動に手を焼きつつもこれを用い，また政権の重要な地位にダイラムの有力者を置くなど，ダイラムを重視している姿勢が明らかとなった。(第7章)

ファールスはダイラムが多数存在し，彼らの経済基盤が存する土地であった。バハー・アッダウラは即位後，執拗にファールスへの進出を図り，同地を拠点とすることに成功する。この活動こそ，彼のダイラム重視の姿勢を表しているといえるだろう。このように，ダイラムはブワイフ朝第三世代の君主であるバハー・アッダウラの治世期においても，同王朝の基盤となる集団であり，また王朝の政治・軍事面で大きな影響力を有する集団として存在していたのである。

II

以上，本書での検討結果をまとめたが，これを踏まえて以下ではブワイフ朝の政権構造についての筆者の見解を述べることにする。

本書では，ブワイフ朝を，単独の君主が統率する政権ではなく，ブワイフ一族の複数の君主が同時に数名存在し，各々が政権を樹立していること，そしてそれらの政権が緩やかな形でまとまっている王朝ないし政治権力体として，その政権構造の検討を行ってきた。第1部では，それらの政権が，各個に独立していることの条件と，それでもなおブワイフ朝としてまとまっていたことの要因を明らかにした。しかし，第2部では，ブワイフ朝諸政権の独立性はみえるものの，王朝としてのまとまりに関しては明示的ではなかったかと思われる。

後ジバール政権や第二次ファールス政権などは政権運営について独自の方針を持ち，他の政権に従属するようなことはなく，個々に独立した存在であった。ブワイフ朝としてのまとまりという点では，一族間の結びつきが徐々に弱まっていったことは確かである。一族結束の象徴であったリアーサを主張するわけでもなく，またその獲得を標榜するわけでもない，そういった状況がアドゥド・アッダウラの死後に始まるのである。加えて後継者選定においては後継候補者の意向というよりもむしろ，彼らに仕える家臣たちや軍団の意向が反映されるようになり，ブワイフ朝諸政権の活動の主体がブワイフ一族の君主たちからその家臣たちや軍団に移り始めるのであった。もっともこの状況については，バハー・アッダウラの治世末までは，君主と家臣たちの政治の主導権を巡る鬩(せめ)ぎ合いの時期と見るべきであろうが，ともかくアドゥド・アッダウラまでの時期と比べると文官を中心とする家臣団の発言力やダイラム軍団の意向が強く働くようになっていたことは確かである。

このような状況からはKennedyの主張のように[1]，アドゥド・アッダウラの前後でブワイフ朝の政権構造に変化が見られるという結論に至ることになるだろう。ただし彼はアドゥド・アッダウラより後のブワイフ朝君主は名目的な存在であったとしているが，実際にはシャラフ・アッダウラやバハー・アッダウラ，あるいはファフル・アッダウラなど，自らの意志で政権を運営した君主たちが存在しており，彼らを名目的な君主であったとすることはできない。むしろアドゥド・アッダウラ以後は，ブワイフ朝君主たちが発言力を増す家臣たちを何とか抑えつつ軍事や行政面での主導権を確保するために奮闘していた時期とすべきであろう。

またブワイフ朝としてのまとまりについて言うならば，バハー・アッダウラがイラク，ファールス，キルマーンを統一し，ジバールのブワイフ一族君主が彼の権威を承認する[2]という事態が，本書が検討範囲とした時期の後に出来するため，統一への志向性やまとまりの意識がなかったとすることはできない。むしろ，アドゥド・アッダウラ死後のブワイフ朝諸政権は対外的な戦争を行わず，もっぱら一族諸政権同士の争いに終始するようになるため，この争いが起こっている範囲こそが，逆説的ではあるが，ブワイフ朝であったと言い得るのではないだろうか。そしてその争いはアドゥド・アッダウラの達成したブワイフ朝の統一を目指して行われたものとみるべきであろう。

次に，ブワイフ朝諸政権を支えた軍事集団であるダイラムについて述べると，第1部で検討したイラーク政権の事例を除けば，ブワイフ朝諸政権の中核として，本書で検討した時期を通して常に政権の動向に多大な影響を与える存在であった。第2部で検討したバハー・アッダウラのダイラムへの姿勢を見ても，従来の見解のようにダイラムの専横やその扱い難さを忌避して彼らを排除していくという傾向は見えず，ブワイフ朝諸政権の君主は常にダイラムの将兵たちの要求に晒されながらも，彼らを巧みに導き，その支持を獲得することで政権の安定を確保しようとしていたことが明らかとなった。従って，ダイラムの位置づけに関しては，アドゥド・アッダウラの前後で変

---

1. Kennedy, *The Prophet*, p. 217.
2. Busse, “Iran under the Būyids”, p. 293.

化は見られない，ということが本書を通じた考察から導き出される結論である。ブワイフ朝は一貫してダイラムを軍事的な基盤とし，彼らに利益を与えることが政権の常なる課題であったのであり，その意味でブワイフ朝はダイラム政権であったということができるだろう。

本書では，しばしばダイラム軍団と対置されるアトラーク軍団について詳細な検討は行わなかったが，彼らが経済基盤を置いた場所は主にイラクであった。ファールスやジバールのブワイフ朝政権において，アトラーク軍団の存在を示す証拠がほとんどないため，確たることはいえないが，その記述がないということ自体が一つの根拠となるであろう。またバハー・アッダウラ麾下のアトラーク軍団がファールスに留まることを嫌った，あるいはバグダードで徴用されたアトラークがファールスへの派遣を拒んだ[3]，というような事例が伝えられていることから，彼らの基盤がイラクにあり，その愛着がイラクに向けられていたと考えることができるだろう。このことから，バハー・アッダウラ期に至るまでにアトラークとダイラムの棲み分けがある程度成立していたのではないかという見通しが立つ。すなわちアトラークはイラクに，ダイラムはファールスやジバール[4]に，それぞれイクターなどの経済基盤を有していたと考えることができるのではないだろうか[5]。

しかし，先行研究はこの両者の棲み分けという状況を考慮することはなかった。少なくとも本書で示したように，ファールスやキルマーンには多数の

---

3. *Dhayl*, 257, 323; *Ta'rīkh Hilāl*, 374, 387.

4. 本書ではジバール地方におけるダイラムの存在を考察してはいない。しかし，後ジバール政権内にダイラム・ジール君侯が多数参加していたこと，その一方でアトラーク武将の名前が見出せないことから，ジバール地方の主要勢力もやはりダイラムであったと考えるべきだろう。第 8 章第 II 節 3 を参照のこと。

5. このようにイラクにはアトラークの，ファールスにはダイラムのイクターが多く存在し，両者の棲み分けがある程度成立していたと考えられる要因としては，イラーク政権（ムイッズ・アッダウラ，イッズ・アッダウラ）がアトラークを重用し，ジバール政権（ルクン・アッダウラ，アドゥド・アッダウラ）がダイラムを重用したことと大いに関係があるだろう。この点についてはバハー・アッダウラのファールス統治を含め，さらなる考察を行っていきたい。

ダイラムが存在していたのであるが，その存在を無視してきたのである。またバハー・アッダウラ期以降の歴史叙述はさらにイラク偏重の傾向が強まり，それ故にイラクに存在するアトラークの活動を記述することが多くなるという史料[6]の傾向にも影響されることとなった。その結果，先行研究はイラクの事例に基づいて「ブワイフ朝はダイラムを排除し，アトラークを重用した」という見解を示してきたのである。

以上のように，従来の研究は史料の傾向に影響され，ブワイフ朝があたかもイラクを中心とする政権であること，その軍事基盤をダイラム軍団からアトラーク軍団へと変更していったことを強調してきた。また，その存在を認識しつつもジバールやファールスのブワイフ朝政権を，ブワイフ朝史研究の材料としては捨象，ないし過度に低く評価してきたのである。しかし本書を通じて示してきた検討結果は，ブワイフ朝が諸政権の連合体であったことに着目し，各政権の個別事例を検討しその成果を比較することによって初めて得ることが可能なものであった。

本書では，ブワイフ朝君主たちの相互の関係を考察し，彼らの内部にリアーサという言葉で表される，一族内部の主導権ないし家長の権威が存在したこと，そしてブワイフ一族は，このリアーサ保持者を中心に緩やかにまとまり，またリアーサの獲得を巡って争っていたことを示した。本書で扱った期間，すなわちブワイフ朝の勃興からバハー・アッダウラのファールス征服ま

---

6. 393H 年以降のブワイフ朝同時代史料は，本書史料解題で示した『時代の鏡』に収録されている Hilāl al-Ṣābi' の歴史書（その一部は現存し，本書で用いた *Ta'rīkh Hilāl*）のみである。従って 393H 年以降のブワイフ朝史研究は後世の史料に基づいて行われてきたのであり，それらの史料に示された情報量は 393H 年以前と比べると格段に少ないことが指摘できる。また従来，その史料的性格を十分に把握されずに使用されてきた『時代の鏡』について，本書では，筆者の研究（橋爪烈「『時代の鏡』諸写本研究序説」）に基づき，多数含まれているとされる Hilāl al-Ṣābi' の散逸した歴史書からの引用箇所をできる限り特定し，その史料的価値を十全に活かしつつ用いてきた。その意味で本書が『時代の鏡』の情報（実際にはその要約版である『時代の鏡要約』）を用いた最初のブワイフ朝研究ということになるだろう。

での間に，このリアーサを保有する人物は主にファールスやジバールに存在したのであり，リアーサという一族内権威の所在の点から考えると，ブワイフ朝の政治的中心はイラクではなく，ファールスやジバールであったといえるだろう。

従来の研究は史料の傾向に影響され，ブワイフ朝のイラク統治やイラクに存在した君主に焦点を当ててきたためにイラクの重要性を過度に強調する傾向にあったが，本書で試みた，他地域のブワイフ朝政権に注目した上で，ブワイフ朝の政権構造を考察するという方法によって，ブワイフ朝におけるイラクの政治的重要性への過大評価に対して再考を促すとともに，相対的にジバールやファールスといったイラン地域の重要性を示すことができたと思う。

ブワイフ朝の政権構造は，イラーク政権のような例外もあるが，およそダイラム軍団とダイラム君侯をその支持基盤としていた。そして，ブワイフ朝第一，二世代の君主たちは，リアーサ保持者への服従姿勢を示すことでそのまとまりを意識しつつ，各政権の長として家臣団や軍隊を率いて独自の政権運営を行うという統治形態を採用したのである。つまり，彼らは自らの意志で一族諸政権の連合体制を形成していたのである。

しかし，その連合体制を解体し，ブワイフ朝を単一の政権としたアドゥド・アッダウラが死去すると，彼の許で行政を司っていた文官たちが，それぞれの思惑でブワイフ朝の君主を推戴するようになり，ブワイフ朝は再び一族諸政権が並存し，緩やかにまとまっている状態となる。しかしこの諸政権並存状態は，ブワイフ一族の君主たちの意志ではなく，彼らを支える家臣団や麾下の軍隊の思惑によってもたらされたのであった。

以上からブワイフ朝の政権構造は，アドゥド・アッダウラの現出した統一の時期を除くと，その前はリアーサを核とした比較的強固な連合体制であり，その死後は，ブワイフ一族の君主を支える集団の利害に基づく緩やかな，あるいは消極的なまとまりであったのである。

III

最後に序論で提示した大枠についての，現段階での私見を提示し，併せて今後のブワイフ朝研究についての課題を述べることにする。まず，ブワイフ朝とカリフとの関係であるが，第1部ではその権威を利用して対内・対外的な交渉や牽制が行われる様子を示した。これは王朝の草創期において，他に拠るべき権威の源泉のなかったブワイフ朝君主たちが手っ取り早く利用できる権威としてアッバース朝カリフの存在に目を付けたということではないかと思われる。ところが，同じく対内的な権力闘争を行うこととなった第2部の時期に関しては，カリフの権威が利用されることはほとんどなかった。サムサーム・アッダウラもバハー・アッダウラもイラクに在ってカリフの権威を利用できる立場にあったにもかかわらず，その選択肢を取らなかった。それどころか，バハー・アッダウラはイラクからファールスへ拠点を移すことさえしている。この移転によってアッバース朝カリフがブワイフ朝の傀儡状態から少し自由になり，結果として他の地方軍事政権との交渉を通じて自らの威信を回復する活動が可能になるため，Donohue が述べるように，ブワイフ朝にとってその移転は失策であったのだろうが[7]，バハー・アッダウラにとって，アッバース朝カリフの利用価値はそこまで低下していたとみなすことができるだろう。またそこまで軽視される存在となったことが，こののちアッバース朝カリフの権威の回復に好都合であったということもいえるのではないだろうか。

次にブワイフ朝のシーア派性についていえば，本書は「同時代」の叙述史料の使用にこだわってきた。そして，それらの史料にブワイフ朝のシーア派性を強調するような記述がほとんど見られなかった。このため，本書の論述に当たっても，宗派性をとくに意識せずに進めることになった。それゆえ，ブワイフ朝のシーア派性について言及することはほとんどなかった。本書で検討した限りではあるが，ブワイフ朝をシーア派王朝とすることはできない，という結論に達することになった。

もちろん，ブワイフ家の君主たちやその出身母体であるダイラムがイスラームを信仰していなかったとはいわない。おそらく彼らは「シーア派」信徒だったのであろう。ただ，現在の目から見て区別できるほど明確な「シーア

7. Donohue, *The Buwayhid Dynasty in Iraq*, pp. 96, 108.

派」ではなかったのではないだろうか。ダイラム地方に最初にイスラームの信仰を伝えたのがたまたまアリー家の人物であっただけで[8]，多数派イスラーム，いわゆる「スンナ派」の信仰を知らずにイラクやイランへ広がり，そこで初めて自身の信仰とは若干異なる信仰の存在を認識し，違和感を覚え，自らの保持する信仰を強く意識することがあったという程度ではないかと思われる。シーア性を強く打ち出さない以上，同時代史料にダイラムやブワイフ家の君主たちの宗派性が色濃く反映されないのは道理であると考える。一方後世の史料は「スンナ派」の自己認識が完成したうえでブワイフ朝を眺め，これを叙述しているため，彼らのシーア派性が過度に強調されることになった，というのが筆者の考えである。明確に自己を「スンナ派のカリフ」と意識していなかった時期のアッバース朝カリフと，あまりシーア性を強く打ち出すことなくカリフを傀儡化したブワイフ朝という両者の関係と，第三者としてこの関係を眺め叙述したウラマー，そういった要素を踏まえてこの時期の政治や思想を見ることが必要ではないかと思う。

今後の課題も示しておこう。本書ではバハー・アッダウラの治世後半以降，ブワイフ朝の滅亡までの時期については検討しなかった。これは同時代史料がほぼ存在しなくなり，それ以前の時期と同様の問題設定およびその解明が困難になると考えたからである。しかし，可能な限りで該当の時期の検討を行い，バハー・アッダウラの前後で，ブワイフ朝の政権構造にさらなる変化があるのかを確かめる作業を行いたい。

また本書での結論を受けて，アドゥド・アッダウラ死後のブワイフ朝ははたしてブワイフ朝として括ることができる勢力であったのかという疑問が生じるが，これについては，ジバール地方とそれ以外に分ける必要があると思われる。とくに第8章で指摘したように，後ジバール政権はその後，他のブワイフ諸政権との関わりが次第に少なくなっていく。そのため，同政権をイラクやファールスの政権と合わせて，1つのまとまった勢力とすることは妥当でないかもしれない。従って，後ジバール政権と他の諸政権との関係についてさらに踏み込んだ検討を行う必要があるだろう。

---

8. Busse, “Iran under the Būyids”, p. 253.

一方，イラクとファールスは密接な関係にあったことが概説書等[9]の記述から読み取ることができるが，ではいかなる意味でまとまりを有しているといえるのか，検討を要するだろう。アドゥド・アッダウラ以後，ブワイフ朝は対外進出を行わなくなり，もっぱら一族政権間での争いに終始するようになる。従って一つの見通しとしては，彼らは一族内部の，いわば内向きの戦を行うことでブワイフ朝としてのまとまり，ないしブワイフ一族という共通性を認識していたという可能性を指摘することができよう。

本書ではブワイフ朝諸政権の行政を支えた官僚について考察することができなかった。彼らは行政官として活躍したのであるが，同時に多くの者の出身地がファールス地方やジバール地方であり，また多くの者がそれらの地域の有力一族の長，あるいは代表者という立場にあった。そしてブワイフ朝の発展に伴って，彼らもまたイラクへ進出，あるいはファールスやジバールにおいて行政を司るようになるなど，その活躍の範囲はブワイフ朝の領域，あるいはそれを超えて広がることになったのである。とくにファールス出身の官僚がイラクに多数流れ込み，イラクのブワイフ朝政権やカリフ宮廷で活躍するようになることは確かであり，これによってイラク地方出身の官僚家系は排除されることになったのだろう。

このような官僚集団の変化が 10〜11 世紀のイラン・イラク地域の行政慣行にいかなる変化をもたらしたのかを考察することで，当該時期のブワイフ朝をはじめとする軍事政権の構造の理解に，あるいは同地域の政治・行政・制度の変容を理解するのに役立つと思われる。

そして，やはりカリフとの関係について追究していかねばならないだろう。バハー・アッダウラ以後，アッバース朝カリフの威信回復活動が活発化することは確かであり，この状況に対して，衰退に向かいつつあるブワイフ朝の諸政権，諸君主たちがどのように対処したのか，同時代史料がわずかしかない状況で，いかに明らかにできるか，なお挑戦を続けたい。

---

9. Bowen, “The Last Buwayhids”, pp. 225–245; Kabir, *The Buwayhid dynasty of Baghdad*, pp. 92–115; Busse H., *Chalif und Grosskönig*, pp. 91–127; Kennedy, *The Prophet*, pp. 242–245.

史料解題

以下では，本書で使用した史料について，ブワイフ朝期と同時代性の高いものを中心にその解題を行う。

Tajārib

Tajārib al-umam wa ta'āqub al-himam（『諸民族の経験と人々の意志の連なり』）[1] 天地創造に始まり，ペルシアの諸王の歴史を経てイスラーム史に入り，369H 年条[2] まで書き綴られた歴史書である。この書については，古くから歴史研究に利用されるとともに校訂作業を行った Amedroz, あるいは Khan による史料研究が行われ，内容・性格ともにその詳細が明らかになっている[3]。

---

1. Brockelmann によると，*Tağārib al-umam wa ta'āqib al-himam* とあるが，*ta'āqib* と読む根拠は示されていない。*tajārib* と同様に *ta'qiba* の複数形として *ta'āqib* という形が考えられるが，そもそも *ta'qiba* なる語はほとんどの辞書に載っておらず，従って一般的な名詞ではないと思われる。そこで本書では *'aqaba* の第 VI 型動名詞 *ta'āqub* で読んだ。*GAL*, GI, p. 342; 森本公誠「IV アラブ（前期)」549 頁。また Bodleian Library 所蔵 Marsh 357 写本は「諸々の意志の結果 *'awāqib al-himam*」と，同じ *'aqaba* を語根とする単語 *'awāqib*（*'āqiba* の複数形,「結果」という意味）を用いており，こちらが正しい書名であるかもしれない。
2. *Ḥukamā'* は 372H 年条までの記述があるとするが，実際には 369H 年条で終わっている。*Ḥukamā'*, 331.
3. Amedroz, "Note on the Historian", in *Tajārib-Caetani*, I, pp. xvii-xxvii; Amedroz, "The Tajârib al-Umam", pp. 335–357; Margoliouth, *Eclipse*, VII, pp. i-xi; Arkoun,

本書で使用した刊本はHenry Frederick AmedrozおよびDavid Samuel Margoliouthによって1920–21年に校訂・英訳されて出版されたもので，*The Eclipse of the ʻAbbasid Caliphate*『アッバース朝カリフ制の衰退』と題名がつけられている。全7巻のうち前半の3巻がアラビア語テクストで後半の3巻がこれに対応する英訳版となっており，第7巻がインデックスに当てられている。なお，第3巻のテクストと第6巻の英訳は以下で紹介するAbū Shujāʻ Rūdhrāwarīによる*Tajārib*の続編*Dhayl tajārib al-umam*とHilāl al-Ṣābi' 著の*Ta'rīkh Hilāl*によって構成され，369/979年以降の歴史が393/1003年まで書き継がれている[4]。

刊本の基になった写本はSüleymaniye Kütüphanesi所蔵Ayasofya 3120, 3121の2写本[5]で，これにBodleian Library所蔵Marsh 357写本[6]を突き合わせているとのことである[7]。

著者Abū ʻAlī Aḥmad b. Muḥammad b. Yaʻqūb Miskawayh[8]は320/932年頃[9]ライに生まれ，ブワイフ朝の宰相たち，つまりムハッラビーal-Muhallabī (340–52/950–63年在職，イラーク政権)，ウスターズ・ライースAbū al-Faḍl Ibn al-ʻAmīd al-Ustādh al-Ra'īs（328–60/940–70年在職，ジバール政

Contribution, pp. 35–36; Khan, *Studies in Miskawayh's Contemporary History*. その他Khanの一連の論考を参照した。参考文献リストのKhanの業績を参照のこと。

4. この刊本は295H–369H年のみを収録しており，それ以前の部分に関しては写本に頼らざるを得なかったが，近年イランおよびレバノンから全てのテクストを含んだ校訂本が出版されている。テヘラン版：8 vols., ed. Abū al-Qāsim Imāmī, Ṭehrān, 2001–2002. ベイルート版：7 vols., ed. Sayyid Kasrawī Ḥasan, Bayrūt, Dār al-kutub al-ʻilmīya, 2003.
5. Ayasofya 3120写本（vol. 5, 284H–326H）およびAyasofya 3121写本（vol. 6, 326H–369H）.
6. MS. Bodleian Library, Marsh 357, vol. 8. 書写年，書写者共に不明，345H–369H年を収録。
7. Margoliouth, *Eclipse*, VII, p. i.
8. *Irshād*, II, 88–96.
9. Kraemerは325/936年としている。Kraemer, *Humanism*, p. 222.

権）[10]とその息子アブー・アルファトフ・イブン・アルアミード Abū al-Fatḥ Ibn al-ʻAmīd（360–6/970–6 年在職，ジバール政権）[11]に書記官として仕え，最終的にアドゥド・アッダウラに仕えることになった人物である[12]。彼の経歴をみるとブワイフ朝イラーク政権並びにジバール政権の中心人物たちに仕えてきたことが分かる。そして，その立場を利用して，様々な公文書を見る機会に接し，また，自身の目でブワイフ朝に関わる様々な事件を目撃することが可能であったと，先行研究は指摘する。その意味で彼の著作 *Tajārib* はアドゥド・アッダウラのイラク征服時までの同時代史料として非常に貴重な情報を有しており[13]，それ故過去様々な研究に使用されてきたのである。

また，最初の大アミールの登場からアドゥド・アッダウラの死去までの期間を扱った同時代の著作としては唯一現存する史料である。それ故，本書第1部で扱う範囲と重なることになり，同書を主要史料として用いている。とくに第1章第 II, III 節の議論に関係して言うならば，その重要性は強調されるべきである。

Miskawayh はアドゥド・アッダウラのイラク遠征において，アブー・アルファトフ・イブン・アルアミード軍に従軍し，彼と行動を共にしていることを *Tajārib* の中で証言している。その箇所を以下に示すと，

> この書の著者（Miskawayh）は言った。「私はアブー・アルファトフ・イブン・アルアミードに従って，ライからやって来た軍隊の中にいた。」
> *Tajārib*, II, 337.

---

10. Cahen, “IBN AL-ʻAMĪD”, *EI*[2], III, pp. 703a–704a.
11. Cahen, “IBN AL-ʻAMĪD”, *EI*[2], III, pp. 704a–704b.
12. Miskawayh は思想家としての側面も持ち合わせており，倫理学に関する書物を数点著している。Arkoun, “MISKAWAYH”, *EI*[2], VII, pp. 143a–144b; Arkoun, *Contribution*; Kraemer, *Humanism*, pp. 222–233.
13. サービー al-Ṣābiʼ 一族の一人 Thābit b. Sinān の歴史書からの引用も含んでおり，*Mirʼāt al-zamān* と共に Thābit b. Sinān の歴史書の内容を再構成する際にも有益な史料と言える。

この後，アブー・アルファトフがバグダードにおいて，様々な人と交渉を持ったことが詳細に記されている。従って，Miskawayh はアブー・アルファトフの側にいたと考えられる。この当時，アブー・アルファトフはルクン・アッダウラとアドゥド・アッダウラの間の仲介者として活躍している。その随臣であった Miskawayh が，ルクン・アッダウラによって招集されたイスファハーンでの会合に参加していたことは十分に考えられる[14]。

よって，アドゥド・アッダウラやルクン・アッダウラ，そしてアブー・アルファトフ等の発言や書簡については，彼自身の目で見聞きすることができた，そして書簡については，彼自身が作成し，また，主人宛の書簡を彼自身が受け取ったという可能性が非常に高い。従って，彼の書物に示されているアドゥド・アッダウラのルクン・アッダウラに対する弁解やその他の手紙の内容などは，当事者の肉声を伝えていると判断できるだろう。その意味で，*Tajārib* は，本書第 1 部で扱う内容には必要不可欠な史料である。

次にその記述内容の傾向について若干述べておく。*Tajārib* の記述は Miskawayh が仕えた人物に対する称賛とその敵に対する非難に彩られているという特徴を有している。この点については各種の研究において言及されており，注意を要する問題である[15]。ただし，先行研究が述べるように，*Tajārib* がアドゥド・アッダウラへの献呈を目的として書かれたものであるのか，という点については若干疑義を挟む余地がある。*Tajārib* がアドゥド・アッダウラに献呈されたという事実は史料上には見出されない。また Miskawayh がいつ *Tajārib* を執筆したのかという点も不明である。彼はアドゥド・アッダウラの死の約 50 年後の 421/1030 年に死去しており，その間に執筆した可能性も排除できないことが理由として挙げられる。

また第 2 章第 III 節の議論でも取り上げるが，ブワイフ朝の血統をバフラーム・ジュール Bahrām Jūr へと結びつける当時のブワイフ朝宮廷の傾向から外れ，血統の不明な一族であると明言していることや，アドゥド・アッダ

---

14. 第 1 章第 II 節を参照のこと。
15. Khan, “The Personal Evidence”, p. 55; 佐藤次高『中世イスラム国家とアラブ社会』58 頁 ; 清水和裕「バフティヤールと呼ばれる男」10–16 頁。

ウラの父や伯父の施策に対して批判的な文章を記載していることなど，アドゥド・アッダウラへの献呈を目的としていたとするには疑問が残る内容を含んでいることも指摘できるのである。その一方で彼が仕えた人物であり，*Tajārib* の主要な情報源ともなっているウスターズ・ライースについては手放しで称賛している。このため，*Tajārib* の内容や性格を考える上で，ウスターズ・ライースの影響を考える必要があると思われる。これについては今後の課題とする。

ともかく，*Tajārib* は，本書で述べる「イラーク政権」に対する厳しい評価を含んでいること，そしてその裏返しとして「ジバール政権」側の視点で書かれている歴史書であるということを踏まえて利用する必要がある歴史書である。

Dhayl

Dhayl tajārib al-umam（『諸民族の経験続編』）その名が示すとおり Miskawayh 著の歴史書 *Tajārib* の続編として Abū Shujā' al-Rūdhrāwarī によって著された歴史書で，369H 年から 389H 年までの歴史が収録されている。その情報源は，ごく一部を除いて現存しない Hilāl al-Ṣābi' の歴史書である。文中，時折現れる「歴史の著者曰く *qāla ṣāḥib^{u} al-ta'rīkh^{i}*」や「ハバルの持ち主曰く *qāla ṣāḥib al-khabar*」と表現される人物が Hilāl al-Ṣābi' である。

その根拠は「わが祖父 Abū Isḥāq が囚われの際に……」という記述である[16]。この「わが祖父 Abū Isḥāq」を，英訳者 Margoliouth は Hilāl al-Ṣābi' の祖父 Abū Isḥāq Ibrāhīm al-Ṣābi' と解釈しているのであるが，クンヤのみでは断定することはできない。しかし上記の「囚われの際」は，Hilāl al-Ṣābi' の祖父がアドゥド・アッダウラによって逮捕・監禁されたことを指すものと考えられること，また *Irshād* の Abū Isḥāq Ibrāhīm の項目において，Hilāl al-Ṣābi' が祖父の事績を伝える文章が数箇所収録されているが，ほとんどの場合「わが祖父 Abū Isḥāq が云々」[17] という始まりであることから考えて，

16. *Dhayl*, 59.

Dhayl のこの記述も Hilāl al-Ṣābi' のものと考えてよいだろう[18]。

著者の Ẓahīr al-Dīn Abū Shujā' Muḥammad b. al-Ḥusayn al-Rūdhrāwarī[19] は 476H 年から 484H 年（1083–1092）にかけてアッバース朝カリフ＝ムクタディー al-Muqtadī bi-amrillāh（r. 1075–1094）の宰相を務めた人物で，437/1045 年にアフワーズで生まれた[20]。宰相解任後にハマダーン近郊の町ルーズラーワルに赴任し，しばらくその地に留まるが，その後マッカ巡礼を行い，メディナに留まり，488/1095 年に同地で没した。*Dhayl* の執筆時期は明らかではないが，「al-Rūdhrāwarī の著作」として伝わっていることから考えて，宰相解任後すなわち 484H 年以後のことであろうと推測される。

Dhayl は，アドゥド・アッダウラの死の直前の対ファフル・アッダウラ政策やビザンツとの交渉，アドゥド・アッダウラの治世や彼の人となりについての詳細，そしてアドゥド・アッダウラ死後のブワイフ朝宮廷の出来事などに焦点が当てられており，当該時期のブワイフ朝史に関する第一級の史料である。また上記のように，散逸した Hilāl al-Ṣābi' の歴史書を参考にし，一部引用しているため，Hilāl al-Ṣābi' の歴史書の内容を保存しているという意味でも価値があり，またその意味で同時代性の高い史料である。イラクの事例が中心であるが，ジバールやファールスの状況についてもそれなりに頁を割いて伝えており，本書では第 2 部の主要史料として用いている[21]。

---

17. Jaddī Abū Isḥāq ないし Abū Isḥāq Jaddī という文言である。*Irshād*, I, 328, 339, 343, 358. その他，「わが祖父 Jaddī」が 2 箇所ある *Irshād*, I, 335, 342. ちなみに Hilāl al-Ṣābi' の著書 *Wuzarā'* でも祖父を Abū Isḥāq Jaddī と表現している。*Wuzarā'*, 170, 312.
18. Amedroz, "The Tajârib al-Umam", p. 341 note 1.
19. *Muntaẓam*, IX, 90–94; *Wafayāt*, V, 134–137; *Kharīda*, qsm. 'Irāqī, pt. 1, 77–87; *Wāfī*, III, 3–4.
20. これについては異説あり。ハマダーンとカルミーシーンの間にあるキンキワルという村で生まれたが，父親がジバール地方の都市ルーズラーワルの役人であったために，ルーズラーワル出身であるとされる，とも言われる。Bosworth, "al-RŪDHRĀWARĪ", *EI*^{2}, VIII, pp. 586b–587a.
21. その他の特徴としては，記述した出来事について，時折著者 al-Rūdhrāwarī が見解や評価を述べる箇所があり，若干「君主鑑」的要素も見受けられる点が

テクストはAmedroz校訂本 *The Eclipse of the ʻAbbasid Caliphate* の第3巻9–332頁に収録されたものを使用した。基になった写本はTopkapı Sarayı Müzesi Kütüphanesi所蔵Ahmet 2899で，これが唯一現存する写本である。

Ta'rīkh Hilāl

Ta'rīkh Hilāl al-Ṣābi'（『ヒラール・サービーの歴史』）389H年末から393H年初頭の部分のみ現存するHilāl al-Ṣābi' 著の歴史書。Amedrozによる校訂本 *The Eclipse of the ʻAbbasid Caliphate* の第3巻後半部分（pp. 333–460）に，唯一現存する写本であるBritish Library所蔵Add. 19360から翻刻されたものが収録されている。写本の表題頁にHilāl al-Ṣābi' 著の歴史書の第8巻である旨の記述があるほか，66a-b葉にかけて，Abū ʻAbd Allāh b. al-Ḥusayn b. Aḥmad al-Ḥajjāj al-Shāʻirの死亡録を記す際に，このAbū ʻAbd Allāhが「私の祖父Abū Isḥāq Ibrāhīm b. Hilāl al-Ṣābi' の許で」その若い時分に書記として宮仕えしたと述べており[22]，この書の著者がAbū Isḥāq Ibrāhīm al-Ṣābi' の孫Hilāl al-Ṣābi' であると判明する。

Ta'rīkh Hilāl は360H年から447H年にかけての歴史書で，彼の母方の叔父Thābit Ibn Sinānが295H年から360H年までの歴史を書き綴ったものの続編としての性格を有す。現存写本の分量から，非常に大部な歴史書であったことが推察され[23]，また後世の多くの歴史書にその内容が参照され，引用

挙げられる。

22. 刊本では403–404頁にかけての部分である。

23. British Library所蔵Add. 19360写本は389H–393H年の内容を収録し，各年の葉数は389H年がff. 1b–11aで約10葉，390H年がff. 11b–51bで約40葉，391H年がff. 51b–71aで約20葉，392H年がff. 71a–118aで約47葉，393H年がff. 118a–119b（以下欠落）で約2葉となる。1葉に含まれる行数が15行と他の史料と比べても半分から4分の1の量であるが，それでも1年分に割かれる情報量は多い（たとえば392H年は47葉×15行で705行となる。*Ta'rīkh Hilāl* を引用している『時代の鏡要約』写本の一つAhmet 2907/d, v. 17写本と比較すると，同写本の1年分の行数で最も多い年が428H年の278行である。

された。著者 Hilāl al-Ṣābi'[24] はハッラーンのサービア教徒の一族に生まれ，祖父は書記としてブワイフ朝イラーク政権のムイッズ・アッダウラやイッズ・アッダウラ，およびカリフ＝ムティー al-Muṭī' lillāh, ターイー al-Ṭā'i' lillāh に仕えた Abū Isḥāq Ibrāhīm al-Ṣābi' であった。父ムハッスィン・ブン・イブラーヒーム al-Muḥassin b. Ibrāhīm の代まではサービア教徒としてカリフ宮廷やブワイフ朝宮廷に仕えたが，Hilāl はある時夢に預言者ムハンマドを見，彼の忠告によってイスラームに改宗した[25]。彼の歴史書ないしその後世の史書への引用箇所をみると，シーア派寄りの記述を行い，シーア派の出来事を多く収録する傾向にあることから，彼は恐らくシーア派信仰を選択したものと思われる。とくにエジプトのファーティマ朝治下の様々な出来事に注目し，それらを収録していることが彼の歴史書の特徴であり，また彼のシーア派への注目という姿勢をよく示すものとして挙げられよう。

現存部分はバハー・アッダウラのファールス征服後の約 5 年間に相当し，バハー・アッダウラのファールス統治が安定に至るまでのファールスおよびキルマーンの出来事，そしてアミード・アルジュユーシュ 'Amīd al-Juyūsh Ibn Ustādh Hurmuz のイラク総督就任とその統治について，当事者たちの証言を多数収録することで詳細な記録を残している。とくに前者は他の史料をはるかに上回る情報量を有し，同時期のファールス，キルマーン地方の内情

その差は歴然としている）。加えて，この写本が *Ta'rīkh Hilāl* の第 8 巻に相当することが表題頁から分かるが，360H 年条から書き続けられている歴史書の第 8 巻目が 389H 年末から始まるということで，それまでの約 30 年間分を 7 巻（1 巻当たり 4 年）に収録していることになる。このことも *Ta'rīkh Hilāl* の情報量の多さを示すものと言えるだろう。なお al-Sakhāwī は *Ta'rīkh Hilāl* が 40 巻あったとしているが *I'lān*, 152, 事実ならば，かなり詳細な歴史書を著したことになる。

24. Abū al-Ḥusayn Hilāl b. al-Muḥassin b. Ibrāhīm al-Ṣābi'（359–448/970–1056). 著者およびその作品については，清水和裕「解題」『カリフ宮廷のしきたり』xvii-xxix 頁に詳しく説明がなされているので，そちらも参照のこと。

25. 改宗は 399/1008~09 年であったという。*Muntaẓam*, VIII, 177–178; Ahmet 2907/d v. 17, ff. 129a–129b.

を知るに最も重要な史料として本書ではとくに第7章において使用している。

Yamīnī

Kitāb al-Yamīnī（『ヤミーニーの書』）ガズナ朝最盛期の君主マフムード・ブン・サブクタキーン Maḥmūd b. Sabuktakīn のラカブ，ヤミーン・アッダウラ Yamīn al-Dawla に因んで名づけられた本書は，サブクタキーンの初期の事績に始まり，サーマーン朝の内紛，同王朝とブワイフ朝の角逐，そしてマフムードの治世の411/1020年の事績までを扱う歴史書である。編年史でないため，しばしば記述内容が何年の出来事か判然としない場合が多く，他の史料との付き合わせが必要であるが，サーマーン朝末期からガズナ朝初期の歴史については最も詳細なアラビア語史書である。

また *Yamīnī* は，サブクタキーンとマフムードを讃える目的で編まれた歴史書であり，両者の支配の暗部については触れられていないこと，彼らの敵に対する評価が厳しいこと，Abū Isḥāq Ibrāhīm al-Ṣābi' の *Tājī* が範とされており，その文体は修辞が施され難解であることなどが特徴として挙げられる[26]。本書では，ブワイフ朝をホラーサーン側の視点で描いている点を重視し，イラク側の史料を相対化するために本書を利用している。とくに第8章において用いている。

著者 Abū Naṣr Muḥammad b. ‘Abd al-Jabbār al-‘Utbī は350/961年頃ライに生まれ，母方の叔父が，サーマーン朝君主 Nūḥ b. Manṣūr（r. 365–387/976–997）の宰相であったアブー・アルフサイン・アブドアッラー・ブン・アフマド・ウトビー Abū al-Ḥusayn ‘Abd Allāh b. Aḥmad al-‘Utbī であったことから，サーマーン朝に仕えることになったようである。その後サーマーン朝ホラーサーン総督となったアブー・アリー・イブン・シームジュール Abū ‘Alī Ibn Sīmjūr やズィヤール朝君主カーブース Qābūs b. Wushmakīr などに仕え，

26. *Yamīnī* については Peacock, "‘UTBĪ'S *AL-YAMĪNĪ*", pp. 500–525 も参照のこと。

最終的にガズナ朝に仕えることになった[27]。

本書はこれまで刊本が存在せず，*Yamīnī* を注釈したオスマン朝期の注釈書 *Fatḥ Wahbī* の刊本がもっぱら用いられてきたが，2004 年に校訂がなされ，利用しやすくなった[28]。この刊本の校訂には The Chester Beatty Library 所蔵 Ar 4260 写本（676H 年 Shawwāl 月 8 日金曜日（1278 年 3 月 4 日）Abū al-ʻAlā' b. Manṣūr b. Abī al-ʻAlā' b. Maḥmūd b. Manūjihr による書写了），Staatsbibliothek zu Berlin 所蔵 Petermann 130 写本（1159H 年 Rabīʻ I 月（1746 年 3~4 月）書写，書写者不明），Bodleian Library 所蔵 Pocock 372 写本（1042H 年 Jumādā I 月 14 日土曜日（1632 年 11 月 27 日）書写，書写者不明），Bibliothèque Nationale 所蔵 Arabe 1894 写本（617H 年 Jumādā II 月 15 日月曜日（1220 年 8 月 17 日）書写，書写者不明）の 4 写本が用いられている。また校訂者は *Fatḥ Wahbī* も参照しているとのことであるが，実際には *Fatḥ Wahbī* との異同が指摘されていない。しかし，*Fatḥ Wahbī* には上記 4 写本とは系統の異なる写本が用いられている可能性が高く，従って *Fatḥ Wahbī* を参照する必要は少なからずある。

Tājī

この史書の書誌情報については第 4 章を参照のこと。

Mir'āt al-zamān

Mir'āt al-zamān fī ta'rīkh al-a'yān（『貴顕たちの歴史における時代の鏡』，

---

27. Bosworth, "al-ʻUTBĪ", *EI²*, X, pp. 945a–945b.

28. 以下は Iḥsān Dhunūn al-Thāmirī の校訂本に基づいている。また 2009 年にテヘランから別の写本を用いた校訂本が出版された。al-ʻUtbī（d. 427H），*al-Yamīnī fī Akhbār Dawlat al-Malik Yamīn al-Dawla Abī al-Qāsim Maḥmūd b. Nāṣir al-Dawla Abī Manṣūr Sabuktakīn*, ed. Yūsuf al-Hādī, Tehrān, Mīrāth-i Maktūb, 1387H（2009）. この刊本に用いられている写本の方がより古いものであるため，今後はこちらを参照する必要があるだろう。

以下『時代の鏡』とする）は13世紀中葉，Sibṭ Ibn al-Jawzīによって著された大部の歴史書である。天地創造に始まり，預言者たちの記録，ムハンマドによるイスラーム教の確立，カリフたちの治世を経て，著者の没年である654/1256年までの出来事および各年において死亡した重要人物の伝記が収録されている。著者の同時代であるアッバース朝カリフ政権最末期についてはもちろんであるが，それ以前の歴史についても，現存しない著作を参照し，多くの引用を含むため，有用な歴史書である。とくに同書のヒジュラ暦3世紀から5世紀後半部分については，サービーal-Ṣābi'家に属するThābit ibn Sinān, Hilāl al-Ṣābi', そしてGhars al-Ni'maの3名の歴史家が各々著した歴史書を参照し，それらからの引用を含むとともにそれらの歴史書に基づいた記述がなされており，本書でも多用している。その用い方としては，とくに上記3名からの引用であることが明示されている場合，また写本の比較や内容検討の結果，3名の記述であることが判明した場合にはその旨を明記し，同時代性の強い内容であることを示すようにした。

ただし，筆者は，現存する『時代の鏡』写本の大半が『時代の鏡』そのものではなく，後世の編者による要約版ないし抜粋版であると判断しており[29]，そのため，同時代性が強い箇所であっても，一段階人の手が加わった状態であることを意識して用いる必要があることを指摘しておかねばならない。

本書では，筆者の研究に基づいて分類した，al-Yūnīnīによる『時代の鏡要約』版の諸写本を主に用い，必要に応じて無名氏による『時代の鏡抜粋』写本の情報を加えている。校訂本ないし翻刻本の『時代の鏡』も存在するが[30]，本書が対象とする時代を扱っていない，あるいは校訂作業において混合*contamination*の誤りを犯しているため，本書では参照するのみに留めている。本書で使用している二種の写本を列挙すると，al-Yūnīnī版『時代の鏡要約』写本は，Ahmet 2907/b v. 10, v. 11, v. 12; Ahmet 2907/d v. 17; BN 5866; Edirne Selimiye 4711/1 v. 20; Evkaf 2133; Feizullah 1523の8写本（本文中ではこれらの写本をまとめて『時代の鏡要約』と表記し，註釈等で写本

29. 橋爪烈「『時代の鏡』諸写本研究序説」60–87頁。

30. 刊本の書誌情報については，巻末の参考文献を参照のこと。

番号を提示している），無名氏版『時代の鏡抜粋』写本は，Pocock 370 の 1 写本である。

以上が本書で用いた主要史料である。以下ではそれ以外の史料で，とくに言及に値するものについて述べる。

Takmila

Takmila ta'rīkh al-Ṭabarī（『タバリー史補完』）タバリーの歴史書の続編として，295H 年条から 367H 年条までの 73 年間分を収録した歴史書である[31]。Thābit b. Sinān や Hilāl al-Ṣābi' の歴史書からの引用を含み，*Tajārib* とは異なる独自の情報を伝えるなど，その有用性は高い。ただしその記述は簡潔で情報量としては多くない。

著者 Abū al-Ḥasan Muḥammad b. 'Abd al-Malik b. Ibrāhīm b. Aḥmad al-Hamadānī については詳しいことは分かっていない。本書の記述をカリフ＝ムスタズヒル al-Mustaẓhir billāh の即位で書き終えていること，521/1127 年に死去していることのみが判明している。ムスタズヒルへの賛辞を述べていることから，同宮廷に出仕した人物であった可能性は指摘できよう。

テクストとしては Yūsuf Kin'ān 翻刻のベイルート版を使用した。同刊本は Bibliothèque Nationale 所蔵 Arabe 1469 写本 1 点を使用している。

Anṭākī

Ta'rīkh al-Anṭākī（『アンターキー史』）*Annalium Eutychii* の続編として

31．テクスト末尾に，「第 1 巻末，第 2 巻において，アドゥド・アッダウラ・アブー・シュジャーの王権 *mamlaka* が続く」とあり *Takmila*, 236, 現存する *Takmila* が一部であることを示唆する。また序文によると，同書がアッバース朝カリフ＝ムスタズヒル（r. 487–512/1094–1118）の即位時で書き終えられているとあり，ある程度の分量を有する歴史書であったことが予想される。*Takmila*, 3.

326–425/938–1035 年の出来事を記した歴史書で，イラク以西の諸王朝の歴史を記した書物である。とくにシリアからエジプトにかけての地域とそれらの地域での出来事が詳しく収録されている。本書ではアドゥド・アッダウラ期前後のイラクの状況を知るために用いたが，ハムダーン朝やファーティマ朝そしてビザンツ帝国のシリアへの進出などを知るのに役立つ。

一応編年体形式を採用しているが，各年の記述内容によっては，前後の年の出来事をまとめて記録している。

著者はアレクサンドリアのメルキト派総主教 Johannis Antiocheni（Yaḥia Ibn Sa‘ïd Ibn Yaḥia al-Antâkî（d. 458/1067））なる人物で，エジプトでの執筆ゆえか，イラクの出来事について独自の情報を提供している。従って，イラク系の歴史書の情報を相対化する意味でも同書の有する価値は大きいと言えるだろう。

本書で用いた刊本は ‘Umar ‘Abd al-Salām Tadmurī 校訂の版であるが，この校訂版に用いられている写本は，もう 1 つ存在する刊本（*Ta’rīkh Yaḥyā b. Sa‘īd al-Anṭākī*, in Scriptores Arabici: Textus Series Tertia – Tomus VII, ed. L. Cheikho, B. Carra de Vaux, H. Zayyat, Lipsiae, Otto Harrassowitz, 1909 (1960)）と同じと思われる。底本は Maktaba al-Jāmi‘a al-Burīṭānīya（codicis Universitatis Berytensis）no. 137 写本で，その他に Bibliothèque Nationale 所蔵 MS. 288 写本の一部（220–234 ff.）および MS. 291 写本の一部（274–291 ff.），ダマスクス写本 no. 210 が校訂に用いられている[32]。

Irshād

Irshād al-arīb ilā ma‘rifat al-adīb（*Mu‘jam al-udabā’*）(『教養への知性ある者の導き（文人列伝)』）Yāqūt al-Ḥamawī[33] 著のアラビア語著作家列伝。Abū Isḥāq Ibrāhīm al-Ṣābi’ や Ṣāḥib Ibn ‘Abbād, Miskawayh などの伝記を収

32. なお使用写本については，さらなる調査が必要である。とくに codicis Universitatis Berytensis については場所を特定できていない。

33. Yāqūt Shihāb al-Dīn Abū ‘Abd Allāh Ya‘qūb b. ‘Abd Allāh al-Ḥamawī al-Rūmī (574 or 575–626/1179–1229).

録するとともに，彼らの伝記を Hilāl al-Ṣābi’ 著の *Ta’rīkh Hilāl* や *Wuzarā’* などの散逸史料をもとに記録しているため，その史料的価値は高い。

著者 Yāqūt は大旅行家であり，また諸学に通じた学者として有名な人物で，西はエジプトから東はバルフやメルブにまで赴き，各地の学者から学んだ。その経験を活かし，*Buldān*『諸国誌』や *Irshād* などの事典作品を執筆したのである。その意味で彼の情報源は広い範囲にわたっているとみなし得る。また旅先の各地で様々な書物に接する機会もあったようで，それらの事典作品に収録されている情報の精度もかなり高いと思われる[34]。

本書で使用した刊本は Margoliouth による翻刻版で第 1 巻から 3 巻には Bodleian Library 所蔵 Or. 753 写本が用いられている。これに対校用として *Wāfī* の第 5，6 巻の 2 写本（Bodleian Library 所蔵 Arch. Seld. A. 20, 21）が用いられている。第 4 巻にはアレッポで複写された写本，第 5 巻には Köprülü Kütüphanesi 所蔵 1103 写本とボンベイの個人蔵写本（Muḥammad ‘Abbās 氏所蔵）が用いられ，第 6 巻は写本情報の記載がない。従って，この刊本は全 6 巻に共通する底本が存在せず，収録内容に対する信頼性は若干低いと言えるだろう。

今後は Iḥsān ‘Abbās 校訂の版本なども用い，また上記写本以外も使用してその信頼性を高める必要があるが，本書においては，先行研究が主に参照しており，出典の確認等，利用の便があることから Margoliouth 版を用いている。

Rusūm

Rusūm dār al-khilāfa（『カリフの宮廷のしきたり』）*Ta’rīkh Hilāl* の著者 Hilāl al-Ṣābi’ によるアッバース朝カリフ宮廷内のしきたりについての手引き書で，書簡作成の文例や宛名の書き方などについて，祖父 Abū Isḥāq al-Ṣābi’ からの情報を用い，また彼自身もバハー・アッダウラの宰相を務めたファフル・アルムルク Fakhr al-Mulk[35] の書記として働き，バグダードのカリフ，

---

34. Gilliot, “YĀḲŪT al-RŪMĪ”, *EI*^{2}, XI, pp. 264b–266b.

およびブワイフ朝宮廷についての情報を集め易い立場にあったことを利用し，経験を交えた内容となっている。そのため，本書で扱う範囲とほぼ重なる時期の様々な出来事から事例を取っている場合が多く，その内容は非常に有益なものとなっている。

本書で用いた *Rusūm* の刊本は Mīkhā'īl 'Awwād による翻刻版である。その翻刻には al-Maktaba al-Azharīya 所蔵の 2741 'Arūsī 42697 写本が用いられているが，同書の写本はこれ以外知られていない。また邦訳として谷口淳一 / 清水和裕監訳『カリフ宮廷のしきたり』があり，こちらも随時参考とした。またこの邦訳版史料解題には同書および Hilāl al-Ṣābi' 一族についての詳細な説明があるので，こちらも参照のこと。

Mukhtār

Mukhtār min rasā'il Abī Isḥāq al-Ṣābi'（『Abū Isḥāq al-Ṣābi' 書簡集』）『王冠の書 *Kitāb al-tājī*』の著者であり，Hilāl al-Ṣābi' の祖父である Abū Isḥāq Ibrāhīm al-Ṣābi'[36] の書簡集である。Abū Isḥāq はイラーク政権に書記として仕え，カリフやイラーク政権の君主たちの書簡を作成する役目を負っていた。そのため，彼の書簡集は概してイラーク政権からジバール政権のルクン・アッダウラやアドゥド・アッダウラに宛てた手紙が多く収録されている。従って，アドゥド・アッダウラに対抗した陣営の側からの史料として価値ある証言を提供するものとなっており，本書ではイラーク政権のジバール政権やファールス政権に対する考え方などを見る上で参考にした。

使用した刊本は Shakīb Arslān 翻刻の 1898 年 Ba'abdā 版を基にしたベイルート版で，使用されている写本は Süleymaniye Kütüphanesi 所蔵 Asir Efendi 317 写本のみである[37]。

35. Busse, *Chalif und Grosskönig*, pp. 242–243.
36. Abū Isḥāq Ibrāhīm b. Hilāl b. Ibrāhīm b. Zahrūn b. Ḥayyūn al-Ṣābi' (d. 384/994).
37. Abū Isḥāq の書簡集については Hachmeier, *Die Briefe Abū Isḥāq*; 清水和裕「解題」『カリフ宮廷のしきたり』xviii-xx 頁を参照のこと。

Nishwār

Nishwār al-muḥāḍara wa akhbār al-mudhākara（『座談の糧と懇談の話題』）逸話集である。著者 al-Tanūkhī[38] はイラク諸都市のカーディーを歴任し，イラーク政権の中枢にある人物たちとの交友関係を有し，その後アドゥド・アッダウラのジャジーラ遠征に従軍，またカリフ＝ターイーとアドゥド・アッダウラの娘の婚姻を取り持つなど，彼の側近として仕えた人物である。しかし 371/981~2 年にアドゥド・アッダウラの不興を蒙り，自邸での謹慎処分を受けることとなった[39]。

al-Tanūkhī は自らのブワイフ朝宮廷内での経験や見聞をもとに逸話集を幾つか著しており，その一つが *Nishwār* である。従って同作品はブワイフ朝宮廷内の出来事などについても詳しく，また彼とアドゥド・アッダウラとの関わりについて，貴重な情報を提供しているのである。

本書で使用した刊本は ʻAbbūd al-Shālijī 校訂の 8 巻本で，そのうち第 1～3 巻は現存する *Nishwār* の写本である Bibliothèque Nationale 所蔵 Arabe 3482 写本，Süleymaniye Kütüphanesi 所蔵 Murād Mullā 1552 写本，Dār al-kutub al-miṣrīya 所蔵 Taymūrīya 写本（番号不明）が校訂に用いられ，また 8 巻目には British Library 所蔵 Or. 9586 写本が用いられている。また Sibṭ Ibn al-Jawzī 著 *Nashwān al-muḥāḍara* という写本も参照されている[40]。その他 4～7 巻については *Muntaẓam* や *Baghdād*, *Irshād* など，*Nishwār* の内容を保存していると校訂者が判断した史料の一定箇所を抜き出し，再構成するという方法で，復元されている。従って，4～7 巻に収録された内容は原文通りでない可能性が高いことを指摘しておく。

---

38. Abū ʻAlī al-Muḥassin b. ʻAlī al-Tanūkhī（d. 384/994）.

39. Fähndrich, "al-TANŪKHĪ, al-Muḥassin b. ʻAlī", *EI*^{2}, X, pp. 192b–193b.

40. 校訂者はこの写本が *Nishwār* と同じ方法で説話や物語を収録しており，調査に貢献すると考えて使用したと述べている。*Nishwār*, I, Introduction, p. 7.

Muntaẓam

Kitāb al-muntaẓam fī ta'rīkh al-mulūk wa al-umam（『諸王と諸共同体の歴史における秩序』）天地創造より，574/1178~9年にいたる，Ibn al-Jawzī[41]著の年代記および貴顕死亡録である。各年を出来事の部分とその年に死去した支配者や知識人など著名な人物の伝記に2分して記述するが，出来事についてはあまり多くの頁を割いておらず，その点では情報量は多いとはいえない。ただ，死亡録の部分ではその人物の生年ないし没年についてかなり詳細な情報を伝えており，その点で有益な史料といえる。

また先に示した彼の孫 Sibṭ Ibn al-Jawzī の著作 *Mir'āt al-zamān* の情報源になっていることや，*Ta'rīkh al-Hilāl* からの情報も載せていることもあり，参照に値する歴史書である。とくにブワイフ朝後期からセルジューク朝初期(4/10c後半から5/11c末にいたる時期）にかけては同時代史料がほとんどなく，この *Muntaẓam* が最も利用されてきたこと，それゆえに以前のブワイフ朝史，セルジューク朝史研究にとって重要かつ影響を与えた史料であることは指摘しておく必要があるだろう。

著者 Ibn al-Jawzī はバグダードで活躍したハンバル派の法学者，説教師であり，また多作の著述家としても知られ，その著作の数は200以上とも1000とも言われている[42]。

今回用いた刊本はハイデラバード版で5巻から10巻の揃いである。主に用いた7〜9巻は，Süleymaniye Kütüphanesi 所蔵 Ayasofya 3096写本，Staatsbibliothek zu Berlin 所蔵 Wetzstein 8写本（以上7，8巻），Ayasofya 3096写本，Ṭūbkhāna 写本[43]（以上9巻）をもとに校訂されている。

---

41. Jalāl al-Dīn Abū al-Faraj 'Abd al-Raḥmān b. 'Alī b. Muḥammad Ibn al-Jawzī (510–597/1126–1200).

42. Laoust, "IBN al-DJAWZĪ", *EI*², III, p. 752a.

43. Ṭūbkhāna とはイスタンブルに存在した造兵廠のことと思われるが，その施設の分類名を冠した写本群の存在は確認できず，従ってこの写本を特定することはできなかった。

Kāmil

al-Kāmil fī al-ta'rīkh（『完史』）天地創造より628/1231年にいたる，西はスペインから東は中央アジアにわたる広大な地域の出来事を収録したイスラーム世界史。校訂本の刊行は古く，Carolus Johannes Tornbergによって1851年以降徐々に出版され，長らくイスラーム史研究の基本史料となってきた（*Ibn-el-Athiri Chronicon: quod perfectissimum inscribitur*, Lugduni Batavorum, Brill, 1851–1871）。303/915年以前は主にタバリーの歴史書に依拠し，それ以降もThābit b. Sinānの歴史書や*Tajārib*あるいはal-Sallāmīのホラーサーン総督に関する歴史書，Hilāl al-Ṣābi'の史書など，散逸史料を含む多くの史書に基づいている。

イスラーム期以降は編年体で書かれており，各年の出来事の概略を把握するのに非常に便利である。同時に散逸史料からの情報を含むため，その史料的価値は決して低いものではない。ただし，著者の時代の用語による記述があるため，注意を要する史書である[44]。

著者 'Izz al-Dīn Abū al-Ḥasan 'Alī b. Muḥammad Ibn al-Athīrは555H年Jumādā I月4日（1160年5月13日）ジャズィーラト・イブン・ウマルJazīrat Ibn 'Umarに生まれた。父ムハンマドはザンギー朝モースル政権に仕える役人で，彼自身も同政権に仕えることになる。*Kāmil*以外の著作としては預言者の教友について書いた*Usd al-ghāba fī ma'rifat al-ṣaḥāba*やアラブの系譜に関する書物*Lubāb fī tahdhīb al-ansāb*, ザンギー朝史である*Ta'rīkh al-dawla al-atābakīya*がある。630H年Sha'bān月（1232年5–6月）モースルにおいて死去。享年75歳であった[45]。

本書で用いた刊本はTornbergの1851–71年校訂の海賊版でベイルートのDār Ṣādir書店より刊行されたものである。以下同刊本の解説および脚注よ

---

44. 佐藤次高「Vアラブ（後期）」566–567頁。
45. Rosenthal, "IBN al-A<u>TH</u>ĪR, (2) 'Izz al-Dīn Abū 'l-Ḥasan 'Alī", *EI*^{2}, III, p. 724a.

り判明した写本を列挙すると，Paris 写本[46]，Staatsbibliothek zu Berlin 所蔵写本，British Museum 写本，Istanbul 写本，Rawlinson 写本が用いられているとのことであるが[47]，写本番号等，詳細な書誌情報は不明である[48]。本書で主に使用した *Kāmil* の第 8 巻には Bibliothèque Nationale 所蔵写本 Arabe 1498 と Upsala 大学図書館所蔵写本，第 9 巻には Bibliothèque Nationale 所蔵写本が用いられている[49]。

---

46. Bibliothèque Nationale 所蔵写本を指す。また Scheferi 写本という記述もあるが，これは Bibliothèque Nationale 所蔵 Schefer collection を指す。
47. 後半の数巻には Upsala 大学図書館蔵の写本が用いられている他，Bodl. という略号もあり，Bodleian Library 所蔵写本が用いられているものと思われる。恐らくは Marsh. 661 と Pocock. 73 の 2 写本であろう。なお Istanbul 写本と Rawlinson 写本の特定には至っていない。
48. *Kāmil* 第 1 巻 1 頁の注釈には，Codex Berol. ＝B, Cod. Musei Brit. Coll. Taylor. ＝A, Cod. Clariss. Scheferi.＝S の 3 種が用いられていることが記載されている。また同巻の欧文表題には Ad Fidem Codicum Berolinensis, Musei Britannici et Parisinorum とあり，Staatsbibliothek zu Berlin 所蔵写本，British Museum（British Library）所蔵写本，Bibliothèque Nationale 所蔵写本が用いられている旨記載されている。以後の巻も同様に欧文表題頁に使用写本についての指摘がなされている。しかし写本番号は記載されていないため，特定にはカタログの情報や写本自体から，収録年代と合致するものを調査する必要があるだろう。

    このうち A 写本は British Library 所蔵 Taylor Collection とあるので，Add. 23281, 23282, 23283/1–2, 23284, 23295 のいずれかが用いられていると思われる。Staatsbibliothek zu Berlin 所蔵の *Kāmil* 写本は Petermann 178, 179, 180 の 3 種がある。Bibliothèque Nationale 所蔵写本については第 12 巻末尾にラテン語で ad codices Parisinos, tam Constantinopolitanum＝C. P. cod. 740 とあり，この数字から Supplément 740 が類推される。この分類番号に該当する写本は，Arabe 1492–1504 の 13 写本である。
49. Upsala 大学図書館所蔵の *Kāmil* の写本については，Tornberg のカタログを参照のこと。Tornberg, *Codices Arabici, persici et Turcici Bibliothecæ regiæ üniversitetis Upsaliensis*, Upsaliae 1849. 刊本第 12 巻末尾に ad manuscripta upsaliensia＝catalogi mei CCXXIX et CCXXX とあり，229, 230 の番号をもつ

Zayn

Zayn al-akhbār（『諸情報の飾り』）同書はペルシア語で著された初の通史でペルシア古代の諸王，カリフ＝カーイム al-Qā'im bi-amrillāh（r. 422–467/1031–1075）に至るイスラーム史，そしてホラーサーン総督の歴史がガズナ朝君主マウドゥード・ブン・マスウード Mawdūd b. Mas'ūd（r. 432–440/1041–1048~9）の治世まで書き綴られ，諸民族の暦や祭祀についての記述で終わる歴史書である。先行研究によると，同書は散逸した al-Sallāmī の『ホラーサーン統治者の歴史』やその他の散逸史料の記述に基づいており[50]，サーマーン朝末期からガズナ朝末期にかけての出来事を知るための貴重な史料である。とくに本書では第3章，第8章において，サーマーン朝内部の事情を知るための情報源として用いている。

著者 Abū Sa'īd 'Abd al-Ḥayy Ibn al-Ḍaḥḥāk b. Maḥmūd al-Gardīzī についてその生没年は知られていないが，*Zayn* をガズナ朝君主アブド・アッラシード 'Abd al-Rashīd（r. 440–443/1049–1052）に献呈したとされ，少なくとも440/1049年までは存命であったと思われる[51]。

テクストは Muḥammad Khān Qazvīnī 校訂の1937年版を用いた。この版はターヒル朝初代君主の治世からガズナ朝君主マスウードの治世に至るホラーサーン総督の歴史部分のみの校訂である[52]。校訂には Cambridge 大学

写本が使用されている。Tornberg のカタログには，pp. 138–159 に *Kāmil* の写本3点が記載されている。番号は228, 229, 230で，後2者が第12巻の校訂に用いられていることが分かる。228写本は295H年条より369H年条までを含み，第8巻の収録年代に合致するため，Upsala 写本はこの No. 228 と判明する。第8巻のパリ写本は収録年代より Arabe 1498 と判明するが，第9巻については収録年代である370–450H年に合致する写本がなく，恐らく Arabe 1499, 1500, 1501 の3写本を用いていると思われる。

50. Barthold, *Turkestan*, pp. 20–21; 田村行生「『ホラーサーン統治者』」93–91頁。
51. 本田實信「VI イラン」623頁。
52. 完全校訂版としては Gardīzī, *Zayn al-akhbār*, ed. 'Abd al-Ḥayy Ḥabībī, 1347H.

King's Colledge 図書館所蔵 no. 213 写本が用いられている[53]。

またその他のアラビア語史書については森本公誠「IV アラブ（前期）」および佐藤次高「V アラブ（後期）」を，他のペルシア語史書については本田實信「VI イラン」を，サイイド系譜文献［*Fakhrī, Majdī, Shajara, Tahdhīb, 'Umda*］については森本一夫「サイイド系譜文献」の解題をそれぞれ参照されたい。

がある。

53. 写本情報として，Bodleian Library 所蔵写本も挙がっているが，書誌情報は記載されておらず，テクスト内でも異同が示されていないため，Cambridge 写本のみを使用しているものと思われる。また Barthold によると，Ouselery 240 写本は Cambridge 写本の写しであるとのことである。Barthold, *Turkestan*, p. 21 note 1; Barthold, "GARDĪZĪ", *EI*², II, p. 978b.

参考文献

一次史料

Abū al-Fidā': Abū al-Fidā', *al-Mukhtaṣar fī akhbār al-bashar*, 4 vols., Miṣr, n. d.

Add. 19360: Hilāl al-Ṣābi' (d. 448/1056), *Ta'rīkh*, MS in British Library, Add. 19360.

Aḥkām: al-Māwardī (d. 450/1058), *al-Aḥkām al-sulṭāniyya*, Miṣr, 1960.
邦訳：アル＝マーワルディー『統治の諸規則』湯川武訳，慶應義塾大学出版会，2006 年.

Ahmet 2899: al-Rūdhrāwarī (d. 488/1095), *Dhayl tajārib al-umam*, MS in İstanbul Topkapı Sarayı Müzesi Kütüphanesi, Ahmet III, 2899.

Ahmet 2907/b v. 10: al-Yūnīnī (d. 726/1326), *Mukhtaṣar mir'āt al-zamān*, MS in İstanbul Topkapı Sarayı Müzesi Kütüphanesi, Ahmet III, 2907/b, (256H–329H 年条).

Ahmet 2907/b v. 11: al-Yūnīnī (d. 726/1326), *Mukhtaṣar mir'āt al-zamān*, MS in İstanbul Topkapı Sarayı Müzesi Kütüphanesi, Ahmet III, 2907/b, (330H–404H 年条).

Ahmet 2907/b v. 12: al-Yūnīnī (d. 726/1326), *Mukhtaṣar mir'āt al-zamān*, MS in İstanbul Topkapı Sarayı Müzesi Kütüphanesi, Ahmet III, 2907/b, (405H–463H 年条).

Ahmet 2907/d v. 17: al-Yūnīnī (d. 726/1326), *Mukhtaṣar mir'āt al-zamān*, MS in İstanbul Topkapı Sarayı Müzesi Kütüphanesi, Ahmet III, 2907/d, (401H–450H 年条).

Aḥsan: al-Muqaddasī (d. 4/10 c.), *Aḥsan al-taqāsīm fī ma'rifat al-aqālīm*, ed. M. J. De Goeje, Leiden, 1906.

Anṭākī: Yaḥyā b. Sa'īd al-Anṭākī (d. 458/1067), *Ta'rīkh al-Anṭākī al-ma'rūf bi-ṣilat ta'rīkh Autīkhā*, ed. 'A. 'A. Tadmurī, Ṭarābulus, 1990.

Āthār: al-Bīrūnī (d. 440/1048), *al-Āthār al-bāqiya 'an al-qurūn al-khāliya*, ed. Eduard Sachau, Leipzig, 1923.

Awrāq: al-Ṣūlī (d. 335/947), *Akhbār al-Rāḍī billāh wa al-Muttaqī lillāh min kitāb al-awrāq*, ed. J.H. Dunn, al-Qāhira, 1935.

Baghdād: al-Khaṭīb al-Baghdādī (d. 463/1071), *Ta'rīkh Baghdād*, 14 vols., al-Madīna al-Munawwara, n.d.

Bayhaq: Ibn Funduq (d. 565/1170), *Tārīkh-i Bayhaq*, ed. Aḥmad Bahmanyār, 2nd. ed., Tehrān, n. d.

BN 5866: al-Yūnīnī (d. 726/1326), *Mukhtaṣar mir'āt al-zamān*, MS in Bibliothèque Nationale, codex Arabe 5866, (358H–400H 年条).

Bukhārā: al-Narshakhī (d. 348/959), *Ta'rīkh-i Bukhārā*, ed. Mudarris Riḍawī, Ṭihrān, 1363H.

Buldān: Yāqūt (d. 626/1229), *Mu'jam al-buldān*, 5 vols., Dār Ṣādir, n. d.

Dhayl: al-Rūdhrāwarī (d. 488/1095), *Dhayl tajārib al-umam*, in *The Eclipse of the Abbasid Caliphate*, vol. 3, ed. Amedroz, Oxford, 1921.

Dimashq: Ibn al-Qalānisī (d. 555/1160), *Dhayl ta'rīkh Dimashq*, ed. Amedroz, Leiden, 1908.

Eclipse: Miskawayh, Rūdhrāwarī, Hilāl al-Ṣābi', *The Eclipse of the Abbasid Caliphate*, vols. 4–6, English tr. Margoliouth, Oxford, 1921.

Edirne Selimiye 4711/1 v. 20: al-Yūnīnī (d. 726/1326), *Mukhtaṣar mir'āt al-zamān*, MS in Edirne Selimiye Jami Kütüphanesi, Edirne Selimiye 4711/1, (561H–654H 年条).

Evkaf 2133: al-Yūnīnī (d. 726/1326), *Mukhtaṣar mir'āt al-zamān*, MS in Türk ve İslam Eserleri Müzesi, Evkaf 2133, (310H–389H 年条).

Fakhrī: al-Azwārqānī (d. 572/1176–6/13c), *al-Fakhrī fī ansāb al-Ṭālibiyīn*, ed. Mahdī al-Rajā'ī, Qum, 1409H.

Fārs Nāmah: Ibn al-Balkhī (d. 6/12c), *Fārs nāmah*, ed. G. Le Strange and R. A. Nicholson, Gibb memorial New Series I, London, 1921.

Fatḥ Wahbī: al-Manīnī (d. 1172/1759), *Sharḥ al-Yamīnī al-musammā bi-al-Fatḥ al-wahbī 'alā ta'rīkh Abī Naṣr al-'Utbī*, 2 vols., al-Maṭba'a al-Wahbiya, al-Qāhira, 1286/1870.

Feizullah 1523: al-Yūnīnī (d. 726/1326), *Mukhtaṣar mir'āt al-zamān*, MS in Bayazıt Devlet Kütüphanesi, Feizullah Efendi 1523, (330H–400H 年条).

Firaq: al-Nawbakhtī (d. 3H cent.), *Firaq al-shī'a*, ed., al-Maṭba'a al-haydariyya, Najaf, n.d.

Ghrar: al-Tha'ālibī, *Kitāb ghrar akhbār mulūk al-Furs wa siyar-hum*, ed. Zotenberg, Paris, 1900.

Ḥadā'iq: al-Muḥallī (d. 652/1254), *Kitāb ḥadā'iq al-wardiya fī manāqib a'immat al-Zaydiyya*, in *Arabic texts concerning the History of the Zaydī Imāms of Ṭabaristān, Daylamān and Gīlān*, ed. W. Madelung, Beirut 1987, pp. 171–349.

Hafawāt: Ghars al-Ni'ma (d. 480/1087), *al-Hafawāt al-nādira*, ed. S. al-Ashtar, Dimashq, 1967.

Ḥukamā': al-Qifṭī (d. 646/1248), *Ta'rīkh al-ḥukamā'*, ed. J. Lippert, Leipzig, 1903.

Ifāda: al-Nāṭiq bi-al-Ḥaqq (d. ca. 424/1033), *Kitāb al-ifāda fī ta'rīkh al-a'imma al-sāda*, in *Arabic texts concerning the History of the Zaydī Imāms of Ṭabaristān, Daylamān and Gīlān*, ed. W. Madelung, Beirut, 1987, pp. 77–118.

I'lān: al-Sakhāwī (d. 902/1497), *al-I'lān bi al-tawbīkh li-man dhamma al-ta'rīkh*, Dimashq, 1349H.

'Iqd: Ibn 'Abd Rabbihi (d. 328/940), *Kitāb al-'iqd al-farīd*, 7 vols., ed. Aḥmad Amīn, Aḥmad al-Zayn, Ibrāhīm al-Abyārī, al-Qāhira, 1949–65.

Irshād: Yāqūt (d. 626/1229), *Mu'jam al-udabā' al-ma'rūf bi-Irshād al-arīb ilā ma'rifat al-adīb*, 7 vols., ed. Margoliouth, London, 1923–1931.

ΙΣΤΟΡΙΑΙ: Procopius, *De bello Gotthico*, in *ΙΣΤΟΡΙΑΙ*, Vol. II, ex Recensione Guilielmi Dindorfii, Bonnae, 1833.

Jamhara: al-Kalbī (d. 204/819 or 206/821), *Jamharat al-nasab*, ed. Nājī Ḥasan, Bayrūt, 1986.

Kāmil: Ibn al-Athīr (d. 630/1233), *al-Kāmil fī al-ta'rīkh*, 13 vols., ed. Tornberg, Bayrūt, 1966.

Kharīda: 'Imād al-Dīn Aṣbahānī (d. 597/1201), *Kharīdat al-qaṣr*, al-qism al-'irāqī, part 1, ed. M. Bahjat al-Atharī and Jamīl Mu'abbar, Baghdād, 1955.

Laṭā'if: al-Tha'ālibī (d. 429/1038), *Laṭā'if al-ma'ārif*, ed. Ibrāhīm al-Abyārī and Ḥasan Kāmil al-Ṣayrafī, al-Qāhira, 1960.

Lisān: Ibn Manẓūr (d. 711/1311), *Lisān al-'arab*, 20 vols., Būlāq, 1300H–1307H.

Ma'ārif: Ibn Qutayba (d. 276/889), *al-Ma'ārif*, ed. Tharwat 'Akkāsha, al-Qāhira, al-Hay'a al-miṣriyya, 1992 (6th ed.).

Majdī: al-'Umarī (d. ca. 5/11c), *al-Majdī fī ansāb al-Ṭālibiyīn*, ed. Aḥmad al-Mahdawī al-Dāmghānī, Qum, 1409.

Masālik: al-Iṣṭakhrī (d. ca. 4/10c), *al-Masālik wa al-mamālik*, ed. Muḥammad Jābir, al-Qāhira, 1961.

Mathālib: al-Tawḥīdī (d. 414/1023), *Mathālib al-wazīrayn*, ed. Ibrāhīm al-Kaylānī,

Dimashq, 1961.
Mir'āt: Sibṭ Ibn al-Jawzī (d. 654/1256), *Mir'āt al-zamān fī ta'rīkh al-a'yān.*
a: *Mir'ât az-zamân* (A.H. 495–654), ed. J.R. Jewett, Chicago, 1907.
b: *Mir'âtü'z-zeman fi tarihi'l-âyan*, ed. Ali Sevim, Ankara, 1968.
c: *Mir'át uz-zamán or The Mirror of the Age*: vol. VIII, pt. I-II, 2 vols., ed. the Dairatu'l-Maarifil-Osmania, Hyderabad-Decan, 1951.
d: *al-sifr al-awwal min Mir'āt al-zamān fī ta'rīkh al-a'yān*, ed. Iḥsān 'Abbās, Dār al-Shurūq, Bayrūt, 1985.
e: *Mir'āt al-zamān fī ta'rīkh al-a'yān: al-ḥiqba 345–447H*, ed. Janān Jalīl Muḥammad al-Hamūnadī, al-Dār al-Waṭaniyya, Baghdād, 1990.
f: *Mir'āt al-zamān fī ta'rīkh al-a'yān: 481–517/1088–1123*, ed. Musaffar b. Sālim b. 'Arīj al-Ghāmirī, 2vols., Jāmi'a Umm al-Qurā, Makka, 1987.
g: *Muntakhabāt min kitāb mir'āt al-zamān*, in *Recueil des historiens des Croisades*, Tome III, ed. E. Dlaurier, Paris, 1884, 517–570.
h: *MIR'ĀT AL-ZAMĀN FĪ TĀRĪḪ AL-A'YĀN: Le miroir du temps de SIBṬ IBN AL-ĞAWZĪ (m. 654/1256)*, ed. Juliette RASSI, IFPO, DAMAS, 2005.
i: *Mir'āt al-zamān fī ta'rīkh al-a'yān wa dhayl-hi, Dhayl mir'āt al-zamān*, 23 vols., ed. 'Abbās Hānī, Dār al-Kutub al-'Ilmiyya, Bayrūt, 2013.
Mukhtār: Abū Isḥāq Ibrāhīm al-Ṣābi' (d. 384/994), *Mukhtār mi rasā'il Abī Isḥāq al-Ṣābi'*, ed. Shakīb Arslān, Bayrūt, n. d. (2nd ed.).
Muntaẓam: Ibn al-Jawzī (d. 597/1201), *Kitāb al-muntaẓam fī ta'rīkh al-mulūk wa al-umam*, v. 5–10, Ḥaydarābād, 1358H.
Murūj: al-Mas'ūdī (d. 346/957–8), *Murūj al-dhahab wa ma'ādin al-jawhar*, 4 vols., ed. Muḥammad Muḥyī al-Dīn, al-Qāhira, 1958.
Najjār: Ibn al-Najjār (d. 643/1245), *Dhayl ta'rīkh Baghdād*, 5 vols., Ḥaydarābād, 1982.
Nihal: al-Nāshi' al-Akbar (d. 293/906), *Kitāb uṣūl al-niḥal*, in J. Van Ess, *Früh mu'tazilitische Häresiographie*, Beirut, 1971.
Nishwār: al-Tanūkhī (d. 384/994), *Nishwār al-muḥāḍara wa akhbār al-mudhākara*, ed. 'Abbūd al-Shālijī, 8 vols., Bayrūt, 1971.
Nizhād: Riḍā Qulī Khān (n. d.), *Nizhād Nāmah*, in MS British Library, Or. 3378.
Petermann II 406: 'Abd al-'Azīz b. Yūsuf (d. 388/998), *Rasā'il al-wazīr Abū al-Qāsim 'Abd al-'Azīz b. Yūsuf al-Shīrāzī*, MS in Staatsbibliothek zu Berlin,

Petermann ii, 406.

Pocock 370: anon., *Mir'āt al-zamān*, MS in Bodleian Library, codex 679,（327–449H 年条）.

Qābūs Nāmah: Kaykāwūs（d. 492/1098~9）, *Qābūs nāmah*, ed. Ghulām-Ḥusayn Yūsufī, Tehrān, 1974（2nd ed.）.

邦訳：黒柳恒夫訳「カーブースの書」『ペルシア逸話集』所収，平凡社 1969 年

Rasā'il-Ṣāḥib: al-Ṣāḥib Ibn 'Abbād（d. 385/995）, *Rasā'il al-Ṣāḥib Ibn 'Abbād*, ed. 'A. 'Azzām, Sh. Ḍayf,［al-Qāhira］, n. d.

Rusūm: Hilāl al-Ṣābi'（d. 448/1056）, *Rusūm dār al-khilāfa*, ed. Mīkhā'īl 'Awwād, Bayrūt, 1986（2nd ed.）.

邦訳：谷口淳一・清水和裕監訳『カリフ宮廷のしきたり』松香堂 2003 年

Rawḍat: Mīrkhōnd（c. 9/15）, *Rawḍat al-ṣafā*, ed. F. Wilken（in *Geschichte der Sultane aus dem Geschlechte Bujeh nach Mirchond*）,［Berlin］, 1835.

Ṣadāqa: al-Tawḥīdī（d. 414/1023）, *al-Ṣadāqa wa al-ṣadīq*, ed. Mutawallī Ṣalāh,［al-Qāhira］Maktaba al-Ādāb, 1972.

Sanīy: Ḥamza Aṣfahānī（d. ca. 360/970~1）, *Ta'rīkh sanīy mulūk al-arḍ wa al-anbiyā'*, Bayrūt, n.d.

Shajara: Fakhr al-Rāzī（d. 606/1209）, *al-Shajara al-mubāraka fī ansāb al-Ṭālibiyya*, ed. Mahdī al-Rajā'ī, Qum, 1419H.

Siyāsat: Niẓām al-Mulk（d. 485/1092）, *Siyāsat nāmah*, ed. M. Qazwīnī, Ṭehrān, 1334H.

English tr., Dark H., *The Book of Government or Rules for Kings: The Siyāsat-nāma or siyār al-mulūk of Niẓām al-Mulk*, London, 1960.

邦訳：井谷鋼造・稲葉穣訳『統治の書』イスラーム原典叢書，岩波書店，2015 年.

Ṣubḥ: al-Qalqashandī（d. 821/1418）, *Ṣubḥ al-a'shā fī ṣinā'at al-inshā*, 14 vols., al-Qāhira, 1963.

Ṣūra: Ibn Ḥawqal（d. ca. 367/977）, *Kitāb ṣūrat al-arḍ*, ed. J.H. Kramers, Leiden, Brill, 1939.

Ṭabaqāt: al-Jūzjānī（d. ca. 658/1259~60）, *Ṭabaqāt-i Nāṣirī*, ed. 'Abd al-Ḥayy Ḥabībī, Kābul, 1342H.

Ṭabarī: al-Ṭabarī（d. 310/923）, *Ta'rīkh al-rusul wa al-mulūk*, 15 vols., Leiden,

1879–1901.

Ṭabaristān: Ibn Isfandiyār (d. after 613/1216), *Tārīkh-i Ṭabaristān*, 2 vols., ed. 'Abbās Iqbāl, [1941].

Tafḍīl: Ibn Ḥassūl (d. 450/1058), *Kitāb tafḍīl al-Atrāk 'alā sā'ir al-akhbār*, ed. 'A. al-'Azzāwī, in *Belleten, Revue publiée par la société d'histoire turque*, IV, 1940. pp. 235–266, ١-٥١.

Tahdhīb: al-'Ubaydalī (d. 436 or 437/1045–46), *Tahdhīb al-ansāb wa nihāyat al-a'qāb*, ed. Muḥammad Kāẓim al-Maḥmūdī, Qum, 1413H.

Tajārib: Miskawayh (d. 421/1030), *Tajārib al-umam fī ta'āqib al-himam*, in *The Eclipse of the Abbasid Caliphate*, vols. 1–2, ed. Amedroz, Oxford, 1921.

Tajārib-Caetani: Leone Caetani, *The Tajârib al-Umam or History of Ibn Miskawayh*, Facsimile, Gibb Memorial vii, vols. I, V, VI, 1909–17.

Tājī: Abū Isḥāq Ibrāhīm al-Ṣābi' (d. 384/994), *al-Muntaza' min al-juz' al-awwal min al-kitāb al-ma'rūf bi-al-Tājī*, ed. Muḥammad Ṣābir Khān, Karachi, 1995.

Takmila: al-Hamadānī (d. 521/1127), *Takmilat ta'rīkh al-Ṭabarī*, ed. Yūsuf Kin'ān, Bayrūt, 1961 (2nd ed.).

Ta'rīkh Hilāl: Hilāl al-Ṣābi' (d. 448/1056), *Ta'rīkh*, in *The Eclipse of the Abbasid Caliphate*, vol. 3, ed. Amedroz and D.S. Margoliouth, London, 1920–21.

'Umda: Ibn 'Inaba (d. 828/1424), *'Umdat al-ṭālib fī ansāb āl Abī Ṭālib*, ed. Lajnat iḥyā' al-turāth, Bayrūt, n. d.

Wafayāt: Ibn Khallikān (d. 681/1282), *Wafayāt al-a'yān wa anbā' abnā' al-zamān*, 8 vols., ed. Iḥsān 'Abbās, Bayrūt, 1977.

Wāfī: al-Ṣafadī (d. 764/1363), *Kitāb al-wāfī bi-al-wafayāt*, vol. III, ed. Sven Dedering, Stuttgart, 1992.

Wuzarā': Hilāl al-Ṣābi' (d. 448/1056), *al-Wuzarā' aw Tuḥfat al-umarā' fī ta'rīkh al-wuzarā'*, ed., A. A. Farrāj, 1958 (rep. Dār al-Āfāq, 2003).

Wuzarā'-Jahshiyārī: al-Jahshiyārī (d. ca. 331/942), *Kitāb al-Wuzarā' wa al-Kuttāb*, al-Qāhira, 1980.

Yamīnī: al-'Utbī (d. ca 427/1036∼431/1040), *al-Yamīnī*, ed. Iḥsān Dhunūn al-Thāmirī, Bayrūt, 2004.

Yatīma: al-Tha'ālibī (d. 429/1038), *Yatīmat al-dahr*, 4 vols., ed. 'A. M. 'Abd al-Laṭīf, al-Qāhira, 1934.

Zayn: Gardīzī (5/11 c.), *Zayn al-akhbār*, ed. Muḥammad Qazvīnī, Tehrān, 1937.

欧文研究

Abbott, N., "Two Būyid Coins in the Oriental Institute", *The American Journal of Semitic Languages and Literatures*, 56/4, 1939, pp. 350–364.

Amedroz, H. F., "Three years of Buwaihid Rule in Baghdad, A.H. 389–393. being a fragment of History of Hilāl aṣ-Ṣābi' (d. A.H. 488) from a MS. in the Library of the British Museum (Add. 19,360)", *JRAS*, 1901, pp. 501–536, 749–786.

Amedroz, H. F., "On a dirham of Khusru Shah of 361 A.H. etc.", *JRAS*, 1905, pp. 471–484.

Amedroz, H. F., "Notes on two Articles on Mayyāfāriqīn", *JRAS*, 1909, pp. 170–176.

Amedroz, H. F., "The Office of Kadi in the Ahkam Sultaniyya of Mawardi", *JRAS*, 1910, pp. 761–796.

Amedroz, H. F., "The Vizier Abu-l-Faḍl Ibn al-'Amīd", *Der Islam*, 3, 1912, pp. 323–351.

Amedroz, H. F., "'Abbāsid Administration in its Decay, from the Tajārib al-Umam", *JRAS*, 1913, pp. 823–842.

Amedroz, H. F., "An Embassy from Baghdad to the Emperor Basil II", *JRAS*, 1914a, pp. 915–942.

Amedroz, H. F., "The Tajârib al-Umam of Abu 'Ali Miskawaih", *Der Islam*, 5, 1914b, pp. 335–357.

Arkoun, M., *Contribution a l'étude de l'humanisme arabe au IVᵉ/Xᵉ Siècle: Miskawayh philosophe et historien*, Études Musulmanes XII, Librairie Philosophique J. Vrin, Paris, 1970.

Ashtor, E., *A Social and Economic History of the Near East in the Middle Ages*, University of California Press, 1976.

Baker, Christine D., "The Lost Origins of the Daylamites: The construction of a new ethnic legacy for the Buyids," in *The Routledge Handbook of Identity and the Environment in the Classical and Medieval Worlds*, ed. Rebecca Futo Kennedy, Molly Jones-Lewis, Routledge, 2015, pp. 281–295.

Barthold, W., *Turkestan down to the Mongol Invasion*, Taipei, 1989 (offset from 3rd ed.).

Bosworth, C. E., "Early sources for the history of the first four Ghaznavid sultans (977–1041)", *IQ*, 7, 1963, pp. 3–22.

Bosworth, C. E., *The Ghaznavids: Their Empire in Afghanistan and Eastern India 994–1040*, Edinburgh U. P., 1963.

Bosworth, C. E., "On the Chronology of the Ziyārids in Gurgān and Ṭabaristān", *Der Islam*, 40, 1965, pp. 25–34.

Bosworth, C. E., "Military Organisation under the Būyids of Persia and Iraq", *Oriens*, 18–19, 1965–66, pp. 143–167.

Bosworth, C. E., "Dailamīs in Central Iran: the Kākūyids of Jibāl and Yazd", *Iran* (*JBIPS*), 8, 1970, pp. 73–95.

Bosworth, C. E., "The Rulers of Chaghāniyān in Early Islamic Times", *Iran* (*JBIPS*), 18, 1981, pp. 1–20.

Bosworth, C. E., *The New Islamic Dynasties*, Edinburgh U.P., 1996.

Bowen, H., "The Last Buwayhids", *JRAS*, 1929, pp. 225–245.

Bürgel, J. Christoph, *Die Hofkorrespondenz 'Aḍud ad-Daulas und ihr Verhältnis zu anderen historischen Quellen der frühen Būyiden*, Wiesbaden, 1965.

Busse, H., *Chalif und Grosskönig, die Buyiden im Iraq (945–1055)*, Beirut, 1969.

Busse, H., "The Revival of Persian Kingship under the Būyids", in *Islamic Civilisation 950–1150*, ed., D.E. Richards, Oxford, 1973, pp. 47–69.

Busse, H., "Iran under the Būyids", *Cambridge History of Iran*, IV, 1975, pp. 250–304.

Cahen, Cl., "Les Chroniques Arabes Concernant la Syrie, L'Égypte et la Mésopotamie de la Conquête Arabe a la Conquête Ottomane dans les Bibliothèques D'Istanbul," *Revue des Études Islamiques*, 1936-iv, pp. 333–362.

Cahen, Cl., *La Syrie du Nord à l'époque des Croisades et la principauté franque d'Antioche*, Paris, 1940.

Crone, P., *Medieval Islamic Political Thought*, Edinburgh U.P., 2004.

Donohue, J., "Three Buwayhid Inscriptions", *Arabica*, 20, 1973, pp. 74–80, 3 plates.

Donohue, J., *The Buwayhid Dynasty in Iraq 334H./945 to 403H./1012: Shaping Institutions for the Future*. Leiden, 2003.

Dorn, B., *Caspia: Über den Einfall der alten Russen in Tabarastan*, Bandar-Anzali, 1980.

Dozy, Reinhart, *Supplément aux Dictionnaires Arabes*, 2 tomes, Leyde, Brill, 1967.

Dūrī, 'A. 'A., *Ta'rīkh al-'Irāq al-Iqtiṣādī fī al-Qarn al-Rābi' al-Hijrī*, 4th ed., Bayrūt, 1999.

Dūrī, ‘A. ‘A., “The Origins of Iqṭā‘ in Islam”, *al-Abḥāth*, 22, 1969, pp. 3–22.

Dūrī, ‘A. ‘A., “Notes on taxation in Early Islam”, *JESHO*, 17, 1974, pp. 136–144.

Dūrī, ‘A. ‘A., “Landlord and Peasant in Early Islam”, *Der Islam*, 56, 1979, pp. 95–105.

Frye, Richard N., “The Sāmānids”, in *The Cambridge History of Iran*, IV, 1975, pp. 136–161.

Frye, Richard N., *The Golden Age of Persia: Arabs in the East*, London, Weidenfeld and Nicolson, 1988.

Gabriel, F., “Imâmisme et littérature sous les bûyides”, in *Le shî‘isme imâmite: Colloque de Strasbourg (6–9 mai 1968)*, Paris, 1970, pp. 105–113.

Guo, L., *Early Mamluk Syrian Historiography: Al-Yūnīnī's Dhayl Mir'āt al-zamān*, 2 vols., Leiden, 1998.

Hachmeier, K.U., *Die Briefe Abū Isḥāq Ibrāhīm al-Ṣābi's (st. 384/994 A.H./A.D.): Untersuchungen zur Briefsammlung eines berühmten arabischen Kanzleischreibers mit Erstedition einiger seiner Briefe*, Hildesheim, 2002.

Hanne, Eric J., *Putting the Caliph in His Place: Power, Authority, and the Late Abbasid Caliphate*, Fairleigh Dickinson U. P., 2007.

Hinds, M., “MIḤNA”, in EI^2 VII, 1993, 2b–6b.

Hinz, W., *Islamische Masse und Gewichte*, Leiden, 1955.

Huart, Cl., “Les Mosâfirides de l'Adherbaïdjân”, in A Volume of Oriental Studies (عجب نامه): Presented to Edward G. Browne on his 60th Birthday, ed. T.W. Arnold and R.A. Nicholson, Cambridge U.P., 1922, pp. 228–256.

Justi, F., *Iranisches Namenbuch*, Marburg, 1895.

Kabir, M., “The Function of the Khalifah during the Buwayhid Period (946–1055 A.D.)”, *JAS Pakistan*, 2, 1957, pp. 174–180.

Kabir, M., “The Buwayhids of Jibāl and Rayy A.H. 322–420/A.D. 933~4–1029”, *JAS Pakistan*, 3, 1958, pp. 29–42.

Kabir, M., “The Assumption of the Title of Shahanshah by the Buwayhid Rulers”, *JAS Pakistan*, 4, 1959–60, pp. 41–48.

Kabir, M., “History of the Ziyarids of Tabaristan and Gurgan (927~8–1090~1 A.D.)”, *JAS Pakistan*, 5, 1960a, pp. 1–20.

Kabir, M., “Administration of Justice during Buwayhid's Period (A. D. 946–1055)”, *IC*, 34–1, 1960b, pp. 14–21.

Kabir, M., "A Distinguished 'Alid Family of Baghdād during the Buwayhid Period", *JAS Pakistan*, 9, 1964, pp. 49–58.

Kabir, M., *The Buwayhid Dynasty of Baghdad (334/946–447/1055)*, Calcutta, 1964.

Kennedy, H., *The Prophet and the Age of the Caliphates*, London, 1986.

Kennedy, H., "The late 'Abbāsid pattern, 945–1050", in *The New Cambridge History of Islam*, vol. I, ed. C. F. Robinson, 2010, pp. 360–393.

Khan, M.S., "The Eye-Witness Reporters of Miskawaih's Contemporary History", *IC*, 38–4, Hyderabad, 1964, pp. 295–313.

Khan, M.S., "A Manuscript of an Epitome of al-Ṣābī's Kitāb al-Tāǧī", *Arabica*, 12, 1965, pp. 27–44.

Khan, M.S., "The Personal Evidence in Miskawaih's Contemporary History", *IQ*, 11 –1/2, 1967a, pp. 50–63.

Khan, M.S., "Miskawaih and Ṭābit ibn Sinān", *ZDMG*, 117, 1967b, pp. 303–317.

Khan, M.S., "Miskawayh and Arabic Historiography", *JAOS*, 89, 1969a, pp. 710–730.

Khan, M.S., "The Contents of "The Kitāb at-Tājī" Manuscript of Abū Isḥāq Ibrāhīm aṣ-Ṣābī", *Islamic Studies*, 8, 1969, pp. 247–252.

Khan, M.S., "The Use of Letters and Documents in the Contemporary History of Miskawayh", *IQ*, 14, 1970, pp. 41–49.

Khan, M.S., "The Early History of Zaydī Shī'ism in Daylamān and Gīlān", *ZDMG*, 125, 1975, pp. 301–314.

Khan, M.S., *Studies in Miskawayh's Contemporary History (340–369)*, Ann Arbor, 1980.

Kraemer, Joel L., *Humanism in the Renaissance of Islam: The Cultural Revival during the Buyid Age*, Leiden, 1986 (rep. 1992).

al-Kurwī, I.S., *al-Buwayhiyyūn wa al-Khilāfa al-'Abbāsiyya*, al-Kuwayt, 1982.

Lane, E.W., *Arabic-English Lexicon*, 2 vols., Cambridge, 1984.

Lewis, B., *The Political Language of Islam*, University of Chicago Press, 1988.

Lutz Richter-Bernburg, "Amīr-Malik-Shāhānshāh: 'Aḍud ad-Daula's Titulature Re examined", *Iran*, (*JBIPS*), 18, 1980, pp. 83–102.

Maas, P., *Textual Criticism*, tr. Barbara Flower, Oxford, 1958.

Madelung, W., "Abū Isḥāq al-Ṣābī on the Alids of Ṭabaristān and Gīlān", *JNES*, 26–

1, 1967, pp. 17–57.

Madelung, W., "The Minor Dynasties of Northern Iran", in *The Cambridge History of Iran*, IV, 1975, pp. 198–249.

Madelung, W., "The assumption of the title Shāhānshāh by Būyids and "The reign of the Daylam (Dawlat al-Daylam)"", *JNES*, 28–1/2, 1969, pp. 84–108, 168–183.

Madelung, W., *Arabic texts concerning the History of the Zaydī Imāms of Ṭabaristān, Daylamān and Gīlān*, Beirut, 1987.

Makdisi, G., "The Sunnī Revival", in *Islamic Civilisation 950–1150*, ed., D.E. Richards, Oxford, 1973, pp. 155–168.

Marquart, J., "Beiträge zur Geschichte und Sage von Erān", *ZDMG*, 49, 1895, pp. 628–672.

Marquart, J., *Ērānšahr: nach der Geographie des Ps. Moses Xorenac'i. Mit historisch - kritischem Kommentar und historischen und topographischen Excursen*, Berlin, 1901.

Melchert, Christopher, "Religious Policies of the Caliphs from al-Mutawakkil to al-Muqtadir, A.H. 232–295/A.D. 847–908," *Islamic Law and Society* III, 1996, pp. 316–342.

Melchert, Christopher, *Ahmad ibn Hanbal*, Oxford, Oneworld, 2006

Miles, G. C., *The Numismatic History of Rayy*, New York, 1938.

Miles, G. C., "A Portrait of the Buyid Prince Rukn al-Dawla," *Museum Notes* XI, The American Numismatic Society, 1964, pp. 283–294

Miles, G. C., "Coinage of the Ziyārid Dynasty of Ṭabaristān and Gurgān", *Museum Note*, 18, The American Numismatic Society, 1972, pp. 119–137, 3 plates.

Minorsky, V., *Studies in Caucasian History*, London, 1953.

Minorsky, V., "The Older Preface to the "Shāh-nāma"", in *Studi Orientalistici in Onore di Giorgio Levi Della Vida*, Vol. 2, Roma, 1956, pp. 159–179.

Minorsky, V., "La domination des Dailamites", in *Iranica: Twenty articles*, Tehrān U. P., 1964, pp. 12–30.

Mottahedeh, Roy P., *Administration in the Buyid Kingdom of Rayy*, Ph. D. Thesis, Harvard University, 1969.

Mottahedeh, Roy P., *Loyalty and Leadership in an Early Islamic Society*, Princeton U.P., 1980.

Mottahedeh, Roy P., "A Note on the 'Tasbīb'", in *Studia Arabica et Islamica*,

American University of Beirut, 1981, pp. 347–352.

Nāẓim, M., *The Life and Times of Sulṭān Maḥmūd of Ghazna*, Cambridge U.P., 1931.

Peacock, A., "'UTBĪ'S *AL-YAMĪNĪ*: Patronage, Composition and Reception", *Arabica*, tome LVI–4, 2007, pp. 500–525.

Pourshariati, P., *Decline and Fall of the Sasanian Empire: The Sasanian-Parthian Confederacy and the Arab Conquest of Iran*, London, 2009.

Rabino, L., *Mázandarán and Astarábád*, Gibb Memorial New Series, VII, London, 1928.

Rabino, L., "Les préfets du calīfat au Ṭabaristān, de 18 à 328/639 à 939–940", *JA*, 231, 1939, pp. 237–274.

Rabino, L., "Les dynasties locales du Gīlān et du Daylam", *JA*, 237, 1949, pp. 301–350.

Reynolds, L.D. and Wilson, N.G., *Scribes and Scholars: A Guide to the Transmission of Greek and Latin Literature*, 3rd ed., Oxford, 1991.

邦訳：西村賀子，吉武純夫訳『古典の継承者たち：ギリシア・ラテン語テクストの伝承にみる文化史』国文社，1996 年.

Ross, D., "On Three Muhammadan Dynasties in Northern Persia in the Tenth and Eleventh Centuries", *Asia Major*, 2, 1925, pp. 205–219, 3 plates.

Sato Tsugitaka, *State & Rural Society in Medieval Islam: Sultans, Muqta's & Fallahun*, Leiden, Brill, 1997.

Sayyid, F., "Makhṭūṭāt al-yaman", *Majallat ma'had al-makhṭūṭāt al-'arabiyya*, I–2, 1955, pp. 194–214.

Shaban, M.A., *Islamic History: A New Interpretation 750–1055 (A. H. 132–448)*, vol. 2, Cambridge, 1976.

Siddiqi, A.H., "Caliphate and Kingship in Mediæval Persia", *IC*, 9, 1935, pp. 560–597; 10, 1936, pp. 97–126, 260–279, 390–408; 11, 1937, pp. 37–59.

Spuler, B., *Iran in Früh-Islamischer Zeit: Politik, Kultur, Verwaltung und Öffentliches Leben zwischen der Arabischen und der Seldschukischen Eroberung 633 bis 1055*, Wiesbaden, 1952.

Spuler, B., "The Disintegration of the Caliphate in the East", *The Cambridge History of Islam*, 1A, 1992, pp. 143–174.

Stern, S. M., "The Coins of Āmul," *The Numismatic Chronicle* Seventh Ser., VII, 1967, pp. 205–278.

Strange, G. Le, *The Land of the Eastern Caliphate*, Cambridge, 1905.

Strange, G. Le, *Baghdad during the Abbasid Caliphate*, Connecticut, 1983.

Treadwell, W. L., *The Political History of the Sāmānid State*, Ph. D. Thesis, University of Oxford, 1991.

Treadwell, W. L., *Buyid Coinage: A die corpus*（*322–445 A.H.*）, Oxford, 2001.

Treadwell, W. L., "Shāhanshāh and al-Malik al-Mu'ayyad: The Legitimation of Power in Sāmānid and Būyid Iran" in Farhad, D. and Meri, J.W.（ed.）*Culture and Memory in Medieval Islam: Essays in Honour of Wilferd Madelung*. London, 2003, pp. 318–337.

Vasmer, R., "Die Eroberung Ṭabaristāns durch die Araber zur Zeit des Chalifen al-Manṣūr", *Islamica*, 3, 1922, pp. 86–150.

Vasmer, R., "Zur Chronologie der Ǧastāniden und Sallāriden", *Islamica*, 3, 1922, pp. 165–186.

Whitcomb, Donald S., *The Fārs Hoard: A Būyid Hoard from Fārs Province, Iran*, *Museum Notes* 21, The American Numismatic Society, 1976.

Zaman, M. Q., *Relition & Politics under the Early 'Abbāsids: The Emergence of the Proto-Sunnī Elite*, Leiden, Brill, 1997.

日本語文献

井筒俊彦訳『コーラン』上，中，下巻，岩波書店，1971 年.

菊地達也『イスラーム教「異端」と「正統」の思想史』講談社メチエ，2009 年.

国松孝二他篇『独和大辞典』小学館，2000 年.

窪田治美「10 世紀イラクの地方政権——バリーディー家の場合——」『イスラム世界』第 20 号，1982 年，55–75 頁.

ゲオルグ・オストロゴルスキー『ビザンツ帝国史』和田廣訳，恒文社，2001 年.

高野太輔「10 世紀前半アッバース朝のハージブ職」『イスラム世界』第 37–38 号，1992 年，25–42 頁.

後藤敦子「10–12 世紀における王権の象徴に関する一考察——太鼓の用例を中心として——」『オリエント』第 42 巻第 2 号，1999 年，112–128 頁.

佐藤圭四郎「アッバース朝中期における金銀通貨について」『イスラーム商業史の研究』同朋舎，1981 年，96–119 頁.

佐藤次高「V アラブ（後期）」『アジア歴史研究入門 4　内陸アジア・西アジア』同朋舎，1984 年，555–591 頁.

佐藤次高『中世イスラム国家とアラブ社会』山川出版社，1986 年.
佐藤次高「イスラームの国家と王権」『岩波講座 天皇と王権を考える 1：人類社会の中の天皇と王権』岩波書店，2002 年，235–255 頁.
佐藤次高『イスラームの国家と王権』世界歴史選書，岩波書店，2004 年.
柴山滋「ブワイフ朝以前の大アミールの軍隊構成について」『イスラム世界』49 号，1997 年，19–37 頁.
柴山滋「バリーディー家の軍隊構成について」『オリエント』第 41 巻 1 号，1998 年，78–94 頁.
柴山滋「ズィヤール朝マルダーウィージの軍隊構成について」『オリエント』第 44 巻第 1 号，2001 年，131–144 頁.
柴山滋「大アミール・ナーシル・アッダウラの政策に関する一考察」『人文研紀要』61 号，2007 年，109–130 頁.
柴山滋「大アミール・クールティキーンとイブン・シールザードの政策について」『中央大学アジア史研究』32 号，2008 年，499–521 頁.
柴山滋「大アミールによるカリフ交代に関する一考察——大アミール・トゥーズーンの事例を中心に——」『カルチュール』5 巻 1 号，2011 年，63–77 頁.
嶋田襄平『イスラムの国家と社会』世界歴史叢書，岩波書店，1977 年.
清水和裕「解題」『カリフ宮廷のしきたり』松香堂，2003 年，xvii-xxix 頁.
清水和裕「バフティヤールと呼ばれる男——中世イスラーム世界の名前と宮廷秩序——」『神戸大学史学年報』2005 年，20 号，1–38 頁.
清水和裕『軍事奴隷・官僚・民衆：アッバース朝解体期のイラク社会』山川出版社，2005 年.
清水和裕「10 世紀イラクのアブー・イスハーク・イブラーヒーム文書集にみるアフド文書様式」『史淵』147 号，2010 年，205–233 頁.
清水宏祐「ブワイフ朝の軍隊」『史学雑誌』1972 年，第 81 編第 3 号，66–91 頁.
田村行生「『ホラーサーン統治者の歴史』佚文考（1）」『中央大学アジア史研究』第 31 号，2007 年，96–74 頁.
中町信孝「アイニーの 2 年代記の執筆手順とその史料的価値——『イクド・アル＝ジュマーン』第 17 巻前半部分の出典分析——」『東洋学報』第 86 巻第 4 号，2005 年，031–063 頁.
中町信孝「バフリー・マムルーク朝時代史料としてのアイニーの年代記——ヒジュラ暦 728 年の記述を中心に——」『オリエント』第 46 巻第 2 号，2003 年，134–160 頁.

橋爪烈「アッバース朝カリフとブワイフ朝アミール：大アミールの検討を中心に」修士学位論文，慶應義塾大学，2001年.
橋爪烈「初期ブワイフ朝君主の主導権争いとアッバース朝カリフ――イマーラ，リヤーサ，ムルクの検討を中心に――」『史学雑誌』2003年，第112編第2号，60–83頁.
橋爪烈「ジョン・J・ドノヒュー著『イラクのブワイフ朝334H./945年から403H./1012年――未来に向けた制度の形成――』」『東洋学報』2004年，第85巻第4号，057–064頁.
橋爪烈「Münich 378c写本の著者・題名の確定――『時代の鏡』諸写本との比較から――」『オリエント』2005年，第48巻第1号，140–153頁.
橋爪烈「『時代の鏡』諸写本研究序説」『オリエント』2006年，第49巻第1号，60–87頁.
橋爪烈「ブワイフ朝ジバール政権の対外政策――サーマーン朝との関わりから――」『西南アジア研究』2006年，第65号，21–40頁.
橋爪烈「後ジバール政権の成立」『イスラム世界』2008年，第71号，65–93頁.
橋爪烈「「正統カリフ」概念の形成――スンナ派政治思想史の一断面として――」近藤洋平編『中東の思想と社会を読み解く』2014年，45–73頁.
原山隆広「初期セルジューク朝による支配の正当性の主張――イブン・ハッスール著『トルコ人の優越』の分析――」『オリエント』2007年，第50巻第2号，206–221頁.
本田實信「VI イラン」『アジア歴史研究入門4　内陸アジア・西アジア』同朋舎，1984年，593–662頁.
森本一夫「サイイド系譜文献――新史料類型の紹介――」『アジア・アフリカ歴史社会研究』創刊号，1996年，67–80頁.
森本公誠「IV アラブ（前期）」『アジア歴史研究入門4　内陸アジア・西アジア』同朋舎，1984年，529–554頁.

（本書の刊行にあたっては，平成28年度科学研究費助成事業の研究成果公開促進費〈学術図書〉（課題番号：16HP5096）の助成を受けた.）

ブワイフ朝家系図[1]

- Abū Shujā‘ Buwayh
  - ‘Imād al-Dawla Abū al-Ḥasan ‘Alī (281-338/894-949)
  - Rukn al-Dawla Abū ‘Alī Ḥasan (288-366/900-976)
    - ‘Aḍud al-Dawla Abū Shujā‘ Fanākhusraw (325-372/937-983)
      - Sharaf al-Dawla Abū al-Fawāris Shīrdhīl (351-379/962-989)
        - Abū ‘Alī (-379/989~90)
        - Abū Ḥarb Salār
        - Abū Manṣūr Fanākhusraw
      - Ṣamṣām al-Dawla Abū Kālījār Marzubān (354-388/965-998)
        - Shujā‘ (-388/998)
      - Tāj al-Dawla Abū al-Ḥusayn Aḥmad (-ca. 386/996~7)
      - Ḍiyā‘ al-Dawla Abū Ṭāhir Fayrūzshāh (-379/989~90)
      - Bahā’ al-Dawla Abū Naṣr Fayrūz (361-403/971-1012)
        - Abū Manṣūr Buwayh (-383/994)
        - Sulṭān al-Dawla Abū Shujā‘ Fayrūz (383-415/993-1024)
          - ‘Imād al-Dīn Abū Kālījār Marzubān (399-440/1008-1048)
            - al-Malik al-Raḥīm Abū Naṣr Khusrawfayrūz (-450/1058)
            - ‘Imād al-Dīn Abū Manṣūr Fūlādustūn (-454/1062)
            - Abū Ṭālib Kāmrū
            - Abū al-Muẓaffar Bahrām
            - Abū ‘Alī Kaykhusraw
            - Abū Sa‘d Khusrawshāh
            - *Fulāna* (-440/1048)[2]
            - *Fulāna*[3]
        - Jalāl al-Dawla Abū Ṭāhir Shīrdhīl (383-435/994-1044)
          - al-Malik al-‘Azīz Abū Bakr Manṣūr (-441/1049)
          - Abū Naṣr
          - Khusrawshāh
        - Qawām al-Dawla Abū al-Fawāris (390-419/1000-1028)
        - Musharrif al-Dawla Abū ‘Alī al-Ḥasan (393-416/1002-1025)
        - *Sukayna* (-383/994)[4]
        - *Fulāna*[5]
      - *Fulāna* (-386/996)[6]
      - *Fulāna*[7]
    - Mu’ ayyid al-Dawla Abū Manṣūr Buwayh (330-373/941-984)
      - Abū Naṣr Shahrīsālār (-375/985~6)
    - Fakhr al-Dawla Abū al-Ḥasan ‘Alī (341-387/952-997)
      - Shams al-Dawla Abū Ṭāhir (-412/1021)
        - Samā’ al-Dawla Abū al-Ḥasan (-419/1028)
      - Majd al-Dawla Abū Ṭālib Rustam (383-420/993-1029)
        - Abū Kālījār Fanākhusraw (Sayf al-Mulūk Fakhr dīn Allāh)
        - Abū Dulaf
    - Khusrawfayrūz (-387/997)
      - Fulān
      - Fulān

- Mu‘izz al-Dawla Abū al-Ḥusayn Aḥmad (303-356/915-967)
  - ‘Izz al-Dawla Abū Manṣūr Bakhtiyār (331-367/942-977)
    - I‘zāz al-Dawla Marzubān
    - Abū ‘Abd Allāh al-Ḥusayn
    - Abū al-‘Abbās Salār
    - Abū al-Ḥusayn Aḥmad
    - Abū ‘Alī al-Ḥasan
    - Abū Sahl Kūfhiyār
    - Abū al-Qāsim Absām Ḥusām al-Dawla
    - Abū Naṣr Shāhfayrūz Nūr al-Dawla (-390/1000)
    - *Shāhnāz*[8]
    - *Fulāna*[9]
    - *Fulāna*[10]
  - Sanad al-Dawla Ḥabashī (-369/979)
  - ‘Umdat al-Dawla Abū Isḥāq (342-400/953-1009~10)
  - Abū Ṭāhir (-367/977)
  - *Zubayda*[11]
- *Fulāna*[12]

1 数字は生没年を示し，ヒジュラ暦／西暦の順で記した。Fulān / *Fulāna* は名前不詳の男性／女性を示し，斜体は女性を意味する。

2 al-Qā’im bi-amrillāh の妃

3 Ṭughril Bek の妃

4 al-Qādir billāh と婚姻契約，輿入れ前に死去

5 Muhadhdhib al-Dawla の妃

6 al-Ṭā’i‘ lillāh の妃

7 サーマーン朝君主 Manṣūr b. Nūḥ の妃

8 al-Ṭā’i‘ lillāh の妃

9 Abū Taghlib の妃

10 ‘Imrān b. Shāhīn の妃

11 Mu’ayyid al-Dawla の妃

12 Kāma の妃で，‘Alī b. Kāma の母

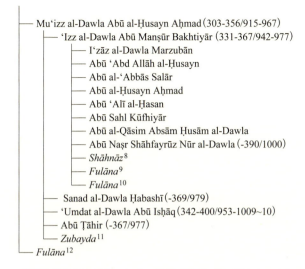

索　引

人名

ア

アスファール・ブン・クルダワイフ Asfār b. Kurdawayh　197–198
アスファール（・ブン・ワンダーフルシード） Asfār b. Wandākhurshīd　90
アッバース（預言者の叔父）al-ʻAbbās b. ʻAbd al-Muṭṭalib b. Ḥāshim　5
アッバース・ブン・アフマド・ハージブ ʻAbbās b. Aḥmad al-Ḥājib　244
アドゥド・アッダウラ ʻAḍud al-Dawla wa Tāj al-Milla Abū Shujāʻ Fanākhusraw b. Rukn al-Dawla　9–10, 13–22, 25, 27–28, 31, 35–36, 38–39, 43–52, 54–70, 72–74, 89–90, 96–99, 101–102, 106–107, 110, 112, 114–115, 118–119, 124, 129–130, 135–136, 138–139, 143–145, 149–171, 174–193, 195–197, 199–205, 208, 212–213, 215, 217–222, 225–227, 233, 237–238, 246, 252, 261, 263, 296–301, 305, 307–311, 314, 317, 319, 328–330, 333–335, 337–339, 341, 343–344, 347–350, 356–357, 359–360
アブー・アブド・アッラー・バリーディー Abū ʻAbd Allāh al-Barīdī　78
アブー・アブド・アッラー・ブン・アッダーイー Abū ʻAbd Allāh b. al-Dāʻī　83
アブー・アブド・アッラー・ブン・フサイン・ブン・アフマド・ハッジャージュ（カナ表記なし）Abū ʻAbd Allāh b. al-Ḥusayn b. Aḥmad al-Ḥajjāj al-Shāʻir　351
アブー・アブド・アッラー・ムハンマド・ブン・アリー・ブン・ハラフ→イブン・ハラフをみよ
アブー・アブド・アッラー・ムーサウィー Abū ʻAbd Allāh al-Mūsawī　183
アブー・アフマド・アラウィー Abū Aḥmad al-ʻAlawī　56
アブー・アフマド・ムーサウィー（ムルタダーおよびラディーの父親）Abū Aḥmad al-Mūsawī　183, 322
アブー・アラー・ウバイド・アッラー・ブン・ファドル Abū ʻAlāʼ Muẓaffar ʻUbayd Allāh b. al-Faḍl b. Naṣr　269–270, 276
アブー・アリー（シャラフ・アッダウラの息子）Abū ʻAlī Ibn Sharaf al-Dawla　226, 231–237, 242–243, 258, 264, 272, 275, 322
アブー・アリー・イブン・アビー・アッライヤーン Abū ʻAlī Ibn Abī al-Rayyān　272
アブー・アリー・イブン・シームジュール Abū ʻAlī Muḥammad b. Muḥammad b. Ibrāhīm Ibn Sīmjūr　315, 327, 353
アブー・アリー・イブン・ムフタージュ Abū ʻAlī Ibn Muḥtāj　121–123, 125–127, 132–133, 135, 137–138, 140–143
アブー・アルアッバース・ターシュ Abū al-ʻAbbās Tāsh　135, 143–144, 311–312, 314–319, 326–327, 329
アブー・アルアッバース・ファイルーザーン・ブン・ハサン・ブン・ファイルーザーン Abū al-ʻAbbās al-Fayrūzān b. al-Ḥasan b. al-Fayrūzān　313, 317
アブー・アルカースィム・アリー・ブン・アフマド・アバルクーヒー Abū al-Qāsim ʻAlī b. Aḥmad al-Abarqūhī　274
アブー・アルカースィム・イブン・シームジュール Abū Abū al-Qāsim Ibn Sīmjūr　327
アブー・アルカースィム・サアド・ブン・ムハンマド Abū al-Qāsim Saʻd b. Muḥammad　191, 193
アブー・アルカースィム・バリーディー Abū al-Qāsim al-Barīdī　81
アブー・アルハサン・アリー・ブン・アフマド・ウマーニー Abū al-Ḥasan ʻAlī b. Aḥmad al-ʻUmānī　196
アブー・アルハサン・イブン・シームジュール Abū al-Ḥasan Muḥammad b. Ibrāhīm Ibn

Sīmjūr　129–130, 135, 138, 312, 314–317
アブー・アルハサン・イブン・ハージブ・アンヌウマーン　Abū al-Ḥasan Ibn Ḥājib al-Nu‘mān　216
アブー・アルハサン・ムアッリム　Abū al-Ḥasan al-Mu‘allim　269, 272, 274–275, 278–280
アブー・アルハッジャージュ・ブン・ザヒール・アッダウラ・ビーストゥーン・ブン・ウシュマキール　Abū al-Ḥajjāj b. Ẓahīr al-Dawla Bīstūn b. Wushmakīr　129, 134–135, 313
アブー・アルファトフ・イブン・アルアミード　Abū al-Fatḥ Ibn al-‘Amīd　46, 56, 106, 315, 347
アブー・アルファドル・イブン・アルアミード→ウスターズ・ライースをみよ　al-Ustādh al-Ra’īs Abū al-Faḍl Ibn al-‘Amīd　55, 95, 320
アブー・アルファドル・シーラーズィー　Abū al-Faḍl al-Shīrāzī　212
アブー・アルファラジュ・ムハンマド・ブン・アリー・ブン・ズィヤール　Abū al-Faraj Muḥammad b. ‘Alī b. Ziyār　269
アブー・アルファラジュ・ムハンマド・ブン・アリー・ハーズィン　Abū al-Faraj Muḥammad b. ‘Alī al-Khāzin　276
アブー・アルファワーリス（ジール or ジバールの太守）Abū al-Fawāris　49
アブー・アルフサイン・ウトビー　Abū al-Ḥusayn ‘Abd Allāh b. Aḥmad al-‘Utbī　312, 315–316, 353
アブー・アルムラッジャー・ブン・ナースィル・アッダウラ　Abū al-Murajjā’ b. Nāṣir al-Dawla　92
アブー・アルアラー・ウバイド・アッラー・ブン・ファドル　Abū al-‘Alā’ ‘Ubayd Allāh b. al-Faḍl　269–270, 294
アブー・アルワファー・ターヒル・ブン・ムハンマド・ブン・イブラーヒーム　Abū al-Wafā’ Ṭāhir b. Muḥammad b. Ibrāhīm　185, 190, 195, 214
アブー・カーリージャール　‘Imād al-Dīn Abū Kālījār b. Sulṭān al-Dawla　17
アブー・カーリージャール・マルズバーン・ブン・アドゥド・アッダウラ→サムサーム・アッダウラをみよ　Abū Kālījār Marzubān b. ‘Aḍud al-Dawla　163, 188, 239
アブー・ガーリブ・ムハンマド・ブン・アリー・ブン・ハラフ　Abū Ghālib Muḥammad b. ‘Alī b. Khalaf　294
アブザーイジー　Abzā‘ijī　91
アブー・サアド・バフラーム・ブン・アルダシール　Abū Sa‘d Bahrām b. Ardashīr　196, 199
アブー・ジャアファル・ウスターズフルムズ→ウスターズフルムズをみよ　Abū Ja‘far Ustādh Hurmuz　194, 206, 241, 243–245, 251, 257, 288–289, 291, 294
アブー・ジャアファル・サイマリー　Abū Ja‘far al-Ṣaymarī　77, 81, 83
アブー・ジャアファル（ダイラムの大ナキーブ）→ウスターズフルムズをみよ　Abū Ja‘far Naqīb al-nuqabā’ al-Daylam　241
アブー・シュジャー・ブワイフ（ブワイフ朝の祖）Abū Shujā‘ Buwayh　31
アブー・タイイブ・ファルハーン・ブン・シーラーズ　Abū al-Ṭayyib al-Farkhān b. Shīrāz　247–248, 251
アブー・タグリブ（ハムダーン朝君主）‘Uddat al-Dawla Abū Taghlib Faḍl Allāh Ghaḍanfar b. Nāṣir al-Dawla　49, 53–54, 59, 170, 309
アブー・ターヒル・ダリーダ・シーリー　Abū Ṭāhir Darīda Shīrī　276
アブー・ドゥラフ・サフラーン　Abū Dulaf Sahlān　49
アブー・ナスル（イブン・サアダーンの父親）Abū Naṣr　196
アブー・ナスル・サーブール・ブン・アルダシール　Abū Naṣr Sābūr b. Ardashīr　274, 276, 280
アブー・ナスル・シャフリーサーラール　Abū Naṣr Shahrīsālār b. Mu’ayyid al-Dawla　305, 325–326
アブー・ナスル・フワーシャーザ　Abū Naṣr Khwāshādhah　184–185, 203–204, 206–208, 214–215, 243, 273

アブー・バクル・イブン・シャーハワイフ Abū Bakr Ibn Shāhawayh　196
アブー・ハルブ・シールジール Abū Ḥarb Shīrzīl b. Abī al-Fawāris　275–278, 280
アブー・マンスール・アフマド・ブン・ウバイド・アッラー・シーラーズィー Abū Manṣūr Aḥmad b. ʻUbayd Allāh al-Shīrāzī　198
アブー・マンスール・イブン・アビー・アルフサイン Abū Manṣūr Ibn Abī al-Ḥusayn　195
アブー・マンスール・ナスル・ブン・ハールーン Abū Manṣūr Naṣr b. Hārūn　181, 184, 187, 204
アブー・マンスール・ムハンマド・アクバル Abū Manṣūr Muḥammad Akbar　210
アブー・ムーサー・シヤーフジール Abū Mūsā Siyāhjīl　291–292
アブー・ムーサー・フワージャ・ブン・シヤーフジャンク Abū Mūsā Khwāja b. Siyāhjank（or Siyāhjīl）　291, 292–294
アブー・ムハンマド・イブン・ヒンドゥー Abū Muḥammad Ibn Hindū　109
アブー・アッライヤーン・ハムド・ブン・ムハンマド Abū al-Rayyān Ḥamd b. Muḥammad　180–181, 190–191, 195, 199, 207
アブサーム・ブン・バフティヤール・イッズ・アッダウラ Abū al-Qāsim Absām b. Bakhtiyār ʻIzz al-Dawla　245, 257, 284, 286
イブン・アブド・アッラッザーク Abū Manṣūr Muḥammad b. ʻAbd al-Razzāq al-Ṭūsī　38–39, 123, 128, 132–133,
アブド・アッラー・マフディー（ファーティマ朝初代カリフ）Abū Muḥammad ʻAbd Allāh（or ʻUbayd Allāh）al-Mahdī billāh　209
アブド・アルアズィーズ・ブン・ユースフ・シーラーズィー→イブン・ユースフをみよ Abū al-Qāsim ʻAbd al-ʻAzīz b. Yūsuf al-Shīrāzī　64, 191, 274
アブド・アルマリク・ブン・ヌーフ（サーマーン朝君主アブド・アルマリクI世，在位343–350/954–961年）ʻAbd al-Malik b. Nūḥ　127–128, 142
アブド・アルマリク・ブン・マーカーン・ブン・カーキー ʻAbd al-Malik b. Mākān b. Kākī　313
アミード・アルジュユーシュ・イブン・ウスターズ・フルムズ ʻAmīd al-Juyūsh Abū ʻAlī al-Ḥasan b. Abū Jaʻfar Ustādh Hurmuz　243, 245–247, 249, 251–252, 257, 282–286, 295, 352
アムル・ブン・ハラフ・ブン・アフマド（サッファール朝君主）ʻAmr b. Khalaf b. Aḥmad al-Ṣaffārī　240
アムル・ブン・ライス（サッファール朝君主）ʻAmr b. al-Layth al-Ṣaffārī　131, 230, 240
アラー・ブン・ハサン Abū al-Qāsim al-ʻAlāʼ b. al-Ḥasan　203–204, 208, 214–215, 230, 232–236, 238–242, 247–248, 251, 253–255, 258, 276, 282
アラム・カフラマーナ ʻAlam al-Qahramāna　78–79
アリー・ザイン・アルアービディーン ʻAlī Zayn al-ʻĀbidīn　211
アリー・ブン・アビー・ターリブ ʻAlī b. Abī Ṭālib Amīr al-Muʼminīn　6, 183, 208
アリー・ブン・カーマ Abū al-Ḥasan ʻAlī b. Kāmah　311, 325–326, 329
アルスラーン・クール Arslān Kūr　94
アルフタキーン・ハージブ Alftakīn al-Ḥājib　128
イスファーヒー・ブン・アーハリーヤール Isfāhī b. Ākharīyār　161
イスファフドゥースト Isfahdūst　78–79, 82–83, 89, 162
イスマーイール・ブン・アフマド（サーマーン朝君主，在位279–295/892–907年）Ismāʻīl b. Aḥmad al-Sāmānī　131
イスマーイール・ブン・マルドゥージーン Ismāʻīl b. Mardūjīn　161
イッズ・アッダウラ・バフティヤール ʻIzz al-Dawla Abū Manṣūr Bakhtiyār b. Muʻizz al-Dawla　17–18, 20, 31, 34, 43–51, 54–56, 59–60, 65–66, 73, 75, 77, 82–83, 86–87, 95–96, 102, 106–107, 111, 113, 119, 129, 155, 164–165, 170, 175, 201–202, 212, 219, 226, 237, 245, 246, 256, 300, 309, 333, 339, 352

イブラーヒーム・ダイラムサファール Ibrāhīm Daylamsafār 220
イブラーヒーム・ブン・アフマド（サーマーン朝君主ヌーフⅠ世の叔父）Ibrāhīm b. Aḥmad al-Sāmānī 122, 126, 140, 143
イブン・アブド・アッラッザーク Abū Manṣūr Muḥammad b. ‘Abd al-Razzāq al-Ṭūsī 38–39, 123, 128, 132–133
イブン・アルアシュカーム Ibn al-Ashkām 133
イブン・イルヤース Abū ‘Alī Muḥammad b. Ilyās 54, 128, 133
イブン・ウクダ Abū al-‘Abbās Aḥmad b. Muḥammad Ibn ‘Uqda 210
イブン・ウザイル ‘Abd Allāh b. ‘Uzayr 315–316
イブン・カラータキーン Manṣūr b. Qarātakīn 102, 104–105, 123–125, 202
イブン・サアダーン Abū ‘Abd Allāh al-Ḥusayn b. Aḥmad（or ‘Abd Allāh）b. Sa‘dān 189–192, 194–197, 199–200, 217
イブン・バキーヤ Abū Ṭāhir Muḥammad b. Baqiyya 48, 60
イブン・ハラフ Abū ‘Abd Allāh Muḥammad b. ‘Alī b. Khalaf 206–207
イブン・バルマワイフ Abū al-Ḥasan Ibn Barmawayh 196–197, 199
イブン・ハムダワイフ al-Muẓaffar Abū al-Ḥasan ‘Ubayd Allāh b. Muḥammad b. Ḥamdawayh 198, 310
イブン・マアルーフ Abū Muḥammad Ibn Ma‘rūf 55, 184, 205, 322
イブン・マクラム Ibn Makram 247
イブン・ユースフ Abū al-Qāsim ‘Abd al-‘Azīz b. Yūsuf al-Shīrāzī 64, 191, 194–200, 207, 274
イブン・ラーイク（大アミール）Abū Bakr Muḥammad b. Rā’iq Amīr al-Umarā’ 4, 26, 30–31, 65
イブン・ルーズマーン Abū Ja‘far Ibn Rūzmān 129
イマード・アッダウラ ‘Imād al-Dawla Abū al-Ḥasan ‘Alī b. Buwayh iii, 3, 13, 15, 19, 21, 26–27, 31–35, 37–43, 45–46, 48, 52, 58, 69, 71, 76, 81, 84, 86–87, 96–102, 107, 109–111, 119–124, 126, 133–135, 137–140, 161, 221, 227, 237, 252, 258, 298, 333
イムラーン・ブン・シャーヒーン Mu‘īn al-Dawla ‘Imrān b. Shāhīn 49
ウシュマキール・ブン・ズィヤール（ズィヤール朝君主）Wushmakīr b. Ziyār 32, 54, 120–121, 123, 125, 129–130, 133–136, 141, 162–163, 188
ウスターズフルムズ Abū Ja‘far Ustādh Hurmuz b. al-Ḥasan al-Daylamī 194, 206, 241, 243–245, 251, 257, 288–289, 291, 294
ウスターズ・ライース・アブー・アルファドル・イブン・アルアミード al-Ustādh al-Ra’īs Abū al-Faḍl Ibn al-‘Amīd 55, 57, 95, 103–114, 127, 252, 321, 346, 349
ウッダト・アッダウラ→アブー・タグリブをみよ ‘Uddat al-Dawla 49
ウバイド・アッラー・アアラジュ・ブン・ザイン・アルアービディーン ‘Ubayd Allāh al-A‘raj b. ‘Alī Zayn al-‘Ābidīn 211
ウバイド・アッラー・マフディー→アブド・アッラー・マフディーをみよ ‘Ubayd Allāh al-Mahdī billāh
ウマル・ブン・ヤフヤー（ムハンマド・ブン・ウマルの父）Abū ‘Alī ‘Umar b. Yaḥyā b. al-Ḥusayn 209–211
ウームカル Ūmkar 161

カ

カーイム・ビ・アムリッラー（アッバース朝26代カリフ 在位422–467/1031–1075年）al-Qā’im bi-amrillāh 6, 364
カーシャーニー Abū al-Faḍl al-Qāshānī 142
カーディル・ビッラー（アッバース朝25代カリフ 在位381–422/991–1031年）al-Qādir billāh 6, 262, 272, 274–275
カーヒル・ビッラー（アッバース朝19代カリフ 在位320–322/932–934年）al-Qāhir billāh 230–231
カーブース・ブン・ウシュマキール（ズィヤー

ル朝君主）Qābūs b. Wushmakīr　135, 143–144, 165–167, 200, 300, 308, 310–315, 326–328, 353
カーフール（イフシード朝の執権者）Abū al-Misk Kāfūr al-Ikhshīdī　54
カラータキーン・ジャフシヤーリー Qarātakīn al-Jahshiyārī　202
クールキール Kūrkīr　80–82, 94
クールキール・ブン・ジュスターン Kūrkīr b. Justān　183–184, 187, 201

サ

サアーダ Sa‘āda　242
サアド・アッダウラ（ハムダーン朝君主）Sa‘d al-Dawla b. Sayf al-Dawla　274
ザイド・シャヒード Zayd al-Shahīd b. ‘Alī b. al-Ḥusayn b. ‘Alī b. Abī Ṭālib　208, 210–211
サイフ・アッダウラ（ハムダーン朝アレッポ政権の君主）Sayf al-Dawla ‘Alī b. ‘Abd Allāh b. Ḥamdān　53
サナド・アッダウラ・ハバシー・ブン・ムイッズ・アッダウラ Sanad al-Dawla Abū Ḥarb Ḥabashī b. Mu‘izz al-Dawla　83
サーヒブ・イブン・アッバード Ṣāḥib Abū al-Qāsim Ismā‘īl b. ‘Abbād b. al-‘Abbās　184, 190, 300–307, 312, 318–330, 335
サブクタキーン（ムイッズ・アッダウラのグラーム）Sabuktakīn　33, 65, 84–86, 91–92, 103–104, 107, 113
サラーハンク・ブン・シヤーフジーク（シヤーフジール）・ジーリー Sarāhank b. Siyāhjīk (Siyāhjīl) al-Jīlī　162, 244
サムサーム・アッダウラ Ṣamṣām al-Dawla Shams al-Milla Abū Kālījār Marzubān b. ‘Aḍud al-Dawla　14–15, 17–18, 20–21, 64, 73, 161–163, 171, 175, 177–182, 184–202, 205–208, 214, 216–221, 225–226, 228–248, 251–255, 257–259, 263–264, 269–270, 272–273, 276–277, 279, 282–284, 286–287, 297, 299, 322, 330, 335–336, 342
シャーフィイー（シーア派の人物）al-Shāfi‘ī Ra’īs al-Shī‘ī　78–79
シヤーフジーク→シヤーフジールをみよ Siyāhjīk　162
シャーフジール・ブン・ハルーシンダーン Shāhjīl b. Harūsindān　72, 161–164, 167–168, 188, 193, 200, 219, 242, 245, 292
シャーブシュティー al-Shābushtī　184
シャーフファイルーズ・ブン・バフティヤール・イッズ・アッダウラ Abū Naṣr Shāhfayrūz b. Bakhtiyār ‘Izz al-Dawla　244–245, 257, 284, 288–289
シャーフファイルーズ・イブン・ビント・マルカー・ブン・ワンダーフルシード Shāhfayrūz Ibn bt. Malkā b. Wandākhurshīd　244
シャフリーサーラール（ムアイイド・アッダウラの息子）Abū Naṣr Shahrīsālār b. Mu’ayyid al-Dawla Buwayh　305, 325–326
シヤーマルド・ブン・バルジャアファル Siyāmard b. Balja‘far　247
シャラフ・アッダウラ Sharaf al-Dawla Abū al-Fawāris Shīrdhīl　14–15, 17–18, 20, 56, 162, 175, 177–187, 189, 191–195, 199–208, 214–221, 225–232, 234–237, 240–243, 246, 252, 258, 263–265, 271–273, 275, 297–299, 317, 322, 335–336, 338
ジャラール・アッダウラ Jalāl al-Dawla Abū Ṭāhir Shīrdhīl　17, 281
シャリーフ・ムルタダー al-Sharīf al-Murtaḍā　183
シャリーフ・ラディー al-Sharīf al-Raḍī　183
シュクル・ハーディム Abū al-Thanā’ Shukr al-Khādim　178–180, 185, 187, 189, 192
シーラジュ・ブン・ライリー Shīraj b. Laylī　161
シーランジーン・ブン・ジャリース Shīranjīn b. Jalīs　87, 98–99, 101, 161
シールジール・アワンダーン（ブワイフ家の祖先）Shīrzīl Awandān　159
シールジール・ブン・ワフリー Shīrzīl b. Wahrī　91, 93
ズィヤール・ブン・シャフラークワイフ・ブン・ハルーシンダーン Ziyār b. Shahrākwayh

b. Harūsindān　162, 167, 171, 189, 191, 193–194, 197, 199, 245
ズィヤール・ブン・ワルダーンシャー　Ziyār b. Wardānshāh　161
スルターン・アッダウラ　Sulṭān al-Dawla Abū Shujā‘ Fayrūz　17

タ

ターイー（アッバース朝 24 代カリフ，在位 363–381/974–991 年）al-Ṭā’i‘ lillāh　48, 55, 59, 65–68, 139, 170, 198, 216, 272, 274–275, 279, 300, 309, 352, 360
タージュ・アッダウラ　Tāj al-Dawla Abū al-Ḥusayn Aḥmad　180, 188, 192–193, 198, 204, 207, 231, 234, 299
ターシュ　Ḥusām al-Dawla Abū al-‘Abbās Tāsh　135, 143–144, 311–312, 314–319, 326–327, 329
ターシュタム　Ṭāshtam　55
ターヒル・ジーリー　Ṭāhir al-Jīlī　102
ターヒル・ブン・ハラフ（サッファール朝王族）Ṭāhir b. Khalaf al-Ṣaffārī　291–295
ダラジー　Abū al-Qāsim al-Dalajī　242, 248, 251
ダレイオス　Dareios　36
ティージャースフ・ブン・ハスナワイフ　Tījāsuf b. Ḥasanwayh　161
ティムルターシュ　Timurtāsh　240–242, 244, 248
ディヤー・アッダウラ　Ḍiyā’ al-Dawla Abū Ṭāhir Fayrūz　188, 192–193, 198, 204, 231, 233–234, 238, 299, 322
トゥガーン・ハージブ　Abū Ḥarb Ṭughān al-Ḥājib　202, 263, 269–270, 276, 284
トゥーズーン（大アミール）Abū al-Wafā’ Tūzūn Amīr al-Umarā’　33, 103, 380

ナ

ナースィル・アッダウラ（ハムダーン朝君主/大アミール）Nāṣir al-Dawla al-Ḥasan b. ‘Abd Allāh b. Ḥamdān　53, 91–92
ナスル・ブン・アフマド（サーマーン朝君主ナスル II 世，在位 301–331/914–943 年）Naṣr b. Aḥmad al-Sāmānī　98–99
ナスル・ブン・ハサン・ブン・ファイルーザーン　Naṣr b. al-Ḥasan b. al-Fayrūzān　313
ナフリール　Naḥrīr al-khādim　229, 265
ニクフール（ニケフォロス・フォーカス），（ビザンツ皇帝，在位 963–969 年）Nikfūr Malik al-Rūm（Nicephorus）　54
ヌーフ・ブン・ナスル（サーマーン朝君主ヌーフ I 世，在位 331–343/943–954 年）Nūḥ b. Naṣr　27, 33, 121–126, 133, 136–138, 140–143
ヌーフ・ブン・マンスール（サーマーン朝君主ヌーフ II 世，在位 365–387/976–997 年）Nūḥ b. Manṣūr al-Sāmānī　128–129, 139, 143–144, 305, 311–312, 314–316

ハ

バーウ（バーワンド族の祖）Bāw　161
バクラーン　Abū Shujā‘ Bakrān b. Abī al-Fawāris　272–273, 275–280
バクル・ブン・マーリク・ファルガーニー・アブー・サイード　Abū Sa‘īd Bakr b. Mālik al-Farghānī　125, 127, 132, 138, 141–143
ハサナカイフ　Ḥasanakayh　161
ハサナワイフ　Abū al-Fawāris Ḥasanawayh b. al-Ḥusayn al-Barzikānī　54, 310
ハサン・ブン・イムラーン　Ḥasan b. ‘Imrān　49
ハサン・ブン・ファイルーザーン　al-Ḥasan b. al-Fayrūzān　54, 123, 129, 134–136, 165, 307, 313
ハサン・ブン・ファナーフスラフ　Ḥasan b. Fanākhusrah　93
バジュカム（大アミール）Abū al-Ḥusayn Bajkam Amīr al-Umarā’　76
バドル・サアディー　Badr al-Sa‘dī　274
バドル・ブン・ハサナワイフ　Abū al-Najm Badr b. Ḥasanawayh al-Barzikānī　324
バハー・アッダウラ　Bahā’ al-Dawla Abū Naṣr Fayrūz　9, 14–15, 17–18, 20, 74, 173, 191, 207, 216, 225–228, 233–234, 237, 239, 241, 243, 245, 247–249, 251–252, 254, 257, 261–289, 291–298, 322–324, 333–334, 336–340, 342–344, 352, 358

バフティヤール→イッズ・アッダウラをみよ
Bakhtiyār　17, 20, 31, 237, 245, 348, 380
バフラーム・ジュール（サーサーン朝皇帝バフラーム5世，在位420–438年）Bahrām Jūr　110, 150, 154, 159–160, 168, 196, 199, 348
ハラフ・ブン・アフマド（サッファール朝君主）Khalaf b. Aḥmad al-Ṣaffārī　240, 244, 293
ハルーシンダーン（・ブン・ティダーイー）・ブン・シールザード Harūsindān（b. Tidā'ī）b. Shīrzād　161–162, 167–168, 194, 245, 292
ハールーン・ブン・ガリーブ Hārūn b. Gharīb　29
ビーストゥーン・ブン・ウシュマキール Ẓahīr al-Dawla Bīstūn b. Wushmkīr b. Ziyār　129, 134–135, 313
ファーイク Fā'iq　311, 315–316, 326
ファトフ・ラシュカリー Fatḥ Lashkarī　94
ファナーフスラフ→ファナーフスラウ Fanākhusrah → Fanākhusraw　93
ファフル・アッダウラ Fakhr al-Dawla Abū al-Ḥasan 'Alī b. Rukn al-Dawla　15, 18, 31, 44, 50, 54, 73, 118, 135–136, 143–144, 154, 165–167, 170, 175, 177, 190, 195, 198, 200, 204, 206, 221, 234–235, 261, 267 273, 300–321, 323–330, 335, 338, 350
ファフル・アルムルク Fakhr al-Mulk Muḥammad b. 'Alī b. Khalaf　358
フサイン・ブン・アリー・ファッラーシュ al-Ḥusayn b. 'Alī al-Farrāsh　271, 273
フサイン・ブン・アブー・マンスール・ファッダーン Ḥusayn b. Abū Manṣūr al-Faddān　211
フサイン・ブン・アリー・ブン・アビー・ターリブ Ḥusayn b. 'Alī b. Abī Ṭālib　208
フサイン・ブン・イムラーン Ḥusayn b. 'Imrān b. Shāhīn　212–213
フスラウ・ファイルーズ Khusraw Fayrūz b. Rukn al-Dawla　300, 304–305
ブッラカー（・ブン・ワンダーフルシード）Bullakā b. Wandākhurshīd　56, 89–90, 94–95, 102, 106, 112
ブフタキーン・アーザードゥルワイフ Bukhtakīn Āzādruwayh　113
フマールタキーン・ヒフスィー Khumārtakīn al-Ḥifṣī　274
フーラード・ブン・マーナーズィル Najm al-Dawla Abū Naṣr（Abū Manṣūr）Fūlād(h) b. Mānādhir　198–199, 231, 233, 235, 238–240, 242, 251, 254
ブーラリーシュ Būrarīsh　84–86, 89, 91
フルシード・クーフィー・ダイラミー Khurshīd al-Kūfī al-Daylamī　79
ブンダール Bundār　230
母后（サムサーム・アッダウラの母親）ビント・シャーフジール・ブン・ハルーシンダーン Bt. Shāhjīl b. Harūsindān　196–197, 199–200, 207, 242, 255

マ

マウドゥード・ブン・マスウード・ブン・マフムード（ガズナ朝君主）Mawdūd b. Mas'ūd b. Maḥmūd Ghaznī　364
マーカーン・ブン・カーキー Abū Manṣūr Mākān b. Kākī　71, 127, 135, 313
マークルド・ダイラミー Mākurd al-Daylamī　30
マスタル・ブン・フィールマルド Mastar b. Fīlmard　161
マーナーズィル・ブン・ジュスターン Abū al-Fawāris Mānādhir b. Justān　49, 72, 166–167, 189, 192, 198, 238
マヌージフル・ブン・カーブース Manūjihr b. Qābūs　313
マフムード・ブン・サブクタキーン（ガズナ朝君主）Sulṭān Yamīn al-Dawla wa Amīn al-Milla Abū al-Qāsim Maḥmūd b. Sabuktakīn　262, 353
マリク・ラヒーム al-Malik al-Raḥīm　17
マルズバーン・ブン・ムハンマド・ムサーフィル Marzubān b. Muḥammad Musāfir　84, 124
マルダーウィージュ・ブン・ズィヤール（ズィヤール朝君主）Mardāwīj b. Ziyār　31, 33, 71–72, 87, 120–121, 134, 162
マンスール・ブン・カラータキーン・イスフィ

ーヤービー　→イブン・カラータキーンをみよ　Manṣūr b. Qarātakīn al-Isfīyābī　123
マンスール・ブン・ヌーフ（サーマーン朝君主マンスールⅠ世，在位 350–365/961–976 年）Manṣūr b. Nūḥ al-Sāmānī　128, 133, 138–139, 315
ムアイイド・アッダウラ　Mu'ayyid al-Dawla Abū Manṣūr Buwayh b. Rukn al-Dawla　15, 31, 44, 143–145, 162, 165, 170–171, 189, 191, 193, 299–308, 310–311, 313–316, 319–321, 325–330, 335
ムイッズ・アッダウラ　Mu'izz al-Dawla Abū al-Ḥusayn Aḥmad b. Buwayh　iii, 3–4, 13, 17, 20, 26, 31–34, 37–45, 49, 53, 59, 69, 72–97, 100–104, 111, 113–115, 119–120, 123–126, 142, 162, 212, 221, 227, 290, 298, 320, 333, 339, 352
ムイッズ・リディーン・アッラー・アラウィー　Mu'izz li-dīn Allāh al-'Alawī　79
ムイーン・アッダウラ→イムラーン・ブン・シャーヒーンをみよ　Mu'īn al-Dawla　49
ムカッラド（ウカイル朝君主）al-Muqallad b. al-Musayyib al-'Uqaylī　272, 277
ムクタディー・ビ・アムリッラー（アッバース朝 27 代カリフ，在位 467–487/1075–94 年）al-Muqtadī bi-amrillāh　350
ムクタフィー・ビッラー（アッバース朝 17 代カリフ，在位 289–295/902–908 年）al-Muktafī billāh　131
ムサーフィル・ブン・サフラーン　Abū al-'Abbās Musāfir b. Sahlān　92
ムーサー・ブン・ファヤーザ（ムーサー・ファヤーザ）Mūsā b. al-Fayādhah　89–90
ムシャッリフ・アッダウラ　Musharrif al-Dawla Abū 'Alī al-Ḥasan　17
ムスタクフィー・ビッラー（アッバース朝 22 代カリフ，在位 333–334/944–946 年）al-Mustakfī billāh　33, 38, 78–80
ムスタズヒル・ビッラー（アッバース朝 28 代カリフ，在位 487–512/1094–1118 年）al-Mustaẓhir billāh　356
ムタッハル・ブン・アブド・アッラー　al-Muṭahhar b. 'Abd Allāh　155–157, 171, 180, 212–213
ムッタキー・リッラー（アッバース朝 21 代カリフ，在位 329–333/940–944 年）al-Muttaqī lillāh　32
ムティー・リッラー（アッバース朝 23 代カリフ，在位 334–363/946–974 年）al-Muṭī' lillāh　34, 35, 38, 79, 81, 83–84, 91, 134, 138, 140, 141, 155, 352
ムーニス・ムザッファル　Abū al-Ḥasan Mu'nis al-Muẓaffar　29
ムハッスィン・ブン・イブラーヒーム・サービー　Ṣāḥib al-Shāma Abū 'Alī al-Muḥassin b. Ibrāhīm al-Ṣābi'　352
ムハッラビー　Abū Muḥammad al-Ḥasan b. Muḥammad al-Muhallabī　57, 89–91, 346
ムハンマド（預言者）Rasūl Allāh Muḥammad b. 'Abd Allāh b. 'Abd al-Muṭṭalib　ii, 5–6, 25
ムハンマド・ファッラーシュ　Muḥammad al-Farrāsh　230, 246
ムハンマド・ブン・アブド・アッラッザーク→イブン・アブド・アッラッザークをみよ　Abū Manṣūr Muḥammad b. 'Abd al-Razzāq al-Ṭūsī
ムハンマド・ブン・イルヤース　Muḥammad b. Ilyās　54, 128, 133
ムハンマド・ブン・ウマル　Abū al-Ḥasan Muḥammad b. 'Umar　55, 183–185, 203, 205, 208–215, 218, 220–221, 321
ムハンマド・ブン・サーリフ・イブン・ウンム・シャイバーン　Muḥammad b. Ṣāliḥ Ibn Umm Shaybān　213
ムハンマド・ブン・マーカーン・ブン・カーキー　Muḥammad b. Mākān b. Kākī　36, 102, 127
ムワッファク・アブー・アリー・イブン・イスマーイール　al-Muwaffaq Abū 'Alī Ibn Ismā'īl　248, 283, 285–295

ヤ

ヤークート　Yāqūt　102
ヤナール・クーシャ　Yanāl Kūsha　82, 94
ユースフ・ブン・アビー・アッサージュ

Yūsuf b. Abī al-Sāj 28

ラ

ライリー・ブン・ヌウマーン Laylī b. al-Nu'mān 154
ライリー・ブン・ムーサー・ブン・ファヤーザ Abū al-'Abbās Laylī b. Mūsā b. al-Fayādhah 89, 93
ラシュカルシターン・ブン・ザキー Lashkarsitān b. Dhakī 92, 243, 248, 276
ラシュカルワルズ Lashkarwarz 92
ラシュカルワーン Lashkarwān 161–162
ラディーウ（アブー・アルカースィム）Abū al-Qāsim al-Raḍī' 232–233, 242, 251, 254–255
ラーディー・ビッラー（アッバース朝 20 代カリフ，在位 322–329/934–940 年）al-Rāḍī billāh 4, 30
ルクン・アッダウラ Rukn al-Dawla Abū 'Alī Ḥasan b. Buwayh iii, 3, 13, 18, 21, 31–35, 37–48, 50, 52, 54, 56–58, 60, 69, 73, 75, 78, 84–87, 90, 95, 97, 101–104, 106–112, 114, 119–127, 129–130, 133–136, 138, 141–144, 154, 163, 168, 170, 221, 227, 302, 307–309, 320, 325, 333, 339, 348, 359
ルースターバーシュ Rūstābāsh 76–78
ルーズビハーン・ブン・ワンダーフルシード・ダイラミー Rūzbihān b. Wandākhurshīd al-Daylamī 56, 72, 74–76, 81, 85, 88–96, 102, 106, 112, 114, 244
ルーズビフ Rūzbih 230

ワ

ワクバート・ブン・バルカースィム・ブン・ファイルーザーン Wakbāt b. Balqāsim b. al-Fayrūzān 313
ワフスーダーン・ブン・ムハンマド・ブン・ムサーフィル Abū Manṣūr Wahsūdhān b. Muḥammad b. Musāfir 160

アルファベット

Abū Isḥāq al-Ṣābi' 48, 59–61, 150, 152–153, 155–158, 160, 164, 167–168, 183, 188, 216–217, 303, 323, 349–353, 357–359
al-Hamadānī, Abū al-Ḥasan Muḥammad b. 'Abd al-Malik b. Ibrāhīm b. Aḥmad 356, 372
al-Khaṭīb al-Baghdādī 209, 368
al-Rūdhrāwarī, Ẓahīr al-Dīn Abū Shujā' Muḥammad b. al-Ḥusayn 242, 254, 255, 257, 283, 349–350, 367–368
Bosworth, C. E. 74–75, 118, 192, 263
Bowen, H. 7
Busse, H. 7–9, 16, 18–19, 21, 41, 74, 177, 182, 195, 202, 218, 262, 301, 319
Donohue, J. 7, 16, 20–21, 36, 74, 179, 185, 189, 193, 202, 262, 277, 342
al-Gardīzī, Abū Sa'īd 'Abd al-Ḥayy Ibn al-Ḍaḥḥāk b. Maḥmūd 364
Ghars al-Ni'ma Abū al-Ḥasan Muḥammad b. Hilāl al-Ṣābi' 355
Hilāl al-Ṣābi' 48, 59, 64, 156–157, 164, 213, 246, 268, 272, 279, 302–303, 306, 320, 323, 340, 346, 349–352, 355–356, 358–359, 362
Ibn al-Athīr, 'Izz al-Dīn Abū al-Ḥasan 'Alī b. Muḥammad 362
Ibn al-Jawzī, Jalāl al-Dīn Abū al-Faraj 'Abd al-Raḥmān b. 'Alī b. Muḥammad 361
Ibn Ḥassūl 154
Justi 81, 92, 243
Kabir 7, 16, 18, 20–21, 73–75, 118, 150, 262–263
Kennedy, H. 7–10, 13, 107, 118, 236, 301, 338
Khan, M.S. 51, 108, 153, 158–159, 162, 194, 345–346
Margoliouth, David Samuel 345–346, 349, 358
Madelung, W. 150, 153, 157–160, 168
Minorsky, V. 8, 75, 150, 160, 256
Miskawayh, Abū 'Alī Aḥmad b. Muḥammad b. Ya'qūb 43, 45, 48, 51, 53, 55–57, 67, 94, 101, 104, 108, 112, 114, 176, 304, 347–349, 357
Mottahedeh, P. 40–41, 100, 301
al-Muqaddasī 139
Procopius 150
al-Qalqashandī, Shihāb al-Dīn Aḥmad 217
al-Sallāmī 362, 364

Shaban, A.　8, 10
Sibṭ Ibn al-Jawzī　268, 355, 360–361
al-Tanūkhī　51, 185, 210, 322, 360, 370
Abū al-Ḥasan Thābit b. Sinān　43, 209, 347, 351, 355–356, 362
Treadwell, W. L.　27, 32, 51, 61, 118, 139–140, 186, 299
al-'Utbī, Abū Naṣr Muḥammad b. 'Abd al-Jabbār　353
Yaḥyā b. Sa'īd b. Yaḥyā al-Antākī　357
Yāqūt al-Ḥamawī, Shihāb al-Dīn Abū 'Abd Allāh Ya'qūb b. 'Abd Allāh al-Rūmī　357–358
al-Yūnīnī, Quṭb al-Dīn Abū al-Fatḥ Mūsā b. Muḥammad　355

地名

ア

アスカル・ムクラム　'Askar Mukram　243, 247, 251, 259
アスタラーバード　Astarābād　50, 310
アスファラーイーン　Asfarā'īn（Isfarā'īn）　305
アゼルバイジャン　Ādharbāyjān　28, 84, 124, 328
アッラジャーン　Arrajān　28, 32, 35, 42, 81, 232–233, 239, 242, 257, 259, 264, 271, 273, 286, 322
アッラーン　Arrān　124
アバーダーン　'Abādān　272
アバルクーヤ（アバルクーフ）Abarqūya　274, 288, 289, 259, 274
アビーヴァルド　Abīvard　316
アブフル　Abhur　29
アフワーズ　Ahwāz　32, 76, 81, 88, 90–91, 94, 113, 193, 198–199, 204, 206–207, 233, 242, 257, 259, 263, 267, 269, 272–273, 276, 282, 299, 317, 322–325, 350
アルボルズ山脈　Alborz　310
アルメニア　Armenia　28, 124
アレッポ　Aleppo（Ḥalab）　274, 358
アンバール　Anbār　214
イスタフル　Iṣtakhr　37, 87, 129, 259, 320
イスファハーン　Iṣfahān　28, 32, 33, 36, 107, 120–121, 127, 141, 154, 170, 188, 259, 308, 320, 326, 329, 348
イラク　'Irāq　i-iii, 3, 7–10, 13–14, 16–22, 26, 29, 36–37, 47–48, 50, 56, 59–62, 64, 72, 75–78, 80, 86–90, 106, 111, 117, 120, 152, 156–157, 164, 175, 178, 180, 186, 192, 199–201, 203–209, 214–218, 220–221, 225–228, 233, 236–238, 245–246, 252–253, 258–259, 261–265, 267, 281–282, 288–289, 297–299, 301, 322–324, 329, 335–336, 338–344, 347, 350, 352–353, 357, 360, 379–381
イラン　Iran　ii–iii, 3, 7, 9, 11, 14, 19, 26, 81, 111, 127, 341, 343–344, 346, 364–365, 381
ウブッラ　Ubulla　90
エジプト　Egypt　iii, 52–54, 352, 357–358
オマーン　'Umān　63, 186, 194, 205–206, 243

カ

カスピ海南岸　the southern coast of the Caspian Sea　iii, 3, 63, 71, 135–136, 165–166
カビール砂漠　ṣakhrā' Kawīr　127
カルミーシーン　Qarmīsīn　50, 350
キルマーン　Kirmān　35, 37, 59–60, 63, 88, 128, 139, 175, 177–180, 182–183, 185–187, 189, 191–192, 200–202, 219–220, 225–226, 240–241, 244–245, 249–250, 256–257, 259, 261, 281, 287–297, 299, 335–336, 338–339, 352
キンキワル　Kinkiwar　350
クーファ　al-Kūfa　208, 210–212, 214, 220, 259

サ

サイマラ　Ṣaymara　77
サガーニヤーン　Ṣaghāniyān　118, 132
サクイ・アルフラート　Saqy al-Furāt　214
サールース　Sālūs　134
サワード　Sawād　89, 208–209, 211, 214, 220
ザンジャーン　Zanjān　29
ジバール（地方）Jibāl　3, 7, 8, 10, 15, 18, 22, 31–32, 37, 43, 49, 62–63, 72, 77, 87, 102–103, 118–131, 134–138, 142, 165, 171, 175, 190, 221,

259, 299–301, 308–309, 330, 335, 338–341, 343–344, 350
ジャズィーラ（地方） al-Jazīra　49, 63–64, 164, 196, 200
ジャズィーラト・イブン・ウマル Jazīrat Ibn ʻUmar　362
ジャンナーバ Jannāba　35, 259
ジュナイド砦 qalʻat Junayd　246, 284
ジュルジャーン Jurjān　101, 117, 123, 125, 127, 129, 131, 134, 136, 162, 171, 189, 191, 193, 200, 299–300, 302, 305–306, 310, 316–319, 321, 326–327
ジュワイム・シーフ Juwayh al-Sīf　247
ジュンダイサーブール Jundaysābūr　247, 259
シーラジャーン Shīrajān　259
シーラーズ Shīrāz　8, 19, 26, 31–32, 35, 39, 47, 56, 62, 89, 94–95, 97, 102, 106, 112, 120, 124, 179, 181, 183–184, 193–194, 201–205, 208, 218–220, 225–226, 231–233, 235–236, 238, 240–242, 247, 255, 259, 264, 279, 282, 286–289, 291, 294
シーラーフ Sīrāf　35, 62, 183, 204, 226, 231, 235–236, 247, 259, 322
シリア Syria　i, iii, 26, 28, 357
ジールフト Jīruht　244, 259, 292
スィンド Sind　245, 249
スーク・アルアフワーズ Sūq al-Ahwāz　299
スース Sūs　78, 247, 259, 269

タ

ダイラム地方 Daylam　71, 84, 104, 107, 134, 150, 159, 247, 288, 310, 343
ターク門地区 Bāb al-Ṭāq　78
タクリート Takrīt　194
タバリスターン Ṭabaristān　37, 123, 125, 134–135, 171, 300, 310, 326, 328, 334
ダームガーン Dāmghān　38–39, 129
ダーラーブジルド Dārābjird　259
ダールジーン Dārjīn　259, 294
タールム Tārum　124
ディーナワル Dīnawar　50, 84, 308
テヘラン Tehrān　354
トゥース Ṭūs　123, 132
トゥスタル Tustar　250, 259, 269, 299
トゥライシース Turaythīth　129

ナ

ナイサーブール Naysābūr　127, 129, 131, 305, 311, 315–318
ナウバンダジャーン Nawbandajān　239, 259
ナサー Nasā　316
ナハーワンド Nahāwand　92, 300
ナフル砦 qalʻat Nahr　231
ナルマーシール Narmāshīr　244, 259

ハ

バグダード Baghdād　iii, 3–4, 7–8, 16–17, 21, 26, 29, 33–34, 42, 49, 55–56, 60, 64–65, 76, 78, 82, 84, 86–88, 91–92, 113, 117, 142, 149, 156–157, 162, 170–171, 175, 177–179, 182–184, 187, 190–191, 193–194, 198, 200–201, 204–205, 208, 210, 212–215, 217–219, 225–226, 229, 234, 236, 238, 252–253, 259, 262, 264, 266, 268, 273–274, 276, 280, 282, 286, 297, 299, 318, 320–324, 326, 328–330, 335, 339, 348, 358, 361
バスラ al-Baṣra　76–77, 81, 83, 193, 204, 207, 231, 234, 243, 248, 251, 259, 271–273, 276, 299
バティーハ al-Baṭīḥa　49, 54, 88–89, 94, 171, 212, 283, 309
ハマダーン Hamadhān　50, 103–104, 171, 267, 300, 308–310, 321, 350
バム Bamm　259, 294
バルダシール Bardashīr　241, 259, 289
バルフ Balkh　316, 358
ヒート Hīt　214
ファサー Fasā　32, 35, 245, 249–250 255–257, 259
ファールス（地方） Fārs　iii, 3, 7–8, 10, 14–15, 22, 28, 32, 35, 38–39, 46, 52, 58, 61–63, 71–73, 86–87, 90, 95, 97, 101–103, 106–107, 109, 111, 120, 124, 129, 144, 149, 173, 175, 177–178, 180, 182, 183, 186–187, 192–194, 200, 202–206, 208, 213–216, 220–221, 225–240, 243, 245–250, 252–253, 257–259, 261–264, 269–284, 276, 280–283, 286–289, 291, 294–299, 308, 317, 329, 333–336,

338–344, 350, 352
フェルガナ Farghāna 132
フズー Huzū 35, 259
フージスターン Khūzistān 63, 186, 225–226, 247, 249–250, 254, 257, 259, 261, 269, 282, 297, 299, 322
ブハラ Bukhārā 128, 144, 305, 315
フルワーン Ḥulwān 104
フワーラズム Khwārazm 133
ベイルート Bayrūt 346, 356, 359, 362
ホラーサーン Khurāsān 26, 33, 84, 98, 103, 121, 123, 125–129, 131–133, 135–138, 141–146, 206, 262, 309, 311–312, 314–319, 324, 326–329, 353, 362, 364, 380

マ

マーヒキー砦 qal'at Māhikī 190
マーフ・アルクーファ（→ディーナワル）Māh al-Kūfa 50, 84, 308
マーフ・アルバスラ（→ナハーワンド）Māh al-Baṣra 92, 300
マルウ（メルブ）Marw（Merv） 315, 358
マーワラーアンナフル Mā warā' al-nahr 132
ミスル（エジプト）Miṣr iii, 52–54, 352, 357–358
モースル al-Mawṣil 42, 49, 88, 164, 180, 194, 204, 212, 267, 271, 273, 276–277, 362

ヤ

ヤズド Yazd 259, 274, 288

ラ

ライ Rayy 8, 19, 29, 84, 104, 109, 119–125, 127, 129–130, 137–138, 142, 163, 204, 308, 320, 324, 346–347, 353
ラッカ al-Raqqa 272, 274
ラフバ al-Raḥba 272, 274
ラームホルムズ Rāmhurmuz 81–83, 86, 94
ルーズラーワル Rūdhrāwar 350
ルート砂漠 ṣakhrā' Lūṭ 127
ルードバール Rūdhbār 104
ルーム al-Rūm 54
ルーヤーン Rūyān 134

ワ

ワーシト al-Wāsiṭ 91–92, 243, 247–248, 259, 270, 276, 280, 282

専門用語

ア

アッラー Allāh 27, 52–53, 78
アーミル（行政官，徴税官，総督・・・）'āmil 131, 215, 255
アミール amīr iii, 19, 26–36, 40–42, 49–50, 52, 54–55, 57–62, 66, 69, 83, 99, 101, 109–111, 120, 126, 158, 163, 177, 180–181, 210, 230, 303, 333, 334, 381
アミール・アドル（公正なアミール）al-amīr al-'adl 62
アミール権（イマーラ，イムラを含む）imāra（or imra） 18, 25–26, 28–29, 33–35, 52, 58, 101
アミール・サイイド al-amīr al-sayyid 60
アミール・ジャリール al-amīr al-jalīl 36, 60
アミール・ハッジ amīr al-ḥajj 209
アミール制 imāra（or imra） 20
イクター iqṭā' 75, 110–111, 232–233, 239–240, 247, 249, 252–258, 286–290, 294–296, 321, 336, 339
イクター制 7, 75, 80, 86, 111
イスファハーン会議 188, 308
イスファフサラール Iṣfahsalār 131
イスファフサラール職 Iṣfahsalāriyya al-'askar 184
イスム ism 83, 186
委託金 wadī'a（pl. wadā'i'） 292
イマーム（政治指導者として）imām 5, 208–209
イマーム制 imāma 20
イラーク政権 13–14, 31, 40, 44–51, 57–61, 64, 69, 71, 73, 75–76, 78–80, 82, 84, 86, 92, 94, 96, 106–107, 112–115, 119, 143, 157, 164, 210–212,

220, 228, 246, 263, 297, 300, 309, 334, 338–339, 341, 346–347, 349, 352, 359–360
ウンマ（イスラーム共同体）umma　25
ウンム・ワラド umm al-walad　201
王位継承権 wilāyat al-ʻahd　180
王冠 tāj　35, 61, 66, 155, 158
『王冠の書』*Kitāb al-Tāj*　14, 149, 151–160, 164, 166–171, 186–187, 334
王権（ムルクもみよ）15, 18, 27, 56, 67, 82, 94–95, 100, 149–150, 152, 167, 180, 197, 202, 216, 228–230, 233–234, 237, 252–253, 258–259, 262, 267, 283–284, 301–302, 304, 306, 322, 325, 336, 356
お上（スルターン）sulṭān　33, 77, 84–85
恩賜の衣 khilʻa　29–35, 49, 59, 66, 142, 207, 309, 321

カ

下級ダイラム al-Daylam al-aṣāghir　89, 249, 254
ガーズィー ghāzī　129
カーディー（司法官，裁判官）qāḍī　20, 51, 55, 66, 183–184, 360
『カーブースの書』*Qābūs Nāmah*　230
カリフ khalīfa　ii–iii, 3–8, 12–14, 16–17, 19, 21, 25–37, 38, 40, 45–46, 48–50, 52–55, 57–60, 64–70, 78–81, 84, 100, 102, 117, 120, 125–127, 131, 135, 138–143, 145, 149–150, 207, 210, 226, 230, 239, 262, 279, 310, 333–334, 342–344, 355, 358–359, 380–381
カリフ権神授説　5
カリフ権力 khilāfa　5, 6, 12, 262
カリフ・スルタン体制　4, 68
カリフ制 khilāfa　i-ii, 20, 28, 346
カリフ論　6, 70
クフル kuḥl　229
グラーム ghulām　74, 84–86, 93, 98, 107, 178, 250, 269–270, 274, 310, 315
『クルアーン』*al-Qur'ān*　27, 52
クルアーン被造物説　5
軍監 ʻāriḍ　190, 274
軍旗 liwā'　29–34, 59, 66, 84, 142
貴顕 awliyā'（tilka al-dawla）234, 303, 354, 361
クンヤ（父称）kunya　30, 186, 238, 241, 278, 299, 325, 349
系譜 nasab　150–151, 153–154, 157, 159–161, 166, 168, 243, 255, 362, 365, 381
系譜調査（ダイラムの）241, 243, 245, 249, 253–255, 259, 282, 287
原スンナ派 proto-Sunnī　6
合（キラーン）qirān　53
後ジバール政権　136, 175–176, 206, 233, 235, 240, 261, 299–301, 313, 318–319, 322, 324, 327–330, 337, 339, 343, 381

サ

宰相（職）wazīr　20, 29, 48, 57, 60, 77–78, 81, 83, 89–91, 95, 106–108, 110, 112, 114, 127, 155–156, 180–181, 184, 187, 189–192, 196–199, 204, 207, 212, 230, 240, 242, 247, 251, 254, 272–274, 276, 280, 294, 301–302, 307, 310, 312, 315–316, 320–321, 323–324, 328, 335, 346, 350, 353, 358
財産没収 muṣādara　113, 156–157, 164, 171, 209, 214, 274–275, 281, 292–293
『時代の鏡要約』mukhtaṣar mir'āt al-zamān　43–47, 56, 67, 77, 90, 108, 125, 142, 181, 202, 205, 208, 213, 231, 238, 243, 249, 267–268, 270, 272, 275, 278–280, 302, 340, 351, 355
シッカ（貨幣発行権）sikka　30
支配の正当性　i–iii, 4–5, 12, 14, 25–28, 68–70, 134, 140, 154, 159, 165, 167, 169, 333, 381
ジバール政権　13–14, 31, 40, 44–50, 58–59, 69, 71, 73, 75, 96, 102, 105–109, 112–115, 117, 119–120, 122–144, 170, 263, 301, 308–309, 334, 339, 347, 349, 359, 381
シャーハーンシャー（王の中の王，大王）shāhānshāh　52, 58, 60–61, 150, 161
シャーヒド（公証人）shāhid　20
シャリーア（イスラーム法）sharīʻa　5
上位アミール　19, 42, 177
上級ダイラム akābir al-Daylam　249, 287
証言 shahādāt　48, 57, 90, 112, 144, 154, 156, 347, 352, 359

私領地 ḍay‘a　28, 30, 209, 211, 214–215, 220, 290, 294–296
信徒の長（アミール・アルムウミニーン） Amīr al-Mu’minīn　64, 238–239
ズーピーン zhūpīn（or zūbīn） 71, 85
政権 dawla　66, 253, 267–268, 279, 303, 326
正統カリフ al-khulafā’ al-rāshidūn　5, 6, 381
総督（職）amīr, ‘āmil, wālī　iii, 3, 28–29, 83, 102, 123, 125–126, 128–129, 131–133, 135, 137–138, 141–144, 146, 186–187, 194, 204–206, 210, 219, 240–245, 258, 262, 274, 282, 288–289, 291, 293–294, 311–312, 314–319, 326–327, 329, 352, 362, 364

タ

大アミール Amīr al-Umarā’　4, 19, 26–30, 32–34, 41–42, 44–45, 50, 58, 64, 66, 69, 76, 101, 103, 170, 177, 297, 302, 347, 380–381
大アミール権（大アミールの権限）imrat al-umarā’　33, 44, 50, 64
代官（職）niyāba　41, 170, 187, 207, 232, 273, 280, 308
第二次ファールス政権　225, 228, 230–232, 237–240, 242–246, 248, 255, 257–259, 269, 277, 282, 287, 296, 336, 337
ダイラム王朝 al-dawlat al-Daylamiyya　155, 158
ダイラムの貴顕 a’yān al-Daylam　234
ダイラム軍団　iii, 11–12, 16, 72–74, 80, 84, 89, 93, 95, 103–105, 107, 109, 113, 196, 198–200, 229, 234, 236, 239–241, 243–244, 247, 250, 264, 266, 269, 271–273, 276–277, 280–281, 285, 296, 337, 339–341
ダイラムの王国 mamālik al-Daylam　128
ダイラムの大ナキーブ Naqīb al-nuqabā’ al-Daylam　241, 243, 249
ダイラムの土地　295
ダイラムの系譜調査　241, 243, 245, 249, 253–255, 259, 282, 287
ダイラムの政権 dawlat al-Daylam　67, 107, 259
ダイラムの有力者 wujūh al-Daylam　iii, 46, 80, 84, 86, 100, 106–107, 198, 232–233, 236, 246, 249, 254, 277, 285, 296, 336
タージュ・アルミッラ tāj al-milla　61, 65
血の代償　270
血の復讐　269, 284–285
中級ダイラム al-awāsiṭ　249
長子相続　21, 185
徴税官 ‘āmil　215, 247, 255
長幼の序　41–44
テル・ターウースの戦い Tal Ta’ūs　242, 247, 249, 254, 269
天に支えられし王 al-malik al-mu’ayyad min al-samā’　28, 140
統治権 wilāya　33, 100, 141–142
登録簿 jarā’id　249, 256

ナ

ナウバ（楽奏）nawba　65
ナキーブ naqīb　20, 183, 241, 243, 249, 256

ハ

バイア（忠誠の誓い）bay‘a　78, 183, 275, 305–306, 316
バイアの見返り rasm al-bay‘a　271
ハージブ（侍従）ḥājib　33, 65, 84–85, 92, 129, 202, 216, 243–244, 246, 379
ハラージュ kharāj　139–140
ハラージュ地　30
ファラオ（エジプト王）fir‘awn　52
ファールス政権　13, 31, 40, 45–46, 69, 96, 100, 112, 119, 359
フトバ（集団礼拝時の説教）khuṭba　65, 120, 207, 299
不変の誓約 yamīn bāligha　285
ブワイフ朝連合体制　8, 10–11
俸給 ‘aṭā’　72, 74, 80, 91–93, 95, 190, 253–258, 272–273, 276–277, 281, 290, 294
ホラーサーンの軍の長 ṣāḥib jaysh（or juyūsh） Khurāsān　131, 142
ホラーサーンの支配者 ṣāḥib khurāsān　142
ホラーサーンの将軍職 sipah-sālāriyye khurāsān 131

マ

マリク（王），ムルーク（複数形）malik（pl. mulūk） 27–28, 50–62, 64, 66, 69–70, 118, 163, 334
マリク・アドル al-malik al-‘adl 62
マリク・サイイド al-malik al-sayyid 60, 62
マリク・ジャリール al-malik al-jalīl 60, 62
ミフナ（審問）miḥna 5
ムルク（王権）mulk 25, 27, 51–53, 55–58, 67–68, 70, 381
文書庁 dīwān al-rasā’il or dīwān al-inshā’ 59, 242, 275

ラ

ライース（長，指導者）ra’īs 40–41, 211
ラカブ（尊称・称号）laqab 30, 33–36, 49, 58–59, 61, 65, 120, 135, 158, 207–208, 239, 279, 353
リアーサ（主導権，家長の権威）ri’āsa 13–14, 19, 21, 25, 40–46, 48–51, 58–59, 66, 69, 78, 81–82, 98, 100–101, 114, 176–177, 217–218, 234, 303–304, 329, 333, 335, 337, 340–341

ワ

割り当て tasbīb 290
ワリー・アルアフド walī al-‘ahd 66

集団・組織・王朝

ア

アイユーブ朝 4
アケメネス朝（ペルシア帝国） 150
アッバース家 4, 27, 30, 57, 67–68
アッバース朝 ii–iii, 3–8, 12, 14, 17, 25–28, 30, 52–55, 67–68, 70–71, 149–150, 262, 287, 342–344, 346, 350, 355–356, 358, 379–381
アトラーク（軍団）atrāk 5–6, 11, 15, 26, 71–76, 85–88, 91, 93–96, 101–105, 107, 112–115, 180, 188, 194, 202, 226, 232–236, 242, 245, 248–250, 252–253, 256, 258–259, 263–277, 280–281, 284–286, 288–291, 295–297, 334, 336, 339–340
アラブ ‘arab iii, 85, 111, 150, 152, 154, 159, 217, 250, 274, 345, 348, 362, 365, 379–381
アリー家 79, 83, 211–212, 241, 343
イスマーイール派 209
イブン・ムフタージュ家 118
ウカイル朝 272, 276
ウスターニー部族 Ustāniyya 160
ウマイヤ朝 27, 208

カ

ガズナ朝 128, 130, 262, 330, 353–354, 364
カラハン朝 130
カルマト派 Qarāmiṭa 209
カンカル一族 Kankar（Kangarid） 160
キーラーン・アダーワンド部族 Kīlān Adāwand 98, 161
キルマーンのダイラム al-Daylam al-Kirmāniyya 249–250, 288, 290, 292–293, 295
クルド kurd 54, 104, 108, 112, 190, 194, 239, 247, 250, 257–258, 288, 309
クルドの騎兵 239

サ

ザイド派（シーア派） iii, 11
サーサーン朝（ペルシア帝国） iii, 52, 110, 149–150, 152, 154, 160, 168
サッファール朝 131, 240–241, 244–245, 257, 292
サービア教徒 352
サービー家 303
サーマーン朝 iii, 3, 14, 27, 33, 37–38, 43, 99, 102, 104–105, 117–118, 122–140, 142–147, 165, 206, 299–300, 305, 311–312, 314–316, 318–319, 325, 327, 329, 334, 353, 364, 381, 383
山岳ダイラム 159–160
ザンギー朝 362
シーア派 iii, 4–7, 11–12, 78–79, 208–209, 342–343, 352
シャーハーンシャー・バーワンド部族 Shāhānshāh Bāwand 161–163
シャラフィーヤ ghilmān al-Sharafiyya 250
ジュスターン一族 Justāniyya 160, 166

ジール jīl iii, 3, 14, 49, 64, 71–72, 74, 98, 102, 151, 153–154, 159–169, 186, 188, 193, 198–200, 219, 233, 238, 242, 245, 248, 256, 278, 292, 313, 328, 334, 339
シールジーラーワンド Shīrzīlāwand 159, 163
ズィヤール朝 iii, 3, 14, 31–33, 109, 120–122, 130, 134, 136, 138, 143, 161–162, 165–169, 188, 197, 300, 314, 327, 334, 353, 380
ズット zuṭṭ 258, 288–289
スンナ派 5–6, 11, 69, 343, 381
セルジューク朝 4, 33, 68–69, 154, 159, 361, 381

タ

ダイラム daylam iii, 3, 10–12, 14–16, 39, 46, 49, 64, 67–68, 71–82, 84–115, 123–124, 128, 133–134, 150, 152–155, 157–161, 163–167, 169, 186, 188–189, 192–193, 196–200, 219–220, 225, 228–229, 231–259, 261–298, 308, 310, 313, 328, 333–343
ダイラムの騎兵 239
ダッバ族 banū Ḍabba 159
トゥスタルのダイラム Daylam Dustar（Tustar） 250
トゥーズーニーヤ al-atrāk al-Tūzūniyya 103–104, 250

ハ

ハスナーワンド Hasnāwand 161
ハムダーン朝 37, 42, 49, 54, 84, 88, 91, 113, 122, 164, 212, 274, 309, 357
バリーディー家 37, 76–78, 81, 87, 379–380
パルティア 150
ファイルーザーン家 313, 317, 328, 331
ファサーのダイラム Daylam Fasā 245, 249–250, 256–257
ファーティマ朝 11, 209, 352, 357
ファーラーワンド部族 Fārāwand 161
ファールスのダイラム Daylam Fārs 15, 107, 250, 286, 296
フージスターン・ダイラム al-Daylam al-Khūzistāniyya 249–250
フージスターンの武将（ダイラム）al-quwwād al-Khūzistāniyya 250
ブワイフ一族 7–10, 13, 15, 19–22, 25, 37, 40–41, 43–46, 48–50, 67, 69, 96, 100, 115, 150, 153–154, 162, 177, 217, 225, 282, 299, 304–305, 333, 337–338, 340–341, 344
ブワイフ家 3–4, 13, 16, 19, 36, 41, 50, 56–59, 66–68, 71, 82, 94–95, 100–101, 108, 110–111, 114–115, 123, 126, 150–151, 159, 163–164, 168, 176, 185, 216, 218, 304, 317, 329–331, 342–343
ブワイフ朝 ii–iii, 1, 3–23, 25–37, 39–41, 44–45, 47, 50–51, 53, 55–58, 61, 66–76, 87, 94, 96, 101, 108–109, 111–112, 114–115, 117–120, 122, 125–126, 128, 130, 132–135, 137, 139, 143–145, 149–150, 152, 154–155, 158, 161–162, 164–165, 173, 175–177, 186, 197, 200, 208, 211–212, 215–218, 220–221, 225–228, 237, 242, 252–253, 256, 258, 261–264, 271, 273, 281, 296–301, 304, 306–307, 311, 314, 316, 319–320, 324–325, 327–330, 333–348, 350, 352–353, 359–361, 380–382
平野ダイラム 160
ホラーサーン軍（アッバース朝の） 26
ホラーサーン軍（サーマーン朝の） 103, 129, 131, 142

マ

マムルーク朝 ii, 4, 217, 380
ムサーフィル朝 37, 84, 124, 160, 167, 192, 328
モンゴル 26

ラ

ライの武将たち（ダイラム）al-quwwād al-Rāziyya 250
ラーンジー部族 Lānjiyya 160

ワ

ワフスーダーン一族 Wahsūdhāniyya 160

橋爪　烈（はしづめ　れつ）
1975 年生まれ。千葉科学大学薬学部薬学科講師。
専門はアラブ・イスラーム史、イスラーム政治思想史。
1999 年学習院大学文学部史学科卒業、2001 年慶應義塾大学大学院文学研究科史学専攻東洋史分野修士課程修了。2002 年～2004 年カイロ大学へ留学。2009 年東京大学大学院人文社会系研究科博士課程学位取得。博士（文学）。2008 年～2011 年日本学術振興会特別研究員（PD・公益財団法人東洋文庫）を経て、2012 年より現職。
主要論文は、「『王冠の書』にみるアドゥド・アッダウラの王統観」（『オリエント』第 54 巻第 1 号、2011 年 9 月）、「『時代の鏡』諸写本研究序説」（『オリエント』第 49 巻第 1 号、2006 年 9 月）、「初期ブワイフ朝君主の主導権争いとアッバース朝カリフ――イマーラ、リヤーサ、ムルクの検討を中心に」（『史学雑誌』第 112 編第 2 号、2003 年 2 月）で、訳書に、フレッド・M・ドナー『イスラームの誕生――信仰者からムスリムへ』後藤明監訳、慶應義塾大学出版会、2014 年（共訳）がある。

ブワイフ朝の政権構造
――イスラーム王朝の支配の正当性と権力基盤

2016 年 10 月 5 日　初版第 1 刷発行

著　者――――橋爪　烈
発行者――――古屋正博
発行所――――慶應義塾大学出版会株式会社
〒 108-8346　東京都港区三田 2-19-30
TEL〔編集部〕03-3451-0931
〔営業部〕03-3451-3584〈ご注文〉
〔　〃　〕03-3451-6926
FAX〔営業部〕03-3451-3122
振替　00190-8-155497
URL　http://www.keio-up.co.jp/
装　丁――――耳塚有里
印刷・製本――株式会社理想社
カバー印刷――株式会社太平印刷社

Printed in Japan　ISBN 978-4-7664-2369-3

慶應義塾大学出版会

イスラームの誕生

信仰者からムスリムへ

フレッド・マグロウ・ドナー 著／後藤明 監訳

預言者ムハンマドによってはじめられた「信仰者運動」とは何だったのか。初期イスラーム史研究の碩学が、イスラーム誕生のプロセスを、入門者にもわかりやすく、そして鮮やかに描き出す。

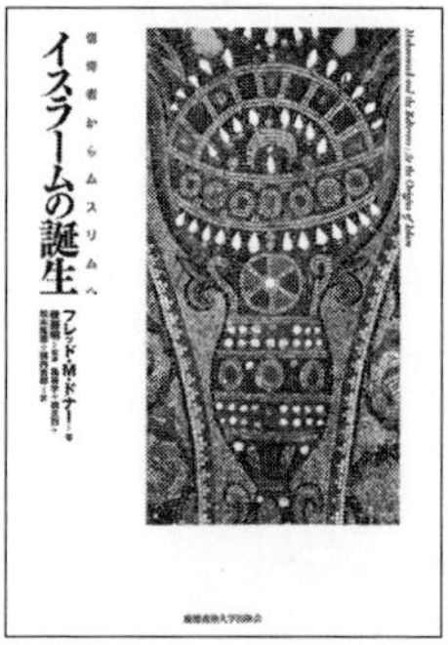

A5判／上製／304頁
ISBN 978-4-7664-2146-0
◎4,400円　2014年6月刊行

◆主要目次◆

第一章　イスラーム前夜の中東
古代末期の中東における帝国
ビザンツ帝国
サーサーン朝帝国
大国の狭間のアラビア半島
メッカとヤスリブ（メディナ）

第二章　ムハンマドと信仰者運動
伝承に基づく預言者ムハンマドの伝記
史料の問題
初期の信仰者運動の特徴

第三章　信仰者共同体の拡大
史料
ムハンマド晩年における共同体
ムハンマドの後継問題とリッダ戦争
初期の信仰者共同体の拡大の性格
初期の共同体拡大の経過と範囲
拡大の時代の初期における支配の強化と制度の設立

第四章　共同体の指導者の地位をめぐる争い
——34～73/655～692年
第一次内乱の背景
第一次内乱の経過（35～40 / 656～661年）
二つの内乱の間の期間（40～60 / 661～680年）
第二次内乱（60～73 / 680～692年）
内乱についての考察

第五章　イスラームの誕生
ウマイヤ朝の再興と帝国としての課題への回帰
主要な用語の再定義
ムハンマドとクルアーンの強調
三位一体の問題
イスラームの宗教儀礼的慣習の精緻化
イスラームの起源に関する物語の推敲
政治的「アラブ」意識の形成
上からの変化か下からの変化か

表示価格は刊行時の本体価格(税別)です。